本成果受到中国人民大学 2021 年度
"中央高校建设世界一流大学（学科）
和特色发展引导专项资金"支持

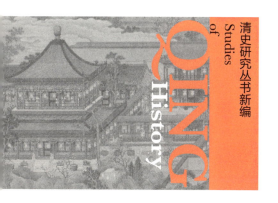

清史研究丛书新编

Studies of QING History

毛立平　沈欣　著

壶政

清代宫廷女性研究

中国人民大学出版社
·北京·

"清史研究丛书新编"说明

　　"清史研究丛书"原由戴逸先生发起主编，中国人民大学出版社出版发行。从 1988 年开始，该丛书曾推出《清前期天地会研究》《戊戌思潮纵横论》《四库全书纂修研究》《明清农村商品经济》《清代八卦教》《革新派巨人康有为》《晚清乡土意识》《清代族田与基层社会结构》《乾隆帝及其时代》《洪亮吉评传》《康雍乾三帝统治思想研究》《清代区域社会经济研究》《晚清讼狱制度的社会考察》等多部力作，在清史学界产生了重要影响。但由于种种原因，该丛书的出版一度中断。2010 年重启出版之举，推出《清朝的国家认同："新清史"研究与争鸣》等富有影响力的著作。但是由于各种条件的变化，此次重启不久复告沉寂。现经中国人民大学清史研究所与中国人民大学出版社协商，决定恢复"清史研究丛书"这一出版品牌，并冠以"新编"之名。

　　清朝是中国传统王朝统治的最后一个阶段，在其统治的近三百年时间里，中国不仅经历了由强盛到衰弱的转折，也经历了社会性质从传统到近代的深刻变革，这就决定了这段不寻常的历史里蕴藏着极为丰富的内容，其同今天国人的社会生活的各个方面，也必然发生着多方面的密切关联。人们常说，"中国今日之疆域版图和新中国成立之初的人口基数即奠定于清朝，当代中国的政治、经济、文化、外交和民族问题，许多也都由清朝演化、延伸而来"，这的确是对清史研究之学术价值和现实意义的极好概括。我们推动这套丛书继续编辑出版的动力来源和宗旨也正在于此。

"清史研究丛书新编"是发表高水平清史论著和重要清史文献的专业学术平台。它强调学术的前沿性和国际性，提倡严谨、扎实的学风，崇尚史学的综合功夫，鼓励跨学科视野和方法创新。就研究内容而言，它则坚持清代前后期历史的一贯性和统一性，反对将其人为加以割裂的做法。

本丛书仍由中国人民大学清史研究所负责组稿和审稿。

中国人民大学清史研究所正式成立于 1978 年，其前身为 1972 年组建的清史研究小组。多年来，清史所的成员们在学术研究和教学方面均做出了积极努力，并得到国内外同行的支持、帮助和认可。2000 年 12 月，中国人民大学清史研究所被教育部批准为人文社会科学百所重点研究基地之一。编辑和出版这套丛书，乃清史研究基地工作的有机组成部分。

我们期盼本丛书的出版能够继续得到广大清史学界同人的大力支持，也能够对推进清史研究有所贡献。

"清史研究丛书新编"编委会

2021 年 5 月

前言　清代宫廷的性别建构与民族认同

> 古者天子后立六官、三夫人、九嫔、二十七世妇、八十一御妻，以听天下之内治，以明章妇顺，故天下内和而家理。天子立六官、三公、九卿、二十七大夫、八十一元士，以听天下之外治，以明章天下之男教，故外和而国治。故曰：天子听男教，后听女顺；天子理阳道，后治阴德；天子听外治，后听内职。教顺成俗，外内和顺，国家理治，此之谓盛德。

> ——《礼记·昏义》

近年来，学界内外对清代宫廷的关注度不断增加，不仅专业的学术研究得到一定发展，科普、文学和影视领域也是热度不减。但从学术角度而言，清代宫廷史的研究还远不够深入，各类宫廷女性群体和规范其宫廷生活及等级的宫闱制度的研究都还有广阔的空间。

清代号称"宫壸肃清"，的确，相较于明代的多位后妃干政（有学者甚至指出，"明朝之所以能够跌跌撞撞地延续近三百年之久，与后妃的作用和影响密不可分"①）、后妃之间爆发激烈矛盾冲突并导致多次废后，以及与后宫嫡庶密切相关的数次储位之争等问题而言，清代宫闱则显得相对安静与稳定。清代只在初年和末年涌现出两位太后，这是在新帝年幼且皇权尚未稳固及走向衰落前提下的特殊情形，在政权稳定的主体时段，基本没有出现后妃参政的现象；除顺治时期宫闱制度尚未定型，其他朝也基本没有废后重立的现象（乾隆朝的皇后那拉氏并没有明确宣布被废，且之后并未再立皇后）与妃嫔之间宫斗的记载。可以说，从史料角度而言，清代留给我们的是一部平淡而"无情"的宫史。这是清代宫廷的第一个重要特点。

清代还施行了严格的宫廷内外隔离制度。正如本书所论述的，无论后妃、公主，抑或宫女和嬷嬷妈妈，都被严防与宫外发生联系，任何人不得将宫外之事向内廷转述；公主、宫女等一旦离开宫廷即不得轻易回归，也不得将宫廷之事向外界传说。因此，清代宫廷相较于前代显得尤为神秘，外人，包括一些朝廷重臣，对于内廷之事皆无从知晓。这从一些大臣在奏折中将妃嫔的封号、公主的排行都写错即可看出。而清代的笔记，包括一些曾在机要部门任职官员的笔记，记述的宫廷轶事常常并不符合事实，甚至完全系杜撰，也就属情理之中了。外臣对于内廷之事无从知晓，自然也就无缘置喙。这是清代宫廷的第二个重要特点，也是清代之所以"宫壼肃清"的重要原因之一。

前辈学者指出，清帝力图打造一个满人的宫廷，这一说法不够确切。以宫廷女性而言，尽管个别朝（如康熙和乾隆朝）有民间汉女或其他民族女性入宫，但主要来自满、汉、蒙八旗，因而

---

① 林延清等：《明朝后妃与政局演变》，人民出版社，2014，第 1 页。

"旗人宫廷"的说法似更为妥当。无论如何，清代宫廷的族群属性无疑是其不可忽略的重要特点之一。特别是过去 20 年来美国"新清史"学派在海内外所引发的前所未有的关注，更加促使我们不能忽略清朝的民族特性。但是我们在研究宫廷女性的过程中发现，虽然清代宫廷的一些制度的确带有明显的民族烙印，但也有不少制度是在总结明代经验教训的基础上再结合自己的民族特色形成的。甚至可以说，清代宫廷制度中有些看起来属于改革或者创新的地方，其实都建立在明代皇帝与大臣奋力抗争的基础之上。不了解明代宫廷的发展变化，就无法全面理解清代后宫一些制度的建立基础和改革渊源。因此，联结与断裂的矛盾统一，是清代宫廷的第三个重要特点。

本书的目的，就是力图揭开清代宫廷女性群体的神秘面纱，呈现她们的具体面貌、群体特征、相互关系、在宫廷上下和内外的流动，并探讨皇权的加强与衰落、日趋严格的宫闱制度、满人的民族特点和作为立国之本的八旗制度，对宫廷产生了怎样的影响，"壸化肃雍"的局面究竟是如何形成的，揭示在背后掌握着清代宫廷女性命运的无形之手。

一、学术史回顾

受史料等原因所限，已有的清代宫廷女性研究成果主要集中在三个方面：

（1）制度史层面的研究，包括对清代的后妃制度、满蒙联姻制度、选秀女制度等方面的研究。代表作如王佩环《清宫后妃》

（辽宁大学出版社，1993）、焕力《中国后妃政治》（广西师范大学出版社，2012）、杜家骥《清朝满蒙联姻研究》（故宫出版社，2013）、单士元《关于清宫的秀女和宫女》（《故宫博物院院刊》1960 年第 2 期）等。以上研究对于清代宫闱制度中的某一方面进行了考察，为我们对清代宫廷及相关制度的基本认知奠定了良好的基础。但其中也存在一些问题，首先是研究程度的不均衡，有些著作如杜家骥先生对满蒙联姻的研究，全面系统地梳理了该制度在清代的产生背景、实施范围、时代变化和政治意义，将该研究推向很高的水准，但也有不少研究只停留在对相关制度规定进行梳理和罗列的层面，即对实录、会典等官书中的记载进行归纳总结，而对于这些制度的产生背景、具体实践及其于有清一代的兴衰嬗变等，都讨论不足。形成这种不足的原因之一是档案资料的缺失，导致人们只看到官书中的规定，而对这些规定的来龙去脉和具体实践无法深入了解。本书写作之际，正值清代宫廷档案次第开放的好时机，我们有机会看到前人所未见或未能系统查阅的珍贵档案史料，使得本书在这一方面能够有较大的突破。

（2）特定宫廷女性群体的研究，此类研究主要集中于后妃和公主两个群体。专著中，满学研究会编《清代帝王后妃传》（中国华侨出版公司，1989）、王佩环《清代后妃宫廷生活》（故宫出版社，2014）等，对清代后妃群体的身份与来源、入宫后的等级和生活等，进行了宏观论述；孙继新《康熙后妃子女传稿》（紫禁城出版社，2006）、杨珍《康熙皇帝一家》（学苑出版社，2003）则对康熙朝的后妃和公主进行了较为全面的研究，为我们了解该朝的后宫结构、家庭关系、女性地位等问题提供了良好的借鉴。论文中，具有代表性的有：王树卿《清代公主》（《故宫博物院院刊》1982 年第 3 期），王硕（Wang Shuo）"Qing Imperial Women: Empresses, Concubines, and Aisin Gioro Daughters" （《清代的皇家女性：后妃与皇女》，载 Anne Walthall 主编 *Servants of the Dynasty: Palace Women in World History*，加州大学出版社，2008）等，对后妃和公主群体的等级及其对清代皇权稳固所做出的贡献进行了必要的探讨。需要指出的是，下层宫廷女性群体研究尤为不足，至今只有寥寥数篇论文发表，代表作如刘小萌《清朝皇帝与保母》（《北京社会科学》2004 年第 3 期）、马怀良《皇帝与乳母、师傅关系发微》（《华中师范大学学报》1991 年第 6 期），对清代宫廷乳母群体的遴选、待遇和册封等问题进行了有益的探讨；赵玉敏的博士论文《清代后妃与宫女研究》（中国人民大学，2010）对于宫女的来源、宫廷生活、服役期限等做了基础性的梳理。而除乳保之外的各类嬷嬷妈妈、宫廷中的内务府执事妇人等下层女性群体，至今仍少有人问津，她们的来源与归宿、称谓与职责、数量与等级等问题皆尚需基础性的研究。因此，下层宫廷女性群体的研究，无论就深度还是广度而言，都有待深入挖掘，甚至还有不少空白需要填补。

（3）与皇帝及皇权紧密相关的个别女性研究。此类女性由于与皇帝关系密切，或居于权力之核心，而在史料中留有较多记载，也由此引起较多关注。太后群体中以慈禧与孝庄的研究最多，代表作如左书谔《慈禧太后》（吉林文史出版社，1993）、何国松《孝庄皇后传》（吉林大学出版社，2010）等，对清代两位太后的身世背景、宫廷地位及其对皇权的影响进行了较为详尽的讨论。近年来，乾隆帝生母崇庆太后受到台湾学者的关注，陈葆真《乾隆皇帝对孝圣皇太后的孝行和它所显示的意义》（《故宫学

术季刊》[台北] 第 31 卷第 3 期，2014）、赖惠敏《崇庆皇太后
的万寿盛典》（《近代中国妇女史研究》[台北] 第 28 期，2016），
对乾隆帝奉太后南巡及隆重举办万寿盛典等史实及其背后的含义
进行了深入独到的分析。后妃方面，对乾隆朝两位皇后有所研
究，如刘桂林《孝贤皇后之死及丧葬余波》（《故宫博物院院刊》
1982 年第 12 期）、邓庆《清初马齐、马武、傅恒与孝贤皇后关系
考辨》（《社会科学辑刊》1997 年第 1 期）、李寅《乾隆乌喇那拉
皇后剪发事因新证》（《紫禁城》2009 年第 5－7 期），其他历朝妃
嫔则只有较为零散的研究，如于善浦《珍妃》（紫禁城出版社，
1989）、陈圣争《慧贤皇贵妃高氏生平与家世新考》（《满族研究》
2017 年第 3 期）、杨珍《董鄂妃的来历及董鄂妃之死》（《故宫博
物院院刊》1994 年第 1 期）等。后妃之外的女性很少有受到单独
关注者，个别研究如刘源《乾隆幼女和孝公主》（《北京档案》
2005 年第 2 期）、曹振卿《溥仪乳母王焦氏》（《紫禁城》1988 年
第 10 期），都属于较为初步的基础性研究。可见，多数的宫廷女
性，即便太后、皇后，由于研究视角和资料所限等原因，都没有
得到过特别的关注。当然，如何充分查阅和利用史料，并在此基
础上处理好个体与群体、族群与阶层、人物与制度之间的关系，
也是本书所面临的重要挑战。

综上可见，现有的清代宫廷史研究，多为某一方面宫廷制度
的基础性著作或某类宫廷女性群体的研究，既缺乏对于清代宫闱
制度进行全面、系统性的梳理，也没有深入探讨清代宫闱制度的
发展沿革及其与皇权及时代之间的关系。而导致该方面研究相对
薄弱的原因无外乎以下两个：第一，以往研究侧重于制度规定，
而忽略了清代宫闱制度所要规范的对象——宫廷女性本身，导致

只见制度不见人；第二，宫廷史的史料琐碎而零散，需要大海捞针式的搜求，一点点补缀起来去尽量还原制度的起源和实践、变化过程及原因，以及制度与人之间的互动关系，极易事倍功半。特别是前些年中国第一历史档案馆对内务府等宫廷档案进行数据化整理时暂不对外开放，更增加了研究的难度，导致研究者望而却步。本书力图对中国第一历史档案馆所藏清代宫廷史料进行较为系统的梳理，将研究建立在扎实的史料基础之上，同时力图将官书中的制度规定与档案所体现的制度实践结合起来考察，构建一部动态的清代宫廷女性史。

二、篇章结构

本书分为五编，按照宫廷女性的不同群体以及女性在宫廷中的生命历程这两条主线来建构本书的篇章。

第一编"初入宫闱"，讨论清代独特的选秀制度。清代无论后妃还是宫女皆不采自民间，而在旗人内部选出，分为外八旗选秀和内务府三旗选秀两个各自独立的系统，前一类系挑选皇室妻妾，后一类多充宫女。以往学者多关注选秀的流程与范围的变化，对选秀女之于皇权和旗人女性本身的重要意义少有论及。事实上，规律而盛大的选秀活动是清帝加强对八旗掌控，并借此对旗人女性灌输族群观念、增强其民族向心力的重要契机。对于旗人女性而言，原则上讲，即便是底层家庭的女儿，也可以通过选秀的机会进入宫廷、面见皇帝，可能成为皇室的妻妾，使其本人及家庭的身份地位得以彻底改变。清代民间向有旗人家"姑奶奶"地位高、婚前不跪拜任何人的说法，据说即源于此。清代选秀范围经历了一个不断缩小的过程，从一定程度而言，这种缩小也从性别的视角体现了皇帝对于八旗管控不断放松的过程。

多数宫廷女性，包括后妃与宫女，都是十几岁时通过选秀而进入宫廷，不同的是后妃为东西六宫的"主子"，宫女则系为其服役的仆役群体；后妃从此将终老宫中，宫女在服役期满之后则可归家婚嫁。但二者的身份差异并非固定不变，宫女一旦受到皇帝临幸，即可能步入妃嫔行列，清代不少妃嫔甚至皇后都是包衣出身。因此，选秀的另一个重要意义，是形成后宫的内外和上下流动。

第二编"宫壼肃清"，主要探讨清代的后妃制度和"宫壼肃清"的主要原因。通过选秀入宫之后，妃嫔就开启了她们的宫廷生涯。清代的宫闱制度至康熙时最终定型，即所谓的"皇后居中宫；皇贵妃一，贵妃二，妃四，嫔六，贵人、常在、答应无定数"，一个看起来非常简单的等级结构。起码相较于明代而言，妃嫔等级的确减了不少，但实际情况并非如此简单。首先，以往学界一向有"嫔以上为主位"的说法，但我们在史料中并未找到这一说法的确切根据。从档案所反映的情况来看，常在以上皆可称为"主位"，并有"小分主位"的说法。由于贵人和常在无定数，导致主位的数量因此明显增加。其次，尽管清代多数时期的后宫人数都符合或接近制度规定的额数，但宫中可能存在大量的"无定数"品级妃嫔和"官好"等地位更低的"亦婢亦妻的女人"，以及一些违背祖制入宫的民间汉女。这导致清代宫廷的构成和规模更加复杂和庞大，其中仍存在广阔的研究空间。

清帝主要通过"集体晋封"和"逐级晋封"两种策略维持后

宫的平静，即一般不为单个妃嫔晋封位分，而是逢重大喜庆之机进行集体晋封，且每次每位妃嫔只能晋封一级位分，鲜有越级晋封者。这样的方式有效减少了妃嫔之间因位分晋封而引起的竞争，其位分的高低主要不取决于个人的能力或皇帝的宠爱，而是取决于集体晋封的频度和自身寿命的长短。妃嫔每晋封一级位分，其个人和家族的地位及相关的待遇皆有提升。但清帝力图切断后妃与家人的联系，将后妃的活动范围严格限定于宫廷之内。本编以清帝对后权的压制为例，呈现皇帝如何逐步切断皇后与家族、朝臣以及命妇的联系，让后权无法延伸至宫墙之外。稳定缓慢的晋封制度和严格的宫廷内外隔离制度，是清代得以实现"内鲜燕溺匹嫡之嫌，外绝权戚蠹国之衅"的根本保障。

第三编"金枝玉叶"，讨论唯一一个降生在宫廷之内的女性群体——公主。从某种意义而言，诞育子女是后妃进入宫廷的根本使命，生育行为不仅加强了她们与皇帝之间的联系，也有利于稳固和提升她们的宫廷地位，尽管诞育公主所受的重视程度不及诞育皇子，但女儿对于皇室家庭的重要性不可忽略。前人对清代公主的关注多集中于满蒙联姻这一制度的影响和变化，或者对公主的品级、待遇和册封等问题进行制度层面的讨论。本书拟将关注点转移至公主群体本身，通过考察公主的家庭关系，探讨公主的生命历程和生活状态，揭示皇权、制度和皇女身份给这些天之娇女所带来的人生困境。

清代公主分为"固伦"与"和硕"两个品级，决定其品级的因素一是生母的身份，二是皇帝的宠爱，尽管前者是主要决定因素，但因受皇帝重视而破格晋封的公主更容易在史料中留下记载，因此也更易于引起后人的关注。公主自出生至薨逝都享受到来自皇室各方面的照顾和封赏，但这并不意味着她们无须面临人生的挑战，远嫁的悲苦、皇女的使命和制度规定所导致的婚后家庭秩序的错位，使公主很难拥有和谐美满的家庭生活。她们在矛盾的人生设定中辗转挣扎，多早早离世。

第四编"暮年生活"，讨论前朝后妃，即太后、太妃嫔等的宫廷生活。只要当朝皇帝崩逝，其后妃即进入"未亡人"的生涯，而对于那些在皇帝崩逝时年纪尚轻的妃嫔而言，"暮年生活"来得格外早。在这一时期，除个别掌握权力的太后仍旧忙碌之外，多数太妃嫔在宫廷中度过寂寞而漫长的晚年。她们的居住地点将由位于紫禁城内路的东西六宫迁往外路的宁寿、寿康等宫。按照规定，除太后之外，其他太妃嫔如果年龄未过五十岁，将不得与当朝皇帝见面。尽管康熙朝规定后妃有子嗣者晚年可出宫就子女处颐养天年，但从乾隆朝的档案记载来看，这一改革并未严格执行，绝大多数前朝妃嫔仍生活于宫内直到死去，而那些没有生育子嗣的太妃嫔晚年生活则更加寂寥。

本编的重点，一是梳理未受前人充分关注的太后及太妃嫔等的尊封制度及其发展变化，以及她们作为"未亡人"在宫廷的生活状态。值得指出的是，部分宫廷女性在"暮年阶段"才迎来她们人生的"巅峰"，比如原先是妃嫔者可能被嗣皇帝尊为太后，原先位分低微者历经新帝的累次尊封可达贵妃以上高位，因而与妃嫔一样，长寿也是影响太妃嫔位分晋封的重要因素。二是讨论清帝如何在"庆隆尊养"的同时，防止太后擅权。太后往往是皇帝对外宣扬孝道的主要象征，康熙、乾隆、道光等皇帝都对太后极尽孝道，"庆隆尊养"，但是为了防止太后擅权，皇帝同样着意培养其"内外"意识，让太后安分守己远离外事，与其他后妃一样生活在隔离封闭的宫廷之中。

第五编"承值侍应",讨论宫廷女性仆从群体,包括宫女和各类嬷嬷妈妈。她们有着各自不同的职责,对宫廷的运转和内廷文化的塑造起到重要作用。相较于其他宫廷女性,她们受到前人的关注最少,主要原因是缺乏关于该群体的完整史料和明确的相关制度规定,因此本编需要从零散细碎的史料和一些事例所体现的规则实践中总结该群体的大致面貌和总体特征。与后妃不同,女性仆从是宫廷中的流动群体,有一定的服役期限,期满出宫。除内外流动之外,她们的仆从地位也不是绝对的,帝王登基后给予乳(保)母很高的待遇和封号,受到宠幸的宫女也可能摆脱仆从身份而跃居妃嫔群体,从而形成阶级的上下流动。

清代康乾二帝一再标榜所用宫女乳妪数量远远少于前代,从我们所掌握的史料来看,从清代中期起,宫女人数的确一直稳定在百余人的范围,嬷嬷妈妈因种类繁多而史料稀少,人数难以确切统计。虽然同属仆役群体,其内部也有着鲜明的等级差别,宫女中的不同等次意味着不同的地位和待遇,"大宫女"对新宫女具有相当的权威,动辄随意责打,甚至致死;嬷嬷妈妈中,以乳母地位最高,其次为近身保母、精奇尼妈妈里,再次为水上和灯火妈妈里,等等。由于仆役群体是围绕皇室成员服务的,越近身侍奉之人往往地位越高,譬如用乳汁哺育皇子女的乳母、后妃身边贴身侍奉饮食起居的"头等女子"等。清代皇帝一方面力图在内廷塑造一个和谐的主仆关系,即位后往往大肆颂扬和封赏自己的乳保,也鼓励妃嫔善待仆婢;另一方面又防止宫廷女性之间形成稳定的主仆关系,一再缩短宫女的服役期限,禁止所有出宫的仆婢再与所侍奉的主子发生任何联系。因此,后妃不得不面临每隔数年就更换一批仆婢的境况，不停适应和调整自己在宫廷中的人际关系和生存环境。

由上可见，本书不仅是一个性别史的研究，关注宫廷女性群体本身，并从她们的视角来推进论述，也格外注重考察性别与制度、皇权之间的关系，挖掘清代宫闱制度形成的背景和过程，皇权在其中如何发挥作用，以及不同类别的宫廷女性群体与皇权、制度之间产生怎样的互动，并最终形塑了清代的宫廷格局。

目录

第 一 编

初 入 宫 闱

清代，多数宫廷女性都是通过"选秀女"的方式而进入宫闱的。选秀之制是清代最具民族特色的制度之一，也是清代宫廷得以建构的重要基础。秀女分为两类：一类由外八旗女子中选出，主要作为皇帝的后妃和为皇室王公指婚；另一类由内务府三旗女子中选出，主要作为"承值内廷"的宫女。因此，宫廷之内不论后妃还是宫女，原则上讲都应来自秀女的选拔，而秀女皆系旗人。入宫之后，两种秀女之间并非存在着不可逾越的鸿沟，正如《清史稿·后妃传》所说："宫女子侍上，自常在、答应渐进至妃、嫔"①，主仆的地位处于动态变化之中。不同的是，一旦成为妃嫔，就需要终身幽闭于宫墙之内，宫女则有一定的服役期限，期满则可出宫，由新人接替其工作，成为宫廷中流动的女性群体。

① 赵尔巽等撰：《清史稿》卷214《后妃传一》，中华书局，1998，第8897页。

第一章

清代八旗选秀制度的意义和变化

以往研究一般认为，尽管清朝统治者在入关之前就有控制旗人婚姻的做法，但正式的选秀之制定型于顺治朝。《清会典事例》载："顺治年间定，八旗满洲蒙古汉军官员、另户军士、闲散壮丁秀女，每三年一次，由户部行文八旗二十四都统、直隶各省八旗驻防及外任旗员，将应阅女子年岁，由参领、佐领、骁骑校、领催及族长逐一具结呈报都统，汇咨户部。户部奏准日期，行文到旗，各具清册，委参领、佐领、骁骑校、领催、族长及本人父母或亲伯叔、父母兄弟、兄弟之妻，送至神武门，依次序列，候户部交内监引阅。有记名者，再行选阅，不记名者，听本家自行聘嫁。"[①] 从此选秀之制通行八旗，直至清末。不过，该制度在有清一代也经历了从兴盛到衰落的变化。一方面，随着政治、经济和八旗人口的发展变化，皇帝对选秀制度进行了不断的调整，使选秀的范围和人数呈不断缩小趋势；另一方面，随着皇权的衰落，皇帝不得不放松了对于八旗人口的控制，这使得选秀的意义和作用也在悄然发生改变。

---

① 《清会典事例》（光绪朝）卷 154，中华书局，1991，第 2 册第 956 页。

第一节　八旗选秀的意义

选秀制度在清代的重要意义，前人已多有论及①，但以往研究只关注到该制度对于清廷、皇族和八旗体系的作用和影响，而忽略了对于制度中的真正主体——旗人女性的意义。清代，尽管绝大多数旗人女性在选秀制度中只是走过场性的"陪榜"角色，但选秀活动对她们一生的影响仍是不可小觑的。溥仪在《我的前半生》中提到，"据说旗人姑娘在家里能主事，能受到兄嫂辈的尊敬，是由于每个姑娘都有机会选到宫里当上嫔妃"②。金启孮先生也认为满族姑娘在家庭中地位尤高，是因为"有被选成'秀女'的可能"，而"从'秀女'中又可以选成'妃'或'皇后'"③。由于每一位旗人女孩都存在日后成为后妃的潜在可能性，这已然改变了她们的家庭地位。此外，选秀活动在开拓旗人女性的眼界、增强其民族认同感方面也有着重要意义。美国学者柯娇燕（Pamela Crossley）指出，18 世纪初期以降，鲜有满人离开过他们出生的驻防旗营，除东北这块祖宗的发祥地以外，北京作为朝廷和首都，对满人形成一种无形的

---

① 相关研究参见单士元：《关于清宫的秀女和宫女》，《故宫博物院院刊》1960 年第 2 期；王澈：《读档识秀女》，《中国档案》1999 年第 5 期；万依、王树卿、刘潞：《清代宫廷史》，百花文艺出版社，2004；李寅：《清代后宫》，辽宁民族出版社，2008；王佩环：《清宫后妃》，辽宁大学出版社，1993；定宜庄：《满族的妇女生活与婚姻制度研究》，北京大学出版社，1999；赵玉敏：《清代后妃与宫女研究》，中国人民大学博士学位论文，2010；等等。

② 爱新觉罗·溥仪：《我的前半生》，东方出版社，1999，第 33~34 页。

③ 金启孮：《北京郊区的满族》，内蒙古大学出版社，1989，第 49 页。

凝聚力量①。其实，不仅各地的驻防旗人鲜有机会来到京城、一睹"禁城"之庄严，即便京城旗人，除任职朝廷者外，也很少能有机会进入所谓的"禁城"。然而，"朝廷-宫廷"作为他们精神上的圣地，对于所有旗人的向心力自不待言。相对于普通旗人男子而言，旗人女子则可以通过选秀女的机会来到京城、进入宫廷，甚至见到皇帝、一睹天颜，切身感受到皇家的威严以及自我的民族认同感，其间还隐含着每一位旗人女性与皇家之间可能存在的关联。而皇帝也注意利用选秀的机会向旗人女性灌输族群意识、强化满洲认同、加强对于旗人女性的管理。

一、选秀活动对于旗人女性的意义

八旗选秀每三年举行一次，由户部负责，届时各地秀女齐集紫禁城，按照各自的旗分编成"排"，等待皇帝的阅选。这大概是绝大多数旗人女性一生中参与的最隆重而盛大的活动，整个过程组织严密、行止有序，每一位年轻女性在新奇、震慑和惴惴不安的复杂情感中等待着自己的命运。清人吴振棫较为详细地记录了选秀女的过程：

> 挑选八旗秀女，事隶户部。每旗分满、蒙、汉为先后。满、蒙、汉之中，以女子之年岁长幼为先后，造册分咨各旗。其年自十四至十六为合例。有应挑而以病未与者，下届仍补挑；年已在十七以上，谓之逾岁，则列于本届合例女子之后。每日选两旗，以人数多寡匀配，不序旗分也。挑选之

---

① 柯娇燕：《孤军：满人一家三代与清帝国的终结》，陈兆肆译，人民出版社，2016，第5页。

前一日，该旗参领、领催等先排车。如挑正黄、镶黄两旗，则正黄之满、蒙、汉分三处，每一处按年岁册分先后排定。镶黄之满、蒙、汉亦分三处，每一处亦按年岁册分先后排定，然后车始行。首正黄之满洲，而蒙古，而汉军。继以镶黄之满、蒙、汉，贯鱼衔尾而进。车树双灯，各有标识。日夕发轫，夜分入后门，至神武门外，候门启，以次下车而入。其车即由神武门夹道出东华门，由崇文门大街至直北街市，还绕入后门，而至神武门。计时已在次日巳、午之间。选毕者，复以次登车而出，各归其家。虽千百辆车，而井然有序。俗谓之排车。闻旧时车马杂沓，先后凌乱，应选者争路不得进，不特堕珥遗簪而已。自嘉庆间额驸丹巴多尔济定此法，人皆称便。又内务府三旗挑选，亦排车在地安门之沙滩地方。

应选女子入神武门，至顺贞门外恭候，有户部司官在彼管理。至时，太监按班引入，每班五人，立而不跪。当意者，留名牌，谓之留牌子。定期覆看，覆看而不留者，谓之撂牌子。其牌书某官某人之女，某旗满洲人（蒙古、汉军则书蒙古、汉军），年若干岁。[①]

根据吴振棫的记载，每三年一次的选秀中，十四岁至十六岁的女子为"合例"，十七岁以上"谓之逾岁"，也就是说参与选秀的绝大多数都是十几岁的女孩子。这些年轻的旗人女孩在家人的陪伴下（根据嘉庆六年的规定，秀女入宫"准跟随一人"[②]），按照旗分进入宫廷，由皇帝每天选看两旗女子。秀女们从神武门入

---

① （清）吴振棫：《养吉斋丛录》卷25，中华书局，2005，第322－323页。
② 《清会典事例》（光绪朝）卷154，第2册第958页。

宫，每排 5 人，在太监的带领下进入顺贞门，阅选完毕之后仍由神武门出宫。吴振棫说明这是嘉庆以后的选秀模式，不过从我们在内务府档案中找到的一则乾隆年间选秀档案来看，其模式是大体相同的，只在秀女年龄和每排人数上有所变化。

　　该档案记载了乾隆末年（具体年代不详）二月初七日至十一日皇帝阅选秀女的全过程①，的确为每天阅选两旗，也的确"并不序旗分"——初七日为镶黄与镶蓝两旗，初八日为正黄与镶白两旗，初九日为正白与正红两旗，初十日为镶红与正蓝两旗。以下以二月初八日为例，呈现具体的选秀情况：

　　　　二月初八日子初大学士和珅、尚书福长安、户部员外郎阿克栋阿、双寿交来：

　　　　正黄旗满洲　十五岁秀女二百六名　　三十五排末二排俱四名

　　　　　　　　　　十六岁秀女一百九十一名　三十二排末排五名

　　　　　　　　　　十七岁秀女一百五十八名　二十七排末二排俱四名

　　　　正黄旗蒙古　十五岁秀女六十五名　　十一排末排五名

　　　　　　　　　　十六岁秀女六十二名　　十一排末二排俱四名

　　　　　　　　　　十七岁秀女六十九名　　十二排末二排五名一

　　① 该档案出自中国第一历史档案馆藏《内务府呈稿》，由 3 件组成，分别为"为验看秀女事""验看秀女排单""验看秀女排单"，档号分别为：05-08-005-000001-0032、05-08-005-000001-0033、05-08-005-000001-0034。但可惜档案中并无具体年代信息，从其中"厢黄旗拱照佐领下副都统布彦达赉之女，年十五岁，指与绵宁为福晋"的记载，查《清宣宗实录》载："嘉庆元年丙辰冬十一月乙丑，赐成大婚礼，是为孝穆成皇后"（《清宣宗实录》卷1，嘉庆二十五年七月，中华书局，1986，第 33 册第 76 页），再结合选秀的三年周期，可判定此次选秀时间当为乾隆六十年，是乾隆朝最后一次八旗选秀。

排、四名一排

正黄旗汉军　十五岁秀女一百四十名　二十四排末二排
俱四名

十六岁秀女一百二十一名　二十排末排
七名

十七岁秀女一百二十一名　二十排末排
七名

满洲、蒙古、汉军逾岁秀女七名　一排

共秀女一千一百四十名　一百九十三排

厢白旗满洲　十五岁秀女二百二十五名　三十七排末排
七名

十六岁秀女一百四十一名　二十四排末排
五名一排、四名一排

十七岁秀女九十名　十五排

厢白旗蒙古　十五岁秀女五十五名　九排末排七名

十六岁秀女五十名　九排末二排俱四名

十七岁秀女四十八名　八排

厢白旗汉军　十五岁秀女九十二名　十六排末二排俱四名

十六岁秀女九十名　十五排

十七岁秀女七十八名　十三排

满洲、蒙古、汉军逾岁秀女六名　一排

共秀女八百七十三名　一百四十七排

以上普共秀女二千十三名　三百四十排 ①

① 中国第一历史档案馆藏：《内务府呈稿》，"验看秀女排单"，档号：05−08−005−
000001−0033。本部分以下引用档案若无特别注明，皆出自该档案。

首先，各旗的确如吴振棫所说，按照满洲－蒙古－汉军的顺序，将秀女按年龄分组，但"合例"者却并非十四岁至十六岁，而是十五岁至十七岁，十八岁以上为"逾岁"。该档案所显示的本次阅选秀女中，有两位二十一岁的秀女被"记名"，但由于档案残缺，不能确定是否已系秀女中年龄最大者。其实，早在乾隆六年七月的上谕中就明确有"八旗秀女于十三四岁即行选看"的说法，且规定十八岁至二十岁的秀女，如不及阅看，请旨后"或即令出嫁"①。但至乾隆末年为何选秀年龄增长到十五岁，逾岁秀女虽然不多、却仍有二十岁以上的女子？看来乾隆朝后期的选秀政策又有过调整。从道光朝一份挑选未及岁秀女的档案来看，其中所指的"未及岁"秀女是十二岁至十四岁的女子，说明至道光年间选秀仍是从十五岁开始算作"及岁"②。不过，光绪朝的几次选秀档案又显示，似乎每次阅选秀女的年龄限度（即"合例"的年岁）和阅选的范围一样，都要提前请旨裁定，且每次都有所变化，如光绪十一年裁定的"合例"年龄为十三岁至十九岁，光绪十七年为十五岁至十九岁，光绪二十年为十三岁至十八岁，光绪二十三年为十五岁至十九岁③。如此看来，清代的选秀年龄很可能是根据需要进行随时的调整变化。

---

① 《清高宗实录》卷 146，乾隆六年七月，第 10 册第 1102 页；卷 120，乾隆五年闰六月，第 10 册第 772 页。本书所引《清实录》皆为中华书局影印本，1985—1987 年出版。

② 中国第一历史档案馆藏：《宫中朱批奏折》，"奏为选看未及岁秀女请旨事"，道光二十三年，档号：04-01-14-0064-075。

③ 中国第一历史档案馆藏：《军机处录副奏折》，"奏报遵查应选秀女大概情形事"，光绪十一年十一月二十八日，档号：03-5836-107；"奏为查明八旗秀女数目事"，光绪十六年十一月二十五日，档号：03-5553-164；"奏为查明八旗秀女数目请定选看日期事"，光绪十九年十二月初七日，档号：03-5558-024；"奏为明年应选秀女情形并钦定选看日期事"，光绪二十二年十二月二十一日，档号：03-5561-180。

其次，乾隆朝秀女每排的基本人数也非吴振棫所说 5 人，而是 6 人，如果本年龄组秀女总数非 6 的倍数，则末尾几排可 4 人至 7 人不等。这一点《钦定总管内务府现行则例》（以下简称《内务府则例》）中有明确记载，乾隆三十三年二月"奉旨，嗣后挑选女子，六人著为一排"①。吴振棫所述嘉庆时为 5 人一排，不知是其记载错误，还是嘉庆时选秀规制又进行了调整。

最后，从本次选秀来看，各旗都是满洲秀女最多，其次为汉军秀女，蒙古秀女最少。

档案显示，上述正黄与镶白两旗共 2013 名秀女中，有 3 名秀女病故，4 名秀女处于病中，未入宫阅选，其他秀女入宫后由总管太监杨进玉"按排领至御花园"，先赏给茶饭，"吃毕等候"。当日乾隆帝在乾清宫西暖阁"传膳、办事"，之后来到御花园绛雪轩阅选秀女。"杨进玉等将秀女按排领至御前览选"，皇帝从这 340 排 2000 余名秀女中只选出一名予以"记名"，系"正黄旗满洲苏昌阿佐领下侍郎柏林之女，年十五岁"，其余"均撂牌子"。从档案记载来看，皇帝辰正二刻（相当于早晨 8：30），由景和门至绛雪轩，"升座"开始阅看，至巳初二刻（9：30），阅看完毕，乘轿由百子门回重华宫，前后仅用时 1 小时，平均每排秀女只看 10 秒钟，速度相当之快，因此秀女在皇帝面前"立而不跪"的原因，很大程度上应是出于阅选速度的考虑，如果加上跪拜的礼节，时间定然延长数倍而导致皇帝疲劳。

至于因病未入宫的女子，也不能因而免于阅看。在皇帝

---

① 《钦定总管内务府现行则例（第二种）·会计司·挑选女子》（清咸丰内府抄本），载《故宫珍本丛刊·钦定总管内务府现行则例二种》，海南出版社，2000，第 282 页。

"览选"之后，由总管太监杨进玉与和珅、福长安共同前往验看，证明"实系真病"，并且"生得亦不慎（甚）好"，"奉旨亦摺牌子"。

至此，两旗初选完毕，2 013 名秀女中只有 1 名秀女得以"记名"，可见遴选之严格。不过，初八日是本次选秀 4 天中记名最少的一天，其余六旗，初七日镶黄旗与镶蓝旗共选出 7 人记名（其中镶黄旗 5 名、镶蓝旗 2 名），人数最多；初九日正白旗与正红旗共选出 2 人；初十日镶红旗与正蓝旗共选出 3 人。4 日合计"记名"秀女 13 人。紧接着，乾隆帝谕令这 13 名秀女于十一日再次"引看"，即为复选。届时，这些记名秀女以四、五人为一排，仍旧"按排领进御花园"，"赏茶饭毕"，也仍旧于绛雪轩接受皇帝的再次"览选"。这一次，乾隆帝从 13 名记名秀女中选出 8 名指婚与 8 名皇族子孙，其中包括后来的道光帝："厢黄旗拱照佐领下副都统布彦达赖之女，年十五岁，指与绵宁为福晋"，是本次记名秀女中家世最好的一位。未予指婚的 5 名记名秀女"俱著摺牌子"。如此，三年一次的八旗选秀即告结束，共计 7 767 名秀女中只有 13 名被"记名"，最终 8 名得到指婚，其余秀女，包括未被指的 5 名记名秀女，都可回家自行婚嫁。

以上论述，仅限于秀女齐集之后阅选的过程，虽然吴振棫说"闻旧时车马杂沓，先后凌乱，应选者争路不得进，不特堕珥遗簪而已"，描绘了嘉庆朝之前选秀的凌乱场景，但从乾隆朝的选秀档案来看，整个过程还是肃穆庄严、井然有序的。这不仅是户部官员和宫中内监安排、引导有序的结果，事实上，选秀活动是一场需要整个八旗组织和朝廷各机构密切配合、协同运作的大型活动。

　　前述顺治年间即有规定，选秀举行之前，先"由户部行文八旗二十四都统、直隶各省八旗驻防及外任旗员，将应阅女子年岁，由参领、佐领、骁骑校、领催及族长逐一具结呈报都统，汇咨户部。户部奏准日期，行文到旗，各具清册，委参领、佐领、骁骑校、领催、族长及本人父母或亲伯叔、父母兄弟、兄弟之妻，送至神武门，依次序列……如有事故不及与选者，下次补行送阅，未经阅看之女子及记名女子私相聘嫁者，自都统、参领、佐领及本人父母族长，皆分别议处。有残疾不堪入选者，由族长、领催、骁骑校、佐领具结呈报都统，声明缘由，咨送户部奏闻"①，相当于在户部的统领之下，对八旗所有未婚女子每三年进行一次清查，从一定程度而言，这与旗人男子的每三年一"比丁"有着类似的作用，通过清查筛选出该年度应参与选秀的旗人女子人数，一方面为之后的选秀活动做好准备工作，选秀"合例"年龄在不同时段的变化很可能就是根据当年的清查人数而进行调整的；另一方面朝廷也借此对旗人女性的人数和婚配情况进行掌握和严格控制。

　　选秀之前，除对秀女的排查、申报、入京（宫）等组织工作之外，还有各项细节的筹备，如秀女所系绿头牌的制作和准备。在各旗将"合例"秀女呈报到户部后，即根据呈报名单开始制作绿头牌，这也是要求呈报工作精准的原因之一。我们没有见到八旗选秀的绿头牌制作记载，但在中国第一历史档案馆藏《内务府呈稿》中找到内务府三旗秀女绿头牌的制作情况：在阅选之前

---

① 《清会典事例》（光绪朝）卷154，第2册第956页。

"交营造司照依旧式成造,一月内造成"①,"各长七寸五分、宽八分、厚一分"②。但不能确定归户部负责的八旗选秀,绿头牌的制作是否也由内务府营造司负责制造。绿头牌代表着秀女的身份,上面写明其"旗分、佐领、年岁、姓氏、三代"等具体信息。乾隆二十五年,皇帝曾下令要求选秀女时在绿头牌上写明其满洲姓氏,说明之前的绿头牌上并不标明满洲姓氏③。从前述乾隆朝选秀档案来看,秀女的名字恐怕也不写明,只说明系某人(其父的名字)之女。光绪十七年选秀女时,说明先年的"成案"系初选时排单和绿头牌均写"清字",复选时则均写汉字;而上一次即光绪十四年选秀时,则为初选绿头牌上"清汉合璧",复选则"均写汉字呈览"④。可见绿头牌的制作标准也是随时调整,这些工作都要由户部会同内务府等相关机构提前完成。

选秀之时,为了维持秩序,需要调动京城的护卫系统,"前锋护军统领带领官员兵丁等,在神武门内外北上门两边栅栏严加管理",使得"内外闲人,毋得乱行"⑤。官员上朝、办事也要礼让,选秀女之日,"自王以下大臣官员进内时,皆由东华门、西华门行走,不准出入神武门",以免冲撞秀女⑥。

康熙三十九年十二月选秀时,皇帝特别谕令:"今日天气甚冷,应选秀女,多系贫寒之家,尔等带至和暖处所,赏给热汤

---

① 中国第一历史档案馆藏:《内务府呈稿》,"为支领嘉庆三年份引看女子等缮写花名需用绿头牌白木牌事",嘉庆三年六月二十八日,档号:05-08-005-000013-0028。

② 中国第一历史档案馆藏:《内务府呈稿》,"木库嘉庆十年会计司行用挑女子绿头牌清册",嘉庆十年七月三十日,档号:05-08-006-000143-0071。

③ 《清高宗实录》卷614,乾隆二十五年六月,第16册第911~912页。

④ 中国第一历史档案馆藏:《军机处录副奏折》,"奏为此次备选秀女人数较少请旨毋庸将清字排单等装斗事",光绪十七年正月二十日,档号:03-5554-007。

⑤ 《清会典事例》(光绪朝)卷1154,第12册第501~502页。

⑥ 《清会典事例》(光绪朝)卷154,第2册第958页。

饭，勿致冻馁。"① 此后赏给秀女饭食遂成定例。前述乾隆朝档案中秀女初选、复选之前都先"赏给茶饭"。如此，宫廷内掌管食事的御膳房等机构也应参与选秀活动，预备数千人之饭食也是不小的工作量。此外，由于秀女皆须坐车至神武门，乾隆帝考虑到大臣官员之家都有自己的车辆，但八旗兵丁之家只能雇车乘坐，给贫困的家庭增加了经济负担，因此规定"嗣后挑选秀女，不论大臣官员、兵丁人家，著每名赏给银一两，以为雇车之费"，此项银两由户部动用库银支付②。按照前述乾隆朝选秀的规模计算，仅车费一项国家就要支出近万两银子。

在这一系列周密细致的安排中，每一名秀女作为选秀的主体，很难不感受到作为一名旗人与朝廷、皇帝之间的关联性和归属感。她们的婚姻与未来首先掌握在皇帝手中，原则上讲，每一位秀女都有成为皇帝的妃嫔或者皇室王公妻妾的可能性，这样的可能性使得她们在旗人社会中享有一定的地位。朱子彦指出，八旗女子在选秀之前既不能婚配，也不能对任何长辈或他人行跪拜大礼，"因为她们极有可能日后成为妃嫔，甚至登上'母仪天下'的皇后宝座。所以秀女不下跪，乃是为了维护清朝皇室的崇高地位"③。我们并没有在清代文献中看到有关八旗女子不能跪拜长辈的相关规定和实践，不过可以肯定的是满人风俗的确重视未嫁之女。《清稗类钞》载："小姑之在家庭，虽其父母兄嫂，亦皆尊称之为姑奶奶"，"而所谓姑奶奶者，颇得不规

---

① （清）鄂尔泰、张廷玉等编纂：《国朝宫史》卷 2 "训谕二"，北京古籍出版社，1994，第 11 页。

② 《清高宗实录》卷 136，乾隆六年二月，第 10 册第 971 页。

③ 朱子彦：《帝国九重天：中国后宫制度的变迁》，中国人民大学出版社，2006，第 116 页。

则之自由。南城外之茶楼、酒馆、戏园、球房，罔不有姑奶奶。衣香鬓影，杂遝于众中"①。前述溥仪和金启孮的说法也印证了这一点。

除暗含的身份转变的可能性之外，每位旗人女子还通过亲自参与选秀活动感受到了一个旗人与皇帝——这一八旗最高领袖、所有旗人的"主子"——之间的微妙关系：她们既是皇帝的"奴才"，也受到皇帝的"恩养"。满洲皇帝通过赐给旗人男性优厚的钱粮待遇而建立起主奴关系和效忠情感，在选秀女的过程中他们也注意培养这种关系。康熙帝关心秀女的冷暖、赏给饭食，乾隆帝赏给车马银两，都让秀女们感受到来自皇帝的"恩养"。还有一些秀女会得到皇帝额外的赏赐。以咸丰八年的选秀为例，皇帝特意赏给山西布政使常绩之女"绿江绸一匹"、四川提督万福之孙女"绿江绸一大卷、红缎一大卷"，使得秀女本人及其家族都感受到了来自皇帝的"高厚鸿慈"②。

尽管绝大多数秀女最终被"撂牌"，各自回家婚嫁，但她们亲往面圣的宫廷之旅无疑在其一生中留下深刻印象，如果能够被记名、受赏，或以其他任何一种方式与皇帝发生交集，都是秀女一生中最重要的荣耀。《清稗类钞》记载了镶红旗一名叫长姑的秀女与皇帝的交集：

> 京师镶红旗骁骑校额明德有女曰长姑，幼颖慧。尝从叔
> 氏读，通书史大义。额老而无子，家赤贫，恃其针黹以为

---

① （清）徐珂编撰：《清稗类钞》第 5 册"风俗类·旗俗重小姑"，中华书局，1984，第 2212 页。

② 中国第一历史档案馆藏：《军机处录副奏折》，"奏为三女中挑选秀女时蒙赏绸匹谢恩事"，咸丰八年二月二十一日，档号：03-4127-092；《宫中朱批奏折》，"奏为孙女挑选秀女时蒙恩赏赐绸缎谢恩事"，咸丰八年四月十六日，档号：04-01-14-0068-058。

养，暇则教邻童以识字，借博微资，佐菽水。咸丰己未，内廷选秀女，名在籍中，闻报，抱父母恸哭，念父母老无依，欲奉以遁者数。既不克脱，届期，随众往，候驾坤宁宫门外。众女俟驾久，疲不能耐，相向泣。监者叱之曰："驾且至，敢若此，不畏笞耶？"长姑厉声曰："果当选，即终身幽闭，不复见其亲，生离死别，争此晷刻，安得不泣！且粤寇今陷金陵，天子不求将帅之臣，汲汲谋战守，乃犹强攫人女，以纵己一日之欲，行见寇氛迫宫阙，九庙不血食也。吾死且不畏，况鞭乎！"监者亟掩其口，而御辇至矣。因缚其手，牵诣驾前，抑之跪。文宗先已微闻其言，至是，笑问其故。长姑仍奏如前。上默然久之，挥使出，曰："汝不愿应选，可自去。"当上之初出也，人人自危，以为天威不可测。及闻长姑慷慨数言，而上不怒，无不颂上之宽仁，服长姑之胆识。长姑以是蜚声于时，湘潭王闿运为作《今烈女传》以宠之。后某侍郎子慕其名，礼聘焉。[1]

长姑在皇帝面前出言不逊，不但没有带给她灾难，反而由于皇帝的宽容使得她在选秀之后"蜚声于时"，不仅受到文人的追捧而名留青史，也在婚姻上得到更好的归属。可以说选秀女的机会使一个八旗贫困家庭的女儿展现出自己的勇气和才华，也在一定程度上改变了自己的命运。

二、选秀活动与皇帝对旗人女性"族群意识"的灌输

对于清代皇帝而言，选秀也远非只是为自己和兄弟子侄挑选

---

[1] （清）徐珂编撰：《清稗类钞》第 7 册"正直类·长姑论时局"，第 3045—3046 页。

妻室这么简单。前文已述，三年一次的选秀相当于朝廷对旗人未婚女性进行定期的人口普查，也是皇帝对旗人进行掌控的重要方式之一。通过选秀，皇帝不仅向年轻的旗人女性灌输皇族的选婚优先权，而且将此作为检视旗人女性民族认同和对其进行族群教育、加强族群意识的重要契机。

"选秀女"从字面理解，就是挑选容貌秀丽的女子，前文乾隆朝选秀档案中，总管太监杨进玉与和珅、福长安代表皇帝前往验看因生病而未入宫的女子时，指出她们"生得亦不慎（甚）好"，因此都"撂牌子"，可见容貌的确是初选的重要考量因素。其次，选秀时秀女们成排站立，由太监引入，也是借此查看她们的身材、行动和举止。从史料记载来看，秀女有统一规定的装束。嘉庆八年掌云南道监察御史济兰上奏说，选秀时八旗兵丁之家，"衣饰等费届期置办，诚恐不无拮据"①，光绪二十年选秀女时，户部奏请"本年选看秀女，妆梳服饰，是否照成案办理。得旨，著照成案办理"②，说明秀女需穿着规定的服饰入宫。可惜的是，八旗秀女的服饰具体如何，并未见相关图文记载，不得而知，但可以肯定的是皇帝对于秀女的服饰相当在意。

乾隆二十四年阅选秀女时，皇帝发现"竟有仿效汉人装饰者，实非满洲风俗"，因而大为不满；乾隆四十年选秀女时，皇帝发现"包衣佐领之秀女皆带一坠子，并相沿至于一耳一钳"，乾隆帝认为这无疑是受到汉族文化的影响，与"旗妇一耳带三

---

① 中国第一历史档案馆藏：《宫中朱批奏折》，"奏为所有八旗外任兵丁应选之秀女可否免其送选敬陈管见事"，嘉庆八年九月初一日，档号：04-01-14-0052-012。

② 《清德宗实录》卷333，光绪二十年正月，第56册第282页。

钳"的"满洲旧风"相悖，如此装束"则竟非满洲矣"①。他继而认识到这一问题的严重性：旗人妇女"在朕前尚尔如此，其在家时恣意服饰，更不待言"②。就是说，如果选秀这样的公开场合都如此穿着，旗人妇女平日私服的汉化程度必然更甚。乾隆帝进一步指出服饰问题与满洲文化之间的重要关联："此虽细事，然不加训诫，必至渐染成风，于满洲旧俗大有关系。"③ 从此，清帝即开始着意在选秀时查禁旗人女性的汉化倾向。嘉庆九年，镶黄旗都统奏报，"该旗汉军秀女内有十九人俱经缠足"。嘉庆帝当即斥责此举"甚属错谬"，"一旗既有十九人，其余七旗汉军想亦不免"。嘉庆帝起初还乐观地认为这一现象应只存在于八旗汉军的下层旗人，"惟此等汉军自幼乡居，是以沾染汉习"④。然不过10年之后，他就开始慨叹在阅选秀女时，"其寒素之家，衣服尚仍俭朴，至大臣官员之女，则衣袖宽广逾度，竟与汉人妇女衣袖相似"⑤。他指出，"男子尚易约束，至妇女等深居闺阃，其服饰自难查察"⑥。因此，阅选秀女的过程也成为皇帝检验旗人女性是否汉化的最佳时机，从而给这一制度增添了新的内涵。

从实录和会典的记载来看，从乾隆至道光朝，皇帝都在选秀女时反复申饬、严厉惩戒，力图通过选秀活动纠正旗人女性的汉化倾向⑦。

---

① 《清会典事例》（光绪朝）卷1114，第12册第81页。
② 同上。
③ 同上。
④ 《清仁宗实录》卷126，嘉庆九年二月，第29册698页。
⑤ 《清仁宗实录》卷324，嘉庆二十一年十一月，第32册第277页。
⑥ 《清会典事例》（光绪朝）卷1218，第12册第1111页。
⑦ 相关内容参见《清会典事例》（光绪朝）卷400，第5册第470-471页；卷1114，第12册第83页；等等。

尽管清代不断缩小选秀范围，参与选秀的女性越来越少（这一点详见后文论述），但皇帝并未因此放松对旗人女性的管理，一旦发现"各旗满洲蒙古秀女内有衣袖宽大、汉军秀女内仍有裹足者"，其父兄及所属都统章京都要受到严惩①。美国学者欧立德（Mark Elliott）指出，朝廷以文和武来区分满汉男性，而以脚的尺寸、耳环数量和服装式样（袖子的宽度）来区分满汉女性②。这种区分满汉女性的观念，在很大程度上是通过选秀活动进行灌输的。

除服饰外，清帝还通过在选秀活动中强调满人的姓氏来加强她们的民族认同。本来满洲风俗，一般只称名字而很少提及姓氏，即便实录、会典等官方史书，如非必要也一般不提姓氏，男性如此，女性的姓氏就更少被提起，这导致满人逐渐对自己的姓氏不大在意。乾隆二十五年，皇帝发现一些旗人竟将本姓弃置，改为汉姓，"如钮祜禄姓，竟呼为郎姓者"。他认为，"姓氏乃旗人根本，甚关紧要。今若不整顿，必致各忘本姓而不知"。遂规定今后除引见官员时要写明本姓之外，"选看秀女，亦照此将姓氏于绿头牌缮写，将此通行"③。其实满洲旧俗，女孩不仅不重姓氏，往往连名字也很随意。《清稗类钞》载：宗室女"如未奉有正式封号者，皆统称格格……若闲散八旗、若内府三旗，凡对于未嫁之幼女，皆称妞妞"④。我们所见的清宫档案印证了这一说法，宗女多称"某格格"，宫女多称"大妞""二妞"等。因此对于普通八旗女性而言，名字不清、姓氏不明，这无疑会严重影

---

① 《清仁宗实录》卷160，嘉庆十一年五月，第30册第76页。

② Mark C. Elliott, *The Manchu Way: The Eight Banners and Ethnic Identity in Late Imperial China* (Stanford University Press, 2001), pp. 246–255.

③ 《清高宗实录》卷614，乾隆二十五年六月，第16册第911–912页。

④ （清）徐珂编撰：《清稗类钞》第5册"称谓类·皇室皇族之女称谓"，第2182–2183页。

响到她们的族群认同。清朝皇帝在选秀女时强调其姓氏，不仅有助于区别秀女的身份地位，而且有助于强化她们的族群认同，不少对姓名没有明晰概念的旗人女孩，应该是通过阅选秀女的环节才开始了解自己家族姓氏的。

总之，对于大多数的旗人女性而言，选秀对她们的意义，并非被记名或者被指婚而就此进入皇室、改变人生，而是通过阅选秀女，能够有机会进入宫廷、见到皇帝，切身体验到帝王的威严和关怀，并且通过对服饰和姓氏的强调，进一步强化了她们的族群概念，建立起对旗人共同体的认知。

第二节　八旗选秀范围的变化

学界在讨论八旗"以旗统人"的特点时，往往偏重于对旗人男子的关注，"即以旗统兵"，但旗下所统之人显然还包括女性。虽然旗人女性不需要"挑甲"，也没有固定的钱粮①，但她们同样受到严格的控制，并承担相应的义务。如前所述三年一次的选秀活动，就是国家对于女性旗人人口的一种排查、登记和掌控，并从中挑选可用之人。

选秀制度始于顺治朝。顺治十年，皇帝将第一位皇后博尔济吉特氏降为静妃②，随后下旨"采选淑女"以为中宫皇后，采选范围"在内满洲官民女子，在外蒙古王贝勒以下、大臣以上女子

---

① 媵妇除外，有关八旗媵妇的优恤钱粮，参见定宜庄：《满族的妇女生活与婚姻制度研究》，第142—148页。

② 《清世祖实录》卷77，顺治十年八月，第3册第612页。

中敬慎选择"①。从此选秀一直延续至光绪三十二年②。在这 250
余年间，虽然不是每次选秀都留有确切记录，但从总体情况来
看，三年一次的选秀制度得到较好的执行，有清一代共计举行 80
余次，即便在皇帝大丧期间也施行不误。如乾隆帝崩逝，嘉庆帝
指出当时虽处于"二十七个月素服内"，但若暂停选秀便会导致
"未选女子婚配失时"，因此仍定于当年八月选看内务府三旗女
子，次年二月选看八旗秀女③。

清初的选秀范围基本囊括所有八旗官兵之女，满洲、蒙古和
汉军八旗二十四都统，不分京城或外地驻防旗人，所有及岁女子
在选秀之前不可擅自婚嫁，否则"自都统、参领、佐领及本人父
母、族长，皆分别议处"④。清朝统治者将旗人女性的婚嫁权牢
牢掌控在自己手中，一方面是保证皇室选婚的优先权，另一方面
是将指婚作为寻求政治联盟和平衡的重要手段。这一点前人皆有
论及，此处不再赘述。然而，随着清代政权的稳定和人口的繁
衍，统治者控制旗人女性婚配的需求逐渐减弱。嘉庆帝即明确指
出，从乾隆朝开始，每次选看秀女，只指配给"圣祖（康熙帝）
派衍二十四支宗室"，因此自己也照此规矩，给世宗（雍正帝）
的派衍宗室指婚，并规定"永著为例"⑤。从此，皇帝将指婚范
畴缩小到只包括自己祖父的子孙这样的近支宗室，而与指婚范围

---

① 《清世祖实录》卷 78，顺治十年十月，第 3 册第 617 页。
② 《清德宗实录》载，光绪三十一年十二月乙丑，"著于明年三月内，将在京八旗
例应备选秀女，年十四岁至十七岁者，预备选看"，但次年三月的实录记载"庚午，停止
选看八旗秀女"。这是清代官方文献中最后一次出现选秀女的记录。《清德宗实录》卷
553，光绪三十一年十二月，第 59 册第 340 页；卷 557，光绪三十二年三月，第 59 册第
378 页。
③ 《清仁宗实录》卷 42，嘉庆四年四月，第 28 册第 516 页。
④ 《清会典事例》（光绪朝）卷 154，第 2 册第 956 页。
⑤ 同上书，第 958 页。

缩小相伴的，就是选秀范围也从乾隆朝开始呈不断收缩的态势。

一、选秀范围的不断收缩

八旗选秀的收缩始于乾隆年间，尽管乾隆帝在六年七月的上谕中仍表示："我朝定例，八旗秀女，必俟选看后方准聘嫁，凡在旗人，理宜敬谨遵行……若在未经挑选之前，即行结亲许字，非惟废弛旧制，并恐无奏事责任之人，或不敢陈奏之人，伊等已行许字之女，朕因不知，另指他人，亦大有关系。且八旗秀女，于十三四岁即行选看，并无耽搁之虞。著交户部通行传谕八旗，所有未经选看之秀女，断不可私先结亲，务须遵例于选看后再行结亲聘嫁。"① 反复强调八旗女子在选秀之前不可擅自出嫁。但在此之前的一个月，他已然允许八旗十八岁至二十岁的"逾岁"秀女，若"迟误不及阅看者"，请旨后"或即令出嫁"②，标志着选秀之制开始出现松动。

最早被皇帝排除出选秀范围的是较低级别的外任旗人之女。乾隆八年谕："选秀女时，外任旗员之女若概令送京阅看，路途遥远，不免往返跋涉之劳。嗣后外任文官同知以下、武官游击以下之女，停其送阅"。乾隆十一年，再准许各省驻防协领等官之女免于选秀③。清代官制，同知为文职正五品，游击和协领皆为武职从三品，从此低于该品级的文武旗人官员之女不再参与选秀。

乾隆四十五年，皇帝又允许密云驻防八旗在选送秀女时，按

① 《清高宗实录》卷 146，乾隆六年七月，第 10 册第 1102 页。
② 《清高宗实录》卷 120，乾隆五年闰六月，第 10 册第 772 页。
③ 《清会典事例》（光绪朝）卷 154，第 2 册第 957 页。

照良乡、顺义、三河驻防之例，三品以下官员及兵丁之姊妹女
子，不必选送秀女①。将京城附近驻防八旗免选的范围扩大至不
论文武官员皆为正三品的级别。

嘉庆朝开始，免选的考量因素从官阶和驻防地扩展至族群，
最先被排出选秀范围的是低级别的八旗汉军之女。嘉庆十一年谕
令，八旗汉军笔帖式、骁骑校以下之女不必备选。不过七年之
后，嘉庆帝就将免选范围扩大至满洲和蒙古旗人，下令八旗满
洲、蒙古中护军、领催以上女子照旧备选外，各项拜唐阿、马甲
以下女子不必备选。道光元年进一步规定，八旗满洲、蒙古闲散
食三两饷银兵丁、续挑四两钱粮、得有顶戴者之女，八旗汉军闲
散食饷兵丁、得有笔帖式、骁骑校等项顶戴人员之女，均按照
"残疾秀女"之例，不必备选；食孤饷孀妇之女，如查明其父非
文职五品、武职四品官员，亦毋庸备选②。守护陵寝大臣之女，
如果随从父亲在任，则不必"送京选看"③。这一过程表明，选
秀范围的逐步收缩是该制度变化的一个整体趋势，汉军旗人的被
排斥只是大趋势中的一个小波谷而已。

档案显示，至光绪年间，秀女选看范围一度缩小到仅限京城
旗人中上层官员之女。如光绪十七年备选范围仅为"在京文职五
品以上、武职四品以上官员之女"，所有外任文武官员不论品级
高低，其女一律不必参选。由于符合标准的女孩较少，光绪二十
年扩大至"在京文职六品以上、武职五品以上官员之女"；但光
绪二十三年再次恢复为在京文职五品以上、武职四品以上官员之

---

① 《清会典事例》（光绪朝）卷 154，第 2 册第 957 页。
② 同上书，第 2 册第 958—959 页。
③ 《清会典事例》（光绪朝）卷 1114，第 12 册第 83 页。

女参与选秀；至光绪三十二年的规定为，"预备选看品级著照例办理，外任官员之女毋庸传送"①。其中的"照例办理"，说明选看品级和范围都没有发生新的变化。

由上可见，清代选秀范围的收缩态势是十分明显的，基本上是遵循由外地而京城、由下层而上层、由武职而文职、由汉军而满蒙旗人的大致顺序，逐步缩小选秀范围，将最终得以进入宫廷、可能成为妃嫔的女性人选基本圈定在京城中上层八旗家庭之中。尽管清朝的皇帝们并不大情愿承认这种趋向，如嘉庆八年掌云南道监察御史济兰奏请，循乾隆八年外任文官同知以下、武官游击以下之女停止阅选之例，进一步豁免在京普通八旗兵丁之女的选秀，被嘉庆帝斥为："妄更成例、沽名吊（钓）誉、矢口乱道！"② 但仅仅3年后，这位皇帝就先是下令八旗汉军笔帖式、骁骑校以下之女免于选秀，再于嘉庆十八年下令八旗满洲、蒙古各项拜唐阿、马甲以下女子不必备选，实际上基本应从了济兰所请。

另外从族群的角度讲，选秀不仅仅涉及满蒙汉旗人。乾隆二十三年和四十二年曾宣布将各旗佐领下附入的额鲁特之女、住居健锐营的新旧"番子"之女都纳入八旗选秀范畴。但仅至乾隆四十三年，皇帝就批准健锐营的奏请，将京城所有回子、新旧"番子"之女归入内务府选秀。这一转变意味着其选秀目的从原来的

---

① 中国第一历史档案馆藏：《军机处录副奏折》，"奏为查明八旗秀女数目事"，光绪十六年十一月二十五日，档号：03-5553-164；"奏为查明八旗秀女数目请定日期事"，光绪十九年十二月初七日，档号：03-5558-024；"奏为明年应选秀女情形并钦定选看日期事"，光绪二十二年十二月二十一日，档号：03-5561-180；"著为明年备选秀女照例办理外任官员之女毋庸传送事谕旨"，光绪三十一年，档号：03-5743-088。

② 中国第一历史档案馆藏：《宫中朱批奏折》，"奏为所有八旗外任兵丁应选之秀女可否免其送选敬陈管见事"，嘉庆八年九月初一日，档号：04-01-14-0052-012。

为皇族指婚转变为入宫充当宫女，降低了其选秀的规格①。至道光二年又宣布从下一年（道光三年）起，内务府三旗女子内所有回子、番子之女"毋庸入排引看"，彻底取消了八旗之外其他族群女子的选秀资格②。这也是清代选秀范围收缩过程中的一个小插曲。

　　随着选秀范围的收缩，清代秀女的人数呈直线下降趋势。前述乾隆时期一次八旗选秀，参选者七八千人，皇帝需要每天阅选两旗数千秀女，连续阅选 4 天才能完成初选，之后再进行复选和指婚，是一个很大的工作量。随着选秀范围的不断缩小，至光绪十二年选秀时，只有 97 名秀女参选，光绪十七年、二十年进一步将范围缩小至京城官员之女后，两次选秀都只有 12 名秀女供阅选，至光绪二十三年，只有正黄旗 1 名秀女符合入选条件③。这样的趋势一方面显示出由于政治需要和指婚范围缩小等原因，皇室所需秀女人数明显减少；另一方面也显示出清代后期随着皇权的衰落，八旗选秀制度逐渐流于形式，皇室不再有足够的精力和财力组织大规模的选秀活动，皇帝对旗人特别是对女性旗人的控制逐渐放松，这也是八旗制度逐步松解的一种体现。

---

　　① 《清会典事例》（光绪朝）卷 154，第 2 册第 957 页；卷 1114，第 12 册第 81 页。《内务府则例（第二种）·会计司·挑选女子》，载《故宫珍本丛刊·钦定总管内务府现行则例二种》，第 282-283 页。

　　② 《清会典事例》（光绪朝）卷 154，第 2 册第 959 页。

　　③ 中国第一历史档案馆藏：《军机处录副奏折》，"奏报应选秀女大概情形事"，光绪十一年十一月二十八日，档号：03-5836-107；"奏为查明八旗秀女数目事"，光绪十六年十一月二十五日，档号：03-5553-164；"奏为查明八旗秀女数目请定日期事"，光绪十九年十二月初七日，档号：03-5558-024；"奏为明年应选秀女情形并钦定选看日期事"，光绪二十二年十二月二十一日，档号：03-5561-180。

二、血统的甄别和反复

相对于整体选秀范围的收缩趋势而言，秀女血统的甄别则呈现出先收缩再扩张的矛盾态势。这与皇帝对满汉文化冲突与融合的理解有着直接关系。

首先需要明确的是，清代皇族成员并不参与选秀。皇族基于血缘远近分为宗室、觉罗两个脉络①，依照同宗不婚的原理，宗室与觉罗不论辈分多么疏远皆不参与选秀，这一点在整个清代都是非常明确而严格的。康熙时特别强调，宗室、觉罗因各种原因被革退者，所生之女在选秀女时切不可混入："宗室革退者，向皆不入玉牒，其子孙若不及今表著，日后年远，必至湮没，所关甚大。应查明载入玉牒，酌量给带为记。觉罗等原系同祖所生，其犯罪革退者若不查明，亦将湮没，所生子女皆应查明记载，选秀女时毋令混入。"其后宗人府议定，将宗室革退者给以红带，附入黄册；觉罗革退者给以紫带，附入红册。将来修玉牒时，将二者"附名册后"。② 可见，革退的宗室、觉罗得以附入玉牒，完全是由于选秀女时血统考察的需要。

除皇族外也有其他的个别家族免于选秀，如达海家族。清初，达海由于"增定国书，满洲群推为圣人。其子孙：男子系紫带，亚于宗姓；女子不选秀女"③。由于达海对满文改进所做出

---

① 清制，按照皇族血缘的近远亲疏分为宗室、觉罗，太祖努尔哈赤之父塔克世的直系子孙为宗室，塔克世的叔伯兄弟子孙为觉罗。"丁丑，礼部和硕贝勒萨哈廉转传上谕曰，宗室者，天潢之戚，不加表异，无以昭国体，甚或两相诋毁，詈及祖父，已令系红带以表异之。又或称谓之间，尊卑颠倒，今复分别名号，遇太祖庶子，俱称阿格；六祖子孙，俱称觉罗。"（《清太宗实录》卷22，第2册第289页）

② 《清会典事例》（光绪朝）卷1，第1册第1页。

③ 《清史稿》卷228"达海传"，第9258页。

的重要贡献，其家族成员男子可以像革退之觉罗一样系紫带，女子则不参选秀女，相当于给予了类似"亚皇族"成员的待遇。但像达海这样的家族毕竟是极特殊而少数的群体，在清代属于个例。

康熙朝起，皇帝还开始注意到秀女的母系血缘问题，规定"阅选秀女时，有系后族近支，及母族系宗室、觉罗之女者，均声明"①。这大概与康熙朝姐妹同为后妃的比例较高有关。从《清史稿·后妃传》记载来看，康熙朝后妃中有 4 对亲姐妹，分别是孝诚仁皇后与平妃赫舍里氏、孝昭仁皇后与温僖贵妃钮祜禄氏、孝懿仁皇后与贵妃佟佳氏、宜妃姐妹郭络罗氏②。皇帝大概出于均衡后宫权力的考量，开始注意甄别后族血缘关系。该规定至乾隆七年进一步明确为："皇太后、皇后之姊妹、亲弟兄之女、亲姊妹之女，记名者，著户部奏闻，撤去记名。"③ 有学者认为皇帝将太后与皇后家族近支女亲排出选秀范围，是出于伦理的考量④。乾隆帝的继承者嘉庆帝起初也持此看法，他于亲政后第二年即指出，后妃之姊妹备选秀女"于体制殊有未协"，因而进一步将免选范围扩大至"自嫔以上，其亲姊妹，著加恩不必备挑"。这里的"体制"虽未言明具体为何，但从之后嘉庆帝又下令公主之女免于选秀，甚至乳母之女也不必备选来看⑤，应当就是遵循儒家伦理的规范。

但是，嘉庆帝很快就意识到自己的局限性，领会到康熙帝为

---

① 《清会典事例》（光绪朝）卷 154，第 2 册第 956 页。
② 《清史稿》卷 214 "后妃传"，第 8910—8913 页。
③ 《清高宗实录》卷 172，乾隆七年八月，第 11 册第 192 页。
④ 刘潞：《清代皇后册立与八旗大姓氏族》，《故宫博物院院刊》1997 年第 1 期。
⑤ 《清仁宗实录》卷 76，嘉庆五年十一月，第 28 册第 1030 页；卷 80，嘉庆六年三月，第 29 册第 32 页。《清会典事例》（光绪朝）卷 1218，第 12 册第 1111 页。

何对于后族及母族之女仅规定在选秀时予以"声明"，而乾隆帝虽然允许太后、皇后家族的近亲女子可以在选中之后撤去记名，但仍需参加选秀，同时规定"妃嫔等姊妹、亲弟兄之女、亲姊妹之女，有记名者，著内务府告知首领太监奏闻"①。也就是说，康乾二帝只是强调在选秀过程中要对后妃家族的女性注意甄别，而并未将其排除在选秀之外。认识到这一点的嘉庆帝连忙感叹："仰见我皇考圣谕详明，至为周备"，并随即以之前免除妃嫔姊妹选秀的规定"办理尚未画一"为由，下令"嗣后皇后妃嫔之姊妹及亲弟兄、亲姊妹之女，于挑选秀女时仍一并备挑"。同时像康乾时代一样，要求内务府在挑选秀女时遇有后妃家族女子要予以"声明"，并且"另为一班，不必拘定年岁，作为各本旗头起带领"②，进一步将后妃家族的秀女与普通秀女进行了区别对待。此后的皇帝皆遵循了嘉庆帝的改革，未再对此政策进行改动。随着对秀女母系血统的甄别，从康熙朝以后，姑侄、姐妹同为后妃的比例大大降低，姑侄共侍一帝的情况仅有同治朝的孝哲皇后和珣嫔阿鲁特氏，后者是大学士赛尚阿之女，为孝哲皇后之姑③；姐妹则只有咸丰朝璹贵人、玉贵人，光绪朝瑾妃、珍妃两对。

由上可见，清朝皇帝对于选秀中母系血统的限制显得较为矛盾：一方面希望甄别和排除后妃家族女子，以期更加符合儒家伦理规范，同时也包含有限制某一家族后宫势力的考量；但另一方面又唯恐动摇了选秀制度在八旗上层社会的重要性，弱化了皇帝

---

① 《清高宗实录》卷172，乾隆七年八月，第11册第192页。
② 《清会典事例》（光绪朝）卷154，第2册第958页。
③ 唐邦治辑：《清皇室四谱》卷2，载沈云龙主编《近代中国史料丛刊》第8辑，文海出版社，1967，第106页。

对于八旗的掌控权，也丧失了通过三年一选秀对八旗女性灌输族群观念、增强其民族向心力这一难得的时机。因此，最终将后妃家族女性仍旧纳入选秀范围，但予以区别对待，减少其进入宫廷的可能性。

第二章

"承值内廷"：内务府三旗选秀

  清代，内务府选秀与八旗选秀是各自相对独立的两个系统，后者由户部负责，每三年一次在外八旗女子中遴选；前者由内务府负责，每年一次在内三旗女子中遴选。与八旗选秀的目的不同，内务府选出的秀女是作为"承值内廷"的宫女，这与内三旗是皇帝家奴的身份属性相符合。由于内三旗选秀在仪式和规定方面与八旗选秀有着不少相同之处，这使得史料中对二者常常相提并论，如"八旗及内务府三旗女子，例应选看一次，未经留牌者，方准许字于人"[①]；再如"凡选验秀女，恩赏雇车银两"，"若八旗者动用户部银两，若内府佐领下者动用广储司库银"[②]。前述乾隆末年的八旗选秀档案也显示，乾隆帝在二月初七日至初十日选看八旗秀女之后，紧接着于二月十一日同样在御花园绛雪轩"引看包衣三旗女子毕"[③]。当然，由于二者选秀的频度不同，因

---

  ① 《清仁宗实录》卷42，嘉庆四年四月，第28册第516页。

  ② 《内务府则例（第二种）·会计司·挑选女子》，载《故宫珍本丛刊·钦定总管内务府现行则例二种》，第282、281页。

  ③ 中国第一历史档案馆藏：《内务府呈稿》，"验看秀女排单"，档号：05-08-005-000001-0033。

此并非总能重合。

学界对于选秀制度的研究多集中在八旗选秀方面，内务府选秀由于资料缺乏而研究相对薄弱。近年来内务府档案的次第开放和出版，为我们进一步窥探内务府选秀活动提供了良好的契机，本章将以清宫档案资料为基础，结合官书史料，考察内务府选秀的具体情况，对比内务府选秀与八旗选秀之间的异同。

第一节　外貌与家世：内务府选秀的考量因素

内务府选秀的目的主要是"承值内廷"，即担任宫女、为宫廷服役，但是挑选的首要标准却与八旗选秀并无差别，即容貌秀美。康熙时，考虑到盛京地方的内务府庄屯包衣之女，由于距离京城遥远，每年验看不便，下令盛京地方的内务府选秀由每年一选改为三年一选，将女子选秀与男子"比丁"相结合，"三年派员比丁一次，比丁时悉将女孩查明入档，至十三岁后，派出官员验看，入俊美者记名，于择选三旗包衣佐领下女孩时送来京城一并验看"[①]。可见，"俊美"同样是内务府选秀的首要标准。当然，作为宫廷侍女，心灵手巧和干练稳重也是非常必要的品质，只是这需要在入宫之后慢慢考察和培养（详见本书第十一章论述），并非一时之间可以甄别的品性。

每年底，内务府各佐领、管领都会将所管旗下及岁女子的名册汇齐上奏，名册中要明确记录女子出身、属相、年龄、健康状况、家世背景等情况。下面以光绪十九年内务府选秀时镶黄旗的

---

① 辽宁省档案馆编译：《盛京内务府粮庄档案汇编》，辽沈书社，1993，第 240 页。

名册记载为例：

> 镶黄旗常贵佐领下现年应看女子一名，护军校载斌之女大妞，蛇年十三岁，并无疮疤、气味，汉军，并无妃嫔姐妹兄弟之女是实，实无残疾，为此佐领常贵、骁骑校荣宽、副领催舒恒全保。

> 厢黄旗特寿管领下本年引看女子：披甲人庆保之女五妞，蛇年十三岁，无生疮、气味，汉军；原拜唐阿英谦之女大妞，蛇年十三岁，无生疮、气味，汉军。以上共女子二名，并无妃嫔姐妹兄弟亲生之女是实，为此内管领特寿、副内管领清安、副领催文康全保。①

既然挑选的首要标准是"俊美"，身有残疾的女子不大可能入选，但这并不意味着有残疾就可以免于挑选。清代规定，残疾等问题须于"引看时牌内注明，照旧挑选"②。如道光二十三年三月，内务府正白旗长山佐领奏报，其下参将景兴次女，"现年十九岁，本有喘喉壅腿疾之症，不能行动，例不送选"。但内务府查核时指出此举并不符合规定，下令"即将伊女照旧送京挑选，事关引看，勿得违误"③。如果女子身有残疾却隐瞒不报，冒充正常人参与选秀，也不符合规定，一经查出，相关人员都要受到责罚。乾隆二十九年选秀时，披甲人二格之女苏伦珠"于七岁时跌伤，以致左腿瘸疾"，但二格并未提前说明，管领也没有

---

① 中国第一历史档案馆藏：《清代谱牒档案》（缩微胶卷），"镶黄旗汉字女子清册"，光绪二十年，原目录号：5-33-3，人事0394，缩微号：A087。

② 中国第一历史档案馆藏：《内务府呈稿》，"为查明参将景兴之女因腿疾不送选与例不符咨行两江总督衙门事"，道光二十三年三月十七日，档号：05-08-005-000191-0025。

③ 同上。

细查，在挑选时经妇人验看"此女子左腿近上处有一疙瘩，大有三四寸，有疾是实"。为此，内务府以"其父二格既不禀明于前，该管领及领催等又不查验于后，均属糊涂不合"为由，奏请对其进行严惩①。

除长相俊美之外，秀女的家庭出身同样会影响到内务府选秀的结果，但是与八旗选秀最大的不同之处在于，内务府秀女的出身高反而会成为她们不入选的重要原因。内务府旗人在身份上虽是皇帝的奴仆，但也是正身旗人，已有研究证明其在清代旗人社会中的地位并不低，很多内务府旗人身居要职，家世显赫②。只是不论地位高低，他们的女儿按照规定都须备选宫女、入宫服役，这在一定程度上与秀女的出身是相当矛盾的。雍正七年时，皇帝就曾表示，"凡挑选使令女子，在皇后、妃、嫔、贵人宫内者，官员世家之女尚可挑入。如遇贵人以下挑选女子，不可挑入官员世家之女。若系拜唐阿、校尉、护军及披甲闲散人等之女，均可挑入"③。也就是说，家庭出身高的内务府秀女只服务于后宫地位较高的妃嫔，出身低的秀女服务于地位低的答应、常在等。很明显，皇帝也是希望通过这一办法来协调宫女与妃嫔之间家庭地位存在的反差问题。为了便于在选秀时甄别内务府秀女的家庭出身，嘉庆十八年谕令，内务府选秀时不再遵循之前的规则将秀女按照各自所属的佐领、管领排列选看，而是按照其父的官品高低进行排列："嗣后内务府三旗挑选女子均著各按女子之父官阶品秩排列，兵丁之女亦著按照各项钱粮分晰依次排列，仍分

---

① 中国第一历史档案馆藏：《内务府奏案》，"奏为披甲人二格之女尚有腿疾不行呈明奏请办理事"，乾隆二十九年二月初三日，档号：05-0214-031。
② 相关研究参见祁美琴：《清代包衣旗人研究》，人民出版社，2019。
③ （清）鄂尔泰、张廷玉等编纂：《国朝宫史》卷3"训谕三"，第29页。

三旗，毋庸各按佐领、管领次序，其误看女子亦著照此排列。"①
这进一步突出了家庭出身在选秀中的影响，皇帝也会因秀女出身
高而免其进宫当差。如道光十七年，内务府世家完颜氏麟庆的长
女妙莲保循例赴选，十四岁的她由母亲程佳氏带往宫廷，于顺贞
门排班觐见②。道光帝在看过妙莲保后对皇后说："此女有福泽，
貌似其父"，赐其红绸一卷，皇后也赏赐了两对翠花，之后"撂
牌而退"③。从道光帝对妙莲保的称赞、赏赐、撂牌一系列举
动，我们不难看出该女的不入选并非自身条件不佳，而是皇
帝的一种优容，麟庆之子崇实也在事后特意"寄诗贺之"，写
下"不栉居然成进士，宫花插帽让君先"之句，并说"吾父
甚乐"④。进一步证明其家对于女儿被免于入宫服役是高兴并且
感激的。

第二节　秀女人数的缩减

清廷规定："内务府三旗应挑女子，向系于年终汇齐具奏请
旨，次年春间定期挑选。"⑤ 即内务府于每年年终都要对所属三

---

① 《内务府则例（第二种）·会计司·挑选女子》，载《故宫珍本丛刊·钦定总管
内务府现行则例二种》，第 285 页。
② 黄丽君：《一枝独秀？——道光朝以后内务府完颜氏家族的当差与经济状况》，
《"中央研究院"近代史研究所集刊》（台北）2015 年第 90 期。
③ 章乃炜等编：《清宫述闻》（初续编合编本），紫禁城出版社，2009，第 551 页。
④ 崇实：《惕庵年谱》，广文书局，1971，第 17 页。转引自赵玉敏：《清代后妃与
宫女研究》，中国人民大学博士学位论文，2010，第 39 页。
⑤ 中国第一历史档案馆、故宫博物院合编：《清宫内务府奏销档》（以下简称《内
务府奏销档》），"奏请定期挑选内务府三旗女子事折"，咸丰十年十一月二十七日，故宫
出版社，2014，第 242 册第 619~620 页。

旗的女子进行一次清查，将应参与下年挑选秀女的名单呈报给皇帝。清代官书记载的内务府秀女的"合例"年龄为十三岁，《清会典事例》载："顺治十八年奏准，凡内府佐领下、内管领下女子，年至十三，该佐领、内管领造册送会计司呈堂汇奏，交总管太监请旨引阅。"① 从乾隆朝到同治朝档案所显示的实际情况来看，内务府选秀的"合例"年龄确实皆为十三岁，这一点相较于八旗选秀年龄有所浮动，是比较稳定的。由于内务府秀女系每年选看，因此十四、十五岁及以上即为"逾岁"，但"逾岁"的年龄范围比较大，据我们所见史料中内务府秀女年龄最高者至二十七岁，不知是否已系上限。乾隆四年十二月内务府奏报："查得三旗佐领、管领下十三岁女子五百七十名，十四岁女子五百九十三名，上年未得引看十五岁以上、二十七岁以下女子一百三十八名"②。尽管史料的说法较为笼统，无法反映出"高龄"秀女的确切人数或比例，但很显然，尽管每年阅选，却总有因各种原因而屡次"误看"以至延至二十七岁者。"误看"的原因可能由于生病、家中有变故等。如乾隆时，镶黄旗满洲都统岳尼佐领下云骑尉观德家下逃奴太岁关三郎所娶孀妇刘氏的女儿大妞，"年十四岁应挑，因患病没有入名挑选，至十五岁又应挑选，因他仍患病，所以又未得挑"，至十六岁时才终得挑选③。大妞在十三岁的"合例"年龄时为何没有挑选，史料没有说明原因，只说其十四、十五岁时因生病两年，第三年得以挑选，我们据此可以推

---

① 《清会典事例》（光绪朝）卷1218，第12册第1110页。

② 中国第一历史档案馆藏：《内务府奏案》，"奏为何时引看三旗佐管领下女子事"，乾隆四年十二月十七日，档号：05-0034-008。

③ 中国第一历史档案馆藏：《内务府奏案》，"奏为关福娶另户刘氏并强卖伊女治罪事"，乾隆二十五年十月十二日，档号：05-0184-016。

想，如果久病不愈之女子，则可能拖延更多年头。

从以上乾隆四年内务府选秀的记载可以看出，当年选秀的人数为千余名，这与乾隆末年八旗选秀一次仍有七八千名秀女的规模差异较大。但相同的是，有清一代内务府选秀的规模也呈缩减趋势。乾隆六年十二月内务府奏报："查得三旗佐领、管领下十三岁女子六百七十七名，上年未得引看十四岁以上、二十二岁以下女子一百六名"，参选秀女不足八百名①。嘉庆元年"二月初三日引看内务府三旗女子六百十二名"②。道光元年"二月初二日引看内务府三旗女子三百八十二名"③。至咸同年间，内务府秀女已锐减至百余名，咸丰十一年十二月内务府奏报："各佐领、管领下十三岁女子一百三十九名，三旗误看十四岁至十九岁女子十二名，以上通共女子一百五十一名"；同治二年十二月奏报："查内务府三旗各佐领、管领下十三岁女子一百五十一名，三旗误看十四岁至十七岁女子十二名，通共女子一百六十三名"④。从乾隆年间的千余名到同治年间的百余名，秀女人数的缩减趋势相当明显。

内务府秀女人数缩减的原因，与八旗选秀有着类似之处，主要是内务府属员中的京外人员之女逐步被免于选秀。雍正十三年，皇帝下令"盛京、打牲乌拉等处，居住窎远，往返维艰，嗣

---

① 中国第一历史档案馆藏：《内务府奏案》，"奏为查得三旗女子数目预备引看事"，乾隆六年十二月二十四日，档号：05-0046-050。

② 中国第一历史档案馆藏：《内务府呈稿》，"为补报本年二月初三日引看内务府三旗女子领过车银数目事"，嘉庆元年二月十四日，档号：05-08-005-000002-0018。

③ 中国第一历史档案馆藏：《内务府呈稿》，"为补报本年二月引看内务府三旗女子领过车脚银两数目事"，道光元年二月二十九日，档号：05-08-005-000107-0041。

④ 《内务府奏销档》，"奏为查明内务府三旗各佐领下十三岁女子名数事折"，咸丰十一年十二月二十六日，第244册第71页；"奏为内府三旗各佐领应挑女子名数折"，同治二年十二月二十六日，第246册第373-374页。

后停其拣选女子，庄头、壮丁之女亦停其拣选，原记名者并除之"①，免除了盛京、打牲乌拉等处内务府所属庄园之庄头和壮丁之女的选秀；乾隆八年，皇帝免除外任八旗低级官员之女选秀的同时，指出"内府三旗所属外任文武官之女，概令送京阅看，路途遥远，不免往返跋涉之劳，嗣后外任文官同知以下、武官游击以下之女，停其选阅"，与当时免于选秀的外八旗官员级别是一致的②。道光元年，皇帝又批准"嗣后守护陵寝大臣之女，随从在任，毋庸送京选看"③。清代皇陵分布于直隶和盛京，守陵大臣中也包含内务府官员，主要负责陵寝的祭祀事宜、打扫启闭和保卫工作，道光朝起，守灵的内务府人员之女也可免于选秀。道光二年谕令："自道光三年为始，内务府三旗女子内，所有回子、番子之女，著毋庸入排引看。"④ 从此，一度隶属于内务府的"回子""番子"女子停止选秀。

内务府选秀规模的缩小，还与"逾岁"年龄上限的降低有着直接关系。清代皇帝一直致力于缩短宫女服役的年限：康熙十六年奏准，"凡宫女年三十以上者，遣出令其父母择配"。雍正年间宫女出宫年龄更是一再降低，元年规定"宫女年至二十五岁，令其出宫"；后来更将服役年限缩减至五年，"凡进宫女子过五年者，俱蒙圣恩令其出宫聘嫁"⑤。如果按照"合例"年龄，十三、十四岁入宫服役，则二十岁之前即可出宫聘嫁。雍正时期，内务

---

① 《清会典事例》（光绪朝）卷 1218，第 12 册第 1110 页。
② 同上书，第 12 册第 1111 页。
③ 《清会典事例》（光绪朝）卷 1114，第 12 册第 83 页。
④ 《清会典事例》（光绪朝）卷 154，第 2 册第 959 页。
⑤ 《内务府奏销档》，"奏为遵旨查出年长出宫之女赏给正白旗满洲都统吉兰泰事折"，雍正十二年正月二十九日，第 9 册第 45-46 页。

府官员"现今女子内至二十四岁者，即系年长之女子"的报告也印证了这一点①。如此来看，乾隆时期二十七岁的逾岁秀女应为特例，而且很难入选了。

内务府选秀规模缩小的最后一个原因，还在于清朝后期皇帝后宫人数的减少。乾隆五十六年，皇帝曾不无骄傲地宣布："宫中嫔御以及给使女子，合之皇子皇孙等乳妪使婢，约计不过二百人，实从古宫闱所未有。朕以躬行节俭为天下先。"② 乾隆朝以后，后宫主位妃嫔的人数呈递减趋势，宫中因而不再需要那么多宫女服侍。至咸丰、同治时期，十九、十七岁明确定为内三旗选秀"逾岁"秀女的上限，进一步缩小了选秀范围。咸丰九年，皇帝还下令，今后凡是内三旗选秀中记名的女子，若在当年内未经选为宫女，则一律"撂牌"处理，并"著为例"③。可见，宫内对于宫女的需求的确不再强烈。

第三节　内务府选秀流程

如前所述，"内务府三旗应挑女子，向系于年终汇齐具奏请旨，次年春间定期挑选"④。每年底，内三旗女子的人数经各佐

① 《内务府奏销档》，"奏为遵旨查出年长出宫之女赏给正白旗满洲都统吉兰泰事折"，雍正十二年正月二十九日，第 9 册第 45—46 页。

② 《清高宗实录》卷 1370，乾隆五十六年正月，第 26 册第 383 页。

③ 《钦定宫中现行则例（第二种）·训谕》（清光绪十年武英殿刻本，以下简称《宫中则例》），载《故宫珍本丛刊·钦定宫中现行则例二种》，海南出版社，2000，第 231 页。

④ 《内务府奏销档》，"奏请定期挑选内务府三旗女子事折"，咸丰十年十一月二十七日，第 242 册第 619—620 页。

领、管领造册后送会计司汇总，再"奏交宫殿监督领侍太监等请旨带领看阅"①。选阅前，秀女所需佩戴的绿头牌、白木牌预先"交营造司照依旧式成造，一月内造成"②。通常情况下，绿头牌和白木牌会各准备 1 000 个，绿头牌每个"各长七寸五分、宽八分、厚一分"，白木牌每个"各长八寸一分、宽一寸三分、厚一分"③。这些木牌制造完成之后，由会计司根据当年秀女的实际人数领用，在其上用满、汉文缮写秀女的花名、年岁等。其中绿头牌缮写一式 4 份，2 份送至敬事房，2 份留存会计司以备皇帝选看时使用。白木牌的书写格式大体为"佐领某某之长女大妞年十五岁"④，作用是"带于女子衣间"，系在长衫右上边第一个衣纽上⑤。

一切准备就绪之后，由皇帝于来年春间进行阅选。从史料记载来看，阅选时间一般在每年二月。乾隆四年十二月十九日，宫殿监督领侍苏培盛等传旨，"著将应看内府三旗女子于次年二月内预备引看"⑥；前引乾隆六十年的选秀档案则明确记载，选看的具体日期为二月十一日；嘉庆元年二月末，内务府"为本年二月初三日引看内务府三旗女子六百十二名领过车银六百十二两"

---

① 《内务府则例（第二种）·会计司·挑选女子》，载《故宫珍本丛刊·钦定总管内务府现行则例二种（第 1 册）》，第 281 页。
② 中国第一历史档案馆藏：《内务府呈稿》，"为支领嘉庆三年份引看女子等缮写花名需用绿头牌白木牌事"，嘉庆三年六月二十八日，档号：05-08-005-000013-0028。
③ 中国第一历史档案馆藏：《内务府呈稿》，"木库嘉庆十年会计司行用挑选女子绿头牌清册"，嘉庆十年七月三十日，档号：05-08-006-000143-0071。
④ 溥杰：《回忆醇亲王府的生活》，载中国人民政治协商会议全国委员会文史资料委员会编：《晚清宫廷生活见闻》，中国文史出版社，1982，第 242 页。
⑤ 中国第一历史档案馆藏：《内务府呈稿》，"为支领引看内务府三旗女子等缮写花名所需绿头牌白木牌事"，嘉庆十四年八月初九日，档号：05-08-005-000056-0054。
⑥ 中国第一历史档案馆藏：《内务府奏案》，"奏为何时引看三旗佐管领下女子事"，乾隆四年十二月十七日，档号：05-0034-008。

向皇帝补报支出情况；咸丰元年二月初一日，会计司"奉旨于二月初四日引看内府三旗女子"①。可见，二月内的具体日期并不固定，大概每年由皇帝根据情况临时决定。但在特殊情况下，选看月份也会发生调整，甚至从春间延至秋天。如嘉庆四年四月，由于皇帝"现在二十七个月素服内，仍于八月间选看内务府三旗女子，明年二月选看八旗秀女"②，该年选看时间调整为八月，与前述嘉庆元年二月有很大改变，是出于皇帝尚在服丧期间，一些活动有所推迟的缘故。

内务府选秀的具体流程也与八旗选秀大致相同，于阅看前一日，秀女按旗分排列整齐，"排至景山东门，至神武门东栅栏"。次日"由神武门东河筒，行走至东华门，进北池子，绕景山，进神武门西栅栏。挨次联列，勿许紊乱"。与八旗秀女不同的是，内务府秀女入宫，不许家人跟随，其家属留在神武门外等待，选验完毕后秀女返回登车，"仍由东河筒行走"，并"著该参领、佐领、管领，严饬跟随车辆之披甲、苏拉等，务须按次随行，不得任其车辆稍有参差"③。为保证这一过程秩序井然，内务府会计司会提前"咨行景运门提督衙门，按照向年除派章京、护军等于引看女子之日严行管束"④。如果遇到应选女子较多的年份，内务府还会进行分流措施。如咸丰元年二月，"查本年三旗引看女

① 中国第一历史档案馆藏：《内务府呈稿》，"为补报本年二月初三日引看内务府三旗女子领过车银数目事"，嘉庆元年二月二十四日，档号：05-08-005-000002-0018；"为奉旨引看内务府三旗女子咨行景运门提督衙门事"，咸丰元年二月初一日，档号：05-08-005-000218-0006。

② 《清仁宗实录》卷42，嘉庆四年四月，第28册第516页。

③ 莞城图书馆编：《容肇祖全集》（语言历史学卷），齐鲁书社，2013，第2857页。

④ 中国第一历史档案馆藏：《内务府呈稿》，"为奉旨引看内务府三旗女子咨行景运门提督衙门事"，咸丰元年二月初一日，档号：05-08-005-000218-0006。

子内有补选上年未经引看之人，较向年名数、车辆甚多"，因此临时调整为："本年应选女子仍照向年在景山后排至柳树井，由景山东栅栏进车；其补选上年未看女子在东安门内骑河楼排车至三座门外，俟本年应选女子车辆进毕，接连以进"①。再如道光元年，恰逢景山后正在搭设经棚，致使秀女无法在此处排车，于是调整为"所有本年应选秀女车辆由西北排列，进神武门西栅栏，秀女下车后，空车由东城根出东华门，进地安门仍至神武门西栅栏"②。

秀女入宫后在顺贞门内集合，于御花园钦安殿后排列站立等候验选。此处已预先搭好蓝布凉棚，地上铺有毡片，供秀女们排队休憩③。乾隆三十三年二月，皇帝谕令："再挑女子六人著为一排。"④ 在此之前，并未见到有关内务府女子一排阅看人数的史料记载。但此项规定并非固定不变，晚清时的资料显示每排人数可多至十人⑤。秀女排列就绪，由"内监捧牌入宫门告，皇帝亲览焉"⑥。

内务府秀女初选被挑中者也称为"记名"，这一点与八旗选秀相同，但未见有再次"复选"的记载，从内务府选秀时常注明

---

① 中国第一历史档案馆藏：《内务府呈稿》，"为奉旨引看内务府三旗女子咨行景运门提督衙门事"，咸丰元年二月初一日，档号：05-08-005-000218-0006。

② 中国第一历史档案馆藏：《内务府呈稿》，"为奉旨引看内务府三旗女子咨行景运门提督衙门事"，道光元年二月初七日，档号：05-08-005-000107-0014。

③ 《内务府奏销档》，"奏呈上月份营造司等处进匠次数及人数清单折"，嘉庆二十一年三月二十六日，第 179 册第 543-544 页。其中记载了该年二月初二日为选秀女而在御花园搭盖蓝布凉棚并铺设毡片，二月初四日拆卸凉棚并撤出毡片所用的匠役。

④ 《内务府则例（第二种）·会计司·挑选女子》，载《故宫珍本丛刊·钦定总管内务府现行则例二种》，第 282 页。

⑤ 溥杰：《回忆醇亲王府的生活》有记："挑选时，大约每十名左右为一排，一排排地被带到殿陛上。"载《晚清宫廷生活见闻》第 242 页。

⑥ （清）徐珂编撰：《清稗类钞》第 2 册"礼制类·选宫女"，第 485 页。

有往年记名女子若干来看，大约是记名者部分进入宫廷服役，其余等待之后的再次挑选。如乾隆四年的选秀筹备中统计有上年记名的"十五、十六岁女子四十五名"，乾隆六年十二月的选秀筹备中，查得"记名十四岁女子三百八十一名，十五岁女子一名"①。可见内务府选秀中"记名"女子的比例远远高于八旗选秀。这些"记名"秀女，可能很快进入宫廷服役，也有可能作为宫女的备选群体根据需要随时入宫。乾隆三十九年二月，针对各宫妃嫔名下宫女的缺额问题，皇帝谕令："著定于二月、十月朕在宫内时就便挑补，至妃、嫔所用女子名数较多，偶缺一二名即稍迟挑补，未为不可，其贵人以下女子额数本少，有欲随时挑补者，尚属可行，然亦令各本宫照朕挑看女子例，按照女子名数各赏给车价银一两，以资其往返之费，若妃、嫔中有欲于贵人、常在挑选女子时就便挑补其本宫缺额之数者，其应赏给车价银，亦令一例给与"②。此处，二月挑补的宫女，应系当年阅选的结果，其他月份"随时挑补"的，就是在记名群体中进行选择了。

记名女子人数不少，从每年几十人至几百人不等，按照规定，女子一旦被记名，就要等待被选入宫，不可像"撂牌"秀女那样自由婚嫁，如果记名后却又连续数年未被挑补入宫，该类秀女的婚姻无疑受到很大的影响。至咸丰九年十二月皇帝终于下令："以后三旗记名女子，俱于每年奏次年应挑女子总数，清字

---

① 中国第一历史档案馆藏：《内务府奏案》，"奏为何时引看三旗佐管领下女子事"，乾隆四年十二月十七日，档号：05-0034-008；"奏为查得三旗女子数目预备引看事"，乾隆六年十二月二十四日，档号：05-0046-050。

② 《内务府则例（第二种）·会计司·挑选女子》，载《故宫珍本丛刊·钦定总管内务府现行则例二种》，第282页。

片内声明，概予撂牌，不必俟二月初间题奏，著为例。所有本年记名女子均著撂牌。"① 也就是说，如果记名秀女于当年内未被挑补入宫，那么第二年选秀时只需奏明人数，直接予以"撂牌"处理，不必再行入宫挑选。如前所述，宫廷对于宫女数量需求的减少是导致咸丰帝下达该谕令的直接原因，也体现出宫廷对于内务府属女性控制的松动。

最终得以选中入宫的秀女，还要接受一定的培训和一系列考察，考察不能通过者即时退出宫廷、发遣回家；通过考察的女子再分为三六九等，聪明勤快、品行端正者分配在后妃身边侍奉，手脚粗笨者则在外围从事一些体力劳动。多数宫女在服役期满后退出宫廷、归家婚嫁，少数宫女在服役期间得到皇帝垂青，成为妃嫔，实现了宫廷身份的跨越，详见后述。

总体而言，不论外八旗还是内务府三旗，选秀范围和秀女人数在有清一代皆呈缩减趋势，这一方面体现出宫廷对于旗人女性需求减少，包括利用其婚配来寻求政治平衡的需求，以及服役宫廷的需求；另一方面也是清帝对于八旗控制的不断松动在女性人口上的体现。以往研究多偏重选秀制度的流程和对旗人女性的控制，本研究则希望更多地关注到选秀活动对于旗人女性本身的意义，以及皇帝如何利用选秀对旗人女性灌输族群观念、增强其民族向心力。当然，随着清末皇权的衰落，这一意涵也自然随之衰减了。

---

① 《宫中则例（第二种）·训谕》，载《故宫珍本丛刊·钦定宫中现行则例二种》，第 231 页。

第二编

宫壼肃清

《清史稿·后妃传》:"康熙以后,典制大备。皇后居中宫;皇贵妃一,贵妃二,妃四,嫔六,贵人、常在、答应无定数,分居东、西十二宫。东六宫:曰景仁,曰承乾,曰钟粹,曰延禧,曰永和,曰景阳;西六宫:曰永寿,曰翊坤,曰储秀,曰启祥,曰长春,曰咸福……二百数十年,壸化肃雍,诐谒盖寡,内鲜燕溺匹嫡之嫌,外绝权戚蠹国之衅,彬彬盛矣。"① 以上所述并非绝对吹嘘,与明代宫廷频繁废后、宠妃跋扈、乳母干政等史实相比,有清一代后宫的确鲜有违制,除初期与末期涌现出两位太后之外,再无其他后妃参与政事的记载,康熙朝宫闱制度定型之后也没有妃嫔间相互争斗的记录,甚至很难看到皇帝对哪一位妃嫔格外宠爱的记载,堪称一部"无情"的宫史。本编讨论清代后宫妃嫔的规模与等级构成、地位变化与晋封规则,并从中窥探"壸化肃雍"的根本原因。

---

① 《清史稿》卷214"后妃传",第8897-8898页。

第三章

"主位"与后妃等级

明朝的后宫体系,皇后之下有"皇贵妃、贵妃、皇妃、妃、嫔、昭容、昭仪、婕妤、才人、美人、选侍、淑女"等。有学者指出,"明代后宫位号繁杂,几乎将中国历代以来之位号一网打尽,且位次混淆,进封亦无定序"[1]。不仅位次和晋封没有定序,每个位分的人数也没有定制,大约皇贵妃、贵妃一人至数人不等,其余数人至数十人不等。相较而言,清朝的后宫体系则简单而固定,自康熙朝宫闱制度定型以来,皇后以下只有7个等级,而嫔以上又有着1~6人的固定额数,且清代惯例,皇后健在的情况下一般不册立皇贵妃[2],更使后宫显得清简有序。

关于清代后宫的等级,学界一直有一种说法,即嫔以上为

---

① 吴美凤:《明清后妃制度略考》,载《故宫学刊》(总第13辑),故宫出版社,2015,第147页。

② 赵玉敏指出:"有清一代,皇贵妃与皇后并存的情况亦非常少见,仅有顺治帝的皇贵妃董鄂氏,雍正帝的年皇贵妃,乾隆帝的高皇贵妃、纯皇贵妃苏氏、令皇贵妃魏氏。其中,年氏、高氏、苏氏均系病重,都系薨逝前才加封者,而董鄂氏、令皇贵妃与皇后并存则是因为皇后失宠或名存实亡。"(赵玉敏:《清代后妃与宫女研究》,中国人民大学博士学位论文,2010)此外,还有同治朝皇贵妃富察氏也曾与皇后短暂并存:同治帝去世前一月,慈禧太后下懿旨将富察氏晋封为皇贵妃,这与皇后阿鲁特氏失宠于慈禧有关。

"主位"，贵人以下则非"主位"①。"主位"地位较高，因此固定额数；非"主位"地位较低，因而不限人数。且清代礼制，嫔以上才由礼部正式册封，并拥有"册"（妃以上还有"印"或"宝"），贵人以下则无此，这也是形成"主位"之说的主要依据②。但是，这里存在两个问题：第一，嫔以上才能称为"主位"的说法究竟是否正确？第二，不固定人数的非"主位"大约有多少人？这两点，以往研究都未能给出确切的答案，而对于这两个问题的回答，直接影响到我们对于清代后宫等级和规模的客观认识。

第一节 "主位"与"小分主位"

"主位"的提法，清代官书和档案中都有出现，但我们在研究中却并未发现任何官方史料对"主位"进行过明确的定义，即嫔以上为"主位"的说法没有找到确切出处。相反，内务府档案中的一些实例表明，"主位"似乎并不限于嫔以上的位分。

嘉庆元年的一份《内务府奏案》中，列举了康熙四十六年、雍正十三年以及乾隆二十年、五十三年和六十年的宫分银两清单，其中多次提到"主位"：

康熙四十六年

乾清宫：**主位**十六位，大答应十人。

---

① 王佩环《清宫后妃》、吴美凤《明清后妃制度略考》［载《故宫学刊》总第13辑］、郭梦颐《清代皇贵妃制度研究》（东北师范大学硕士学位论文，2016）等，都采用了这种说法。

② 《清会典》（光绪朝）卷28，中华书局，1991，第232-233页。

景阳宫：大答应四十七人，小答应八十二人。

毓庆宫：**主位**三位，大答应七人，小答应二十二人，所内答应四十一人，学生三十八人，女子共一百三十二人。

雍正十三年

乾清宫：**主位**十一位，大答应二人，永安亭二处学生一百五十二人。

宁寿宫：**主位**十七位，大答应二人，所内学生十一人，女子共一百三十六人。

乾隆二十年

乾清宫：**主位**十七位。

宁寿宫：**主位**二位，大答应五人。

寿康宫：**主位**九位，大答应一人，女子共一百五十二人。

乾隆五十三年

乾清宫：**主位**十一位，女子共五十二人。

乾隆六十年

乾清宫：**主位**八位，女子四十四人。①

此件档案中提到的不同宫殿，乾清宫是皇帝处理政务、生活起居之所，该宫的主位和答应等应系指当朝皇帝的妃嫔，宁寿宫、寿康宫是前朝皇帝妃嫔居住场所，毓庆宫则是康熙朝太子居所。依此逻辑，景阳宫很可能是康熙时期顺治朝妃嫔的居所。关键问题在于，档案中将"答应"（不含）以上的妃嫔全都囊括在"主位"之列，而"答应"又分为"大答应""小答应""所内答

---

① 中国第一历史档案馆藏：《内务府奏案》，"呈报遵查康熙四十六年雍正十三年乾隆二十年五十三年六十年宫分银数清单"，嘉庆元年，档号：05-0462-044。

应”之别，且“答应”以下还有“女子”和“学生”，似乎也属于领有宫分银两的宫眷之列。这完全突破了我们之前对于清代后宫等级的认知。当然，这一史料因没有明确指出“主位”包含哪些妃嫔，因此尚不能直接证明“答应”以上的“主位”中一定包含了“贵人”和“常在”两个等级，还需进一步加以明确。

幸运的是，我们在同一年的《内务府奏案》中又找到康熙四十六年和雍正十三年宫廷主位的详细名单，具体如下：

康熙四十六年乾清宫的 16 位主位分别是：“贵妃（注：应为悫惠皇贵妃），惠妃、宜妃、德妃、荣妃四位，端嫔、和嫔、良嫔三位，苏贵人、仙贵人、尹贵人三位，布常在、牛常在、查常在、尧常在、新常在五位。”毓庆宫 3 位主位分别是：“妃一位、嫔一位、贵人一位。”①

雍正十三年乾清宫的 11 位主位：裕贵妃，齐妃、谦妃，郭贵人、安贵人、李贵人、海贵人，李常在、马常在、春常在、吉常在。宁寿宫主位：寿祺皇贵妃（即悫惠皇贵妃），温惠贵妃，宪妃、成妃、密妃、勤妃，顺懿密太妃、纯裕勤太妃，通嫔、襄嫔、熙嫔、谨嫔、静嫔，尹贵人、老贵人、倩贵人、秀贵人、玉贵人、倚贵人②。

由上可见，康熙四十六年的“主位”显然包括了贵人与常在两个等级。雍正十三年乾清宫的 11 位主位中，贵人和常在更多达 8 位，是构成“主位”的主体。需要指出的是，该件雍正十三年宁寿宫主位名单共有 19 人，与第一件档案中宁寿宫主位 17 人

---

① 中国第一历史档案馆藏：《内务府奏案》，“呈报康熙四十六年乾清宫毓庆宫贵妃妃嫔等人数清单”，嘉庆元年，档号：05-0462-050。

② 中国第一历史档案馆藏：《内务府奏案》，“呈报雍正十三年乾清宫宁寿宫皇贵妃贵妃妃嫔等缎布等项分例清单稿”，嘉庆元年，档号：05-0462-052。

有所差别。不过，细查此名单可以发现，其中的"密妃"与"顺懿密太妃"为同一人，"勤妃"与"纯裕勤太妃"为同一人。此二人均于乾隆元年加封号由"密妃""勤妃"尊为"顺懿密太妃""纯裕勤太妃"①。嘉庆朝的内务府官员在记载中出现了重复性失误，如果除去此二人的重复，也与上一档案中的 17 人完全相符。宁寿宫 17 位"主位"中也包含了 6 位贵人。

我们虽然未能在嘉庆元年的《内务府奏案》中找到乾隆朝后宫主位的详细名单，但可以尝试从其他档案的相关记载来考察乾隆朝"主位"的实质。乾隆六年五月，皇帝交给苏州织造安宁一项任务：在当地寻访"内廷主儿"柏氏的父母。因柏氏"祖籍苏州，着织造处访问伊父母来京相见。若寻着时，即便着人照看送赴来京"②。这位柏氏就是乾隆朝妃嫔中几位出身汉人民女者之一，根据实录记载，柏氏初入宫为贵人，至乾隆六年十一月才被册封为怡嫔③，由此可知，当年五月时柏氏仍为贵人，但乾隆帝已称其为"内廷主儿"。如果说，"主儿"并不一定等同于"主位"，那么下一例中的常在则被明确称呼为"主位"。

乾隆四十年十月十三日，总管内务府就马常在的安葬事宜请示皇帝："臣等查田村暂安处现在奉安寿康宫马常在一位，设有副管领一员，披甲人十名，轮班看守，向来**小分主位**，俱暂为奉安，不即单行送往，如奉有谕旨后，始行送往妃园寝永远奉安。查马常在系于乾隆三十三年送至田村暂安处，距今已及七年，应

① 《清高宗实录》卷 30，乾隆元年十一月，第 9 册第 615 页。
② 中国第一历史档案馆藏：《宫中朱批奏折》，"奏为遵旨访查内庭主儿之父柏士彩情形事"，乾隆六年五月初四日，档号：04-01-12-0023-002。
③ 《清高宗实录》卷 155，乾隆六年十一月，第 10 册第 1214 页。

遵旨派员照例起送。"① 此处，内务府官员将常在称为"小分主
位"，可见后宫主位之间还有大小差别，但究竟从哪一级别起属
于"小分主位"，抑或只有常在属于"小分主位"，由于没有更多
的史料证明，一时难以确定。不过，"小分主位"也是"主位"。

嘉庆年间纂成的《国朝宫史续编》中，陈述皇后、内庭
（廷）主位、皇子皇孙及其福晋逢生辰和诞育子女所给予的赏赐
标准时，皆将"贵人"纳入其中，可见其时贵人被视为"内庭主
位"之列②。《内务府奏销档》中载，道光二十年玲常在位下遣
出宫女一名，该宫女因愚笨而常犯错误，被责打多次后遣出宫
去，"均系主位自行责打的"③，可见内务府行文中也将常在称为
主位。

由上可见，"主位"特指嫔以上的后宫等级的说法并不确切，
从清宫档案所反映的情况来看，贵人、常在也可称为主位。

既然如此，学界为何一直将嫔以上视为主位？除了由于嫔以
上后宫等级都有规定的额数之外，另一原因是宫廷之内除皇后居
中宫④外，皇贵妃、贵妃、妃、嫔都可在东西六宫中单领一宫，
而贵人、常在、答应则随嫔以上居住各宫偏殿⑤。既然不为一宫

---

① 《内务府奏销档》，"奏为将马常在送往妃园寝永远奉安事折"，乾隆四十年十月
十三日，第 111 册第 237—239 页。

② （清）庆桂等编纂：《国朝宫史续编》卷 70 "经费二"，北京古籍出版社，1994，
第 643—644 页。

③ 《内务府奏销档》，"奏为查验延禧宫因笨交出女子情形事折"，道光二十年六月
初一日，第 219 册第 620—622 页。

④ "中宫"原本应指位于紫禁城中轴线上的"坤宁宫"，与皇帝的寝宫"乾清宫"
相对应，但自雍正朝起，皇帝就不再居住在乾清宫，而搬到养心殿居住，因而皇后也就
不能再住在坤宁宫，改为和其他妃嫔一起居住在东西六宫，钟粹宫、长春宫、储秀宫等
在清代都有皇后居住过。此时所谓的"中宫"，就只是一个象征性的含义了。

⑤ （清）鄂尔泰、张廷玉等编纂：《国朝宫史》卷 8 "典礼四"，第 138 页。

之主，自然不属于"主位"。那么，清代妃嫔的具体居住情况究竟如何？贵人以下是否的确只能居住偏殿？我们试图通过对档案资料的爬梳来证实这一点。

清代妃嫔的具体居住地点，史料中虽有反映，却零散而杂乱，且在不断变化之中，想要详细梳理出固定时间段内妃嫔在各宫的确切分布，有相当大的难度。我们试着对内务府档案中记载相对较为详细的道光朝妃嫔居住的宫殿进行梳理，以厘清"主位"与妃嫔居住宫殿之间的关系。

我们从内务府档案中共搜集到道光朝 13 位妃嫔的居住宫殿，其中包括 1 位皇贵妃（静皇贵妃）、2 位贵妃（琳贵妃、彤贵妃）、2 位嫔（成嫔、恬嫔）、3 位贵人（祥贵人、佳贵人、常贵人）、3 位常在（顺常在、玲常在、禄常在）、1 位答应（李答应）和 1 位官女子（睦官女子），她们先后居住的宫殿包括永和宫、钟粹宫、延禧宫、承乾宫、咸福宫、翊坤宫（见表 3-1）。

表 3-1　　　　　　　　　道光后妃居住情况表

宫殿	嫔及以上	嫔以下
延禧宫	恬嫔	常贵人、余常在（成贵人）、玲常在（尚答应）、禄常在、睦官女子
翊坤宫		祥贵人、李答应
永和宫	静贵妃（皇贵妃）	
钟粹宫	皇贵妃	
承乾宫	琳嫔（琳贵妃）	佳贵人、顺常在
咸福宫	彤贵妃	琳贵人
	成嫔	彤贵人、常贵人

资料来源：中国第一历史档案馆、故宫博物院合编：《内务府奏销档》；中国第一历史档案馆藏：《内务府来文》。

从档案记载来看，道光朝后妃的居住情况确实符合嫔及以上位分统领一宫，贵人、常在、答应等随居偏殿的规则。这一点首先可以从同一宫殿中从未有两位嫔以上者同时居住的史实得到印证。其次，妃嫔晋封时移宫的档案记录也清晰地体现了该规则的实践。以咸福宫为例，道光十九年，琳贵人随彤贵妃居住此宫，次年，琳贵人晋封为琳嫔①，遂迁出咸福宫而移至承乾宫。至道光二十四年，彤贵妃因故被贬为彤贵人，虽未见其有因贬降而移宫的记载，但次年由贵人晋为嫔位的成嫔②入主咸福宫。成嫔初入宫为贵人③，曾被降为余常在④，后又恢复为贵人⑤，此期间一直随恬嫔居延禧宫，道光二十五年晋嫔位后移居咸福宫，此时彤贵人应已让出正殿，移居偏殿，而由成嫔主掌该宫。

档案资料还显示，妃嫔位分越高，随居的贵人、常在、答应等人数越少，宫殿的位置越优越。除皇后独居"中宫"外，摄六宫事的皇贵妃也可一人独享一宫。如道光二十年，静妃居永和宫，四月奉皇太后懿旨晋为皇贵妃⑥，并于十二月正式行册封礼⑦，档案显示，次年七月皇贵妃已然居住钟粹宫⑧。虽然永和宫当时也无其他妃嫔居住，但其外路的位置较内路的钟粹宫显然

① 《清宣宗实录》卷333，道光二十年四月，第38册第63页。
② 《清宣宗实录》卷422，道光二十五年十月，第39册293页。
③ 于善浦：《清代帝后的归宿》，紫禁城出版社，2006，第189页。
④ 中国第一历史档案馆藏：《内务府来文》，"为成贵人降为余常在裁减官女子镶黄旗原委属催总玉枢之女大妞传会计司官等接出任其婚配所食吃食照例止退事"，道光九年二月初六日，档号：05-13-002-000621-0052。
⑤ 参见于善浦：《清代帝后的归宿》，第189页；王佩环：《清宫后妃》，第330-353页。
⑥ 《清宣宗实录》卷333，道光二十年四月，第38册第63页。
⑦ 《清宣宗实录》卷343，道光二十年十二月，第38册第217-218页。
⑧ 《内务府奏销档》，"奏为查验钟粹宫因病交出女子情形事折"，道光二十一年七月初七日，第221册第168-170页。

相差一等，晚清咸丰、光绪两朝皇后均住钟粹宫[1]，可见静贵妃晋封皇贵妃后移宫的意义。地位低的妃嫔则相反，如主领延禧宫的恬嫔，她虽系道光帝潜邸旧人，但初封嫔位后一直没有得到晋封，也无生育，可见不受皇帝宠爱。延禧宫不但位置较偏，且最多时有五位贵人、常在等与恬嫔随居，居住空间大打折扣。进一步考察还可发现，延禧宫随居的常贵人、余常在（成贵人）、玲常在（尚答应）、禄常在、睦官女子等人，均系遭贬降者，难怪有说法认为延禧宫类似于冷宫。

从清代规定的妃嫔额数来看，除皇后居"中宫"外，在皇贵妃不常设的情况下，贵妃2人、妃4人、嫔6人，总数正好符合东西六宫共12座宫殿的数字，这可能就是统治者当初设定妃嫔额数时的考量依据。如此综合看来，虽然"主位"一词在清宫并非嫔以上位分所专用，但从一宫之主的角度而言，嫔及以上品级的确具有较高的宫廷地位。

第二节 非"主位"与后宫规模

如上所述，依照清代的宫闱制度，嫔以上的后妃数量相当有限，只有十余位，而低位分者，如常在、答应等，在史书中难以留下记载，因而常常被忽略，如《清史稿·后妃传》中对于常在和答应基本没有记入，王佩环《清宫后妃》的《清宫后妃年表》

---

[1] 《内务府奏销档》，"奏为查验钟粹宫因病交出女子情形事折"，咸丰二年七月十三日，第234册第563-564页；中国第一历史档案馆藏：《内务府来文》，"为钟粹宫皇后下官女子大妞因失脚落井止退每日吃食事"，光绪二十八年正月初四日，档号：05-13-002-000958-0008。

共收录 183 位后妃，也不包括常在和答应品级①。这导致我们很容易形成一种错觉，即清朝皇帝的后宫规模不大，远逊于前朝皇帝，但这并非事实。本节讨论两个问题：第一，清朝皇帝的后宫人数是否严格遵守了康熙时所规定的各级位分妃嫔的固定额数；第二，从档案中所反映的"答应"及"女子"等人数考察清帝后宫的实际规模。

清代皇帝中，以康熙和乾隆二帝后宫规模最大，有学者根据墓葬情况统计出康熙朝后妃总数为 55 人、乾隆朝 41 人②。因而多位学者据此得出二帝妃嫔皆大大超过规定的额数的结论③。但问题在于，以上数字是两朝妃嫔的总数，并非同时存在的妃嫔数。也就是说，如果康乾时代同一时间点内各级妃嫔的人数不超过额定人数，那么二帝就遵守了宫闱制度的规定，与两朝妃嫔总数无关。因此，之前学者的统计方式是明显错误的。

关于后宫规模，康乾二帝皆自认非常"俭省"。康熙二十九年，皇帝宣布"朕以天旱，欲省减宫人"，因而对宫廷中的女性进行清查，最终的结果为"乾清宫妃嫔以下，使令老媪、洒扫宫女以上，合计止一百三十四人"。大臣们一致认为这个数字"可谓至少，不独三代以下所无，虽三代以上亦未有如此者。皇上节俭盛德，诚超迈千古矣！"④ 尽管从中无法得知当时妃嫔、常在和答应等位的具体人数，但我们可以看出康熙朝君臣以后宫人数

① 王佩环：《清宫后妃》，第 330—353 页。
② 于善浦：《清代帝后的归宿》，第 231 页。
③ 王树卿：《清代后妃制度中的几个问题》，《故宫博物院院刊》1980 年第 1 期；吴美凤：《明清后妃制度略考》，载《故宫学刊》（总第 13 辑）；张美娜：《清代后宫制度研究》，贵州大学硕士学位论文，2009。
④ 《清圣祖实录》卷 144，康熙二十九年正月，第 5 册第 585 页。

"至少"相标榜。乾隆帝也是如此。乾隆二十三年，皇帝自称"今宫中自后妃以及侍御，统不过十五六人"①。至五十七年，更说"现在宫中妃、嫔四五人"②。五十九年则"现在宫闱，只有二妃二嫔"③。

那么，康雍乾时代的后宫人数究竟是超标还是如此之少？我们仍从上一节引用的嘉庆元年内务府呈报康、雍、乾年间妃嫔的宫分档案进行考察④。

康熙四十六年，皇帝的妃嫔共计 26 人，具体为"贵妃，惠妃、宜妃、德妃、荣妃四位，端嫔、和嫔、良嫔三位，苏贵人、仙贵人、尹贵人三位，布常在、牛常在、查常在、尧常在、新常在五位"，此外还有"大答应十人"。由于 3 位贵人、5 位常在和 10 位答应，都属于"无定数"之列，不必纠结其人数，其余 1 贵妃、4 妃、3 嫔都没有超过定额。

雍正十三年，皇帝妃嫔共计 12 人，具体为：裕贵妃，齐妃、谦妃，郭贵人、安贵人、李贵人、海贵人，李常在、马常在、春常在、吉常在，大答应 1 人⑤。嫔以上只有 1 贵妃、2 妃，无疑也在额定人数之内。

由于内务府档案中没有找到乾隆朝妃嫔的具体名单，我们主

---

① 《清高宗实录》卷 576，乾隆二十三年十二月，第 16 册第 332 页。

② 《清高宗实录》卷 1403，乾隆五十七年闰四月，第 26 册第 855 页。

③ 《清高宗实录》卷 1458，乾隆五十九年八月，第 27 册第 451 页。

④ 下文论述如无特殊注明，均来自以下档案：中国第一历史档案馆藏：《内务府奏案》，"呈报遵查康熙四十六年雍正十三年乾隆二十年五十三年六十年宫分银数清单"，嘉庆元年，档号：05-0462-044；"呈报康熙四十六年乾清宫毓庆宫贵妃妃嫔等人数清单"，嘉庆元年，档号：05-0462-050。

⑤ 中国第一历史档案馆藏：《内务府奏案》，"呈报雍正十三年乾清宫宁寿宫皇贵妃贵妃妃嫔等缎布等项分例清单稿"，嘉庆元年，档号：05-0462-052。

要依据《清宫恭王府档案总汇：永璘秘档》中《赏赐底簿》① 所
载乾隆朝 12 个年份中每年底赏赐后妃的年例名单来进行考证。
一般而言，后妃不论位分高低，特别是嫔以上地位较高者，每年
皆有相应的年例赏赐，再将《赏赐底簿》中的后妃名单与前述嘉
庆元年档案中所记乾隆五十三年、六十年"主位"（常在及以上）
人数相对照，五十三年人数只相差 1 位，六十年则人数相同，因
而可以推测赏赐名单大体可以体现当年的妃嫔数量。

表 3-2　　　《永璘秘档·赏赐底簿》后妃年例赏赐名单及人数表

年份	赏赐名单	各位分人数
乾隆三十七年	皇贵妃，庆贵妃，舒妃、愉妃、颖妃、豫妃、容妃、婉嫔、顺嫔、惇嫔、慎贵人、林贵人、兰贵人，鄂常在、白常在、禄常在、新常在、宁常在、那常在、武常在、明常在、平常在	皇贵妃1、贵妃1、妃5、嫔3、贵人3、常在9
乾隆三十八年	皇贵妃，庆贵妃，舒妃、愉妃、颖妃、容妃、婉嫔、顺嫔、惇嫔、慎贵人、林贵人、兰贵人，鄂常在、白常在、禄常在、新常在、宁常在、那常在、武常在、明常在、平常在	皇贵妃1、贵妃1、妃4、嫔3、贵人3、常在9
乾隆三十九年	皇贵妃，舒妃、愉妃、颖妃、容妃、惇妃、婉嫔、顺嫔、慎贵人、林贵人、兰贵人，鄂常在、白常在、禄常在、新常在、宁常在、那常在、武常在、明常在、平常在	皇贵妃1、妃5、嫔2、贵人3、常在9
乾隆五十三年	愉妃、颖妃、惇妃、婉嫔、循嫔、林贵人、禄贵人、明贵人，鄂常在、白常在	妃3、嫔2、贵人3、常在2
乾隆五十四年	愉妃、颖妃、惇妃、婉嫔、循嫔、林贵人、明贵人，鄂常在、白常在	妃3、嫔2、贵人2、常在2

① 中国第一历史档案馆、文化部恭王府管理中心编：《清宫恭王府档案总汇：永璘秘档》，国家图书馆出版社，2009，第1~23、219~303页。

续表

年份	赏赐名单	各位分人数
乾隆五十五年	愉妃、颖妃、惇妃，婉嫔、循嫔，林贵人、明贵人，鄂常在、白常在	妃3、嫔2、贵人2、常在2
乾隆五十六年	愉妃、颖妃、惇妃，婉嫔、循嫔，林贵人、明贵人，鄂常在、白常在	妃3、嫔2、贵人2、常在2
乾隆五十七年	颖妃、惇妃，婉嫔、循嫔，林贵人、明贵人，鄂常在、白常在	妃2、嫔2、贵人2、常在2
乾隆五十八年	颖妃、惇妃，婉嫔、循嫔，林贵人、明贵人，鄂常在、白常在	妃2、嫔2、贵人2、常在2
乾隆五十九年	颖妃、惇妃、婉妃、循妃，恭嫔、芳嫔，鄂贵人、白贵人	妃4、嫔2、贵人2
乾隆六十年	颖妃、惇妃、婉妃、循妃，恭嫔、芳嫔，鄂贵人、白贵人	妃4、嫔2、贵人2
乾隆六十一年	如妃、惇妃、婉妃、循妃，恭嫔、芳嫔，鄂贵人、白贵人	妃4、嫔2、贵人2

由表3-2可见，乾隆朝的12个年份中，只有乾隆三十七年和三十九年，妃的位数皆为5位，超过了额定的4位，其他妃嫔都在额数之内，也即是说，乾隆皇帝起码在其执政中后期还是比较严格地遵守了宫闱制度。再从嘉庆元年档案中所述乾隆二十年常在及以上妃嫔总共只有17人、乾隆二十三年皇帝所言"今宫中自后妃以及侍御，统不过十五六人"来看，乾隆朝前期也应该不会有严重超过额定人数的可能性。因此，我们可以得出这样的结论：康雍乾时代，虽然偶有略微超标的现象存在，但皇帝们还是基本遵循了宫闱制度所规定的妃嫔额数，没有严重超额的问题，在很多年份中，妃嫔人数甚至远少于额定人数。乾隆朝以后，皇帝的妃嫔数量明显减少，严重超额的情况就更难以出现了。

但是，不超额并不意味着后宫规模小。清代后宫规模的秘密主要藏在贵人、答应和常在以及官女子等"无定数"的群体之中。由于此类女性群体的身份、品级低微，史料中很少有关于她们的确切记载。嘉庆元年的 3 份档案中难得地体现了康雍乾时代 3 个年份中答应的具体人数，让我们得以一窥"无定数"群体的规模。档案显示，答应又有"大答应"、"小答应"、"家下跟来小答应"和"所内答应"之别，数量动辄数十人乃至上百人。如康熙四十六年，景阳宫有"大答应四十七人，小答应四十人，家下跟来小答应四十二人"，总计答应 129 人。

针对答应的不同类型和较多的人数，杨珍曾提出该身份群体可能存在的特殊性："清朝后宫中的答应不仅是后妃等级中的最末等，也是构成人员最为复杂的等级。它可能分为两类，一类是作为皇帝之妾的答应，属于主位；另一类则'供皇帝召对钦赐各项奔走之役'，虽然也属于'宫眷'之列，但不是主位，她们又有大答应、小答应、答应之别"①。且不论杨珍先生此处"主位"的定义，她认为答应中的后一类型类似于前代的女官群体。吴美凤也依据《明史》的记载指出，明代内官的"御前近侍"中就有"答应、长随"这样的角色，因而清代的"常在、答应"也是承明遗绪的表现②。如此则不仅答应，常在也可能是"供皇帝召对钦赐各项奔走之役"。然而，清代宫闱制度定型之后，宫内并无专门的女官设置，一些大型典礼需要的女官人选，都是由皇族女性及内务府执事妇人等临时充任。且从前述常在于清代甚至被归入"主位"来看，这一品级无疑属于妃嫔系列，不属于女官。至于答应，乾隆帝在即位之初曾特意强调："即内宫之宫眷，虽答应之微，尔总管不可不跪拜也。阿哥之家眷，虽官女子之微，尔

---

① 杨珍：《康熙皇帝一家》，学苑出版社，2003，第 82 页。
② 吴美凤：《明清后妃制度略考》，载《故宫学刊》（总第 13 辑）。

总管不可不跪拜也。"① 很明确，乾隆帝将答应和官女子视为皇帝父子的"家眷"，即便地位低微，总管太监也需要对其进行跪拜，这显然不是"奔走之役"应享有的待遇。

除了答应之外，宫眷中还包括数量不小的"女子"。嘉庆元年档案中，康雍乾三朝宫眷中都包含有"女子"一类，数量甚至超过答应，这里的"女子"可能系"官女子"，也可能是宫女，当然二者有时是指同一类人，详见本书第十一章的论述，此处先讨论官女子。如果说答应是清代妃嫔品级中的最低级别，那么官女子地位更低，尚不能进入妃嫔之列，应系乾隆帝所说"自后妃以及侍御"中的"侍御"群体。"官女子"是很具满族特色的宫廷女性类别。清廷规定，皇子到达一定年龄，在娶福晋之前即会先给其进"官女子"："阿哥等年至十二岁，每月赏月银一百两，至阿哥下进官女子时，每月赏月银三百两，娶福晋后，每月赏月银五百两"②。这样的官女子在阿哥家中普遍存在，数量1～3位不等。如嘉庆元年清点阿哥府内女眷数量，"仪郡王福晋一位，侧福晋一位，官女子二位；绵志福晋一位，官女子三位；成亲王福晋一位，侧福晋一位，官女子三位；绵勤福晋一位，官女子二位；绵总福晋一位，官女子二位；绵偲福晋一位，官女子一位；贝勒皇十七子福晋一位，侧福晋一位，官女子二位"③。嘉庆帝本人为皇子时，有"皇太子妃一位，家下女子八人；侧福晋一位，家下女子二人；官女子二位，每位

---

① 《清高宗实录》卷4，雍正十三年十月，第9册第225页。
② 《宫中则例（第一种）·钱粮》（清嘉庆二十五年武英殿刻本），载《故宫珍本丛刊·钦定宫中现行则例二种》，第134页。
③ 中国第一历史档案馆藏：《内务府奏案》，"为仪郡王成亲王等福晋侧福晋官女子等人数事报内务府清单"，嘉庆元年，档号：05-0462-024。

家下女子一人"①。可见，官女子与福晋、侧福晋一样，属于阿哥的家眷，也有"家下女子"②服侍，因此前述乾隆帝要求太监对官女子行跪拜礼，也从侧面证明了官女子并非奴婢。

皇帝身边亦有官女子存在，但是清代史料中有时将"官女子"与"宫女子"、"女子"的说法混杂使用，导致人们很难厘清皇帝身边这些"女子"的类型。然而根据内务府的相关规定，皇帝身边仆役群体中并没有包含宫女，只有太监等服侍，宫女只分配在后妃名下，具体内容详见本书第十二章的论述。因此，皇帝身边的"女子"应系"官女子"，是地位低于答应的宫眷群体。以道光朝睦嫔赫舍里氏为例，她于道光十年十二月晋封为睦嫔③，但这位睦嫔似乎格外不得宠于道光帝，不知何故次年八月即被降为睦贵人④，至九月初十日又被降为常在⑤，其后再降为睦答应，至道光十二年四月初三日，睦答应降为官女子⑥。两日后这位睦官女子即落水身故⑦。道光十五年八月二十一日，西陵承办事务衙门为查明供祀睦答应一切祭品应如何办理之处事询问

① 中国第一历史档案馆藏：《内务府奏案》，"为皇太子妃侧福晋及女子等人数事报内务府清单"，嘉庆元年，档号：05-0462-023。
② 杨永占认为，宫女为后妃的女仆，"家下女子"系福晋的女仆，参见氏著《清宫以宫女为主的女仆阶层》，载支运亭主编：《清代皇宫礼俗》，辽宁民族出版社，2003，第89页。
③ 《清宣宗实录》卷182，道光十年十二月，第35册第875页。
④ 中国第一历史档案馆藏：《内务府来文》，"为睦嫔降为睦贵人裁撤官女子大妞二妞传会计司官及管领佐领本人父母自备车辆赴圆明园西南门接出等事"，道光十一年八月初二日，档号：05-13-002-000631-0086。
⑤ 中国第一历史档案馆藏：《内务府来文》，"为睦贵人著降为常在每日所食吃食分例等项照常在例得给事"，道光十一年九月初十日，档号：05-13-002-000632-0017。
⑥ 中国第一历史档案馆藏：《内务府来文》，"为传知睦答应降为官女子每日所食吃食照官女子例得给事"，道光十二年四月初三日，档号：05-13-002-000635-0011。
⑦ 中国第一历史档案馆藏：《内务府来文》，"为传知延禧宫木（睦）官女子落水身故将伊每日吃食止退事"，道光十二年四月初五日，档号：05-13-002-000635-0016；"为睦官女子失脚落水身故即送六道口埋葬事"，道光朝，档号：05-13-002-000635-0166。

内务府①。由此可知，睦官女子死后，道光帝可能又恢复了她的答应品级。睦氏的嫔—贵人—常在—答应—官女子的贬降路线很清晰地表明，官女子是答应以下的宫眷品级，虽然属于"不入流"之列，但仍旧有着恢复妃嫔身份的可能性。再如咸丰五年六月十八日，皇帝谕令："昨因琰常在凌虐使女，并伊与太监孙来福任意谈笑，已将伊之位分褫革，从重惩处，降为官女子，并将孙来福重责发遣矣。"② 据于善浦考证，琰常在即玫常在，"徐佳氏，正黄旗人，领催诚意之女，道光十八年八月初五生，初封玫常在，四年晋玫贵人，五年四月二十四日降为玫常在，五月十七日敬事房传旨降为宫女"③。此处，于氏就将史料中所载的"官女子"等同于宫女，但从史料中"降为官女子"的记载，且其在不久就恢复了常在的位分，之后又晋为玫贵人的情况来看，这里的官女子显然与宫女不可等同。

除官女子外，乾隆、道光时期的史料中还有"学规矩女子"。如乾隆二十四年，纯贵妃下学规矩女子封郭常在，皇后下学规矩女子封伊贵人，令妃下学规矩女子封瑞常在；乾隆二十五年，皇后下学规矩女子封和贵人；乾隆二十九年，愉妃下学规矩女子封那常在，颖妃下学规矩女子封武常在；乾隆三十三年，庆妃下学规矩女子封平常在④。滕德永认为学规矩女子属于"候补宫女"，

---

① 中国第一历史档案馆藏：《内务府来文》，"为查明供祀睦答应一切祭品应如何办理之处事致内务府"，道光十五年八月二十一日，档号：05-13-002-000146-0121。

② 《宫中则例（第二种）·训谕》，载《故宫珍本丛刊·钦定宫中现行则例二种》，第229页。

③ 于善浦：《清代帝后的归宿》，第204页。

④ 《国家图书馆藏清代孤本内阁六部档案续编》第4册第1360-1362、1365、1380、1428页，乾隆至嘉庆年添减底账（乾隆二十一年至嘉庆元年），全国图书馆文献缩微复制中心，2005。

即在后妃宫中"实习"的宫女①。但我们认为此类女子显然不同于宫女，一则以上"学规矩女子"所跟随的妃嫔都位分较高，清代宫女中聪明伶俐、办事稳妥者方可派往高级妃嫔处侍奉，因而"实习"宫女即可入侍皇后、贵妃等位，于理不通；二则我们对上述受封"学规矩女子"内家世背景较为明晰的瑞常在与和贵人进行考察，前者为内务府正白旗下索绰络氏"礼部尚书德保女"②，后者为和卓氏系回部"台吉和札赍女"③，二人虽均属内务府选秀的范围，但家世背景都较为突出，很可能出于对其母家的笼络，二人在选入宫中后即被分配至位分较高的后妃名下学习规矩，之后再酌情册封为妃嫔。另据赵玉敏考证，乾隆二十九年愉妃下学规矩女子中，被封为那常在者系小柏氏④。这位小柏氏为汉人柏士彩之女，其姊大柏氏于乾隆初年以汉女身份入宫，初封为贵人，乾隆六年晋封为怡嫔⑤。详见后文论述。次年，乾隆帝下令将柏士彩一家由苏州迁至京城，入于内务府正黄旗下。小柏氏是在全家入内务府正黄旗后于乾隆十年入宫⑥，并被分派在愉妃下学规矩。对于其姊曾为妃嫔的小柏氏，已经开始有意识地在选秀中甄别后妃姊妹亲眷的乾隆帝应当不会以普通宫女待之，因而也是先令其在妃嫔名下学习规矩，之后再酌情册封。

---

① 滕德永：《从档案看清代宫女的因故出宫》，载《沈阳故宫博物院院刊》（总第17辑），现代出版社，2016，第82页。

② 唐邦治辑：《清皇室四谱》卷2，载《近代中国史料丛刊》第8辑，文海出版社，1967，第80页。

③ 同上书，第76页。

④ 赵玉敏：《乾隆帝后宫中的汉女妃嫔》，《兰台世界》2011年第5期。

⑤ 《清高宗实录》卷155，乾隆六年十一月，第10册第1214页。

⑥ 中国第一历史档案馆藏：《内务府奏案》，"为正黄旗宜品常在娘娘及家人入旗清册"，乾隆五十八年，档号：05-0448-060。

　　另外，对于蒙古、回部入宫的女子，由于其不熟悉满洲宫廷礼仪和规矩，也往往先安排在后妃名下学习规矩，一段时间后再酌情册封位分。如乾隆二十四年六月十九日敬事房首领杨双全传皇后下学规矩女子封伊贵人、纯贵妃下学规矩女子封郭常在①，乾隆二十五年二月初三日，总管王常贵传皇后下学规矩女子封和贵人②。伊贵人即后来的慎嫔，郭常在即后来的郭贵人，皆系准噶尔部归顺之后选入宫廷的女子③，和贵人即后来的容妃和卓氏④，系回部女子，她们都曾在后妃位下学习规矩，显然也有别于宫女身份。

　　嘉庆元年的档案中，宫眷群体还包括"永安亭学生"和"所内学生"。滕德永根据《清稗类钞》的记载，"凡选中者，入宫，试以绣锦、执帚一切技艺，并观其仪行当否。有不合者，命出，依次递补，然后择其优者，教以掖庭规程。日各以一小时写字读书，写读毕，次日命宫人考校。一年后，授以六法，俊者侍后妃起居，次为尚衣、尚饰，各有所守，决不紊乱"，认为"所内学生"也是学习规矩和技艺的宫女⑤。但是，从"学生"的宫分来看，她们显然也有别于宫女。根据档案记载，"所内学生"享有的宫分为："每人云缎一匹，彭缎一匹，宫绸一匹，纱一匹，纺丝一匹，杭细一匹，棉花二斤，银三十六两"，与"（官）女子咏

---

① 《国家图书馆藏清代孤本内阁六部档案续编》，第 4 册第 1360-1361 页。
② 同上书，第 4 册第 1365 页。
③ 唐邦治辑：《清皇室四谱》卷 2，第 78-79 页。
④ 《清高宗实录》卷 651，乾隆二十六年十二月，第 17 册第 297 页，"奉皇太后懿旨，贵人……霍卓氏……著封为嫔"；卷 812，乾隆三十三年六月，第 18 册第 973 页，"奉皇太后懿旨……容嫔，著封为妃"。
⑤ 滕德永：《从档案看清代宫女的因故出宫》，载《沈阳故宫博物院院刊》（总第 17 辑），第 82 页。

里等九人，每人云缎一匹，彭缎一匹，宫绸一匹，纱一匹，纺丝一匹，杭细一匹，棉花二斤，银卅六两"① 的待遇完全相同。这个待遇并不比答应低，根据《国朝宫史》，答应的宫分为"银三十两，云缎一匹，衣素缎一匹，彭缎一匹，宫绸一匹，潞绸一匹，纱一匹，绫一匹，纺丝一匹，木棉三斤"②。不过，永安亭二处学生则待遇较低，只有"每人屯绢半，夏布一匹，深蓝布八匹，棉花二斤，银八两"③，与普通宫女的待遇相近④。由此看来，不同身份的"学生"之间待遇也有着很大的差异，不可一概而论。

综上，清代后宫女性的构成是相当复杂的，这与入关前满人家庭内女性有着多种身份的传统相一致。官女子和"学生"等宫眷，类似于定宜庄先生所说的"亦婢亦妻的女人"⑤。从表面上看，嫔以上有定额的后宫人数的确有限，但"无定数"的群体，如答应、官女子和"学生"的数量则可能相当庞大，无形中大大增加了清帝的后宫规模。因此前辈学者无论根据清代史料还是墓葬情况所得出的妃嫔数量，并不能全面体现其后宫人数，而康乾二帝所标榜的后宫之"俭省"，也需要我们多角度客观看待。

---

① 中国第一历史档案馆藏：《内务府奏案》，"呈报雍正十三年乾清宫宁寿宫皇贵妃贵妃妃嫔等缎布等项分例清单稿"，嘉庆元年，档号：05-0462-052。

② （清）鄂尔泰、张廷玉等编纂：《国朝宫史》卷 17 "经费一"，第 397 页。

③ 中国第一历史档案馆藏：《内务府奏案》，"呈报雍正十三年乾清宫宁寿宫皇贵妃贵妃妃嫔等缎布等项分例清单稿"，嘉庆元年，档号：05-0462-052。

④ 清代宫女的宫分根据时代和宫女的等级有所不同，如乾隆五十四年的一份档案显示宫女宫分为"云缎一匹，彭缎一匹，宫绸一匹，纱一匹，纺丝一匹，杭细一匹，棉花二斤，银十两，表里六匹"，见中国第一历史档案馆藏：《内务府奏案》，"查报乾隆五十四年女子等缎布等项分例清单稿"，嘉庆元年，档号：05-0462-053；而《宫中则例》中则载宫女宫分为"银六两，云缎一匹，春绸一匹，宫绸一匹，纱一匹，纺丝一匹，杭细一匹，棉花二斤"，见《故宫珍本丛刊·钦定宫中现行则例二种》，第 107 页。

⑤ 定宜庄：《满族的妇女生活与婚姻制度研究》，第 75 页。

第三节　清宫中的民女妃嫔

《清史稿·后妃传》称："宫中守祖宗制，不蓄汉女"[1]。理论上讲，清代宫闱制度定型之后，后妃皆出自选秀，而秀女皆出自八旗，因而后妃都应系旗人。至清末虽然放开了满汉通婚的限制，但仍明确"如遇选秀女年分，仍由八旗挑取，不得采及汉人"[2]。当然，旗人女性本身就包括了满、蒙、汉三个民族，因此史料中所说的"汉女"或"汉人"都特指八旗之外的民间汉女，与汉军旗人女性无关。因此，本节特用"民女"一词以指代民间汉女，以示区别。实际上，清宫并非没有民女，顺治、康熙、乾隆三朝均有民女入宫，成为清代后宫中的"特例"，也是三位皇帝都意图遮蔽的事实。

《清皇室四谱》载："初，世祖稽古制，选汉官女备六宫"[3]，说明顺治时期曾公开选拔过民女妃嫔，但该朝的民女妃嫔可考证者似乎只有恪妃石氏。石氏是吏部左侍郎石申之女，《澹余笔记》中说其于顺治十三年被选入宫，初封为贵人[4]。如此看来，顺治十二年时皇帝曾说："太祖太宗制度，宫中从无汉女，且朕素奉皇太后慈训，岂敢妄行"[5]，所言并不能算虚假。顺治帝所说皇太后慈训，应为《清宫词》所载"顺治初年，孝庄皇后谕：'有

---

① 《清史稿》卷 214 "后妃传"，第 8902 页。

② 《清德宗实录》卷 492，光绪二十七年十二月，第 58 册第 505 页。

③ 唐邦治辑：《清皇室四谱》卷 2，第 50 页。

④ 章乃炜等编：《清宫述闻》（初续编合编本），第 600 页。

⑤ 《清世祖实录》卷 92，顺治十二年七月，第 3 册第 725 页。

以缠足女子入宫者，斩。'此旨旧悬于神武门内"①。那么，宫中无汉女祖制的转变应当就发生在顺治十三年。考之《世祖章皇帝实录》，顺治十三年皇太后谕内大臣公鳌拜等："今闻乾清、坤宁、景仁等宫殿俱已告成。册封皇后，已颁册宝。妃嫔尚未册立，应照例举行。尔等启知皇帝"②。而唐邦治认为石氏就是在世祖"稽古制"遴选汉女妃嫔时被选入宫的。可见，顺治帝是在宫殿修建完成、册封各宫妃嫔时也选拔了"汉官女"。杨珍认为顺治朝后宫的"汉女"之位本为定南王孔有德之女孔四贞所设，意在拉拢清初藩王的军事力量、笼络降清汉官和汉族士绅，只可惜孔四贞"自陈有夫"，因而由石氏取代了孔四贞留下的本属于"汉女"的后宫之位③。从石氏入宫后"居永寿宫，冠服用汉式"④，其家人也受到特别的优待，如母亲赵淑人被特许入宫，行家人礼，赐重宴⑤，可见顺治朝遴选民女入宫的确明显带有在内廷建立满汉共存的文化、拉拢汉族官员的政治意图。石氏也因此成为清代唯一公开承认的民女妃嫔，《清史稿·后妃传》称"世祖以汉女为妃……附书之，以其仅见也"⑥。

如果说顺治朝毕竟属于宫闱制度尚未定型之际，因而有民女为妃的特例不足为奇，但其实在"典制大备"的康熙朝，宫中仍不乏民女妃嫔。

康熙朝的民女妃嫔，经杨珍考证共有 10 位，分别是：密嫔

① （清）吴世鉴等：《清宫词》，北京古籍出版社，1986，第 4 页。
② 《清世祖实录》卷 102，顺治十三年六月，第 3 册第 786 页。
③ 杨珍：《顺治朝后宫的特征》，《光明日报》2013 年 11 月 28 日。
④ 唐邦治辑：《清皇室四谱》卷 2，第 50—51 页。
⑤ 于善浦：《清东陵大观》，河北人民出版社，1985，第 49 页。
⑥ 《清史稿》卷 214 "后妃传"，第 8898 页。

王氏、贵人袁氏、贵人陈氏、庶妃高氏、庶妃石氏、庶妃陈氏（陈玉卿之女）、庶妃陈氏（陈岐山之女）、庶妃张氏、庶妃王氏、庶妃刘氏。杨珍认为这些女子皆是汉姓，玉牒中对她们的生父只书姓名，并无官职，表明她们不是来自汉军旗，而是地道的汉人，母家属于一般庶民阶层①。

10位汉女妃嫔中，位分最高的是密嫔王氏，系知县王国正女，康熙二十余年入宫，其后分别于康熙三十二年、三十四年、四十年诞育皇十五子允禑、皇十六子允禄和皇十八子允祄，但直至康熙五十七年十二月才被册为密嫔，在此之前，“宫中虽称妃嫔”，却“尚未受封”②。雍正二年六月世宗晋尊其为皇考密妃，乾隆元年十一月高宗尊为皇祖顺懿密太妃，乾隆九年四月十八日卒，年七十余③。密嫔应系江南人氏，康熙四十八年七月十六日，苏州织造李煦曾向康熙帝报告：“王嫔娘娘之母黄氏，七月初二日忽患痢疾，医治不痊，于七月十四日午时病故，年七十岁。”④ 由李煦向皇帝汇报密嫔之母的死讯，说明王氏之母家应在苏州，她很有可能是康熙帝下江南时带回宫中，或由李煦等任职江南的内务府官员进奉入宫的女子。如康熙三十二年，苏州织造李煦就曾上奏康熙帝：“今寻得几个女孩子，要教一班戏送进，以博皇上一笑”⑤。可见给皇帝进呈江南女子的做法是存在的。

康熙朝有封号的汉女妃嫔还有贵人袁氏、贵人陈氏。《小玉

① 杨珍：《康熙皇帝一家》，第122-123页。
② 《清圣祖实录》卷278，康熙五十七年四月，第6册第730-731页。
③ 唐邦治辑：《清皇室四谱》卷2，第57页。
④ 中国第一历史档案馆藏：《宫中朱批奏折》，“奏为王嫔娘娘之母黄氏病故日期事”，康熙四十八年七月十六日，档号：04-01-30-0006-004。
⑤ （清）李煦：“弋腔教习叶国桢已到苏州折”，康熙三十二年十二月，载故宫博物院明清档案部编：《李煦奏折》，中华书局，1976，第4页。

牒》载："第十四女悫靖和硕公主，康熙二十八年己巳十二月初七日亥时贵人袁氏所出。"① 贵人陈氏则于康熙五十七年生育皇子，可惜皇子当日即殇②。剩下的 7 位民女妃嫔，《小玉牒》中皆记为"庶妃某氏"。"庶妃"应是清代宫闱制度未完备时对后宫未有名位女子的统称，太祖、太宗、世祖、圣祖四朝《小玉牒》中皆有出现，至雍正朝以后再未有"庶妃"的说法。因而康熙朝的"庶妃"应是指未有任何册封的、地位较低的妃嫔。她们当中，有的甚至生育多名子女，如庶妃高氏于康熙四十一年、四十二年、四十五年分别生育皇子女；庶妃陈氏（陈玉卿之女）、庶妃陈氏（陈岐山之女）也皆于康熙五十年之后生育过皇子③。从生育情况来看，康熙帝晚年"奉御"的妃嫔中，民女处于优势。但即便如此，她们也没有得到任何册封，直到雍正、乾隆帝继位之后，其中的几位才晋为贵人、嫔④，但仍有庶妃张氏、庶妃王氏、庶妃刘氏皆生育过皇女，终其一生并未受封⑤。显然，康熙帝企图通过不予册封、压低民女妃嫔地位的方式，降低这些民女在后宫中的关注度，掩盖其后宫"蓄汉女"的行为。除这 10 位可考者之外，康熙朝后宫可能还存在其他的因地位低而不为人所知的民女妃嫔，这也是影响到我们估算后宫规模的因素之一。

---

① 中国第一历史档案馆藏：《小玉牒》，"汉文列祖女孙直档玉牒（显祖至世宗各朝宗室女儿）"，档号：-023 C071。

② 中国第一历史档案馆藏：《小玉牒》，"汉文列祖子孙直档玉牒（显祖至圣祖辈诸子宗支）"，档号：-181 C069。

③ 中国第一历史档案馆藏：《小玉牒》，"汉文列祖子孙直档玉牒（显祖至圣祖辈诸子宗支）"，档号：-181 C069；"汉文列祖女孙直档玉牒（显祖至世宗各朝宗室女儿）"，档号：-023 C071。

④ 中国第一历史档案馆藏：《小玉牒》，"汉文列祖女孙直档玉牒（显祖至世宗各朝宗室女儿）"，档号：-023 C071。

⑤ 同上。

乾隆朝后宫也有民女妃嫔，但与康熙朝不同，乾隆朝有两个新的特点：一是不乏晋封高位者，即便没有生育子女的民女妃嫔也能晋封到贵妃甚至皇贵妃这样的高位；二是让民女妃嫔入旗，在后宫完成其由民女向旗人女性的身份转变。

乾隆朝民女妃嫔中位分最高的是纯惠皇贵妃苏氏。苏氏为苏召南女，在弘历为皇子时期即入侍潜邸，继位后封为纯嫔，乾隆二年十二月，乾隆帝命东阁大学士徐本为正使、内阁学士春山为副使，持节册封纯嫔苏氏为纯妃①。乾隆十年十一月，又册为纯贵妃②。乾隆二十五年三月，奉皇太后懿旨："纯贵妃久膺册礼，克勤内治，敬恭淑慎，毓瑞椒涂。今皇子及公主俱已吉礼庆成，应晋册为皇贵妃，以昭令范。钦此。"③ 清朝惯例，皇后尚在时一般不轻易册封皇贵妃，苏氏的晋封原因应是罹患重病而给予的抚慰，因其被册封为皇贵妃之后不到一个月即病逝，谥为纯惠皇贵妃④。她一生共育有二子一女⑤，从其一路晋封和生育情况来看，是乾隆帝较为宠爱的妃嫔之一。

庆贵妃陆氏，陆士龙女，生于雍正二年六月二十四日，于乾隆十三年四月十二日晋封贵人⑥。十六年六月，晋封庆嫔。二十四年十二月晋庆妃，三十三年十月晋庆贵妃，三十九年七月十五日卒。嘉庆四年正月，仁宗以受其抚育之恩追晋为庆恭皇贵

---

① 《清高宗实录》卷58，乾隆二年十二月，第9册第940页。

② 《清高宗实录》卷253，乾隆十年十一月，第12册第269页。

③ 《清高宗实录》卷609，乾隆二十五年三月，第16册第844页。

④ 唐邦治辑：《清皇室四谱》卷2，第72页。

⑤ 中国第一历史档案馆藏：《小玉牒》，"汉文列祖子孙直档玉牒（高宗及弘字辈诸子）"，档号：-001 C069；"汉文列祖女孙直档玉牒（高宗及弘字辈诸女）"，档号：-024 C071。

⑥ 中国第一历史档案馆藏：《内务府来文》，"为纂修玉牒咨查婉嫔等旗分及舒妃父家姓氏职名事致总管内务府"，乾隆二十二年十一月，档号：05-13-002-000009-0135。

妃①。陆氏为民女出身，并无显赫家世，也未生育子女，却在 20
年间从贵人晋升至贵妃，死后又被嘉庆帝追封为皇贵妃，在民女
妃嫔中可谓幸运者。

婉妃陈氏，和纯惠皇贵妃苏氏一样，亦为乾隆帝藩邸旧人，
嘉庆帝称其为"从前皇考在藩邸时，蒙皇祖（雍正帝）所赐"②。
内务府档案显示"婉嫔母家姓陈，系汉人"③。《清皇室四谱》记
载其为陈廷璋之女，生于康熙五十五年④。陈氏于乾隆二年五月
十二日封贵人⑤，十四年四月封婉嫔⑥，五十九年十二月册封婉
妃⑦。嘉庆六年因婉太妃在寿康宫位次居首，且"年跻八十有
六，康健颐和，宜崇位号，以申敬礼，应尊封为婉贵太妃"⑧。陈
氏卒于嘉庆十二年二月初二日，享年九十二岁，是乾隆帝妃嫔中
最为长寿者⑨。陈氏的晋升速度其实较为缓慢，其最终能达到贵
妃的高位，长寿是关键因素。

芳嫔陈氏，陈廷伦女⑩，乾隆三十一年十一月十六日封明常
在⑪，四十年三月二十三日封明贵人⑫，后不知何故复贬为明常

---

① 唐邦治辑：《清皇室四谱》卷 2，第 73 页。
② 《清仁宗实录》卷 78，嘉庆六年正月，第 29 册第 4 页。
③ 中国第一历史档案馆藏：《内务府来文》，"为纂修玉牒咨查舒妃等父家姓氏职名
事致总管内务府"，乾隆二十二年十二月，档号：05-13-002-000009-0157。
④ 唐邦治辑：《清皇室四谱》卷 2，第 74 页。
⑤ 中国第一历史档案馆藏：《内务府来文》，"为纂修玉牒咨查婉嫔等旗分及舒妃父
家姓氏职名事致总管内务府"，乾隆二十二年十一月，档号：05-13-002-000009-0135。
⑥ 《清高宗实录》卷 338，乾隆十四年四月，第 13 册第 652-653 页。
⑦ 《清高宗实录》卷 1467，乾隆五十九年十二月，第 27 册第 598 页。
⑧ 《清仁宗实录》卷 78，嘉庆六年正月，第 29 册第 4 页。
⑨ 唐邦治辑：《清皇室四谱》卷 2，第 75 页。
⑩ 同上书，第 77 页。
⑪ 于善浦：《清东陵大观》，第 134 页。
⑫ 《国家图书馆藏清代孤本内阁六部档案续编》，第 4 册第 1584-1585 页。

在，至四十一年四月二十八日仍封贵人①。不过被贬降的经历并没有影响到其之后的晋封，她于乾隆五十九年、嘉庆三年晋为芳嫔、芳妃②，可见陈氏在乾隆帝暮年比较受宠。

怡嫔柏氏，柏士彩之女，初入宫为贵人，乾隆六年十一月册封为怡嫔③，乾隆二十二年五月薨逝④。

乾隆朝位分最低的民女妃嫔是禄贵人陆氏，系苏州人⑤，于乾隆二十五年十一月十四日封为禄常在⑥，四十年三月二十三日与明常在一同封为贵人⑦，于乾隆五十四年闰五月初五日病逝⑧。

以上 6 位民女妃嫔，除纯惠皇贵妃外皆未生育，相比于康熙朝生育子女却没有位分而言，乾隆朝民女妃嫔的地位则高得多，6 人中，当朝册封的有 1 位皇贵妃、1 位贵妃、1 位妃、2 位嫔和 1 位贵人，其中的 2 位又得到继任皇帝的尊封，位号进一步提升。不过，册封民女妃嫔高位分，并不意味着乾隆皇帝不在意她们的族群背景，他通过另外一种手段来遮蔽这些妃嫔的民女身份——入旗。

乾隆朝 6 位民女妃嫔中除婉妃陈氏外的其他 5 位，我们都找到了其入旗的相关记载：纯惠皇贵妃苏氏，在乾隆二年被册封为

---

① 《国家图书馆藏清代孤本内阁六部档案续编》，第 4 册第 1623 页。

② 《清高宗实录》卷 1463，乾隆五十九年十月，第 27 册第 550 页；卷 1498，嘉庆三年四月，第 27 册第 1058 页。

③ 《清高宗实录》卷 155，乾隆六年十一月，第 10 册第 1214 页。

④ 中国第一历史档案馆藏：《内务府奏案》，"为正黄旗宜品常在娘娘及家人入旗清册"，乾隆五十八年，档号：05-0448-060。

⑤ 台北"故宫博物院"图书文献处文献科编：《宫中档乾隆朝奏折》第 44 辑，台北"故宫博物院"，1982，196—197 页。

⑥ 《国家图书馆藏清代孤本内阁六部档案续编》，第 4 册第 1369 页。

⑦ 同上书，第 4 册第 1584—1585 页。

⑧ 陈可冀主编：《清宫医案研究》，中医古籍出版社，1990，第 254 页。

纯妃之后，于乾隆四年奉旨将其母家迁入内务府正白旗，兄苏鸣凤、苏嘉凤皆赏给披甲钱粮①；庆贵妃陆氏于乾隆十六年册封庆嫔，二十二年皇帝下令将其父陆士龙与亲丁 15 名、仆人男妇 23 名接到京城，入于内务府镶黄旗英廉佐领下②；芳嫔陈氏在乾隆四十年被贬之后，于次年恢复贵人位分，再于四十三年七月奉旨入旗③；怡嫔柏氏于乾隆六年被册封为嫔之后，乾隆帝即派江苏布政使安宁办理怡嫔家人从苏州入京事宜④，次年十二月，安宁送柏士彩等亲丁 11 名、仆人男妇 9 名到京，乾隆帝将柏士彩父子入于内务府正黄旗佐领下⑤。《内务府奏案》中有一份名为《为正黄旗宜品常在娘娘及家人入旗清册》的记录，内载"正黄旗通源佐领下查得本佐领下宜品娘娘于乾隆七年奉旨入旗，于二十二年五月薨逝，常在娘娘于乾隆十年进宫，父柏士彩于乾隆二十四年十一月病故"⑥。从中可见，怡嫔的妹妹也于乾隆十年入宫，被封为常在。前文已述，乾隆朝的寿贵人柏氏应系这位"常在娘娘"。不过，小柏氏入宫的身份和姐姐并不相同，因乾隆七年柏家已经入旗，因此小柏氏已非民女身份，她应系乾隆十年内

① 中国第一历史档案馆藏：《内务府奏案》，"为正白旗纯惠皇贵妃之兄苏鸣凤等入旗当差清册"，乾隆五十八年，档号：05-0448-056。

② 中国第一历史档案馆藏：《内务府奏案》，"奏为赏陆士龙房地等项事"，乾隆二十二年十月十四日，档号：05-0158-047。

③ 中国第一历史档案馆藏：《内务府奏案》，"为镶黄旗明常（在）之胞兄入旗清册"，乾隆五十八年，档号：05-0448-059。

④ 中国第一历史档案馆藏：《宫中朱批奏折》，"奏为奉旨办理内庭主儿父母柏士彩等家口送京事"，乾隆六年六月初九日，档号：04-01-14-0007-034。

⑤ 中国第一历史档案馆藏：《内务府奏案》，"奏为赏陆士龙房地等项事"，乾隆二十二年十月十四日，档号：05-0158-047；"为正黄旗宜品常在娘娘及家人入旗清册"，乾隆五十八年，档号：05-0448-060。

⑥ 中国第一历史档案馆藏：《内务府奏案》，"为正黄旗宜品常在娘娘及家人入旗清册"，乾隆五十八年，档号：05-0448-060。

务府选秀时进入宫廷，因而不在本节讨论的"民女妃嫔"之列。最后一位禄贵人陆氏入旗的记载最为特殊，她于乾隆五十四年闰五月病逝，该年十月初九日奉旨，禄贵人胞姐陆氏一家入内务府镶黄旗①。

乾隆四十年，皇帝从前赏给十一阿哥使唤之殷姓女子母兄来京探望，乾隆帝表示："此等赏给阿哥女子，非有名号，自不便归入内务府旗分给以养赡。"② 从这一史料中的说法似乎可以推出这样的结论：赏给阿哥的民女如果有了名号，就可以归入内务府旗分，那么皇帝的妃嫔也应如此。不过从乾隆帝的民女妃嫔入旗情况来看，一位在册封为妃之后入旗，两位在册封为嫔之后入旗，一位在册封为贵人之后入旗，一位是在其死后家人入旗，似乎并没有一定之规。乾隆帝通过将其母家入旗，一方面是提高其家庭的待遇，即"给以养赡"，特别是禄贵人死后令其胞姐一家入旗，这一意图尤其明显；另一方面也是通过这样身份的转变来掩盖其民女背景，如苏氏在入旗后其姓氏改为"苏佳氏"，当她再晋封为贵妃和皇贵妃的高位分时，原本的民女身份就不再惹眼，后宫仍可在表面上维持其"满洲之道"。

除民间汉女之外，乾隆朝之前后宫还有其他民族的女性，如前文提到的蒙古和回部妃嫔，很可能数量也不止几人而已。乾隆二十五年规定："回子佐领下女子，年至十二岁，令该佐领造册送会计司呈堂汇奏，交总管太监请旨引阅。"③ 乾隆四十二年又定"其住居健锐营之新旧番子，遇挑选秀女，著归入正黄旗满洲

---

① 中国第一历史档案馆藏：《内务府奏案》，"为镶黄旗禄贵人胞姐陆氏入七（旗）清册"，乾隆五十八年，档号：05-0448-058。
② （清）庆桂等编纂：《国朝宫史续编》卷 2 "训谕二"，第 14 页。
③ 《清会典事例》（光绪朝）卷 1218，第 12 册第 1111 页。

都统办理"①。"回子"与"番子"女子一度都参与了选秀，直至道光二年，才将此二类女子免于选看②。因此，类似前文提到的被选入宫在后妃位下"学规矩"的回部、番部女性可能还大有人在，只是那些未被册封位分者很难为后人所知罢了。

---

① 《清会典事例》（光绪朝）卷 1114，第 12 册第 81 页。
② 《清会典事例》（光绪朝）卷 154，第 2 册第 959 页。

第四章

后妃的晋封与待遇

宫廷之内，妃嫔为了晋升品级而明争暗斗，成为影视作品中永恒的主题。但实际的史料记载却很难体现这一点，反而呈现出清廷所标榜的一派"宫壸肃清"之景象。那么，清代的妃嫔是通过怎样的方式得到晋封的？位分的晋封对其个人和娘家带来怎样的影响？清廷又是通过怎样的机制来避免妃嫔之间为晋封而进行的争斗？这是本章讨论的主题。

第一节　妃嫔位分的升与降

《清史稿·后妃传》："宫女子侍上，自常在、答应渐进至妃、嫔"[1]。学者们一般也认为清代被选中的八旗秀女，"一般都先封答应，然后逐步晋封常在、贵人以至嫔、妃"[2]。也就是说，清宫

---

[1] 《清史稿》卷214"后妃传"，第8897页。
[2] 定宜庄：《关于清代满族妇女史研究的若干思考》，《吉林师范大学学报》（人文社会科学版）2014年第6期。

妃嫔一般由答应、常在这样的低位分起步，然后逐级晋封至高位分。那么，事实是否如此？是否有妃嫔入宫就册以高位分，或者入宫后未遵循逐级晋封的次序而一跃由低位分晋为高位分？已晋封的妃嫔因何会被降至低位分？

值得庆幸的是，有关清代妃嫔晋封的史料相对丰富，特别是嫔以上的晋封信息于历朝实录中基本都有记载，近年开放的内务府档案则可体现乾隆朝以后部分嫔以下低位分者的晋封信息，虽不够全面，我们仍可从中一窥清代妃嫔在宫廷中起伏的脚步。

表4-1是对史料中有记载的清康熙至光绪141位后妃初封位分进行的统计。需要说明的是，首先，表格中的数字并非各朝妃嫔的实际人数，只是有册封记录的妃嫔人数；其次，康熙和雍正两朝，由于内务府档案中查不到妃嫔的初封信息，因此数据可能存在较大偏差，比如康熙朝没有嫔以下低位分的初封记录，但从墓葬和其他资料的情况来看，该朝低位分妃嫔的人数显然相当之多，因此理论上该朝初封为常在以下低位分者的比例应当最高。乾隆朝以后妃嫔晋封的资料相对丰富，数据也相对准确。

总体而言，自康熙朝宫闱制度逐步定型以来，有9位女性初封即为皇后，她们要么系皇帝大婚时聘为皇后，如康熙、同治、光绪三帝之皇后；要么系皇帝为皇子时之嫡福晋，即位后被册为皇后。其中道光帝为皇子时，嘉庆帝为其聘娶户部尚书布颜达赉之女钮祜禄氏为妻，可惜这位嫡福晋于嘉庆十三年正月薨逝，嘉庆帝再册佟佳氏为"继嫡福晋"。待道光帝即位后，册立继配为皇后的同时，追封原配为"孝穆皇后"。因此道光朝有两位初封皇后者。

表 4-1　清代后妃初封信息表

初封位分	康熙 名单	康熙 人数	雍正 名单	雍正 人数	乾隆 名单	乾隆 人数	嘉庆 名单	嘉庆 人数	道光 名单	道光 人数	咸丰 名单	咸丰 人数	同治 名单	同治 人数	光绪 名单	光绪 人数	总计
皇后	孝诚皇后	1	孝敬皇后	1	孝贤皇后	1	孝淑皇后	1	孝穆皇后、孝慎皇后	2	孝德皇后	1	孝哲皇后	1	孝定皇后	1	9
皇贵妃		0		0		0		0		0		0		0		0	0
贵妃	孝懿皇后、温僖贵妃、悫惠皇贵妃	3	贵妃年氏	1	贵妃高氏	1	贵妃钮祜禄氏	1		0		0		0		0	6
妃	孝昭皇后、慧妃、平妃、敏妃、宣妃	5	齐妃、熹妃	2	娴妃、哲妃	2	诚妃、恕妃	2		0		0	慧妃	1		0	12
嫔	荣嫔、惠嫔、德嫔、良嫔、和嫔、成嫔、安嫔、敬嫔、端嫔、僖嫔、定嫔、密嫔、勤嫔	13	懋嫔、裕嫔	2	仪嫔、纯嫔、忻嫔	3	莹嫔、简嫔、逊嫔	3	恬嫔、和嫔、全嫔	3	贞嫔、祺嫔	2	珣嫔、赫舍里氏	2	瑾嫔、珍嫔	2	30

续表

初封位分	康熙 名单	人数	雍正 名单	人数	乾隆 名单	人数	嘉庆 名单	人数	道光 名单	人数	咸丰 名单	人数	同治 名单	人数	光绪 名单	人数	总计 人数
贵人	宜妃（贵人）	1	李贵人	1	贵人金氏、贵人海氏、贵人柏氏、贵人叶赫勒氏、魏贵人、晋贵人、贵人陈氏、贵人巴林氏、多贵人、陆贵人、伊贵人、和贵人、常贵人、兰贵人、贵人伊尔根觉罗氏、福贵人、慎贵人	17	淳贵人、如贵人、芸贵人、信贵人、恩贵人、玉贵人	6	祥贵人、珍贵人、睦贵人、静贵人、成贵人、彤贵人、琳贵人、宜贵人、定贵人、平贵人	10	云贵人、英贵人、兰贵人、丽贵人、春贵人、瑃贵人、璷贵人、璹贵人、玉贵人、吉贵人、禧贵人、庆贵人	11	贵人西林觉罗氏	1		0	47

续表

初封位分＼朝代	康熙 名单	康熙 人数	雍正 名单	雍正 人数	乾隆 名单	乾隆 人数	嘉庆 名单	嘉庆 人数	道光 名单	道光 人数	咸丰 名单	咸丰 人数	同治 名单	同治 人数	光绪 名单	光绪 人数	总计 人数
常在		23	海常在、郭常在、张常在、春常在	5	明常在、林常在、白常在、新常在、揆常在、宁常在、祥常在、郭常在、瑞常在、禄常在、那常在、武常在、平常在、圣常在、永常在、鄂常在、金常在	16	春常在、莱常在、安常在	3	佳常在、顺常在、玲常在、意常在、琭常在、曼常在	6	婉常在、玫常在、鑫常在、容常在	4		0		0	34
答应			刘答应、李答应、高答应	3		0		0		0		0		0		0	3
总计		23		15		40		16		21		18		5		3	141

注：由于康熙朝史料记载的简略及宫闱制度尚在成型之中，有些高位分后妃只知其之前的封票封而来，但不知其之后的封号或是否有封号，如孝懿皇后由低位分妃嫔晋封而来，因此只得在贵妃栏中写了"孝懿皇后"，以便读者更加明了其身份。

资料来源：《清史稿》、《清实录》、《清皇室四谱》、《清史稿·后妃传》等，中国第一历史档案馆、故宫博物院合编：《清宫内务府奏销档》、《内务府来文》、《内务府呈稿》、《军机处全宗》、《小玉牒》等，中国第一历史档案馆藏清代孤本内阁六部档案续编》（第4册）。

表格还借鉴了已有研究成果中的观点。

没有女性初封即为皇贵妃。这完全符合清代对皇贵妃位分的特殊定义，皇后健在或无意外时不轻设皇贵妃，因此清代的皇贵妃基本都是在特殊时刻由贵妃或妃晋封而来。

初封为贵妃者共 6 位，但其中 4 位来自初封资料不完整的康熙、雍正两朝，她们很可能由低位分晋封而来，因此可以确定的初封即至贵妃这样高位的女性几乎凤毛麟角，嘉庆朝以后没有初封为贵妃的记录。

贵妃以下初封人数呈现明显的增长态势，但不同朝代之间又有所变化。嫔、贵人和常在是初封比例最高的 3 个位分，康熙朝初封嫔位的人数最多，为 13 人，贵人以下则骤减，只有 1 位初封为贵人，没有初封为常在和答应的记录，这仍旧与资料不全有关，不能确切反映康熙朝妃嫔的初封原貌；之后历朝的数字则比较稳定：初封为嫔者在 2～3 人，乾、嘉、道、咸四朝贵人和常在构成初封位分的主体。雍正朝以后没有妃嫔初封为答应，这从另一个角度印证了我们之前所论的常在以上为"主位"的说法，答应在清代的多数时段是没有正式册封的低级宫眷。因此，清宫妃嫔都是先封答应，然后逐步晋封至高位之说，显然是错误的。

其次是初封之后妃嫔的晋升轨迹问题。从史料所反映的情况来看，妃嫔在初封之后的确一般都是遵循常在、贵人、嫔、妃、贵妃、皇贵妃、皇后的秩序逐级晋升。如嘉庆帝生母，初封为贵人，乾隆十年封令嫔①，十四年晋令妃，二十四年晋贵妃，三十年册封皇贵妃②，六十年九月嘉庆帝即位，追封生母为

---

① 《清高宗实录》卷 253，乾隆十年十一月，第 12 册第 270 页。
② 《清朝文献通考》卷 241 "帝系考三·后妃"，浙江古籍出版社，2000，第 7007 页。

孝仪皇后①；再如嘉庆朝庄妃，初封春常在，嘉庆三年封春贵
人②，六年晋吉嫔，十三年晋庄妃③。只有在个别情况下妃嫔存
在越级晋封的可能。从我们目前所掌握的材料来看，康熙朝
起，仅有康熙朝孝昭仁皇后、乾隆朝哲悯皇贵妃、咸丰朝孝贞
显皇后、同治朝皇贵妃富察氏 4 人有越级晋封的记载，以下分
述之。

康熙朝孝昭仁皇后钮祜禄氏，公遏必隆女，与康熙帝嫡后孝
诚皇后大约同时入宫。康熙十三年五月孝诚皇后崩逝，至十六年
满三年之丧，应册立新后。从史料记载来看，此前除孝诚皇后、
追封的慧妃博尔济吉特氏以外，宫中未见有其他正式册封妃嫔的
记载，其时钮祜禄氏以其资历和家世在宫中显然处于优势地位，
因而继立为皇后，其册文写道"咨尔妃钮祜卢氏，乃公遏必隆之
女也"④。这里的"妃"可能是对尚未有实际位分的钮祜禄氏的
代称，也可能是她确已册封为妃位。不论如何，相较于康熙朝以
后继立皇后多由皇贵妃晋封，钮祜禄氏无疑是越级晋封了。

乾隆朝哲悯皇贵妃富察氏，"侍高宗潜邸"，可惜她在乾隆帝
继位之前即离世，乾隆元年追封哲妃，十年正月追晋皇贵妃，四
月谥曰哲悯皇贵妃⑤。清宫惯例，妃嫔死后追封，一般一朝仅限
一次，哲悯皇贵妃死后由同一个皇帝连续追封两次，且都是越级
追封——先在之前没有封号的情况下，直接追封妃的高位，再越

① 《清高宗实录》卷 1486，乾隆六十年九月，第 27 册第 859 页。
② 于善浦：《清代帝后的归宿》，第 178 页。
③ 《清仁宗实录》卷 78，嘉庆六年正月，第 29 册第 4 页；卷 194，嘉庆十三年四
月，第 30 册第 566 页。
④ 《清圣祖实录》卷 68，康熙十六年八月，第 4 册第 876 页。
⑤ 唐邦治辑：《清皇室四谱》卷 2，第 73 页。

过贵妃品级追封为皇贵妃，此种情形在清代实不多见，可见富察氏早年侍奉弘历身边且诞育皇长子，深受乾隆帝重视①。

咸丰朝孝贞显皇后钮祜禄氏，即慈安太后，她于咸丰二年参加八旗选秀，根据内务府档案记载，该年二月十一日敬事房传出谕旨，贞嫔、英嫔于本年四月二十七日进内，可见钮祜禄氏初封为贞嫔②。五月，贞嫔晋封为贞贵妃③；六月，由贞贵妃立为皇后④。慈安于两个月内两次越级晋为皇后，是清代晋升最快的后妃。她的越级晋封，是新皇继位之初，在原配早逝、后宫无主的情况下，衡量当时后宫妃嫔各方面条件所做出的抉择，因此也是特殊情况下的应对之策。

同治朝皇贵妃富察氏，员外郎凤秀之女，同治十一年九月同治帝册立皇后的同时册封富察氏为慧妃⑤。因慧妃深受慈禧太后喜爱，尽管初封为妃，但一直享有超越品级的待遇，分例照贵妃规格配给⑥，同治十二、十三年应由皇后主持的亲蚕礼也派慧妃代为行礼⑦。至同治十三年十一月，慧妃越级晋封为皇贵妃⑧。此时皇后阿鲁特氏健在，这种情况下册封皇贵妃是清代宫闱制度

① 中国第一历史档案馆藏：《小玉牒》，"汉文列祖子孙直档玉牒（高宗及弘字辈诸子）"，档号：-001 C069；"汉文列祖女孙直档玉牒（高宗及弘字辈诸女）"，档号：-024 C071。

② 《内务府奏销档》，"奏为贞嫔各位应得分例器皿什物等项什物事折"，咸丰二年二月十八日，第234册第97—98页。

③ 《清文宗实录》卷62，咸丰二年五月，第40册第828—829页。

④ 《清文宗实录》卷63，咸丰二年六月，第40册第838页。

⑤ 《清穆宗实录》卷328，同治十一年二月，第51册第343页。

⑥ 中国第一历史档案馆藏：《内务府奏案》，"奏为拣派皇后妃嫔位下专奉内管领等预备分例事"，同治十一年二月二十三日，档号：05-0861-035。

⑦ 《清穆宗实录》卷350，同治十二年三月，第51册第625—626页；卷364，同治十三年三月，第51册第813页。

⑧ 《清穆宗实录》卷373，同治十三年十一月，第51册第936页。

定型后绝无仅有的现象，对皇后的地位形成很大威胁。富察氏的越级晋封是慈禧以自己的权力对同治帝后宫秩序进行干涉的结果。

由上可见，4 位越级晋封的后妃要么处于特殊局势之下，要么属于皇帝对已然薨逝者的感念，都属于非常态的情况，此外的绝大多数妃嫔都遵循着常在—贵人—嫔—妃—贵妃—皇贵妃—皇后的人生轨迹，在后宫踽踽前行，而她们中的一些在前行途中还会跌倒——因犯错误而受到贬降。清代妃嫔贬降的事例主要发生在乾隆、道光、咸丰和光绪四朝。

乾隆朝后宫最著名的贬降事件当属继后那拉氏上演的"皇后断发"一幕所引发的"废后风波"。此问题前人已有不少专论，此处不再赘述①。但实际上乾隆帝并未正式宣布废黜其皇后名号，只是将其摒居别宫、收缴册宝，这当然也是事实上的贬降。乾隆三十一年，那拉氏薨逝，乾隆帝下令按皇贵妃礼仪安葬，进一步坐实了这位皇后待遇上的贬降。

惇妃是另一位乾隆朝遭贬降妃嫔中较有代表性者。惇妃汪氏是乾隆帝最为宠爱的小女儿和孝公主的生母，她于乾隆二十八年入宫，初封永常在②，三十三年封永贵人③，三十六年晋惇嫔④，三十九年九月，已怀孕的汪氏被册封为惇妃⑤。乾隆四十年正月，惇妃为六十五岁的乾隆皇帝诞下皇十女，是高宗所有子女中

---

① 一般论及清代宫廷史、乾隆皇帝及其后宫、帝陵丧葬情况等的论著，皆会提及那拉氏皇后的"废黜"风波。如万依、王树卿、刘潞：《清代宫廷史》，第 313－317 页；于善浦：《清代帝后的归宿》，第 154－157 页；等等。

② 于善浦：《乾隆帝及后妃图卷》，《紫禁城》2003 年第 2 期。

③ 《国家图书馆藏清代孤本内阁六部档案续编》第 4 册第 1430 页。

④ 《清高宗实录》卷 894，乾隆三十六年十月，第 19 册第 998 页。

⑤ 《清高宗实录》卷 966，乾隆三十九年九月，第 20 册第 1119 页；《国家图书馆藏清代孤本内阁六部档案续编》第 4 册第 1540、1561 页。

最小的一个，母女皆备受宠爱。可能是宠极生骄之故，惇妃于乾隆四十三年在责惩一名宫女时竟将其杖毙，引起皇帝震怒。乾隆帝史无前例地就此事发表长篇上谕，表达了自己的震惊和对惇妃的痛斥。上谕中，皇帝一再强调要"从重办理"，以示自己"大公至正"、从不"溺爱徇情"，甚至担心有人会认为自己处理"过重"①。但实际上，惇妃只是由妃降一级为嫔并出一百两埋葬银而已，主要的惩罚由太监们承担。乾隆帝发布这道上谕的含义，也在于警告皇子和大臣们勿再犯类似的错误，而不在于惩罚惇妃本身。仅仅两年后，她就恢复了妃位②。有关该案件的论述，详见本书第十一章。

除惇妃外，道光朝玲常在、咸丰朝祥妃的贬降也与责打宫女有关。

道光朝玲常在，尚佳氏，从其胞弟为内务府闲散人的身份来看，应为宫女出身③，但这位出身宫女的常在却经常责打宫女。道光二十年六月初一日，敬事房交出延禧宫因笨出宫的宫女大妞，年十六岁，于去年十一月初五日进宫，在玲常在位下当差。档案中记载了这位大妞被玲常在多次责打的情况：她进宫后因"学做活计粗笨"，玲常在曾令太监责过四十板；当年五月，大妞因误将小猫踏毙，脸上又被打数下；后因摘食院内树上杏儿，两手被责打数板；又因喂猫时误将小猫踏伤，导致小猫死亡，责过左右胳膊十数板；又因猫抓其手将猫打伤，责过十余板。以上责罚除第一次外，均系玲常在亲自责打。出宫前，敬事房验

---

① 《清高宗实录》卷 1070，乾隆四十三年十一月，第 22 册第 352—353 页。
② 万依、王树卿、刘潞：《清代宫廷史》，第 320—321 页。
③ 中国第一历史档案馆藏：《内务府奏案》，"为尚贵人晋封豫嫔率阖族人谢恩事的呈文"，同治十三年十一月二十三日，档号：05-0879-058。

得该女子面上青肿二处，左右胳膊青紫，两手心及手指亦均有青肿之处①。虽然大妞"因笨"被逐出宫，但次日玲常在即被降为答应②，其贬降应与对宫女过于苛责有直接关系。

道光朝祥妃钮祜禄氏，道光二年二月封祥贵人③，三年二月晋封为祥嫔④，四年八月晋封为祥妃⑤，平均每年晋升一级，可见道光初年这位钮祜禄氏无疑较受皇帝宠爱。其后她于道光五年正月诞育宣宗第二女，九年十月诞育第五女寿臧和硕公主，十一年六月诞育第五子和硕惇勤亲王奕誴，应当更加稳固了自己在后宫的地位⑥。但是，祥妃却于十七年被降为贵人⑦。史料中虽然没有体现祥妃因何被贬降，但道光二十六年内务府的一则档案似乎给我们提供了一些旁证：

> 奴才张迎春、马吉祥谨奏，十一月三十日午初多些，翊坤宫祥贵人下女子安庆、伶安、伶顺三人从本宫院内跑出，喊叫跑至翊坤宫东门外被人拦阻，奴才二人随至翊坤宫祥贵人前同问女子三人因何事故喊叫，据女子三人说，因素日拙笨懒惰，祥贵人著本宫首领责打，要打时女子三人一齐从本

---

① 《内务府奏销档》，"奏为查验延禧宫因笨交出女子情形事折"，道光二十年六月初二日，第 219 册第 620—622 页。

② 于善浦：《道光后妃怨女多》，《紫禁城》1994 年第 1 期。

③ 中国第一历史档案馆藏：《内务府来文》，"为原任男爵颐龄之女著为全嫔等情事"，道光二年二月二十日，档号：05-13-002-000115-0040。

④ 《内务府奏销档》，"奏为所有晋封为妃者应得分例器皿什物等项事折"，道光三年三月初五日，第 195 册第 135—139 页。

⑤ 《清宣宗实录》卷 72，道光四年八月，第 34 册第 154 页。

⑥ 中国第一历史档案馆藏：《小玉牒》，"汉文列祖子孙直档玉牒（宣宗及绵字辈诸子）"，档号：-119 C070；"汉文列祖女孙直档玉牒（宣宗及绵字辈诸女）"，档号：-117 C072。

⑦ 中国第一历史档案馆藏：《内务府来文》，"为片复祥嫔在祥妃位分内仪仗已于封嫔时抵用其金册金印并非銮仪卫经管等事致内务府"，咸丰十一年三月三十日，档号：05-13-002-000213-0097。

官跑喊出来。奴才二人同祥贵人本官首领太监详问得女子三人实系怕打，并无别故，再三追问，实无别情，女子三人实不知规矩，奴才等不敢隐瞒，为此谨奏请旨，十一月三十日总管张迎春、马吉祥具西纸单一张奏过。奉旨：女子三名各重责三十板，即刻退出宫去。钦此。①

从此则档案来看，祥贵人可能对宫女一贯要求严苛，经常责打，导致宫女因惧怕逃跑。此事虽发生在其贬降9年之后，且未因此事再遭贬降，但可推知她脾气暴躁，当年或因此故遭到贬降。

清宫要求妃嫔不能对宫女过于严苛的同时，更强调她们不能与太监过于亲近。后者同样是导致妃嫔遭受贬降的重要原因。

道光朝彤贵妃也是较受皇帝宠爱的妃嫔之一，她由贵人次第晋升至贵妃，道光二十年至二十四年间先后诞育3位公主，可见与皇帝关系之亲近②。但道光二十四年九月，总管许福喜、沈魁奉旨查收咸福宫太监李得喜房间物件，发现其中大半皆系皇帝赐给彤贵妃之物，道光帝因此震怒，"彤贵妃受朕厚恩多年，不想如此丧良，不知自重！李得喜何等下贱不堪之物，乃如此狎比亲信，实属大负朕恩，有玷贵妃之位！"遂下令革去其贵妃之位，降为彤贵人，金册、宝、印即行交出，命广储司收贮，朝衣、朝冠则交回敬事房③。

---

① 中国第一历史档案馆藏：《内务府来文》，"为翊坤宫祥贵人下女子安庆等人怕打喊叫奉旨各重责退出宫去事"，道光二十六年十一月三十日，档号：05-13-002-000695-0075。

② 中国第一历史档案馆藏：《小玉牒》，"汉文列祖女孙直档玉牒（宣宗及绵字辈诸女）"，档号：-117 C072。

③ 中国第一历史档案馆藏：《内务府来文》，"为咸福宫太监李得喜私藏赏赐彤贵妃官物著将彤贵妃降为彤贵人其金册宝印即行交出命广储司收贮等情事"，道光二十四年九月初十日，档号：05-13-002-000687-0028。

咸丰朝玫常在徐佳氏也犯了同样的错误，咸丰五年六月她因凌虐使女并与太监孙来福"任意谈笑"，被皇帝褫革位分、从重惩处，降为官女子①。为防止妃嫔与太监再有不当之举，咸丰帝特意重申二者之间的界限："各宫之首领太监，无事不许至本主屋内久立、闲谈，亦不准因新进位分稍存藐视"②。妃嫔与太监的亲近为皇帝所无法容忍，贬降的程度也较责打宫女为重，常为越级贬降。

"干政"是妃嫔遭到贬降的第三个因素。清代强调"宫壸肃清"，后妃不得干政，有清一代因"干政"而被贬降的妃嫔恐怕只有光绪朝珍妃、瑾妃姐妹了。二妃姓他他喇氏，原仕侍郎长叙之女，光绪十四年入宫，皆封为嫔③。光绪二十年正月，因慈禧六旬寿辰大庆而将二人晋封为妃④。但9个月后二人即被降为贵人。慈禧在懿旨中称："本朝家法严明，凡在宫闱，从不准干预朝政。瑾妃、珍妃，承侍掖廷，向称淑慎，是以优加恩眷，洊陟崇封。乃近来习尚浮华，屡有乞请之事，皇帝深虑渐不可长，据实面陈，若不量予儆戒，恐左右近侍，借为夤缘蒙蔽之阶，患有不可胜防者。瑾妃、珍妃，均著降为贵人，以示薄惩而肃内政。"⑤从懿旨来看，二妃贬降的原因是由于"习尚浮华，屡有乞请之事"，因而干预了朝政。众所周知，慈禧的目的主要是打

---

① 《宫中则例（第二种）·训谕》，载《故宫珍本丛刊·钦定宫中现行则例二种》，第229页。玫常在历经咸丰、同治两朝，最终被尊封为玫贵妃。在《清实录》《清会典》《起居注》《宫中则例》乃至清宫档案中涉及该女性封号，有写作"玫"及"玟"者，应是不同手写体造成的区别。本书根据《清史稿·后妃传》记录，统一写作"玫"。

② 同上书，第229-230页。

③ 《清德宗实录》卷260，光绪十四年十月，第55册第490页。

④ 《清德宗实录》卷332，光绪二十年正月，第56册第260-261页。

⑤ 《清德宗实录》卷352，光绪二十年十月，第56册第565页。

击受宠的珍妃，瑾妃因而受其连累。在太后当权的情况下，珍妃是否真有"干预朝政"之举，没有太多论证的必要。

除以上妃嫔因责打宫女、"狎昵太监"、干预朝政等原因被贬之外，还有更多妃嫔的贬降，史料中没有反映确切原因，以道光朝的妃嫔最具代表性。如珍妃赫舍里氏，道光二年二月封珍贵人①，四年九月晋封珍嫔②，五年八月晋封珍妃③，六年十一月降为珍嫔④，九年六月再降为常贵人⑤。珍妃为何连续被降至贵人，原因不得而知。比她更为悲惨的是前文提到的睦嫔赫舍里氏，道光二年二月封睦贵人⑥，十年十二月晋睦嫔⑦，十一年八月降为睦贵人⑧，九月降为常在⑨，其后又降为睦答应，十二年四月初三日降为官女子⑩。两日后，延禧宫睦官女子落水身故，送六道口埋葬⑪。睦嫔不知如何得罪于道光帝导致位分一降再降，直至

① 中国第一历史档案馆藏：《内务府来文》，"为原任男爵颐龄之女著为全嫔等情事"，道光二年二月二十日，档号：05-13-002-000115-0040。

② 中国第一历史档案馆藏：《内务府奏案》，"奏为晋封珍嫔顺贵人应得分例事"，道光四年九月十一日，档号：05-0631-084。

③ 《清宣宗实录》卷87，道光五年八月，第34册第391页。

④ 于善浦：《道光后妃怨女多》，《紫禁城》1994年第1期。

⑤ 中国第一历史档案馆藏：《内务府来文》，"为珍嫔著降为常贵人裁减官女子事"，道光九年六月初十日，档号：05-13-002-000622-0165。

⑥ 中国第一历史档案馆藏：《内务府来文》，"为原任男爵颐龄之女著为全嫔等情事"，道光二年二月二十日，档号：05-13-002-000115-0040。

⑦ 《清宣宗实录》卷182，道光十年十二月，第35册第875页。

⑧ 中国第一历史档案馆藏：《内务府来文》，"为睦嫔降为睦贵人裁撤官女子大妞二妞传会计司官及管领佐领本人父母自备车辆赴圆明园西南门接出等事"，道光十一年八月初二日，档号：05-13-002-000631-0086。

⑨ 中国第一历史档案馆藏：《内务府来文》，"为睦贵人著降为常在每日所食吃食分例等项照常在例得给事"，道光十一年九月初十日，档号：05-13-002-000632-0017。

⑩ 中国第一历史档案馆藏：《内务府来文》，"为传知睦答应降为官女子每日所食吃食照官女子例得给事"，道光十二年四月初三日，档号：05-13-002-000635-0011。

⑪ 中国第一历史档案馆藏：《内务府来文》，"为传知延禧宫木（睦）官女子落水身故将伊每日吃食止退事"，道光十二年四月初五日，档号：05-13-002-000635-0016；"为睦官女子失脚落水身故即送六道口埋葬事"，道光朝，档号：05-13-002-000635-0166。

官女子，而其落水身故也不知是否系自杀，可谓后宫的迷案。

　　不过，被贬的妃嫔也并非注定就此一蹶不振，不少妃嫔被贬后还有机会再度晋封，除前文提到的乾隆朝惇妃因杖毙宫女被贬为嫔，两年后复晋为妃外，咸丰五年因与太监"任意谈笑"而被降为官女子的玫常在，也于次年恢复了常在位分①，七年九月又晋封为玫贵人②，八年三月晋为玫嫔③。但是该年七月她不知又犯了什么错误，再被降为贵人④，十二月，皇帝命礼部尚书朱嶟为正使，内阁学士宜振为副使，持节赍册，再次晋封徐佳氏为玫嫔⑤。这样的频繁升降在妃嫔中实不多见，可见咸丰帝对徐佳氏爱恨交加的复杂情感。

第二节　晋封方式与年限

　　厘清清代妃嫔的升降次序之后，我们再来讨论其晋封的方式和年限，即妃嫔一般如何得以晋封、大约多少年可以晋封一个等级。

　　从史料所反映的情况来看，清代妃嫔晋封的主要形式为集体

---

　　①　中国第一历史档案馆藏：《内务府来文》，"为传知伊答应等著封为玶常在等其吃食分例煤炭蜡烛照常在例得给事"，咸丰六年五月二十五日，档号：05-13-002-000203-0064。

　　②　中国第一历史档案馆藏：《内务府来文》，"为传知玫（玖）常在著晋封为玫（玖）贵人并每日所食吃食等即日起照贵人例得给事"，咸丰七年九月二十五日，档号：05-13-002-000753-0091。

　　③　于善浦：《清代帝后的归宿》，第204页。

　　④　中国第一历史档案馆藏：《内务府来文》，"为传知玫（玖）嫔吃食分例自咸丰八年七月初七日起照贵人例得给事"，咸丰八年七月初七日，档号：05-13-002-000757-0082。

　　⑤　《清文宗实录》卷272，咸丰八年十二月，第43册第1219页。

晋封，多是在皇帝大婚、册立皇后或皇贵妃、万寿盛典等时机进行。如康熙朝妃嫔主要经过 4 次集体晋封：康熙十六年继立钮祜禄氏为后（孝昭皇后），同时册封佟氏为贵妃、李氏为安嫔、王佳氏为敬嫔、董氏为端嫔、马佳氏为荣嫔、纳喇氏为惠嫔、郭络罗氏为宜嫔、何舍里氏为僖嫔①；由于钮祜禄氏册立一年后即崩逝，康熙二十年册立佟氏（孝懿皇后）为皇贵妃统率六宫，同时晋封钮祜禄氏（孝昭皇后之妹）为贵妃、惠嫔为惠妃、宜嫔为宜妃、德嫔为德妃，荣嫔为荣妃②；康熙三十九年，皇太后六十正寿，册封佟氏（孝懿皇后之妹）为贵妃、卫氏为良嫔、瓜尔佳氏为和嫔③；康熙五十七年，暮年的皇帝考虑到妃嫔中不乏年高而位分低微者，特予以晋封："王、阿哥等之母，备位宫闱，俱年及六十、五十、四十有余，宫中虽称妃嫔，尚未受封。今封博尔济锦氏和嫔、瓜尔嘉氏淳郡王允佑之母达甲氏为妃，封贝子允祹之母瓦刘哈氏，十五阿哥允禑、十六阿哥允禄之母王氏，十七阿哥允礼之母陈氏为嫔"④。这是康熙朝最后一次集体晋封。

再以乾隆朝为例。由于乾隆帝系成年即位，且在位时间长，集体晋封妃嫔的次数也于诸帝中为最多，大致共计 11 次：

乾隆二年，册立嫡福晋富察氏为皇后，同时册封高氏为贵妃、那拉氏为娴妃、苏氏为纯妃、金氏为嘉嫔⑤。

乾隆六年，皇太后五旬正寿，"钦奉皇太后懿旨，嘉嫔著晋封妃，贵人海氏、贵人柏氏、贵人叶赫勒氏俱著封嫔"⑥。

---

① 《清圣祖实录》卷 68，康熙十六年八月，第 4 册第 876 页。
② 《清圣祖实录》卷 98，康熙二十年十月，第 4 册第 1236 页。
③ 《清圣祖实录》卷 201，康熙三十九年九月，第 6 册第 50 页。
④ 《清圣祖实录》卷 282，康熙五十七年十一月，第 6 册第 730–731 页。
⑤ 《清高宗实录》卷 58，乾隆二年十二月，第 9 册第 939–941 页。
⑥ 《清高宗实录》卷 136，乾隆六年二月，第 10 册第 967 页。

乾隆十年，加封贵妃（高氏）为皇贵妃，娴妃、纯妃晋为贵妃，愉嫔晋为妃，魏贵人晋为嫔。又追封大阿哥生母哲妃为皇贵妃，加封高氏为慧贤皇贵妃，追封富察氏为哲悯皇贵妃①。

乾隆十三年，因册立那拉氏为皇贵妃摄六宫事，同时谕令嘉妃晋为贵妃、令嫔与舒嫔晋为妃、陈贵人晋为嫔②。

乾隆十六年，皇太后六旬正寿，贵人巴林氏、贵人陆氏俱晋封为嫔，常在林氏封为贵人③。

乾隆二十四年，因"来年为朕五十诞辰，又来年即恭值圣母皇太后七旬万寿，钦奉懿旨：彤闱集福，盛典骈臻，令妃、庆嫔、颖嫔、贵人博尔济锦氏俱淑慎敬恭，克勤内职，宜加册礼，以宏嘉禧，令妃著晋封贵妃，庆嫔、颖嫔著晋封为妃，贵人博尔济锦氏著晋封为嫔"④。

乾隆二十六年，皇太后七旬正寿，贵人拜尔噶斯氏、霍卓氏俱封为嫔⑤。

乾隆二十八年，忻嫔、豫嫔俱晋封为妃⑥。

乾隆三十三年，庆妃晋封为贵妃，容嫔晋封为妃，贵人钮祜禄氏晋封为嫔⑦。

乾隆四十一年，顺嫔晋为妃⑧，贵人钮祜禄氏、伊尔根觉罗氏俱晋为嫔⑨。

---

① 《清高宗实录》卷 233，乾隆十年正月，第 12 册第 11—13 页。
② 《清高宗实录》卷 318，乾隆十三年七月，第 13 册第 219—220 页。
③ 《清高宗实录》卷 380，乾隆十六年正月，第 14 册第 1 页。
④ 《清高宗实录》卷 601，乾隆二十四年十一月，第 16 册第 739—740 页。
⑤ 《清高宗实录》卷 651，乾隆二十六年十二月，第 17 册第 297 页。
⑥ 《清高宗实录》卷 693，乾隆二十八年八月，第 17 册第 769 页。
⑦ 《清高宗实录》卷 812，乾隆三十三年六月，第 18 册第 973 页。
⑧ 《清高宗实录》卷 1011，乾隆四十一年六月，第 21 册第 576 页。
⑨ 《清高宗实录》卷 1021，乾隆四十一年十一月，第 21 册第 686 页。

乾隆五十九年，婉嫔、循嫔晋为妃，贵人林氏晋为恭嫔、陈氏晋为芳嫔，常在锡林觉罗氏、柏氏晋为贵人①。

清代，集体晋封特征最为突出的是后宫人员构成简单的雍正、同治和光绪朝。雍正朝除元年集体册封 6 位后妃之外，只有皇贵妃年氏和生育阿哥的谦嫔刘氏得到单独册封，此外未见其他妃嫔晋封的记载②。同、光二帝则后宫规模小，各有两次集体晋封，没有单独晋封③。相较而言，集体晋封特点不突出的则是道光和咸丰两朝，虽然庆典时的妃嫔集体晋封也是常例，但由于这两朝妃嫔的单独升降较为频繁（参见上节论述），掩盖了集体晋封而成为两朝妃嫔更为突出的特点。

相对于集体晋封而言，为数不多的妃嫔得到单独晋封的机会，且一般发生在以下几种情形：

册封统领六宫的皇贵妃。如乾隆三十年，由于继后那拉氏被摒居别宫、收缴册宝，册立令贵妃魏氏为皇贵妃，摄六宫事，由于这不是庆典中的册封，没有其他妃嫔同时晋封④。

妃嫔生命垂危时出于抚慰而给予的晋封。如康熙二十八年七月皇贵妃佟氏病笃，奉皇太后懿旨册立为皇后，"以示宠褒"，但她于册立翌日即崩逝，成为清朝在位时间最短的皇后⑤。雍正朝年贵妃，年羹尧之妹，"事世宗潜邸"，雍正帝即位后册封为贵

---

① 《清高宗实录》卷 1467，乾隆五十九年十月，第 27 册第 550 页。

② 《清世宗实录》卷 38，雍正三年十一月，第 7 册第 560—561 页；卷 132，雍正十一年六月，第 8 册第 708 页。

③ 同治朝为同治十一年和十三年两次集体晋封，见《清穆宗实录》卷 328，同治十一年二月，第 51 册第 343 页；卷 373，同治十三年十一月，第 51 册第 936—937 页。光绪朝为光绪十四年和二十年两次集体晋封，见《清德宗实录》卷 260，光绪十四年十月，第 55 册第 490 页；《清德宗实录》卷 332，光绪二十年正月，第 56 册第 261 页。

④ 《清高宗实录》卷 736，乾隆三十年五月，第 18 册第 104 页。

⑤ 《清圣祖实录》卷 141，康熙二十八年七月，第 5 册第 551—552 页。

妃，雍正三年十一月病重，被册封为皇贵妃，数日后离世①。乾隆朝纯惠皇贵妃，于乾隆二十五年三月晋封为皇贵妃，次月即病逝②。

个别诞育子女的妃嫔。需要说明的是，生育子女一般不作为清代妃嫔得到晋封的考量因素，只有在皇帝子嗣稀少，或者晚年身边缺少子女的情况下诞育子女，才会得到晋封。如前文提到的雍正朝谦嫔和乾隆朝惇妃。谦嫔生育的雍正帝最小的儿子弘曕，也是雍正帝即位后出生的为数不多的子女中唯一幸存的皇子，被爱称为"圆明园阿哥"，谦嫔也因此由贵人晋为嫔；惇妃则在乾隆帝六十五岁高龄为他诞下最小的女儿，让暮年的皇帝倍感欣喜，加封其为妃。此外还有慈禧太后，原为懿嫔，咸丰六年三月为皇帝诞育独子之后，当即晋封为懿妃③。

个别受宠的妃嫔。清代因受皇帝宠爱而单独晋封的妃嫔数量并不多，尤其是清前中期，很少有妃嫔因受皇帝宠爱而单独晋封。以乾隆朝令妃为例，她从贵人至贵妃，都是借由集体晋封，只有继后那拉氏贬降之后，她在特殊情况下单独晋封为皇贵妃。再如前文提到的道光朝祥妃，从道光二年至四年每年晋封一级，但她的三次晋封也都是与其他妃嫔一起的集体晋封，并非单独晋封。咸丰朝时，这种稳定的后宫秩序受到一定破坏，如前文提到玫妃的多次升降，其中咸丰六年恢复常在位分和八年晋为玫嫔，是与其他妃嫔一起的集体晋封，其他几次都是她个人的单独晋

---

① 《清史稿》卷 214"后妃传"，第 8915 页。

② 《清高宗实录》卷 609，乾隆二十五年三月，第 16 册第 844 页；唐邦治辑：《清皇室四谱》卷 2，第 72 页。

③ 《清文宗实录》卷 194，咸丰六年三月，第 43 册第 98—99 页。

封。慈安晋为贞贵妃①也是单独晋封的。

从上述情况而言，清代妃嫔的命运在很大程度上取决于集体晋封的频度，比如康熙朝六十余年间史料所见的集体晋封只有 4 次，以至于康熙末年不少低级妃嫔已然年过四十、五十、六十岁，且育有子女，却仍没得到正式册封。即便如乾隆朝有 11 次集体晋封，但进一步分析史料便会发现，很少有妃嫔能在历次晋封中都把握住机会得以稳步提升自己的位分，乾隆十六年以后晋封的妃嫔中只有令妃是之前出现过且出现较晚的"旧人"，其他晋封者皆为新人。令妃与继后富察氏、嘉贵妃、庆贵妃 4 位在集体晋封中共获得 3 次（且都不是连续的 3 次）加封，这是保证她们达到贵妃以上高位的重要前提条件。从令妃的角度而言，从乾隆十年由贵人晋为嫔，至乾隆三十年册封为皇贵妃，20 年间晋封三级，速度并不算快，但相较于该朝很多妃嫔已属格外优宠。以乾隆朝最后一次集体晋封（五十九年）为例，其中的妃嫔大部分距离上次册封已过 40 多年。如白贵人，乾隆十五年时已为白常在②，直至五十九年，即经历 44 年才晋为贵人③。其他几位也是如此，婉妃距离上次册封已然 45 年、恭嫔 43 年、芳嫔 18 年、鄂贵人 47 年，她们中多数没有诞育子女的记载。

相较而言，咸丰朝后妃的晋封速度最快，如前所述，慈安于两个月内由贞嫔册立为皇后，慈禧虽不及慈安，但相较前代也算快的。慈禧与慈安同年入宫，但初封位分低于慈安。根据咸丰二

---

① 《清文宗实录》卷 62，咸丰二年五月，第 40 册第 829 页。

② 于善浦：《清东陵大观》，第 146 页。

③ 《国家图书馆藏清代孤本内阁六部档案续编》，第 4 册第 1718 页。

年的《内务府奏销档》记载，"奉旨，贞嫔、英嫔于本年四月二十七日进内，兰贵人、丽贵人著于五月初九日进内"①，这里的"兰贵人"就是慈禧。至咸丰四年二月，贵人那拉氏晋为懿嫔②。六年三月，同治帝出生，懿嫔晋封为懿妃③，七年又晋封为懿贵妃④。五年时间内，慈禧由贵人晋升为贵妃，宫廷晋封之路可谓相当顺遂。与慈禧同时入宫的丽贵人他他拉氏，也于咸丰四年与慈禧先后晋为嫔位，再于咸丰五年诞育皇长女后而晋丽妃，比慈禧晋封速度还快。可惜她在咸丰朝的晋封止于妃位，直到同治帝即位，才尊封她为"皇考丽皇贵太妃"⑤。

　　影响妃嫔晋封的另一关键因素是她们寿命的长短。即便那些没有诞育子女或者不受宠爱的妃嫔，在皇帝暮年时往往也会给予一次普遍的晋封。从雍正朝开始，新帝即位也会给前朝妃嫔予以尊封，如丽妃在同治朝被尊为皇贵妃，许多妃嫔的"人生巅峰"都发生在丈夫去世以后，如果足够长寿，历任几朝皇帝尊封，甚至能够彻底改变当初入宫时的卑微地位，详见本书第十章的论述。

第三节　位分与待遇

　　清代宫廷是一个等级森严的社会。《国朝宫史·宫规》载：

---

① 《内务府奏销档》，"奏为贞嫔各位应得分例器皿什物等项什物事折"，咸丰二年二月十八日，第 234 册第 97—98 页。
② 《清文宗实录》卷 122，咸丰四年二月，第 42 册第 104 页。
③ 《清文宗实录》卷 194，咸丰六年三月，第 43 册第 98—99 页。
④ 《清文宗实录》卷 217，咸丰七年正月，第 43 册第 397 页。
⑤ 《清史稿》卷 214 "后妃传"，第 8930 页。

"内庭位次各有差等，须各依本分位次，谦恭和顺，接上以敬，待下以礼"①。妃嫔之间的不同位分，不仅意味着后宫的尊卑位次，更与其经济待遇、居住环境、活动范围等一切宫廷生活密切相关。以下通过几个方面以具体展现这种内廷"差等"。

"年例"是后妃在宫廷中享有的按年度发给的金钱和绸缎等物品，相当于她们的"薪水"。清宫后妃各位分的具体待遇如下：

> 皇后：银一千两、蟒缎二匹、补缎二匹、织金二匹、妆缎二匹、倭缎四匹、闪缎二匹、金字缎二匹、云缎七匹、衣素缎四匹、蓝素缎二匹、帽缎二匹、杨缎六匹、宫绸二匹、潞绸四匹、纱八匹、里纱八匹、绫八匹、纺丝八匹、杭细八匹、绵绸八匹、高丽布十匹、三线布五匹、毛青布四十匹、粗布五匹、金线二十绺、绒十斤、棉线六斤、木棉四十斤、里貂皮四十、乌拉貂皮五十。

> 皇贵妃：银八百两、蟒缎一匹、补缎一匹、织金一匹、妆缎一匹、倭缎二匹、闪缎一匹、金字缎一匹、云缎六匹、衣素缎三匹、蓝素缎三匹、帽缎一匹、杨缎四匹、彭缎四匹、宫绸二匹、潞绸三匹、纱八匹、里纱七匹、绫七匹、纺丝七匹、杭细七匹、绵绸六匹、高丽布八匹、三线布三匹、毛青布十五匹、深蓝布十五匹、粗布五匹、金线十四绺、绒八斤、棉线六斤、木棉三十斤、里貂皮三十、乌拉貂皮四十。

> 贵妃：银六百两、蟒缎一匹、补缎一匹、织金一匹、妆

---

① （清）鄂尔泰、张廷玉等编纂：《国朝宫史》卷 17 "经费一"，第 395－397 页。

缎一匹、倭缎二匹、闪缎一匹、金字缎一匹、云缎四匹、衣素缎三匹、蓝素缎二匹、帽缎一匹、杨缎二匹、彭缎一匹、官绸二匹、潞绸三匹、纱四匹、里纱七匹、绫六匹、纺丝七匹、杭细五匹、绵绸五匹、高丽布六匹、三线布二匹、毛青布十二匹、深蓝布十二匹、粗布五匹、金线十二绺、绒六斤、棉线四斤、木棉二十五斤、里貂皮二十、乌拉貂皮三十。

妃：银三百两、蟒缎一匹、织金一匹、妆缎一匹、倭缎二匹、闪缎一匹、金字缎一匹、云缎四匹、衣素缎二匹、蓝素缎一匹、帽缎一匹、彭缎三匹、官绸一匹、潞绸二匹、纱四匹、里纱五匹、绫五匹、纺丝五匹、杭细五匹、绵绸五匹、高丽布五匹、三线布二匹、毛青布十匹、深蓝布十匹、粗布三匹、金线十绺、绒五斤、棉线三斤、木棉二十斤、里貂皮十、乌拉妆（貂）皮二十。

嫔：银二百两、蟒缎一匹、织金一匹、倭（妆）缎一匹、倭缎一匹、闪缎一匹、云缎二匹、衣素缎二匹、帽缎一匹、杨缎一匹、彭缎一匹、官绸一匹、潞绸二匹、纱一匹、里纱二匹、绫三匹、纺丝三匹、杭细三匹、高丽布四匹、毛青布八匹、深蓝布八匹、粗布四匹、金线六绺、绒三斤、棉线三斤、木棉十五斤、里貂皮四、乌拉貂皮二十。

贵人：银一百两、倭缎一匹、云缎二匹、衣素缎二匹、蓝素缎二匹、帽缎一匹、杨缎一匹、官绸一匹、潞绸二匹、纱二匹、里纱二匹、绫二匹、纺丝二匹、高丽布三匹、毛青布六匹、深蓝布六匹、粗布三匹、金线三绺、绒三斤、棉线二斤、木棉十二斤、里貂皮四、乌拉貂皮十。

常在：银五十两、云缎一匹、衣素缎一匹、蓝素缎一匹、彭缎一匹、宫绸一匹、潞绸一匹、纱一匹、绫一匹、纺丝一匹、木棉三斤。

答应：银三十两、云缎一匹、衣素缎一匹、彭缎一匹、宫绸一匹、潞绸一匹、纱一匹、绫一匹、纺丝一匹、木棉三斤。①

从皇后至答应，不同位分的年例待遇依次递减，差序格局一目了然。当然，这种差序体现在宫廷生活的各个方面。

再如"铺宫"，"铺宫"是后妃宫内的使用和陈设物品，皇后的"铺宫"极为奢华，包括玉盏金台 1 套、金器 36 件、银器 105 件、铜器 46 件、锡器 65 件、铁器 16 件、瓷器 1 014 件、漆器 68 件、各式灯具 34 件。皇贵妃"铺宫"则不能用金器，只能从银器开始，且银器数量只有 7 件，其他器具的数量也较皇后的明显减少，如灯具只有羊角把灯 1 件。皇贵妃以下，各位分"铺宫"依次递减，至贵人及以下则银器也不准使用，"铺宫"只能从铜器开始②。

日用品的供应也是一样，皇后"每日盘肉猪肉十六斤，羊肉一盘，又猪肉九斤，猪油一斤，鸡鸭一，鸡子十，粳米等米共四升六合，各种粉、面共九斤八两，豆折三合，豆腐各品件共三斤四两，糖、蜜、杂果共二斤一两一钱，油、酱、醋共二斤十四两，生菜十五斤，茄、瓜共四十，大小分量白黄油蜡共十九枝，更蜡一枝（夏例五两、冬例十两），红罗炭（夏例十斤、冬例二十斤），黑炭（夏例五十斤、冬例六十斤）"。之后的妃嫔依次递

---

① （清）鄂尔泰、张廷玉等编纂：《国朝宫史》卷 8 "典礼四"，第 138 页。
② （清）庆桂等编纂：《国朝宫史续编》卷 69 "经费一"，第 634—635 页。

减，至常在的日用供应只有每日猪肉五斤，每隔一日给羊肉一盘，每月给鸡鸭五只，其他粮食和蔬菜的规格也都大大降低，照明和取暖只给黄蜡和羊油蜡共三枝，黑炭夏例十斤、冬例二十斤①。

生辰与诞育子女的赏赐方面，清宫规定，皇后生辰（千秋），"恩赐金九两、银九百两、表里六十三端"；皇贵妃以下千秋不再赏赐金银，除"表里二十四端"之外，赏赐"上用果桌一、赏用果桌八"，其余妃嫔逐次递减，至嫔一级则不能再使用"千秋"的说法，只称"寿辰"，贵人则称"生辰"，贵人以下的常在和答应没有生辰赏赐的记载。皇后诞育阿哥（诞祥）是宫廷中重要的喜事之一，依例"恩赐银一千两，表里三百端"，皇贵妃诞祥则赏银五百两、表里二百端，以下依次递减，至贵人和常在诞祥赏银一百两、表里二十端②。嘉庆六年奉旨，如果后妃生育的是格格，则较诞育阿哥的标准依次"减半赏给"③。

仆役群体的数量也有差别。清代规定，皇后配宫女 10 名、皇贵妃和贵妃各 8 名、妃和嫔各 6 名、贵人 4 名、常在 3 名、答应 2 名④。除宫女和太监等仆从群体之外，清代宫廷的维护工作，如糊饰、洒扫、除草、修理、舁运物件等差务很大一部分由内管领下人承应⑤。《内务府则例》载："皇后位下系三十内管领轮流承应差务，听差苏拉十五名；皇贵妃位下专派内管领二员承应差务，听差苏拉十二名；贵妃位下专派内管领二员承应差务，听差

① （清）庆桂等编纂：《国朝宫史续编》卷 69 "经费一"，第 636–639 页。
② （清）庆桂等编纂：《国朝宫史续编》卷 70 "经费二"，第 643–644 页。
③ 《宫中则例（第一种）·遇喜》，载《故宫珍本丛刊·钦定宫中现行则例二种》，第 124 页。
④ （清）鄂尔泰、张廷玉等编纂：《国朝宫史》卷 8 "典礼四"，第 138 页。
⑤ 《清会典事例》（光绪朝）卷 1193，第 12 册第 880 页。

苏拉十名；妃位下专派内管领一员承应差务，听差苏拉七名；嫔位下专派内管领一员承应差务，听差苏拉五名。"①

　　值得指出的是，清代个别妃嫔得到享有高一级位分待遇的特例。如上文所述同治朝皇贵妃富察氏，因深受慈禧太后喜爱，尽管初封为妃，其分例一直照贵妃例给予②。再如咸丰朝璷贵人，咸丰帝在世时，她仅封为贵人，同治帝即位后尊封为璷嫔，同治十三年十一月，由于皇帝出天花而"特沛恩施"，为后宫妃嫔普遍加封位分，璷嫔再晋尊为璷妃③。光绪帝即位后，虽未再给道光和咸丰朝妃嫔晋尊位分，但从光绪元年起的内务府档案中可见，璷妃的分例和其他待遇都注明"照贵妃例"（璷妃在咸丰朝妃位中一直居首），即虽然没有实际晋封位分，但给予了高一级位分的待遇。光绪元年十二月的两份内廷主位宫分清单中，璷妃之后都用小字注明"照贵妃例"④。璷妃的其他待遇，如宫女人数也是按照贵妃的规格配备，详见本书第十一章。此外，还有一些妃嫔生前并未享受超位分待遇，但死后由皇帝加恩按照高一级位分的规格办理丧事，如乾隆二十九年四月忻妃薨逝，皇帝下令"加恩照贵妃例办理"⑤，体现出皇帝对已逝之人的追念。

　　总体而言，妃嫔的位分越高，其居住环境越奢华且维护越到

---

　　① 《内务府则例（第二种）·掌关防管理内管领事务处·承应事宜》，载《故宫珍本丛刊·钦定总管内务府现行则例二种（第 2 册）》，第 271 页。

　　② 中国第一历史档案馆藏：《内务府奏案》，"奏为拣派皇后妃嫔位下专奉内管领等预备分例事"，同治十一年二月二十三日，档号：05-0861-035。

　　③ 唐邦治辑：《清皇室四谱》卷 2，第 102 页；《清穆宗实录》卷 373，同治十三年十一月，第 51 册第 938 页。

　　④ 《内务府奏销档》，"奏报恭进两宫皇太后及内廷主位宫分缎绸等项数目折"，第 262 册第 285 页；中国第一历史档案馆藏：《内务府奏案》，"呈慈安慈禧皇太后主位宫分清单"，档号：05-0889-024。两件档案日期皆为光绪元年十二月初七日。

　　⑤ 《清高宗实录》卷 709，乾隆二十九年四月，第 17 册第 924 页。

位，吃穿供应越丰富，冬天炭火越温暖，晚间灯火越通明，侍奉群体越庞大，所得赏赐越优渥。当然，位分差序的意义不仅体现在后妃个人的宫廷地位和经济待遇方面，还关系到她们娘家的地位和待遇。

清代外戚封爵，从康熙朝起逐渐形成定制。康熙十三年，嫡后赫舍里氏崩逝，特授其父噶布喇一等公爵，给与诰命，世袭罔替①，从此开启了外戚封爵的滥觞。康熙十七年，继后钮祜禄氏崩逝②，由于其父遏必隆早在康熙六年皇帝亲政时特封一等公，爵位并非因外戚所赐，因而只下令"推恩所生，敕立家庙，赐御书榜额"③。康熙二十八年，第三位皇后佟佳氏崩逝，封其父佟国维一等公，同样给与诰命，世袭罔替④。除册封皇后之父外，康熙朝起还册封皇帝生母家族。康熙十六年，加封康熙帝生母孝康章皇后佟佳氏之父佟图赖为一等公，其妻封公夫人，给与诰命，世袭罔替⑤。雍正帝即位后，再追封佟图赖之父佟养正为一等公⑥。

雍正朝是外戚推恩制度发展变化的关键时期，主要体现在四个方面：一是将皇帝生母的外戚追封进一步延伸至曾祖辈。雍正帝追封生母仁寿皇太后曾祖额布根、祖额参、父卫武为一等公，妻俱为公妻一品夫人，并命卫武之子白启袭封一等公，世袭罔替⑦。二是外戚爵位不再一定世袭罔替。雍正帝追封皇后之父原

① 《清圣祖实录》卷 51，康熙十三年十二月，第 4 册第 665 页。
② 《清圣祖实录》卷 72，康熙十七年三月，第 4 册第 919 页。
③ 《清史稿》卷 249 "遏必隆传"，9680—9681 页。
④ 《清圣祖实录》卷 141，康熙二十八年七月，第 5 册第 553—554 页。
⑤ 《清圣祖实录》卷 68，康熙十六年七月，第 4 册第 871 页。
⑥ 《清史稿》卷 235 "佟图赖传"，9446 页。
⑦ 《清世宗实录》卷 4，雍正元年二月，第 7 册第 95 页。

任内大臣步军统领费扬古为一等公，其子孙袭封一等侯①，不过从后来继任皇帝的实践来看，往往再晋封皇后之兄弟为公爵，因此这一条改变的实质是给皇帝保留了未来推恩的空间。三是开启了皇后兄弟的封爵。雍正四年三月，封皇后弟五格为一等侯②。四是雍正朝将外戚爵位正式定名为"承恩公"。雍正八年，皇帝指出本朝封王者皆选用嘉美字样，而公爵则只分等次，未有封号，故考其当日勋庸，赐以嘉名，追加为某公，"使勋劳之臣，显功丕绩常赫赫在人耳目间，而其子孙承袭封号亦皆顾名思义，共知奋勉，世为国家效忠抒力，期踵美前人之光，以副朕褒念勋旧之至意，至于宗室外戚，则仿古恩泽侯之例，命为奉恩公或承恩公，以昭宠锡"③。

乾隆帝即位后，继续推恩外戚并完善相关制度。雍正十三年十月，乾隆帝追封嫡母孝敬皇后曾祖、祖父为一等公，曾祖母、祖母俱为公妻一品夫人；晋封嫡母之弟一等侯五格为一等公，世袭罔替④。次月，追封生母崇庆皇太后曾祖父、祖父一等公，妻俱追封公妻一品夫人；生母之父、时任四品典仪官凌柱亦封一等公，妻为公妻一品夫人，世袭罔替⑤。乾隆二年十二月，追封皇后之父李荣保为一等公，妻为公妻一品夫人，以李荣保之子富文承袭一等侯⑥。乾隆十三年四月，孝贤皇后崩逝后，富文照前朝皇后弟五格之例晋封公爵⑦。乾隆十五年八月，册那拉氏

① 《清世宗实录》卷5，雍正元年三月，第7册第115页。
② 《清世宗实录》卷42，雍正四年三月，第7册第619页。
③ 《清世宗实录》卷91，雍正八年二月，第8册第218页。
④ 《清高宗实录》卷5，雍正十三年十月，第9册第248页。
⑤ 《清高宗实录》卷6，雍正十三年十一月，第9册第268-269页。
⑥ 《清高宗实录》卷59，乾隆二年十二月，第9册第950页。
⑦ 《清高宗实录》卷313，乾隆十三年四月，第13册第135页。

为皇后①，其父讷尔布追封一等公，妻封公妻一品夫人，以其孙纳苏肯袭一等侯②。但那拉氏断发事件之后，纳苏肯侯爵亦被削③。外戚推恩制度在乾隆朝后期又发生变化。乾隆四十三年谕："后族承袭世爵，向来俱准一等公，此等特因椒房至戚，恩泽加封，其与佐命功臣栉风沐雨、拓土开疆者实难并论。况宗室王公之以近支恩封者，尚以世次递降，而外戚转得以崇封延世，未免过优。著将所有承恩公爵，俱改为三等公，世袭罔替，著为令。"④ 从此，承恩公由一等公爵改为三等公爵。乾隆六十年，皇太子生母令懿皇贵妃追封孝仪皇后，其父清泰即追封为三等公，母为公妻一品夫人⑤。嘉庆四年四月，进一步追封孝仪纯皇后曾祖父、祖父三等公，曾祖母、祖母为公妻一品夫人，同时晋封孝仪纯皇后侄孙一等侯花沙布为三等承恩公，世袭罔替⑥。

　　道光时，外戚封爵制度再起变化，这一次主要是针对嫡后、继后与皇帝生母的区别。道光十三年八月，皇帝指出："会典内载皇后母家例俱应封公爵，其不系嫡后，及诞圣推恩所封，俟承袭时请旨等语。若是转致参差，不能画一，且无限制。嗣后嫡后之父，及诞圣推恩所封者，俱著封为三等承恩公。其不系嫡后者，著封为一等承恩侯。皆世袭罔替。并著将此旨纂入会典、则例，永远遵行。"⑦ 此后只有嫡后和皇帝生母家族可封为三等承

---

①　《清高宗实录》卷 370，乾隆十五年八月，第 13 册第 1086–1087 页。

②　《清高宗实录》卷 371，乾隆十五年八月，第 13 册第 1097 页。

③　中国第一历史档案馆藏：《军机处满文录副奏折》，"署塔尔巴哈台参赞大臣讷苏肯奏因皇后擅自剃发欲意出家颁谕削侯爵留任而谢恩折"，乾隆三十年六月二十四日，档号：03–0181–2146–037。

④　《清会典事例》（光绪朝）卷 142，第 2 册第 826 页。

⑤　《清高宗实录》卷 1492，乾隆六十年十二月，第 27 册第 967 页。

⑥　《清仁宗实录》卷 42，嘉庆四年四月，第 28 册第 516 页。

⑦　《清宣宗实录》卷 242，道光十三年八月，第 36 册第 622 页。

恩公，继后家族只能封一等承恩侯。道光十四年册立继后钮祜禄氏时，其父颐龄即追封为一等承恩侯，母为侯妻一品夫人①。

咸丰朝外戚封爵遵照道光新例执行，嫡后孝德显皇后父追封为三等公，母为公妻一品夫人②；继后孝贞显皇后（慈安）父追封一等承恩侯，嫡母、生母俱为侯妻一品夫人③。同治帝继位以后，由于慈安、慈禧两太后垂帘听政，对外戚的推恩再一次打破制度规定。按照道光朝的规定，慈禧作为皇帝生母其外戚应封三等承恩公，而慈安作为继后其外戚仍应为一等承恩侯，但咸丰十一年十二月的谕旨指出：

> 惟朕茕茕在疚，皆赖母后皇太后、圣母皇太后亲裁大政，抚育藐躬，宵旰恩勤，莫能殚述。若拘泥成典，于推封之例，稍有区别，朕心实有未安。乃我母后皇太后谦抑为怀，援据典章，力辞至再，经我圣母皇太后申明顾复恩勤，与诞育无异，推恩典礼，毋得参差。朕思礼宜酌古，尤贵因时，懿旨谆谆，权衡至当，况朕以子臣而推恩外戚，其间准情酌理，与道光年间所降谕旨，原非一致，天下臣民，当无不共谅朕心也。除孝德显皇后母家，业于道光三十年奉旨照例追封承袭公爵外，母后皇太后、圣母皇太后母家，均著援照乾隆四十三年成案推封公爵，以示尊崇之至意。④

即同治朝未再区分继后与皇帝生母之别，将慈禧与慈安外家一同尊封为三等承恩公。次年，又将咸丰帝嫡后之弟三等承恩公德懋

---

① 《清宣宗实录》卷 259，道光十四年十月，第 36 册第 942 页。
② 《清文宗实录》卷 22，道光三十年十一月，第 40 册第 317 页。
③ 《清文宗实录》卷 78，咸丰二年十二月，第 40 册第 1026 页。
④ 《清穆宗实录》卷 13，咸丰十一年十二月，第 45 册第 353–354 页。

晋封为一等承恩公①，大概是为了起到凸显和安抚嫡后外戚的作用，这一做法再次打破前朝规定。可见，从乾隆时起皇帝试图逐渐降低外戚的爵位以抑制其势力，但随着同治朝太后掌权，外戚爵位又得到一定程度的恢复和提升。

虽然外戚封爵制度只限于太后和皇后家族，但清代也有个别妃嫔的母家得以晋封。就我们目前所掌握的资料来看，只有 3 个特例。

首先是顺治朝孝献皇后，即董鄂氏。她于顺治十三年被册为皇贵妃，颁诏天下②。顺治十四年正月，封其父鄂硕为三等伯③。其时外戚推恩制度尚未成型，顺治朝前两位皇后家族皆未有以外戚而封爵的记载，董鄂氏之父的封爵应为顺治帝给予的特例。

第二位是道光朝孝静成皇后博尔济吉特氏，恭亲王奕䜣生母，咸丰帝即位后尊其为康慈皇贵太妃，又因"侍奉皇考敬慎柔嘉，朕在冲龄，深蒙抚育，无异所生，前已加崇称号，允宜推恩锡爵，用示优隆"，封皇贵太妃之弟恩龄为二等子爵④。

第三位是道光朝庄顺皇贵妃乌雅氏，系光绪帝生父醇贤亲王奕譞生母，即光绪帝祖母。光绪帝二旬万寿时推恩庄顺皇贵妃母家三代：原任巴里坤镇总兵凝德、原任通判百禄、原任笔帖式灵寿，均加恩追赠一品封典。灵寿之继子笔帖式廷专，加恩赏给骑

① 《清穆宗实录》卷 21，同治元年三月，第 45 册第 567 页。
② 《清世祖实录》卷 105，顺治十三年十二月，第 3 册第 815—816 页。
③ 《清世祖实录》卷 106，顺治十四年正月，第 3 册第 832 页。
④ 《清代起居注册·道光朝》第 98 册，联经出版事业公司，1985，第 057872—057873 页。

都尉，世袭罔替①。

除封爵外，后妃家族还有"抬旗"或"入旗"待遇。首先讨论抬旗。抬旗分为两种，一种是由下五旗抬入上三旗，一种是由内务府旗抬入满洲八旗②。

清代首位抬旗的皇后是顺治朝孝康章皇后。孝康章皇后佟佳氏，系康熙帝生母，其家族原属于汉军正蓝旗。康熙八年，皇帝谕令将皇后兄弟佟国纲、佟国维及其父佟图赖之原管勋旧佐领，由汉军正蓝旗抬入汉军镶黄旗③。康熙二十七年，孝康太后之弟佟国纲上疏，要求"臣家族籍，既恳祈睿鉴，改隶满洲"，并得到皇帝允准，遂入满洲镶黄旗④。"后族抬旗自此始"⑤。

乾隆朝继后那拉氏，原隶满洲镶蓝旗，乾隆十三年晋皇贵妃，母家抬入正黄旗。三十一年断发变故之后，那拉氏母家仍拨回本旗⑥，这是清代唯一一个后妃抬旗之后复降回本旗的例子。

道光十四年，册立皇贵妃钮祜禄氏为皇后，其家由满洲正红旗抬入镶黄旗⑦。皇贵妃博尔济吉特氏于咸丰五年尊为康慈皇太后，其母家抬入满洲正黄旗⑧。

咸丰帝继位后，将原配孝德皇后母家抬入镶黄旗⑨。慈禧家

---

① 《清德宗实录》卷 280，光绪十六年正月，第 55 册第 737 页。

② （清）吴振棫：《养吉斋丛录》卷 1，第 3 页。

③ 杨珍：《康熙皇帝一家》，第 323 页。

④ 但侯寿昌先生在《辽东佟氏族属旗籍考辨》（载《明清档案与历史研究》，中华书局，1988）一文中认为，佟国纲的此次请求并未得到皇帝的实际允准。

⑤ 《清史稿》卷 214 "后妃传"，第 8908 页。

⑥ 《钦定八旗通志》卷 16，载（清）永瑢、纪昀等：《景印文渊阁四库全书》，台湾商务印书馆，1986，第 664 册第 545 页。

⑦ 《清史稿》卷 349 "穆克登布传"，第 11235—11237 页。

⑧ 《清文宗实录》卷 181，咸丰五年十月，第 42 册第 1022 页。

⑨ 《清文宗实录》卷 23，道光三十年十二月，第 40 册第 336 页。

族原隶满洲镶蓝旗，尊为太后之后抬入满洲镶黄旗①。

同治帝皇后阿鲁特氏家族原隶蒙古正蓝旗，同治十一年十一月，将皇后之父三等承恩公崇绮本身一支抬入满洲镶黄旗②。

此外，妃嫔中不少系内务府包衣出身，这些包衣妃嫔母家可以由包衣旗抬入满洲旗，也是皇帝提升外戚地位的一种表现。康熙帝定妃万琉哈氏，其母家原隶包衣，至雍正元年，蒙特旨出包衣旗，编半个佐领，令谢尼管理，成为满洲旗③。雍正十二年九月，雍正帝又将纯裕勤太妃本氏子孙由包衣拨出，编立世管佐领，令太妃之兄晋观之子陈镁管理④。乾隆朝有 3 位高级别妃嫔抬入满洲旗：雍正十三年九月，侧福晋高氏册封贵妃，乾隆帝下令高氏母家出包衣，入满洲镶黄旗⑤；淑嘉皇贵妃初隶内务府汉军旗⑥，乾隆十六年，皇帝谕令将嘉贵妃之家人抬出包衣⑦，至嘉庆四年三月，淑嘉皇贵妃一族，正式抬入满洲正黄旗旗分⑧；乾隆四十年，令懿皇贵妃去世，乾隆帝将其外戚人等由内务府拨出，编立本旗，因人丁不敷，作为半分，以员外郎包衣佐领德馨管理⑨。

以上两种抬旗，都体现出皇帝对后妃母家的恩宠及其地位的

---

① 《清穆宗实录》卷 13，咸丰十一年十二月，第 40 册第 356 页。

② 《清穆宗实录》卷 344，同治十一年十一月，第 51 册第 525 页。

③ 《八旗满洲氏族通谱》卷 56，载（清）永瑢、纪昀等：《景印文渊阁四库全书》，第 456 册第 93 页。

④ 《钦定八旗通志》卷 3，载《景印文渊阁四库全书》，第 664 册第 320 页。

⑤ 《八旗满洲氏族通谱》卷 74，载《景印文渊阁四库全书》，第 456 册第 308 页。

⑥ 《清史稿》卷 321 "金简传"，第 10787 页。

⑦ 中国第一历史档案馆藏：《军机处满文档簿》，"为嘉妃家人抬出包衣佐领事"，乾隆十六年九月二十二日，档号：03-18-009-000008-0004-0139。

⑧ 《清仁宗实录》卷 41，嘉庆四年三月，第 28 册第 499 页。

⑨ 《钦定八旗通志》卷 2，载《景印文渊阁四库全书》，第 664 册第 303 页。

提升，而让民女妃嫔"入旗"则是一方面体现对外戚的优待，另一方面借以遮蔽其民间汉女的身份。乾隆朝至少有 5 位民女妃嫔进入内务府旗分，其家人由民人转化为旗人（详见第三章第三节）。相较于前述包衣出身的妃嫔抬入满洲旗，民女妃嫔进入包衣旗，待遇似乎不高。但从实际情况来看，其家族获得了相当好的经济乃至政治待遇。以庆贵妃陆氏为例，其父陆士龙于乾隆二十二年从苏州被接至京城，入于内务府镶黄旗，同时给予陆家一系列待遇，主要包括：四个儿子陆裕登、陆廷荣、陆朝元、陆朝保每人给披甲三两钱粮米石；赏给涿州土地七顷八十亩，每年可得租银二百六十四两；赏给正阳门外西河沿取租房十间，每月得租银十二两一钱，足敷养赡；赏给崇文门内苏州胡同入官房七十五间内，量其家口，隔断四十三间，足敷居住①。可见，陆家按照旗人待遇得到国家钱粮之外，再按外戚给予较为优渥的生活条件，且陆家的进阶之路并未就此停止。嘉庆帝即位之后，追封陆氏为庆恭皇贵妃，继续对其家族进行推恩，先赏给其侄陆松龄骑都尉，复经带领引见后以司员任用，再于嘉庆六年补授主事，后在上驷院行走，嘉庆九年九月初五日奉旨："上驷院主事陆松龄，著遇有该院或内务府员外郎缺出，即以拟陪引见，续有缺出，著以拟正引见。钦此。"② 陆氏一族从乾隆中期入旗，至嘉庆初年已有成员进入中级官僚队伍，外戚所受恩典可见一斑。

清代几个著名的外戚家族，如顺治、康熙朝的佟佳氏，雍正朝的年氏，乾隆朝的富察氏，等等，前人已多有研究，此处不再

---

① 中国第一历史档案馆藏：《内务府奏案》，"奏为赏陆士龙房地等项事"，乾隆二十二年十月十四日，档号：05-0158-047。

② 中国第一历史档案馆藏：《内务府奏案》，"奏为查明庆恭皇贵妃丹禅八旗年分并现有子嗣人丁户口事"，嘉庆九年九月初五日，档号：05-0510-088。

赘述。总体而言，尽管从乾隆朝起着意从制度上抑制外戚势力的增长，但对于多数妃嫔而言，随着她们宫廷地位的提升，其母家也获得相应的政治和经济优待，这一点是不言而喻的。

综上，清代通过以集体晋封、逐级晋封为主，尽量减少单独晋封和越级晋封的方式，同时有意抑制妃嫔在历次集体晋封中的连续晋升，以此有效避免了后宫妃嫔的攀比和竞争，这也是保持"宫壶肃清"的重要秘诀。妃嫔每晋升一个位分，除自己的宫廷地位和待遇相应提升外，还影响到母家的政治地位和经济待遇。清代通过"抬旗"和"入旗"等方式将妃嫔母族笼络至八旗体系，从另一个角度来看，也是便于对外戚势力进行抑制和监控的一种手段。

第五章

"家无二主、尊无二上"：清帝对后权的压制

清代皇后的地位在入关前后的变化，已为一些学者注意到，如刘潞曾指出，入关前后妃在一定范围内参与政务活动，如与皇帝一起迎接凯旋的将士、接待外藩蒙古来朝等；入关后经过近百年的"反复较量"，才逐步确立了男尊女卑的帝后格局①。但对入关后帝后关系的转变过程，即皇帝通过何种方式压制后权并在宫廷内外确立了独尊的地位，并未有人进行过深入的讨论。本章将从制度、礼仪和空间三个维度，探讨清代皇帝如何逐步切断和阻碍皇后与大臣及命妇之间的联系，力图建立一个与外界隔离的封闭的宫廷，并以此揭示清代皇后地位和权力的变化过程。

第一节　从"母仪天下"到"恪修内职"：
切断皇后与大臣的联系

皇后，对于内廷妃嫔而言是位居中宫的领袖，对于广大臣民

---

① 刘潞：《论清代先蚕礼》，《故宫博物院院刊》1995 年第 1 期。

而言是"母仪天下"的象征，正如册后诏书中所说："宜昭女教于六宫"，"应正母仪于万国"①。因此历代册立皇后不仅要在宫廷中举行隆重的典礼，还要昭告天下，是公开而隆重的礼仪。作为与帝齐体、共同抚育黎元的女主，皇后与皇帝一样应当得到天下臣民的忠诚和爱戴，事实上，清代的大臣们除注重向皇帝效忠外，也会通过一些方式向皇后表达同样的情感，使得皇后与外朝大臣之间一直保持着某种联结。

皇后与朝臣的联结，首先体现在大臣在节庆时向皇后进笺庆贺。清代宫廷节庆以三大节最为隆重，即元旦、冬至和帝后（包括太后）的生日②。从文献记载来看，三大节时大臣除向皇帝上表庆贺之外，亦须向皇后进笺。这一做法早在关外即已施行，"崇德元年定，元日进庆贺表笺，长至、万寿圣节进表庆贺，与元日同"③。入关后，"（顺治）八年定，元旦、冬至，直省文武五品以上官，各进贺皇太后表文一通，皇上表文一通，皇后笺文一通"④。康熙四年时礼部题请，"今后每年元旦，直隶各省官员照例应进皇后笺文。至皇后千秋所进笺文，世祖章皇帝时未经赍进，无式可查，恭候上裁。得旨，元旦笺文依议行，千秋进笺世祖章皇帝时既未举行，著停止"⑤。其时康熙帝刚刚大婚，皇后年龄尚小，礼仪尽量从简，至康熙十六年即"题准，皇后千秋笺文，照例赍进"⑥。从此，文武官员在三大节时均须向皇后进笺。

① 《清圣祖实录》卷 16，康熙四年九月，第 4 册第 242 页。
② 根据清历朝实录的记载，皇帝生日一般称为"万寿节"，皇太后生日称"圣诞节"、"圣寿节"或"万寿圣节"，皇后生日则称"千秋节"。
③ 《清会典事例》（光绪朝）卷 296，第 4 册第 462 页。
④ 《康熙会典》卷 50，载《大清五朝会典》，线装书局，2006，第 1 册第 638 页。
⑤ 《清圣祖实录》卷 17，康熙四年十月，第 4 册第 249 页。
⑥ 《清会典事例》（光绪朝）卷 318，第 4 册第 741—742 页。

当然，并非所有官员都可以向皇后进笺，顺治八年规定为五品以上官员，至乾隆十三年册封皇贵妃那拉氏"摄六宫事"时，将可进笺的官员范围缩小为三品以上大员①。

所谓"笺"，是官员进呈给皇后的礼仪性文札，与进呈皇帝的"表"相对应。《清会典事例》载，"凡每岁元日、长至，在京王公百官，在外将军、都统、总督、巡抚、提督、副都统、总兵官，恭行庆贺，进表皇帝、皇太后，进笺皇后"②。从实际情况来看，"笺"不仅适用于皇后，皇贵妃也可以接受"进笺"。前述乾隆十三年，在皇后崩逝、由皇贵妃摄六宫事的情况下，规定"嗣后遇大节及庆贺大典，内外三品以上官，于皇贵妃前均进笺庆贺"③。可见，"笺"是文武官员向后宫女主致敬的重要方式，是联结外朝官员与内廷女主之间的一座桥梁，也是皇后母仪天下的重要表现之一。清前期，皇帝还对表、笺的格式进行划一规定，如顺治八年专门颁发了"庆贺皇太后、皇上表文，皇后笺文式样"④；康熙四十四年，由于"朝鲜国王李焞所奏庆贺表、笺每岁更换，字句之间不能尽协，应颁发定式，令其照式恭进。从之"⑤。乾隆二十八年议定，"庆贺皇太后、皇上表文，本内及贴黄，纯用黄纸，面页用黄绫、黄签；庆贺皇后笺文，本内及贴黄，纯用红纸……面页、面签……俱用黄绫"⑥，并进一步明确，督抚、驻防将军、都统、提镇等官员"恭进表文、笺文亦应用纯

---

① 《清高宗实录》卷318，乾隆十三年七月，第13册第220页。
② 《清会典事例》（光绪朝）卷318，第4册第736页。
③ 《清会典事例》（光绪朝）卷306，第4册第610—611页。
④ 《清世祖实录》卷60，顺治八年九月，第3册第473页。
⑤ 《清圣祖实录》卷219，康熙四十四年二月，第6册第211页。
⑥ 《清高宗实录》卷680，乾隆二十八年二月，第17册第612页。

黄、纯红纸色，毋庸加签"①。这些规定也在一定程度上规范和强化了进笺制度。

除节日庆典外，皇后生命中其他的一些重要仪式，官员也会以进笺等方式参与庆贺。乾隆六十年曾特别下令"册立嗣皇帝元妃为皇后"，"王公大臣以及外省督抚等"，毋庸"于朕前及嗣皇帝、皇后前呈进庆贺表笺"②。可见，册立皇后时，王公大臣进行庆贺是以往通行之例，乾隆帝禁止官员参与其中乃是特例，因此当乾隆帝薨逝后、嘉庆帝册立第二位皇后时，官员们就再度企图参与到册后庆典之中，一些外地汉族官员恳请"进京叩贺行礼"，满族官员则"奏恳趋赴宫门，恭申庆贺"③，而给皇后进笺，也是主要的庆贺行为之一。

再如皇后的生辰即"千秋节"，除前文所提到的进笺之外，大臣们还参与其他的庆贺活动。入关前，皇后千秋庆贺虽未形成固定仪制，但从史料记载来看，仪式相当隆重而公开。《清实录》载，崇德三年四月壬子，"皇后千秋节，内六旗王、贝勒、贝子等，各献金、珠、貂皮、牛、羊等物"④。崇德五年虽然下令"凡遇元旦、万寿及中宫千秋节，内外诸王、贝勒等一应进献礼物，俱著停止"，但同时表明停止王公进献礼物的原因不在于降低皇后生辰规格，而是担心"诸侯违制不贡，召衅生乱"，因而改为皇后千秋"赐和硕亲王以下、辅国公等以上银两有差"⑤。入关

① 《清高宗实录》卷 691，乾隆二十八年七月，第 17 册第 753 页。
② 《清高宗实录》卷 1492，乾隆六十年十二月，第 27 册第 969 页。
③ 《清仁宗实录》卷 82，嘉庆六年四月，第 29 册第 58 页。
④ 《清太宗实录》卷 41，崇德三年四月，第 2 册第 544 页。
⑤ 《清太宗实录》卷 51，崇德五年四月，第 2 册第 679-680 页。

后，皇后千秋节福晋命妇须进内行礼①，大臣也要穿着隆重以示庆贺，部分官员还可给皇后呈递贡品。雍正六年题准，"皇后千秋节，王公百官咸蟒袍补服"②。嘉庆四年改为"王公大臣文武官员俱著穿石青褂、挂朝珠"③。嘉庆二十年皇后四十正寿时，又准许"王公大臣官员仍穿蟒袍一日"，但"不准呈递如意、贡品"，只有内务府官员可"穿蟒袍三日"，并"准其呈递如意、食品"④。

最后，皇后去世的丧仪也是文武官员表达忠心的重要时机。除臣子应尽的服丧义务之外，清前期大臣们还往往请求赴京奔丧，以示臣子之义，乾隆朝孝贤皇后崩逝时这一含义体现得格外明显。乾隆十三年三月，嫡后富察氏崩，各地官员闻讯纷纷奏请来京"叩谒孝贤皇后梓宫"。有趣的是，乾隆帝对于官员们的申请进行了不同层次的区别和回应，从中可以生动体现出皇帝心中对大臣与皇后关系的认知。乾隆帝认为，有些官员的请求入京，系"随众陈请，并非出于中心之诚"；而有些官员则"一闻哀信即沥诚恳请"，显然出于真情。对于这些请求，皇帝亦给予不同的回复：督抚等文职官员事务繁忙，"原可不必仆仆道途"，而"如驻防之将军、都统等，公事尚简，与督抚自不相同"，理应进京凭吊。但督抚之中又有差别，"旗员之与汉员亦不相同"，"盖旗员地分亲近，沐恩尤为深重，一遇皇后大事，义当号痛奔赴，

---

① 《清世祖实录》卷56，顺治八年四月，第3册第443-444页。

② 《清会典则例》（乾隆朝）卷56，载《景印文渊阁四库全书》，第622册第24页。

③ 《清会典事例》（嘉庆朝）卷239，载沈云龙主编《近代中国史料丛刊三编》第67辑，文海出版社，1976，第409页。

④ 《清仁宗实录》卷308，嘉庆二十年七月，第32册第88页。

以尽其哀慕难已之忱"；而"汉大臣则视此有间，原可不必奏请"。乾隆帝的这一系列区别透露出他对满汉大臣与帝后之间关系的界定：关系亲近的大臣，遇到皇后之丧，不论从情感上还是从礼义上，都应立即奏请来京奔丧、请安，"庶君臣之义，不致漠不相关也"。而对于旗人官员而言，为皇后主子奔丧更是其应尽的本分，那些"迁延未奏者，现在亦交部查议"①。可见在乾隆朝初期，皇后丧仪是公开的、满汉大臣理论上都应参与的国丧。事实上，除奔丧一事之外，乾隆帝还借由皇后之丧对"违制薙发""居丧不哀"的大臣大肆严惩②。可以说，他利用皇后丧事在朝臣中特别是在满洲大臣中，掀起一场忠爱帝、后的教育运动。

然而，孝贤皇后的丧礼可能是清代皇帝倡导官员尽忠皇后的最后挽歌。从乾隆中期起，皇帝进行了一系列改制，逐步切断皇后与外廷官员之间的联结。此后，有关皇后的庆典和丧仪皆转为内廷之事，与外朝无涉。

前文所述，孝贤皇后去世后，娴贵妃那拉氏晋皇贵妃，摄六宫事，乾隆帝还特别允许三品以上官员庆典时于皇贵妃前进笺庆贺。之后那拉氏正位中宫，朝臣庆贺之仪更不得有阙。但至乾隆二十八年，皇帝发出了第一道限制皇后涉及外事的谕令。该年，礼部进呈会试录、登科录时，皇帝指出，之前每次进呈，"俱有恭进皇太后、皇后各一本"的旧例③，他认为"此系沿袭具文"，"不过循例进呈"，非"庆贺表笺"等"事关典礼者可比"，"况我朝宫闱肃穆，不惟一切政务从不与闻，即寻常细事亦无丝毫干

① 《清高宗实录》卷316，乾隆十三年六月，第13册196-197页。
② 戴逸：《乾隆帝及其时代》，中国人民大学出版社，2008，第137-140页。
③ 此例为顺治二年定，原文为"揭榜以后，刊刻试录、登科录，皇太后、皇帝、皇后前各进呈一本"。见《清会典事例》（光绪朝）卷352，第4册第1161页。

与。似此相沿旧套，徒费抄写，自应停止"①。从此，会试录、登科录停止向太后和皇后进呈。

乾隆帝的第二项举措发生在乾隆六十年，这一次，"事关典礼"的贺笺也被停止。该年末，即将禅位的乾隆帝发布谕令，"皇后寿节暨元旦、冬至，与外庭无涉，嗣后俱当永行停止笺贺，并以为例，以肃体制而垂法守"②。与停止进呈登科录时尚且以摒弃形式化的"繁文缛节"为借口不同，此次停止贺笺的缘由直指区别"内外"。乾隆帝首次提出有关皇后处的一切庆贺礼仪皆属内廷事务，"与外庭无涉"。之后他进一步将"内外之别"的范畴扩展延伸，不仅禁止官员在节庆时向皇后恭进贺笺，连册立皇后这样的大典，也在乾隆帝的一手策划下由普天同庆转变为内廷庆贺。

乾隆帝表示，自己禅位后，嗣皇帝"嫡妃自应立为皇后"。向来册立皇后皆颁诏天下，普天同庆，但此次册后，"乃宫廷一定礼仪，只当循照向例，祭告天、地、宗庙，用昭茂典足矣，何必撰拟恩诏、布告天下！"③与之前不仅皇后册立，连孝贤皇后去世乾隆帝都下令"布告天下，咸使闻知"④的态度，可谓截然不同。对此，乾隆帝解释为："皇后正位端闱，恪修内职"，其地位"非如皇太后之为母后，分应尊崇者可比"，"我朝家法，宫壸肃清，从不干与外事"，因此"皇后典礼，不特恩诏不必颁发，即王公大臣以及外省督抚等，亦毋庸因立后于朕前及嗣皇帝、皇后前呈进庆贺表笺"⑤。即册立皇后不再昭告天下，亦不准大臣

---

① 《清高宗实录》卷697，乾隆二十八年十月，第17册810—811页。
② 《清高宗实录》卷1492，乾隆六十年十二月，第27册第969—970页。
③ 同上书，第27册969页。
④ 《清高宗实录》卷310，乾隆十三年三月，第13册第81页。
⑤ 《清高宗实录》卷1492，乾隆六十年十二月，第27册第969页。

进笺庆贺，以示皇后职责在于"恪修内职"，无须与外廷朝臣发生任何联系。

乾隆帝的这一做法，将清代皇后的地位降至历史新低。大概感觉这一改革过于激烈，数年后，当太上皇作古、嘉庆帝册立第二位皇后时，表示"因思立后颁诏，乃本朝家法，载在会典，实亦古今同义。诚以皇后母仪天下，佐理化原，于册立之际祭告天地宗庙，并颁诏天下，以昭慎重"，恢复了册立皇后时颁诏天下的仪式。但是，"中外臣工庆贺表笺，及遇寿节令节奏上笺贺，钦尊圣训，仍行停止"，仍旧取消皇后接受王公大臣贺笺的权力[1]。既然不许进笺庆贺，前文所述有些大臣提出来京、入宫庆贺的请求，自然不能允准，嘉庆帝甚至斥责这些官员"有是理耶！""俱著传旨申饬"[2]。

此后，"内外之别"成为皇帝们格外留心分辨的问题。嘉庆十年岁末，礼部在具题庆贺元旦令节礼仪时，将王公百官在皇帝前行礼与公主、福晋、命妇在皇后前行礼之事一并奏请，受到皇帝的严厉批评。嘉庆帝认为，此举"殊属非是"，下令将礼部堂官"交部察议"，并明确"嗣后著将元旦令节公主、福晋、命妇等应否进内行礼，另折请旨"，不得再与皇帝接受大臣行礼于同一折内奏请，以示内外有别[3]。

嘉庆十八年，礼亲王昭梿上书，建议仿照万寿圣节前后官员俱穿补服的先例，"皇后千秋令节，拟穿蟒袍一日"[4]。皇帝表示

---

① 《清仁宗实录》卷78，嘉庆六年正月，第29册第3-4页。
② 《清仁宗实录》卷82，嘉庆六年四月，第29册第58页。
③ 《清仁宗实录》卷154，嘉庆十年十二月，第29册第1115页。
④ 根据会典记载，雍正六年曾准题，皇后千秋节，王公百官咸服蟒袍补服，但这一规定似并未得以执行。见《清会典事例》（光绪朝）卷301，第4册第545-546页。

"勉从所请"，但又表示"实深愧愤"，并下令皇后生日"不必穿
蟒袍，稍示区别"。紧接着嘉庆帝意味深长地说："愿诸王大臣清
夜扪心，究竟欲作何等人、成何等事业，三思而行，勿甘暴弃，
朕亦无颜渎告矣。"①

道光帝即位后，两位大臣（蕴端多尔济和广庆）在进折"叩
贺皇太后万寿圣节"时，"一并缮折与皇后请安"。道光帝斥责此
举"实属罕闻之事，以前内外大臣从未如此进折请安"，此两位
"甚属糊涂冒昧，不晓礼仪"，对其予以降职、罚俸的处罚②。道
光十三年，皇后佟佳氏薨，在办理丧仪过程中，由于惇亲王绵恺
与内大臣禧恩"引用百姓如丧考妣、四海遏密八音之说"，被皇
帝斥为不妥，令"大学士、军机大臣会同礼部详查例案，悉心妥
议具奏"。数日后，道光帝发布长篇上谕，首先根据所查乾隆朝
孝贤皇后、嘉庆朝孝淑皇后丧仪成案，指出皇后丧仪前代已有固
定规格，"后世子孙，总当恪遵成宪，不敢以私意紊典常"；其次
详细考察了"百姓如丧考妣、四海遏密八音"的典故，指出这一
说法出自《虞书》，用以形容百姓对尧帝的思念，将此用于皇后
则"殊属不伦"："况《虞书》二语，系指帝尧而言，并非指帝尧
之后"，因而绵恺系"不学无术，信口乱谈！"③ 道光帝对兄弟的
这一番辩驳，其目的当然不仅仅在于皇后丧仪中的措词小节，而
是通过这一问题再次在王公大臣中明确帝后、内外之间的轻重和
区别。

经过乾嘉道三代皇帝的整饬和训诫，基本不再有王公大臣敢

---

① 《清仁宗实录》卷 275，嘉庆十八年九月，第 31 册第 743 页。
② 《清宣宗实录》卷 24，道光元年十月，第 33 册第 432、438 页。
③ 《清宣宗实录》卷 237，道光十三年五月，第 36 册第 548、551-552 页。

于与皇后发生任何公开的联系，对于内廷及皇后之事也小心回避，不再关心，这也是导致王公大臣之妻对作为国家"中祀"典礼的"亲蚕礼"毫不积极参与的重要原因，详见后文论述。直至咸丰帝崩逝，肃顺等顾命大臣敢于如此轻视两位太后，也与前代皇帝一贯强烈主张后宫不得参与外事、不得与朝臣发生任何联系的风气一脉相承。

第二节 "皇后-命妇"体系的坍塌

除与大臣的联结之外，与外廷命妇的联结也是皇后权威建立过程的重要组成部分。但清代皇帝同样力图切断皇后与外廷命妇之间的联结，使得以皇后为中心的女性权力体系也无法稳固建立。

仍以三大节为例。《满文老档》中保留了一些入关前女性参与三大节庆贺的记载。如天命七年元旦，"设百席，集诸贝勒大臣及众汉官以及各官之妻、诸贝勒之福晋等宴之"[1]。天聪六年元旦，皇太极设宴于清宁宫，宴罢，"汗之妻及诸福晋以元旦礼拜大贝勒"[2]。可见满洲贵族和官员之妻可随同丈夫一起出席宫廷宴会，之后"汗之妻"带领众福晋向大贝勒等行礼，体现了汗之妻率领众福晋的女性权力体系雏形。

入关后，清廷于顺治八年皇帝大婚之前，正式公布了三大节

---

[1] 中国第一历史档案馆、中国社会科学院历史研究所编译：《满文老档》，中华书局，1990，第291页。

[2] 同上书，第1189页。

的庆贺礼仪，其中元旦和冬至二节，帝、后先诣皇太后前行礼，之后文武百官在太和殿向皇帝行礼，"公主、和硕福金以下，固山额真、精奇尼哈番、尚书以上命妇"先诣皇太后前行庆贺礼，再"诣皇后前行礼"。皇后千秋节，皇后"先诣皇太后前行礼毕，还宫。公主、和硕福金以下，固山额真、精奇尼哈番、尚书以上命妇俱诣皇后前行庆贺礼"①。可见入关后最大的变化就是将行礼体系做了性别区隔，官员向皇帝行礼，福晋命妇向皇太后与皇后行礼。此外，顺治八年之规的意义还在于首次明确了命妇在节庆中须向皇后行礼的做法。

康熙朝以后，三大节的规定愈加完善，主要体现在三个方面，其一是皇太后三大节朝贺增加了外朝官员行礼的仪节，这无疑提高了太后在仪制中的地位；其二从康熙朝起，三大节中帝后不再一起向皇太后行礼，而改为"皇帝率王公群臣行三跪九拜礼"，"皇后率皇贵妃、贵妃、妃、嫔行六肃三跪三拜礼，公主、福晋以下，大臣命妇俱随行礼"；其三是增加了三大节时皇子诣皇后宫行礼的仪节②。对皇后而言，康熙朝起，"皇后率领内外命妇"的格局在仪制中完全明确和定型。

三大节之外，亲蚕礼也是"皇后-命妇"体系建立和稳固的重要契机。古制"天子亲耕南郊，以供粢盛；后亲蚕北郊，以供祭服"③。亲耕与亲蚕礼皆源自周代，象征帝后重视农桑、抚育黎元，是重要的国家祀典，而后者也是皇后母仪天下的重要象

---

① 《清世祖实录》卷 56，顺治八年四月，第 3 册 444 页。
② 《清会典事例》（光绪朝）卷 295、296，第 4 册第 442－444、455 页。
③ 《清高宗实录》卷 172，乾隆七年八月，第 11 册第 192 页。

征。清代祀典中,亲耕与亲蚕之礼都属"中祀"①,地位逊于祭祀天地、宗庙、社稷等"大祭"。但实际上,亲蚕礼对于皇后远不止于象征意义。日本学者保科季子指出,汉代,皇后通过亲蚕礼率领大臣之妻(命妇),从而建立起"皇后-大臣妻(命妇)"序列的女性秩序,将皇后的权威延伸至宫廷之外②。清代于乾隆七年始定亲蚕礼仪注③,九年举行了第一次皇后祭先蚕仪式④。根据图文史料的记载⑤,亲蚕礼一般由三个环节组成:皇后首先带领妃嫔、命妇等祭祀先蚕;待蚕虫孵化后再举行躬桑礼,即采摘桑叶饲喂蚕虫;再待蚕虫结茧后举行献茧缫丝礼,将蚕茧进献给皇帝和太后,并缫丝染色"以供郊庙黼黻之用"⑥。整个仪式中,皇后的劳作虽然与皇帝"亲耕"一样,只是象征性和仪式性的,但她从头到尾参与蚕桑的过程,一方面宣扬了皇后的妇德和母仪天下的表率作用;另一方面,由于需要遵循蚕虫的生长规律,亲蚕礼前后需要一个多月甚至更长的时间,是所有国家祀典中历时最长者。其间皇后多次率领妃嫔和命妇出入宫廷,为确立和稳固以其为首的女性权力体系提供了绝佳的契机。

此外,皇后还有其他机会树立自己的权威,如被册为皇后时

---

① "凡中祀,春分以朝日,秋分以夕月。季春吉亥,飨先农,吉巳,飨先蚕。"见《清会典》(光绪朝)卷35,第299页。

② [日]保科季子:《汉代の女性秩序——命妇制度渊源考》,转引自黄旨彦:《公主政治:魏晋南北朝政治史的性别考察》,稻乡出版社,2013,第3页。

③ 清代在顺治时就恢复了天子的亲耕礼,但亲蚕礼在乾隆时才得以恢复。有关清代亲蚕礼的各项仪节规定,参见刘潞:《论清代亲蚕礼》,《故宫博物院院刊》1995年第1期;陆燕贞:《清代皇后祭先蚕》,《紫禁城》1988年第5期。

④ 《清会典事例》(光绪朝)卷1186,第12册806页;卷439,第5册第991页。

⑤ 清代宫廷画师所绘《亲蚕图》记录了乾隆九年孝贤皇后首次举行亲蚕礼的情景和过程,参见童文娥:《清院本〈亲蚕图〉的研究》,《故宫文物月刊》(台北)第278卷,2006年5月。

⑥ 《清会典事例》(光绪朝)卷314,第4册第704-706页。

首次接受命妇朝拜，皇帝册封妃嫔有时也会允许命妇进内行礼，皇太后上尊号、徽号或者"御新宫"时皇后也会带领命妇行礼等。只是这些时机都不确定且次数有限，不若三大节和亲蚕礼的每年举行。原则上来讲，皇后借由三大节每年接受命妇的 4 次朝贺（元旦、冬至、太后万寿圣节和皇后的千秋节），在亲蚕礼的三个环节中率领命妇行礼，若再有太后上尊号、徽号或"御新宫"、妃嫔册立等庆贺仪式，一年中接触外廷命妇的次数可能接近 10 次。虽然这与明朝规定皇后可于每月朔、望两日接受命妇朝贺的频度仍相去甚远①，但平均一个多月一次的朝贺，已然为皇后建立和稳固女性权力体系、将自身的权威和恩德传播至宫墙之外提供了很好的平台。

可是，清代"皇后－命妇"体系却未经由以上契机得以确立和稳固，原因自然是皇帝的刻意抑制和破坏。

检视清代历朝实录就很容易发现，皇帝经常下令停止三大节时命妇进内行礼。大丧期间停止朝贺是命妇不入宫行礼的一个理由。如雍正元年元旦，由于尚在圣祖服制百日之内，太后之前的朝贺礼一并停止②，乾隆元年元旦也采取了同样的做法③；嘉庆二十五年十月初十日系太后圣诞，由于尚在百日服内，亦停止一切行礼④，咸丰十一年采取了同样的做法⑤。太后前尚停止行礼，更遑论皇后。但这个原因只占"停止行礼"中的一小部分，更多时候实录只是记载皇帝下令停止行礼，没有说明任何原因，且几

---

① （清）张廷玉等：《明史》卷 53 "礼志"，中华书局，1974，第 1355－1357 页。但由于没有实际材料的支持，我们对明朝宫廷是否实际实行了这样频繁的朝贺制度存疑。

② 《清世祖实录》卷 2，康熙六十一年十二月，第 7 册第 62－63 页。

③ 《清高宗实录》卷 9，雍正十三年十二月，第 9 册第 334 页。

④ 《清宣宗实录》卷 6，嘉庆二十五年十月，第 33 册第 147 页。

⑤ 《清穆宗实录》卷 31，同治元年六月中，第 45 册第 830 页。

乎成为常例。以皇后千秋节为例，从雍正三年（之前处于先帝、太后丧期）至九年皇后崩逝之前，每年都下令"停止行礼筵宴"①；乾隆朝嫡后富察氏在位的 13 年间，只有 3 个年份（三年、四年和六年）允许皇后千秋节时行庆贺礼但仍宣布"停止筵宴"②。其他年份中，除乾隆三年之前由于国丧，九年说明由于"皇后千秋节适值清明，未便照常行礼"，十三年正值东巡"赐扈从王公大臣等宴"之外③，一律只有"停止行礼筵宴"的简单记载，未说明原因④。继后那拉氏在位的 15 年中，除立后次年即乾隆十六年未见记载外，其余年份全部"停止行礼筵宴"⑤。

表 5-1　　　　　　　　皇后千秋节外廷命妇入宫行礼次数统计表

朝代	顺治	康熙	雍正	乾隆	嘉庆	道光	咸丰	同治	光绪	宣统
行礼次数	0	5	0	3	2	1	1	0	0	0

资料来源：《清实录》《清会典》《起居注》《清宫内务府档案》等。

从嘉庆朝开始，皇后千秋节的庆贺似乎得到一定程度的恢复。嘉庆帝嫡后早薨，继后从嘉庆六年释服至嘉庆帝去世前一年（嘉庆二十四年）都举行了千秋节的庆贺仪式，这样每年连续庆贺皇后生日的记载在清代实属难得，但庆贺方式却已悄然发生变化——由原来的"公主、和硕福金以下，固山额真、精奇尼哈番、尚书以上命妇，俱诣皇后前行礼庆贺"，以及康熙七年题准的"中宫千秋节，诸王进筵席牲酒"、命妇进宫庆贺的同时参与

————————————

① 见《清世宗实录》雍正三至九年五月载，卷 32、44、57、69、81、94、106。

② 见《清高宗实录》乾隆三、四、六年二月载，卷 63、87、137。

③ 见《清高宗实录》乾隆九、十三年二月载，卷 211、309。

④ 见《清高宗实录》乾隆五、七、八、十至十二年二月载，卷 111、161、185、235、259、285。

⑤ 见《清高宗实录》乾隆十七至三十年二月载，卷 408、432、456、482、506、532、556、580、606、630、654、680、704、728。乾隆三十一年那拉氏已被摈居别宫，丧失皇后待遇，自然也没有千秋行礼筵宴。

筵宴，改变为"宫内行礼如仪，停止筵宴及在外公主、福晋、命妇行礼"①。也就是说，嘉庆朝皇后千秋节的庆贺一般仅限内廷妃嫔向皇后行礼，外廷命妇不再入宫参与庆贺。只有嘉庆十年和二十年皇帝两次破例允许外廷命妇进内行礼②，其中后一次的缘由会典内记载较为清楚："本年十月，皇后四十寿辰，一应礼仪俱照常年旧例……至例应行礼之福晋、格格、命妇等，届期由内务府大臣开单具奏，经朕圈出者，准其进内行礼。"则十年的进内行礼也应系皇后三十正寿的格外恩准。至嘉庆二十四年，皇帝索性将此形成定例：今后"惟遇皇后正寿之年，礼部照嘉庆二十年之例，仍将公主、福晋、命妇等是否进内行礼之处，夹单声请，候旨遵行"，其他年份一律不准外廷命妇进内行礼，礼部无须每年请旨③。另外值得注意的是，除命妇进内行礼的频度改为每 10 年一次之外，进内行礼的人员范围也发生了变化，从之前的二品以上公主、福晋、命妇范畴，改为"届期由内务府大臣开单具奏，经朕圈出者，准其进内行礼。其出聘外藩之格格等，俱不准吁请来京行礼，亦不准进贡品"④。通过这一规定，将皇后可以接触的外廷命妇人选紧紧掌控在皇帝手中。《内务府奏销档》中一份道光三年五月十二日的奏折显示，该年皇后千秋节⑤，礼

① 见《清仁宗实录》嘉庆六至二十四年十月（除嘉庆十年、二十年）载，卷 88、104、122、135、168、186、202、219、235、249、262、276、298、323、335、348、363。

② 《清仁宗实录》卷 151，嘉庆十年十月，第 29 册第 1072 页；卷 311，嘉庆二十年十月，第 32 册第 126 页。

③ 所谓"正寿"指整十数寿辰，如三十、四十岁生日。见《清会典事例》（光绪朝）卷 301，第 4 册第 546 页。

④ 《清会典事例》（光绪朝）卷 301，第 4 册第 546 页。

⑤ 本年虽非皇后正寿，但系道光朝国丧之后皇后的第一个千秋，大概因此而被皇帝破例允准外廷命妇进内行礼。

部拟出的进内行礼之福晋、命妇名单总共只有 7 人，且全部为满洲宗室近臣之妻，皇帝从中选出 5 人进内行礼①。而且道光朝的记录显示，即便如此小范围、低频度的庆贺之例仍未得以遵行，外廷命妇进内行礼在皇后正寿之年也会被皇帝取消，如道光十七年，"皇后三旬千秋令节，奉旨照例行礼，停止筵宴，其在外福晋、命妇进内行礼之处并著停止"②。

皇后三大节朝贺礼仪的减杀和时常被取消，是"皇后-命妇"权力序列难以建立的重要原因之一。相对于三大节，皇后主导的亲蚕礼也同样在衰落，不过清代皇帝并未频繁取消亲蚕典礼，而是采取了另一种方式抑制皇后借此建立自己的权威。

《国朝宫史》记载，"自乾隆二十七年迄六十年，其间皇后亲祠先蚕者二，妃摄事者三十有二"③。刘潞认为清代亲蚕礼的举行每况愈下，"已近乎名存实亡"④。但这并不符合历史事实，因为自乾隆九年皇后首行亲蚕礼至宣统三年清朝覆亡的 168 年间，实录中明确记载举行了亲蚕礼的年份达 151 次之多，即大多数年份都举行了亲蚕礼，因此"名存实亡"的说法是不妥当的。当然，此处需要探讨的是皇后与亲蚕礼的关系。

首先，清宫在很多年份中是没有皇后的，这就是《国朝宫

---

① 《内务府奏销档》，"奏为皇后千秋令节礼部送到进内福晋命妇事折"，道光三年五月十二日，第 195 册第 297-299。礼部拟定的 7 人分别为：和硕惇亲王绵恺福晋、和硕瑞亲王绵忻福晋、多罗贝勒奕绘夫人、协办大学士尚书英和之妻、尚书禧恩之妻、侍郎穆彰阿之妻、侍郎敬徵之妻。道光帝从中选出除英和之妻和穆彰阿之妻以外的 5 位福晋、命妇。

② 《清会典事例》（光绪朝）卷 301，第 4 册第 547 页。

③ （清）庆桂等编纂：《国朝宫史续编》卷 30 "典礼二十四"，第 249 页。

④ 刘潞：《论清代先蚕礼》，《故宫博物院院刊》1995 年第 1 期。

史》所说乾隆二十七年至六十年间皇后只有两次亲祠先蚕的原因,这两次分别是乾隆二十八和二十九年继后那拉氏之亲蚕,次年她即因断发事件被摒居别宫,丧失皇后的待遇,不能再行亲蚕之礼,而此后直至乾隆帝禅位,再未册立皇后,该礼只能由妃代行①。道光朝也是如此,继后孝全皇后于道光二十年正月崩逝,此后的 11 年中宫无皇后。同治、光绪二帝幼年即位,分别在长达 11 年和 14 年的时间内因尚未册立皇后,只能由他人代行亲蚕礼。宣统朝 3 个年份中也没有皇后。再加上前任皇后崩逝至继后册立之间的空档期②,乾隆九年至宣统三年的 168 年中约 80 个年份行亲蚕礼时,宫中都没有皇后,占到总年数的将近一半。其中,同、光、宣三朝固然可归因于皇帝幼年即位,但整个乾隆朝一半的时间内不册立皇后,道光朝也于三分之一多的时段不设皇后,是阻断皇后连续主持亲蚕礼的重要因素。事实上,清代入关后,皇帝在位时册立的皇后数量没有超过 3 位者,且只有顺治、康熙、道光 3 帝册立过 3 位皇后③,其余皇帝都只册立 1~2 位皇后,因此整体而言清代皇后之位空缺的时段相当长,仅康乾两朝就有 60 多年没有皇后,这也是清帝抑制后权的重要手段。

其次,即便皇后健在的年份,也常由妃嫔或官员代替皇后祭

---

① 乾隆三十至六十年间,只有四十二年系由怡亲王福晋代行亲蚕礼,其他年份皆"遣妃行礼"。见《清高宗实录》卷 1028,乾隆四十二年三月,第 21 册第 780 页。

② 这一空档期的长短各朝不尽相同,如嘉庆帝嫡后于二年薨逝,六年才册立继后,间隔 4 年;乾隆帝嫡后十三年薨逝,十五年册立继后,间隔 2 年;道光孝慎皇后十三年薨逝,孝全皇后十四年立为皇后,间隔 1 年。见《清史稿》卷 214 "后妃传"。

③ 且顺治帝皇后被废,第三位皇后董鄂氏没有受到皇室的最终认可;康熙帝第二位皇后在位仅半年,第三位皇后在位仅一天;道光帝第一位皇后即位前即去世,乃追封。

祀先蚕，据我们统计，这样的年份有 21 年，更加剧了皇后连续
主持亲蚕礼的难度。如乾隆九年皇后首次亲蚕之后，接下来的十
年、十二年皇后再主持了两次亲蚕礼。十三年富察皇后崩逝，尽
管十五年册立继后，但此后直至十八年皆由官员代为行礼，到乾
隆十九年继后那拉氏才得以亲自主持亲蚕礼，但接下来的 3 年又
由官员（2 次）和妃（1 次）代为行礼，到二十三至二十五年那
拉氏再连续 3 年主持亲蚕礼，然后再中断 2 年（由妃代行礼），
二十八、二十九年是那拉氏最后两次主持亲蚕礼，次年她被摒居
别宫，彻底失去了资格①。从以上叙述不难看出，乾隆朝皇后最
多连续 3 年主持亲蚕礼就会因各种原因被打断。其原因既有客观
者，如皇后身体状况欠佳，乾隆十一年的遣妃代行礼，原因应是
皇后怀孕，不宜劳累②，乾隆十六年、二十二年、二十七年皆为
皇帝南巡之年，皇后那拉氏应当随行，因而"遣妃恭代"③。但
多数情况下，史料并无具体原因记载，比如那拉氏于乾隆十五年
册立为皇后，但直至十九年才首行亲蚕礼，之前一直由官员代
行，应是出于皇帝的主观决定。

---

① 乾隆朝自七年皇后亲蚕礼确定后，有皇后的年份祭祀情况：富察皇后行亲蚕礼
为乾隆九、十、十二年三月，见《清高宗实录》卷 312、236、286；遣妃祭先蚕神为乾隆
十一年二月，二十二、二十六、二十七、三十年三月，见卷 259、534、632、657、732；
遣官祭先蚕神为乾隆八、十六至十八、二十、二十一年三月，见卷 186、385、410、434、
484、508；那拉皇后行亲蚕礼为乾隆十九、二十三至二十五、二十八、二十九年三月，
见卷 459、558、582、608、682、706。

② 该年四月皇七子永琮出生，乾隆御制诗中有"丙寅年亦曾于宫中度元宵，盖彼
时以孝贤皇后将有弄璋之庆"，遂没有移驻圆明园，对处于孕期之中皇后的保护可见一
斑，则二月举行的亲蚕礼皇后也应因将近临盆而不能亲自主持。见《清高宗御制诗》第 8
册《清高宗御制诗三集》卷 43（清乾隆四十八年殿本），载《故宫珍本丛刊》第 557 册，
海南出版社，2000，第 12 页。

③ 目前我们所见史料中尚未见此 3 次南巡皇后是否随行的确切记载，但按先例皇
后应当随行。

　　另一个问题是，皇后不行亲蚕礼时，究竟应由官员还是妃嫔代为行礼，乾隆时对此也有过一番讨论。乾隆十四年由于孝贤皇后去世，继后尚未册立，礼部建议按照皇后"不行亲蚕之年，遣妃内一人恭代"的惯例执行，但皇帝否决了这一主张。乾隆帝认为，"夫妃所恭代者，代皇后也。有皇后则妃可承命行事。皇贵妃未经正位中宫，则亲蚕之礼尚不当举行，何得遣妃恭代"，应"于内务府总管或礼部太常寺堂官、奉宸院卿内，酌派一人致祭，方足以明等威而昭仪制"①。也就是说有皇后的年份可由妃嫔代为行礼，无皇后时则由官员代为行礼。此后的皇帝在多数情况下的确执行了乾隆帝立下的这一规矩，如道光二十年后，未再立皇后，一直由官员代行亲蚕礼②，同、光二帝幼年即位，未册立皇后之前，也都由官员代为行礼③。讽刺的是，没有遵守这一规定的恰恰是乾隆帝本人。前述乾隆十五年继后册立，但十六至十八年的亲蚕礼仍由官员代行，二十年和二十一年也由官员代行；乾隆三十年以后中宫无皇后，应由官员代为行礼，但从三十年直到六十年，除 1 年由王福晋恭代之外，其他 30 年反而皆由妃代为行礼④。可见，由谁行礼，究根结底是由当政者本人主观决定和控制的。这一点在后来慈禧掌权时也可以得到印证，同治帝十一

<hr>

　　① 《清高宗实录》卷 334，乾隆十四年二月，第 13 册第 580 页。

　　② 道光二十至二十九年三月均遣官祭先蚕神，见《清宣宗实录》卷 332、349、369、390、403、415、427、440、453、465。

　　③ 同治元年至十一年三月均遣官祭先蚕神，见《清穆宗实录》卷 22、59、96、132、171、198、227、254、278、307、330；光绪二年和十一年三月均遣官祭先蚕神，见《清德宗实录》卷 27、205，其他年份未见祭祀先蚕神的记载。

　　④ 乾隆三十一年至六十年间，除四十二年三月祭祀先蚕神遣怡亲王福晋行礼外（《清高宗实录》卷 1028）；其他纪年三月（四十一年为二月）均为遣妃行礼，见卷 732、780、806、830、854、881、905、929、954、978、1003、1052、1079、1102、1126、1152、1176、1200、1226、1250、1276、1300、1324、1350、1374、1397、1424、1448、1474。

年九月册立皇后，十二、十三年应由皇后主持的亲蚕礼，却改由
受慈禧喜爱的慧妃富察氏代为行礼①；而光绪帝皇后的待遇则截
然相反，由于系慈禧的亲侄女，光绪十四年大婚之后的十五年直
至三十四年，除二十五年、二十七年、二十九年三个年份没有留
下记录之外，其他 20 个年份中都明确记录皇后叶赫那拉氏主持
了亲蚕礼，这样皇后较为连续主持亲蚕礼的记载在清代历史上也
是比较难得的②。

　　在皇帝的干涉下，亲蚕礼中皇后率领福晋、命妇的格局很快
坍塌。根据乾隆七年制定的亲蚕礼仪，皇后祭祀先蚕时，"妃嫔、
公主、福晋以下，文官三品、武官二品大臣命妇以上，咸致斋陪
祭"；随后的"躬桑"仪式，则由 2 位妃嫔和 7 位命妇陪同皇后
采摘桑叶③。从乾隆朝的亲蚕实践来看，7 位命妇一般按照宗室
命妇 3 人、大臣命妇 4 人的标准进行选派④。但嘉庆十六年，内
务府将恭从皇后采桑的 9 位命妇名单（皇帝需从中圈选 7 人）进
呈时，皇帝发现名单所列"大臣命妇则止有二人"，且系宗室近
支福晋，"除近支福晋外，大率系皇后姻亲"。嘉庆帝认为这一方
面是由于皇后亲属欲借此机会"请安"，另一方面是"各该大臣
等不令其妻恭与典礼，是以托故不行开送"。他担心长此以往，
"必致开列人数不敷点派，成何事体！"因此下令此后"查明无故

　　① 《清穆宗实录》卷 350，同治十二年三月，第 51 册第 626 页；卷 364，同治十三
年三月，第 51 册第 813 页。
　　② 《清德宗实录》卷 268、283、295、309、322、364、404、418、462、498、528、
543、557、558、571、572、588、590。《清会典事例》（光绪朝）卷 439 载："十五年题，
三月十二日致祭先蚕坛，奉旨：皇后亲诣行礼，十六至二十二年均同。"（第 5 册第 994
页）
　　③ 《清会典事例》（光绪朝）卷 439，第 5 册第 990 页；卷 416，第 4 册第 707 页。
　　④ 《清高宗实录》卷 172，乾隆七年八月，第 11 册第 193 页。

不到者，将该命妇之夫参处"①。嘉庆帝的担心并非多虑，从
《内务府奏销档》反映的情况来看，这一担忧很快成为事实。道
光四年三月，一份内务府的奏折称，由于该年皇后亲蚕礼陪祀的
福晋、命妇人数较少，因此遵照皇帝谕旨"严行宗人府、八旗饬
查"，后共查得 12 人供皇帝圈选。道光帝还表示，今后"如再人
数不敷"，"仍请旨派总管首领太监分往各王公大臣家逐一查
验"②。但显然这种"逐一查验"的做法也未奏效，道光十二年
三月初四日内务府呈递的奏折显示，将于 6 天后举行的亲蚕礼，
"所有陪祀并恭从采桑"之福晋、命妇名单，仅列 3 人，且全部
为近支宗室③。而道光十八年内务府奏称，陪祀的福晋、命妇人
选"各旗咨报均有事故"无人参与，仅"宗人府咨送到和硕睿亲
王仁寿福晋"1 人"恭从陪祀"④。

　　客观而言，命妇能够进入宫廷跟随皇后恭行亲蚕典礼，是一
件荣耀的事。嘉庆二十年，宗室奕绋由于其母未能入选亲蚕礼名
单而向内务府掌仪司询问原因："据称今年在哨内蒙恩谕，令我
母进内行礼。我告知母亲，母亲感激皇上天恩，实属庆幸。我于
九月二十四日遣护卫富兴阿呈报宗人府及本旗，报文内只将我母
进内行礼之处报明，并未将曾经面奉谕旨声叙。至十月初一日未
蒙圈出，始知单内未经开列。我向掌仪司询问。方晓得本旗行掌

---

　　① 《清仁宗实录》卷 240，嘉庆十六年三月，第 31 册第 236 页。
　　② 《内务府奏销档》，"奏为皇后举行亲蚕礼派福晋命妇陪祀事折"，道光四年三月
十八日，第 198 册第 186—171 页。
　　③ 《内务府奏销档》，"奏为皇后举行亲桑礼派陪祀福晋命妇事折"，道光十二年三
月初四日，第 210 册第 71—73 页。其中 3 位近支福晋、命妇分别为：多罗庆郡王绵慜福
晋，多罗惠郡王绵愉福晋，固山贝子奕绪夫人。
　　④ 《内务府奏销档》，"奏为皇后举行亲蚕礼派陪祀之福晋命妇事折"，道光十八年
三月初六日，第 218 册第 187—188 页。

仪司文书是据我呈报的。因宗人府不行开送，掌仪司向以宗人府为凭，是以未经开列。但我于九月二十四日呈报宗人府后，并未据宗人府将不开列之处传知。如果先行传知，我自必将曾奉恩旨一节告知。至宗人府不行开列，系何人主见，我实不知。"宗人府司员者宁对此的解释为："向来皇后亲诣先蚕坛典礼，皆系开列现任王、贝勒、贝子、公之妻。其系原任王、贝勒、贝子、公之妻，即不行开列"，因而"查宗人府所引，并非本例办理错误"①。从奕纶为母亲参与典礼的争取可见，宗室王公对于家庭中的女性参与亲蚕礼还是抱有积极态度的。即便有些王公大臣态度不够积极，但若嘉庆时果真严格执行了"查明无故不到者，将该命妇之夫参处"之规定，哪至沦落到道光朝只有 1 位命妇陪祀的凄凉局面，毕竟嘉道年间皇权尚未衰落至王公大臣及其妻皆敢公然漠视皇家制度和皇帝命令的程度。从根本上看，福晋、命妇不积极参与亲蚕礼的原因，只能是皇帝在背后的严格控制和有意打压，不时打断亲蚕礼的实践、对参与福晋、命妇进行严格控制，导致王公大臣们秉承皇帝的旨意，逐渐对亲蚕礼失去了兴趣。

第三节　宫廷内外的空间隔离

除礼仪意义上的"内外有别"外，清代后妃在空间上也被严格地"内外"隔离，很难与宫廷之外的人员，包括自己的娘家亲属，直接联系和接触，清帝力图打造一个隔离封闭的内廷世界。

---

① 中国第一历史档案馆编：《嘉庆朝上谕档》，嘉庆二十年十月初五，广西师范大学出版社，2000，第 20 册第 520-521 页。

　　早在顺治时期，皇帝就开始逐步切断后宫与外界的往来，停止命妇"更番入侍"即是措施之一①。以往多认为"更番入侍"的停止与董鄂妃入宫有关，但显然这一下达于顺治十一年的禁令，对两年后入宫的董鄂氏并未起到阻碍作用，且杨珍指出，从清代的概念而言，董鄂妃应系福晋，而非"命妇"，并非被禁止的对象②。因此，禁令的目的就是阻止部分外廷命妇频繁出入宫廷。其后，康熙帝也曾明确说过，"从不令外间妇女出入宫掖"③。连刚刚出嫁的大公主入宫请安，侍卫都因没有阻拦入内而受到康熙帝的严厉申斥④。此后历代皇帝更是对后妃不断强化宫廷内外隔离的政策。文学和笔记作品中描述的后妃"省亲"⑤，在清代正史和档案材料中未见任何相关记载，后妃接触宫外之人的途径只能是后者入宫觐见。

　　编纂于乾隆年间的《国朝宫史》载，只有在两种特殊情况下，后妃家人可以入宫探视，一为"内庭等位遇娠，每日食用照常额加半，有生母者许进内照看"；再为"内庭等位父母年老，奉旨特许入宫会亲者，或一年，或数月，许本生父母入宫，家下妇女不许随入，其余外戚一概不许入宫"⑥。但我们很怀疑这两项规定是否得以切实执行。首先，内务府档案中有关妃嫔怀孕而增加其相关待遇等的记载不少，但未见任何妃嫔孕期内家人入宫照看的记载，只有一件现存故宫博物院的"懿嫔遇喜大阿哥"档

---

① 《清世祖实录》卷 83，顺治十一年四月，第 3 册第 649 页。
② 杨珍：《董鄂妃的来历及董鄂妃之死》，《故宫博物院院刊》1994 年第 1 期。
③ 《清圣祖实录》卷 234，康熙四十七年九月，第 6 册第 338 页。
④ （清）鄂尔泰、张廷玉等编纂：《国朝宫史》卷 2 "训谕"，第 8-9 页。
⑤ 除《红楼梦》中元春省亲的事例之外，《清宫述闻》中也记载了慈禧在咸丰朝诞育皇子之后，被皇帝恩准回家省亲一次。参见章乃炜等编：《清宫述闻》（初续编合编本），第 596 页。
⑥ （清）鄂尔泰、张廷玉等编纂：《国朝宫史》卷 8 "典礼四"，第 139 页。

册，其中有皇帝特许懿嫔（即后来的慈禧）之母入宫探视的记载：咸丰六年"十二月二十六日巳正三刻，懿嫔之母跟随家下妇人二名至储秀宫住宿"[①]。这也是笔者目前所见唯一一件后妃孕期允许亲属入内的记载。其次，如果妃嫔父母年老即可一年或数月入宫探望女儿一次，那么内务府档案中应当留有相当数量的相关记载，但事实上，我们只找到两次会亲的记录。第一次是道光七年内务府档案记载的后妃会亲安排："八月初二日、初三日，皇后、全贵妃、祥妃、静妃会亲；初二日，和妃、恬嫔会亲；初四日，顺贵人会亲。皇后亲族人等出入走西南门，全贵妃、和妃、祥妃、静妃、顺贵人亲族人等出入走福园门，恬嫔亲族人等出入走苍震门"[②]；第二次是同治元年二月新帝即位后内务府为咸丰和道光两朝太妃嫔安排的会亲，咸丰朝祺妃、玫妃在二月十一日会亲，璹嫔、玉嫔于二月十三日会亲，婉嫔于十六日会亲；道光朝琳皇贵太妃、彤妃、佳妃、李贵人于二月二十二日会亲。她们与亲人相处的时间从早上卯时至傍晚酉时，其时咸丰朝妃嫔由于尚未移宫，亲族从苍震门进出，而道光朝妃嫔亲族则从寿安右门或寿安门进出[③]。不过，这两次看起来更像是格外恩典的妃嫔集体会亲，而非某个妃嫔因怀孕或父母年老恩准入宫。

《内务府奏案》中还记录了一次宫外的"会亲"。嘉庆七年，帝后巡幸热河，至九月即将返京时皇后突然生病，嘉庆帝特令时

---

① 故宫博物院藏："懿嫔遇喜大阿哥"档册，文物号：陈00647。
② 中国第一历史档案馆藏：《内务府来文》，"皇后妃嫔等位会亲日期单"，道光七年，档号：05-13-002-000128-0145。
③ 中国第一历史档案馆藏：《内务府来文》，"为传出同治元年二月十一日祺妃会亲亲族人等在承乾宫并于苍震门出入时间等事"，同治元年二月初九日，档号：05-13-002-000775-0148；"为同治元年二月十三日璹嫔玉嫔会亲亲族人等俱从苍震门等情事"，同治元年二月十一日，档号：05-13-002-000775-0149。

任都察院副都御史的皇后之父恭阿拉留在热河照看，待皇后病愈之后再行回京。因万寿节临近，嘉庆帝特传旨令总管太监金成"带领恭阿拉进内面见皇后，告知切不可因万寿期近，急欲回园叩祝"。恭阿拉奉旨入见皇后，传达皇帝谕旨，并上折叩谢皇恩①。数日后，嘉庆帝又令恭阿拉扈从皇后自热河启程返回圆明园②。回程途中不知皇后父女是否还有见面的机会，但从恭阿拉一直随扈热河并受命留下照看皇后之病，尚需已然返回京城的嘉庆帝谕旨特许才能进见皇后来看，这样的"会亲"也是很难得的。

此外，我们在《宫中档》中找到两位乾隆朝妃嫔会亲的记载。第一位是贵妃高氏与母亲的两次会面，都见于时任南河总督的高斌给皇帝上的两道谢恩折。第一道折子的时间是乾隆二年十一月十三日，折中写明其妻于本年八月带领儿子进京迎娶儿媳时，"荷蒙皇上格外天恩，奴才女人又得进见贵妃，皇上天恩赏赐克食"。高斌在奏折中表示，儿子娶妇这样的"微细小事"并未告知乾隆帝，自己也不知妻子会得到进见贵妃的机会，其妻归家后方才得知，赶忙"恭谢天恩"③。可见这次会亲并非有计划的安排，应该是乾隆帝得知高斌之妻来京后所做的临时之举。不过，从高斌"奴才女人又得进见贵妃"的说法，可知这不是其妻第一次入宫会亲，但上一次系何时，未找到相关记录。高斌第二

---

① 中国第一历史档案馆藏：《军机处录副奏折》，"奏为遵旨叩见皇后传谕事"，嘉庆七年九月二十二日，档号：03-1607-080。

② 中国第一历史档案馆藏：《内务府奏案》，"著恭阿拉扈从皇后二十八日起程返京上谕"，嘉庆七年九月二十三日，档号：05-0497-044；"奏为皇后身体甚好拟请回京日期事"，嘉庆七年九月十八日，档号：05-0497-039。

③ 中国第一历史档案馆藏：《宫中朱批奏折》，"奏为奴才女人荷蒙进见贵妃皇上恩赏克食谢恩事"，乾隆二年十一月十三日，档号：04-01-12-0009-041。

道折子的时间是乾隆五年四月初六日，折中写明妻子于二月初九日"得进见贵妃，更得叩见天颜，复蒙格外隆恩，赏赐看戏，又赏赐如意、素珠、绸绫缎匹、克食"①。这一次高斌妻不仅见到贵妃，还见到了乾隆皇帝，并且赏赐其在宫内看戏，以及其他物品。高斌的两道奏折中都使用了"格外天恩""格外隆恩"的说法，一定程度上体现出此种会亲并非常规化的会面。两次会亲，高斌都系在南河总督任上，既不符合父母年老，也不是由于贵妃有娠，更像是乾隆帝对高斌任上效忠的一种奖赏。

第二位妃嫔会亲的记载，是乾隆六年皇帝命令苏州织造安宁秘密访查怡嫔的家人："内廷一位主儿姓柏，祖籍苏州，着织造处访问伊父母来京相见。若寻着时，即便着人照看送赴来京，或伊年老，令子弟跟随一人来京亦可。"尽管乾隆帝强调此次"不过看望，并非来京居住"，但安宁先后两次送柏家将近 20 口来京，显然并非宫规所定只"许本生父母入宫"，且不久之后柏家就被编入内务府包衣旗内，并移居京城生活②。显然乾隆帝让柏家来京的目的并非简单的"看望"，而有着将民人妃嫔母家纳入包衣旗下的考量，详见本书第三章第三节的论述。这样的"会亲"在妃嫔中也完全不具有普遍性。

由于没有正当的渠道和家人见面，后妃们只能设法创造各种机会会亲，除前述皇后利用"亲蚕礼"陪祀之机与亲人见面外，嘉庆帝还发现"皇后、内庭遇赴园进宫之期，往往各亲族中女眷

---

① 中国第一历史档案馆藏：《宫中朱批奏折》，"奏为女人得进见贵妃并恩赏看戏等谢恩事"，乾隆五年四月初六日，档号：04-01-12-0019-092。

② 中国第一历史档案馆藏：《宫中朱批奏折》，"奏为遵旨访查内庭主儿之父柏士彩情形事"，乾隆六年五月初四日，档号：04-01-12-0023-002；"奏为奉旨办理内庭主儿父母柏士彩等家口送京事"，乾隆六年六月初九日，档号：04-01-14-0007-034；"呈内庭主儿父母柏士彩家口清单"，乾隆六年六月初九日，档号：04-01-14-0007-035。

在顺贞门会亲，甚至宫内女子亦借便会亲"，"殊属违碍宫规"，遂下令"带豹尾枪之总管内务府大臣及三旗值班之护军统领，在顺贞门外严行稽查"，不许"女眷人等在彼停留"①。宫内不得相见，后妃们便企图利用随驾出行的机会会亲。《清稗类钞》载，"宫嫔家人，多于帝驾抵园还宫，或每年谒陵之日，妃嫔随宫车外出时，图一晤语及赠物。"会面的场景是悲伤且匆忙的，"妃嫔亲属，探銮舆行过，以饼金属司挡，父母姊妹等因得入见，匆匆各数语，赠物纳之于舆中，涕泪未毕，舆行已邈"②。这种私下会亲的记载不知是否属实，但一旦被皇帝发现也会像顺贞门会亲那样宣告破灭。与亲人见面如此艰难，难怪选秀女时"获选者之父母、兄妹，辄揽裾啜泣，以他日之不易谋面也"③。

不仅限制后妃与亲人直接接触，间接的联系也被严格控制。《国朝宫史》载："各宫首领遇年节奉主命往外家，或以事故慰问前往者，不许传宣内外一切事情。宫殿监时加稽查，倘不加稽查、别行发觉者，将宫殿监与犯者一并从重治罪。"④ 乾隆六年，皇帝在上谕中明确表示："诸太妃所有一切，俱系圣祖皇帝所赐。诸母妃所有，亦是世宗皇帝所赐。即今皇后所有，是朕所赐。各守分例，撙节用度，不可将宫中所有移给本家，其家中之物亦不许向内传送，致涉小气。嗣后本家除往来请安问好之外，一概不许妄行。"⑤ 即后妃可于年节或"事故"时，派太监去母家"请安问好"，但仅限于这样的礼节性问候，此外不可交流任何其他信

---

① 章乃炜等编：《清宫述闻》（初续编合编本），第550-551页。

② （清）徐珂编撰：《清稗类钞》第2册"礼制类·孝钦后变更妃嫔扈从之制"，第494页。

③ （清）徐珂编撰：《清稗类钞》第2册"礼制类·选妃"，第485页。

④ （清）鄂尔泰、张廷玉等编纂：《国朝宫史》卷8"典礼四"，第139-140页。

⑤ （清）鄂尔泰、张廷玉等编纂：《国朝宫史》卷4"训谕四"，第43-44页。

息和实物①。

母家近亲的联系尚被严格限制，其他各类亲属更是不得与后妃相往来。嘉庆五年二月，肃亲王永锡"因三阿哥于本月十八日上学，备进玉器陈设等物"，在没有奏明皇帝的情况下，"辄令伊本府太监转交皇后饭房太监递进"。"三阿哥"绵恺为皇后钮祜禄氏所出，钮祜禄氏系嘉庆帝第二位皇后，礼部尚书恭阿拉之女，而"永锡自因恭阿拉之女系属伊媳，欲因此牵涉瓜葛"，即永锡之子娶了皇后的亲姐妹为妻，因而与皇后母家是姻亲关系。嘉庆帝认为永锡想借三阿哥上学之机进献礼物，与皇后联络亲谊，但"向来皇子上学，外廷臣工本不应与闻"，像永锡这样的"远派宗藩"，"三阿哥上学与彼何涉！"乃"私遣太监递送至皇后饭房，更属冒昧"。嘉庆帝明确指出，虽然"伊即与恭阿拉谊属姻亲"，但"与朕同皇后何涉"，拒绝接受这样的亲戚关系。其后，永锡不仅得到惩处，且召集各亲王、郡王，"将永锡所进物件当面掷还"，以"稍示内外之限制"②。类似的事件还有，咸丰六年四月，璹贵人之母为庆贺大阿哥满月而呈进礼物，被咸丰帝斥责："伊是何人，擅自呈进，殊属可恶！所进之物著掷还。今后妃嫔、贵人、常在家属，不准与各宫互相来往"③。

道光十年十月十三日，皇帝先行由圆明园回宫，"大阿哥因病未痊，住圆明园，皇后亦未进宫"，而"仪亲王于十八日前往

---

① 乾隆时还进一步规定，"应出宫女子，既已出宫，即系外人，不许进宫请安"，"各宫首领太监，有不谨之人向里外传说是非，或经查出，或被首告，必重处数人，以警其余"，将仆从群体成为妃嫔了解和传递宫廷内外消息的媒介也一并切断。参见《清高宗实录》卷156，乾隆六年十二月，第 10 册 1230 页。

② 《清仁宗实录》卷 59，嘉庆五年二月，第 28 册 786—787 页。

③ 《宫中则例·训谕》，载《故宫珍本丛刊·钦定宫中现行则例二种》，第 230 页。

看视"，不顾官兵、太监阻拦，"径入福园门，至阿哥所内"。仪亲王永璇，系乾隆帝第八子，道光帝之叔父，其时已然八十余岁，因探望大阿哥心切而闯入皇后尚在其内的圆明园。道光帝因而怒斥仪亲王"年老神眊，故习未悛"，"伊子绵志不能从旁劝阻，甚属非是"。后虽鉴于永璇年老而未予严惩，但对其进行了严厉警告①。此事本缘于仪亲王探望病中的大阿哥，但皇帝特意提到皇后也驻园中，给仪亲王的擅闯门禁增加了一层妄冒的意涵。

道光十九年六月，皇帝谕军机大臣，并传谕乾清宫内殿、圆明园总管太监等知之："天无二日，土无二王，家无二主，尊无二上，嗣后无论官私大小事务，有应启知皇后者，除本宫四阿哥、四公主事务外，其余俱著先行奏闻，皇后遇有交派事件，亦著具奏，候旨施行，如不遵者，一经破露，定将该总管太监交内务府大臣从重治罪，决不宽贷。此旨著上书房、军机处、内务府、敬事房各录一通，敬谨遵循，永为法守。"② 此时中宫为孝全皇后钮祜禄氏，即咸丰帝生母，谕令中提及的四阿哥（咸丰帝）和四公主皆为皇后所出。道光帝以十分激烈的语气，将皇后可以决策事务的范围限定在两位亲生子女之内，史料中没有体现道光帝为何有此番言论，但此后仅仅两月，就有皇后生病的记载③，次年正月皇后病逝④，加之《清宫词》中有孝全皇后"暴崩，事多隐秘"的说法⑤，让人感觉帝后之间似因皇后干预外事

---

① 《清宣宗实录》卷 178，道光十年十月，第 35 册第 781—782 页。

② 《清宣宗实录》卷 323，道光十九年六月，第 37 册第 1077 页。

③ 道光十九年八月庚辰，上奉皇太后"视皇后疾"。见《清宣宗成实录》卷 325，道光十九年八月，第 37 册 1106 页。

④ 《清宣宗实录》卷 330，道光二十年正月，第 38 册第 5 页。

⑤ （清）吴士鉴：《清宫词》，第 9 页。

而发生冲突，导致皇帝进一步严格限制皇后的言行。有关孝全皇后与宫廷以外的联系，目力所及的史料只有《清史稿·宗室禧恩传》中说："禧恩自道光初被恩眷，及孝全皇后被选入宫，家故寒素，赖其资助，遂益用事。遍膺禁近要职，兼摄诸部，凌轹同列，人皆侧目。后晚宠衰，禧恩亦数获谴罢斥。文宗即位，乃复起，不两年登协揆焉。"① 指出孝全皇后与禧恩关系密切。禧恩系睿亲王淳颖子，虽然在道光朝曾兼任内务府大臣，但从实录记载来看其主要工作集中于理藩院和兵部、礼部尚书等，未见与皇后发生交集的记载。毕竟嘉道以来，皇帝对于近支亲王尚且毫不留情地严禁与内廷发生任何瓜葛，何况宗室禧恩。

　　当然，皇后的权威并非必须通过实际交往才能发挥作用，仍以嘉庆朝孝和皇后钮祜禄氏为例。前述肃亲王永锡因系皇后母家的姻亲而欲与内廷"牵涉瓜葛"，遭嘉庆帝训斥。至嘉庆十三年，皇帝在引见各衙门保送的宝泉局监督人选时，发现兵部所保之郎中图明阿清语错讹、精力委顿，不堪胜任，"此明系兵部堂官因图明阿系和世泰妻父，与恭阿拉谊属姻亲，是以推情保送"②。也就是说，图明阿之女嫁与皇后之弟和世泰为妻，是恭阿拉的另一姻亲，兵部为讨好皇后父女，将不堪此任的图明阿保送为宝泉局监督人选，被嘉庆帝识破。至嘉庆十五年，内务府因总管大臣之一常福补授工部右侍郎，向皇帝请旨以后如何"列衔班次"，嘉庆帝指出，"常福从前在内务府班次居末，今已补授工部侍郎，自应按照官阶次序，列名在刑部侍郎穆克登额之后、内阁学士和世泰之前"，他明白由于和世泰系皇后之弟，"常福不敢在和世泰

---

① 《清史稿》卷 365 "宗室禧恩传"，第 11438 页。
② 《清仁宗实录》卷 203，嘉庆十三年十一月，第 30 册第 712 页。

之前"，因此内务府大臣联名奏请皇帝来排列班次，结果皆被"传旨申斥"①。可见，即便皇后身处深宫、不与外事，其地位本身就可能给亲属带来相应的特权和利益。

回到禧恩与孝全皇后的关系，若禧恩与皇后母家果真旧交深厚且为时人所知，他在仕途上借力于皇后地位而发展顺利也是合乎情理的。而如果道光帝的言论确与禧恩有关，那么他与嘉庆帝一样，对皇后之位给她本人及家人所带来的客观权威也要进行压制。总之，不论道光帝的限制性言论是何起因，都可见皇帝需要以明确的方式表达出这样的讯息：无论家国之间、宫廷内外，至尊至上者只有皇帝一人，皇后不但不能与宫外发生任何联系，宫廷之内的事情也要遵从皇帝的裁决。此时的皇后，不但不能母仪天下，连统率六宫的权力也受到极大的限制。入关后清帝逐步加强对后宫的管控，至道光中期已达极致。

清代，从顺康时起，皇帝就有意识地逐步切断后宫与外界的联系、培养朝臣与后妃"内外有别"的意识，至乾隆朝中期开始对后权进行全面的控制和打压，道光帝则将对皇后的管控程度推向极致，使得皇后不仅失去了母仪天下的途径，即便在后宫的权威也相当有限。所谓的"内外之别"，不仅体现在制度和礼仪上，也体现在空间上，本章通过分析清帝如何切断皇后与朝臣之间的联系，遏制"皇后—命妇"权力体系的建立和稳固，并将后宫变成一个封闭隔离的空间体系，呈现有清一代"宫壶肃清"背后的运作过程。在严密的隔离制度之下，朝臣，甚至内务府官员，对于后宫之事都知之甚少。如康熙四十八年七月，苏州织造李煦向皇帝上"王嫔之母黄氏病故折"，折中所称"王嫔娘娘"，是康熙

---

① 《清仁宗实录》卷 231，嘉庆十五年六月，第 31 册第 103 页。

帝的民女妃嫔，于康熙二十年后入宫，之后生育皇十五子、皇十六子和皇十八子，但直至康熙五十七年十二月才被册封为密嫔。此处，李煦作为皇帝十分亲信且出身旗人、职位隶属内务府的大臣，对王氏在宫内的位分显然并不明了。而康熙帝对于李煦报告的反应是，一不对李煦的错误予以纠正，二不打算将母亲病故的消息及时告知王氏①。这一事例中，李煦的错误反映出宫廷内外隔离制度的实施效果，而康熙帝的做法则体现出该制度的实际执行。再如前文所述，乾隆六年五月，皇帝令苏州织造安宁秘密访查怡嫔的家人。怡嫔于乾隆初年入宫，至六年十一月被封为嫔位，但该年五月时内廷尚不知其家人的信息，怡嫔入宫后自然也从未和家中有过联系。这一事件并非特例。乾隆二十二年十月，礼部因纂修《玉牒》的需要而行文内务府，要求其协助查明妃嫔的娘家姓氏和职名等信息，但内务府表示"婉嫔、庆嫔、颖嫔、忻嫔俱非内务府佐领、管领下人，无凭可查"②。可见，对于非内务府出身的妃嫔，其家世连内务府都一无所知。大臣对于内廷事务无从知晓，自然也就无缘置喙、无法插手。即便致仕以后，也很难像明朝士大夫那样写一些宫内的轶事趣闻，被后世当作可信史料广为流传。这也是清代外间少有宫内轶事、丑闻流传的重要原因之一，更是宫廷内外隔离政策效果斐然的旁证。

从某种意义上而言，清代"壸化雍肃"的宫廷秩序，是通过对后妃类似"囚禁"的隔离式管控达到的。

① 相关论述，参见杨珍：《康熙皇帝一家》，第118-119页。杨珍认为，李煦称王氏为嫔，是由于王氏已生育数位皇子，已应备位嫔列，所以对外早已如此称呼。但王氏在"备及嫔位"之后9年才正式册封，清代显然并无此惯例。
② 中国第一历史档案馆藏：《内务府来文》，"为纂修玉牒咨查乾隆十二年以后婉嫔等晋封贵人年月日及母家姓氏职名事致总管内务府"，乾隆二十二年十月，档号：05-13-002-000009-0091。

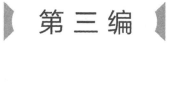

第三编

金枝玉叶

清代共有 95 位公主，分为"固伦"与"和硕"两个品级①。作为金枝玉叶的公主们自出生至薨逝都享受到来自皇室的各方面照顾和封赏，她们也通过自己的力量为皇室的家庭融合以及清代政治和边疆的稳固做出贡献。目前学界对清代公主的研究，要么集中于满蒙联姻这一制度的影响和变化②，要么对公主的品级、待遇和册封等问题进行制度层面的描述③，而对于公主本身的生命历程和实际生活关注较少。这一方面是由于清代宫廷史料对于女性的记载远远少于男性，另一方面也由于我们对于清代公主还缺乏深入系统的研究。本编试图从公主与皇帝的关系和公主与额驸的关系两个角度，呈现清代公主婚前与婚后的生活世界，探讨制度、皇权和亲情对清代公主一生的影响。

---

① 关于清代公主的数量问题学界并不统一，美国学者罗友枝（Evelyn Rawski）在《清代宫廷社会史》（中国人民大学出版社，2009，第 170 页）中引用柏杨的研究数据，认为清代共有 100 位公主。杨海山在《清代"玉牒不列"公主之谜》（《紫禁城》1996 年第 2 期）中讨论了因罪行或改嫁而未列入玉牒的公主，是导致公主数量难以确定的原因之一。本编以《清史稿·公主表》、《清皇室四谱》、藏于中国第一历史档案馆的《小玉牒》三种资料所载的 95 位公主（其中包括皇帝收养于宫中的 12 位兄弟之女）为讨论基础。

② 代表作如杜家骥：《清朝满蒙联姻研究》，故宫出版社，2013。

③ 代表作如王树卿：《清代公主》，《故宫博物院院刊》1982 年第 3 期。

第六章

公主与皇帝的关系

据《清稗类钞》载，皇子女与父母的关系是非常疏远的，"甫堕地，即有保姆持付乳媪手……惟与生母相见有定时，见亦不能多言"。相对于皇子而言，公主与父母的关系更加疏远，"皇女于其母，较皇子尤疏，自堕地至下嫁，仅与生母数十面"。下嫁后遭遇委屈，"虽入宫见母，亦不敢诉，即言亦不听"[①]。那么，皇帝对女儿果真如此薄情吗？公主与原生家庭的关系究竟是怎样的？这是本章所要探讨的问题，也借此探讨公主在出嫁前后与皇室的关系。

第一节 "朕膝下现无公主，颇觉寂寞"

客观而言，清皇室重男轻女的倾向是很明显的。《宫中则例》

[①] （清）徐珂编撰：《清稗类钞》第 1 册"宫闱类·皇子皇女之起居"，第 353–354 页。

规定，皇子女出生后，皇帝依据其生母的位分例行赏赐："皇后银一千两，表里三百匹；皇贵妃银五百两，表里二百匹；贵妃银四百两，表里一百匹；妃银三百两，表里七十匹；嫔银二百两，表里四十匹；贵人银一百两，表里二十匹；常在银一百两，表里二十匹。"但至嘉庆六年，奉上谕："生阿哥照例赏给银两表里，生公主、格格著减半赏给。"① 体现出皇子与皇女从出生起就不同的待遇。这样的差异还体现在很多方面。公主和皇子满月后就开始拥有俸银，皆是每月十两，公主至六岁起增至每月四十两，此后即不再增加，直至出嫁前后得到正式册封。册封后，"凡在京居住固伦公主岁给俸银四百两，和硕公主三百两"，同时"每银一两，均给米一斛"，如下嫁外藩，则固伦公主俸银增至一千两，和硕公主俸银增至四百两，同时赏赐相应的缎匹②。而皇子的俸禄则较公主充裕得多，他们从满月起的十两，至入学时增加至每月五十两，十二岁起每月增至一百两，再至稍成熟为其进官女子时每月增至三百两，娶福晋后每月五百两。待皇子正式册封爵位或者得到晋封时，其俸银也会再随之增加：亲王岁给俸银一万两，郡王五千两，贝勒两千五百两，等等③。给皇子配备的太监人数也多于公主。因此有学者认为，清代公主的夭折

---

① 《宫中则例（第一种）·遇喜》，载《故宫珍本丛刊·钦定宫中现行则例二种》，第124页。

② 《宫中则例（第二种）·钱粮》，载《故宫珍本丛刊·钦定宫中现行则例二种》，第336页；《清会典事例》（光绪朝）卷248，第3册第930页。

③ 《清会典事例》（光绪朝）卷248，第3册第929页；《宫中则例（第一种）·遇喜》，载《故宫珍本丛刊·钦定宫中现行则例二种》，第130、134页；《宫中则例（第二种）·钱粮》，《故宫珍本丛刊·钦定宫中现行则例二种》，第336页。需要说明的是，两种则例记载有所不同，前者记载公主和皇子月银满月时皆为20两，皇子入学后增至30两，十二岁增至100两；后者记载皇子和公主月银满月时皆为10两，皇子入学后增至50两，十岁增至100两。因清宫规则都是逐渐形成定制，因此本章采纳了后者的记载，并将两部之记载进行了相互补充。

率远高于皇子，其原因之一即应系对公主的重视和照顾程度逊于皇子①。比如康熙四十五年十月，皇帝下令传谕皇子女的乳母，"各宜切实经心，不许怠慢。如有粗率怠慢之人，现有十一公主乳母之例，一家俱行充发，乳母之夫现锁禁慎刑司。嗣后若有不小心伺候，即照此例"②。根据杜家骥先生对清代皇子女齿序问题的考证，康熙朝的十一公主，应为第十六女，她虽然因早逝而没有得到正式册封，但这位公主活到十三岁，已有齿序③。虽然没有史料显示十一公主究竟因乳母怎样的"粗率怠慢"而受到何种伤害，但她于乳母被充发的次年即离世，可见受害程度相当严重，皇帝也无法挽回她年轻的生命④。那么公主是否果真如此不受皇帝重视，清朝公主和皇帝的关系究竟是怎样的，这是我们首先要讨论的问题。

一、父女亲情

尽管待遇低于皇子，但皇帝与公主之间的父女之情还是有的，这从上文康熙帝严惩十一公主乳母一家并饬令所有皇室乳母"小心伺候"即可看出，漫说已然长成青春少女的公主溘然凋零，让人难过不舍，即便刚刚出生的女儿夭折，皇帝也不免伤心。康熙二十一年、二十二年，两位刚出生不久的小公主相

---

① 相关研究参见李中清、王丰、康文林：《两种不同的死亡限制机制——皇族人口中的婴儿和儿童死亡率》，载李中清、郭松义主编：《清代皇族人口行为和社会环境》，北京大学出版社，1994，第39—59页。

② （清）鄂尔泰、张廷玉等编纂：《国朝宫史》卷2"训谕二"，第12页。

③ 杜家骥：《清代皇子、皇女之齿序及相关问题考析》，载《沈阳故宫博物院院刊》（总第11辑），现代出版社，2012。

④ 十一公主生于康熙三十四年十月，卒于四十六年四月，参见《清皇室四谱》卷4，第199页；《清史稿》卷169"公主表"，第5286页记为"四十六年十月殇"。

继夭折①，皇帝指示内务府如此处理："我朝之先例，幼童盖不制棺……即于彼时用单被裹出，送一净地火化，勿殓勿埋，自然了之。"康熙帝还表示："因系尚未满月之乳儿，朕并无思恋之处。朕在此亦不露声色，不令人知道。"② 皇帝虽然表示自己不会对尚未满月的乳儿有所"思恋"，尽量做到"不露声色"，要求内务府按照满洲习俗，用最简单朴素的方式"自然了之"，但词语间已然体现出丧女之痛及自我安慰。

未成年子女夭折固然令人难过，成年子女先自己而去更让皇帝有白发人送黑发人的悲伤。康熙四十一年七月，皇帝驻跸热河，听闻温宪公主薨逝的消息。温宪公主是康熙帝第九女，三十九年下嫁佟国维之孙舜安颜③，是康熙朝唯一一位嫁给满洲贵族的皇女，又是与皇帝外家联姻，可谓亲上加亲，也可见温宪公主在皇室中所受的重视。可惜公主婚后不到两年就薨逝，康熙帝闻讯后难过到"日晡未进膳"，扈从大臣担心影响到皇帝的健康，上奏曰："皇上闻公主讣过哀，此时尚不进膳，恐圣躬太为劳瘁"。康熙帝传谕说，"公主系已嫁之女，朕尚可宽释。但皇太后自幼抚养，忽值此变，皇太后伤悼弗胜，膳尚未进，朕亦何心进食乎！"在大臣们的反复恳求之下，康熙帝才先至皇太后宫，视太后进食毕，"然后进膳"④。

乾隆三十二年八月底，高宗第四女和硕和嘉公主病危，远在

---

① 分别为皇七女与皇八女，前者康熙二十一年六月生、八月殇，生母为德妃乌雅氏，即孝恭仁皇后；后者二十二年六月生、闰六月殇，生母为皇贵妃佟佳氏，即孝懿仁皇后。参见《清皇室四谱》卷4，第196页。

② "内务府总管图巴等奏报不满月公主病死折"，中国第一历史档案馆编译：《康熙朝满文朱批奏折全译》，中国社会科学出版社，1996，第1539页。

③ 《清史稿》卷169"公主表"，第5283页。

④ 《清圣祖实录》卷209，康熙四十一年七月，第6册第121页。

热河的乾隆皇帝得到消息后，立即下令额驸福隆安赶回京城。随后，皇帝下令留京办事王大臣通知章嘉活佛前去给公主诊治，又命留在京城的皇贵妃魏氏（时为乾隆朝后宫地位最高的妃嫔）去公主府探望、慰问。福隆安回到京城后，将公主近日的诊治情况、所开药方以奏折的形式持续汇报给皇帝，以免其担忧。九月初六日，福隆安奏报说皇贵妃、内廷主位等都来到公主府探望，章嘉活佛也来给公主进行了诊治。可惜至九月初七日，公主进入弥留阶段，皇贵妃等几位妃嫔以及两位公主再次前往公主府探望。随后和嘉公主于当日薨逝。至十月初三日，乾隆帝返回京城后亲临公主府吊唁①。

经历丧女之痛最多的当属嘉庆帝。嘉庆二十年，皇帝最小的女儿（皇九女）五岁夭折，老皇帝不胜难过，破格追封其为"慧愍固伦公主"，并"亲往赐奠"。大臣们看到皇帝如此伤心，自行减少了事务奏报，但嘉庆帝认为这样的做法"乃彰朕溺爱之过也，是诚何心……况五岁幼女，何足挂念，致涉倦勤"②。这样的话，听似责备大臣们不应拖延政务，实则劝勉自己不能沉溺于丧女之痛以免耽误朝政。但嘉庆帝始终有一个难以释怀的女儿情结，二十五年，他的同母弟庆亲王永璘之五女进宫谢恩，老皇帝看到该女"甚属端庄"，而"朕膝下现无公主，颇觉寂寞"，因此下令将其"留于宫内，交皇后抚养，亦著于是日进内，将来遣嫁时，一切事宜，官为办理"③。此时的嘉庆帝年逾六十，所生 9 位

① 中国第一历史档案馆藏：《军机处满文录副奏折》，"奏闻和嘉公主病情及医治情形折"，乾隆三十二年九月初三日，档号：03-0182-2242-006；《宫中满文朱批奏折》，"福隆安请安折"，乾隆三十二年九月初六日，档号：04-02-002-000546-0038。
② 《清仁宗实录》卷 306，嘉庆二十年五月，第 32 册第 71 页。
③ 《清仁宗实录》卷 372，嘉庆二十五年六月，第 32 册第 920 页。

公主中，7 位未成年即夭折，就连活到成年并下嫁的两位公主
（庄敬和硕公主与庄静固伦公主）也都在嘉庆十六年先后离世，
饱受丧女之痛的老皇帝，晚年颇觉寂寞，希望将侄女接入宫中，
以弥补人生的缺憾①。可见，皇帝也有儿女绕膝的渴望，就像明
清时代的许多士大夫一样，女儿也是皇室家庭生活中的一种温馨
慰藉。按照《清史稿·公主表》和《小玉牒》等资料所载，清朝
皇帝共收养了 12 位兄弟之女，将她们接入宫中，封为公主，这
其中固然有政治方面的考量，如联姻的需要和向天下展示皇室儿
女满堂的景象，但也不能忽视皇帝个人的情感需求。

道光帝就特别重视展现公主给皇家带来的欢乐和谐气氛，
他本人育有 10 位公主，其中 5 位活到成年并下嫁，在清代皇帝
的女儿中算是成活比例较高的。道光朝的宫廷绘画特别注意描
绘公主与皇子一起玩耍的场景，与乾隆时只有皇子而不见公主
的行乐图相比，小公主的存在的确更能烘托皇帝一家和谐美满
的氛围②。

但是，从上文的描述中不难发现，清帝对于女儿的情感总体
上倾向于低调处理。就像康熙帝对于幼女夭折表示"系尚未满月
之乳儿，朕并无思恋之处"，对于成年离世的女儿又表示"公主
系已嫁之女，朕尚可宽释"。乾隆帝在和嘉公主病危时虽然做了

①　需要说明的是，该女虽然被接入宫中，并给予公主待遇（相关史料参见《内务
府奏销档》500-049，"奏为酌拟分派太监等跟随其弟绵悌在尚书房伴读事折"），但并未
像清代其他皇帝收养的兄弟之女那样被正式册封为公主，其原因很可能是嘉庆帝将此女
接入宫中的次月即崩逝于避暑山庄，册封事宜未及举行。

②　《旻宁行乐图》与《喜溢秋庭图》都是展现这种美满氛围的具体例证。《旻宁行
乐图》中有明确标示，所画两位公主分别为皇四女寿安固伦公主和皇六女寿恩固伦公主；
《喜溢秋庭图》中的公主，据学者考证为追封为端顺固伦公主的皇三女和皇六女寿恩固伦
公主，参见李湜：《〈喜溢秋庭图〉考》，《故宫博物院院刊》2017 年第 6 期。

周密的安排和尽力的诊治，但却并未立即从热河赶回京城与女儿做最后的告别。从实录的记载来看，他九月上旬仍在热河照常围猎和处理政务，直至十六日才"奉皇太后自避暑山庄回銮"①，十月三日才到公主府吊丧。嘉庆帝对自己在丧失幼女后所表现出的悲痛竟然有羞愧之感，他一方面责备大臣们"彰朕溺爱之过"，一方面劝勉自己"况五岁幼女，何足挂念，致涉倦勤"，想在主观和客观上都将丧女之痛压抑和掩饰过去。也许身为皇帝，他们毕竟不能像普通士大夫那样流露出过多的私人情感，而女儿正是这种私人情感的表征之一。

不过，皇帝有时也会表达对于女儿的喜爱或赞赏，如康熙帝对皇三女荣宪公主。公主系荣妃马佳氏所生，初封和硕荣宪公主，于康熙三十年下嫁蒙古巴林部王公乌尔衮，实录中常有康熙帝热河行围时公主前来行宫请安的记载，并记载公主于四十八年三月破格加封为固伦公主②。至于加封原因，在公主的墓志碑文中有明确记载，康熙"四十八年，圣躬不豫，公主视膳问安，晨昏不辍四十余辰，未尝少懈，迨即安之后，乃优旨褒奖，谓公主克诚克孝，竭力事亲，诸公主中，尔实为最是周厚，其典礼，晋封荣宪固伦公主"③。公主是四十八年三月加封的，可见侍病应在该年三月之前，并非皇帝行围的时间，应系公主返京省亲适逢父亲染病，遂尽心侍奉，以孝心感动皇帝，加之公主一贯"克诚克孝，竭力事亲"，因此得到破格晋封。此事也是康熙朝难得一见的皇帝公开对女儿表达喜爱之情的例子。

---

① 《清高宗实录》卷 795，乾隆三十二年九月，第 18 册第 736 页。
② 《清圣祖实录》卷 237，康熙四十八年三月，第 6 册第 369 页。
③ "荣宪公主墓志碑文"，转引自王树卿：《清代公主》，《故宫博物院刊》1982 年第 3 期。

　　清代最不惮公然表达与女儿之感情的，当属乾隆皇帝。下面将以乾隆朝和敬与和孝两位固伦公主为例，具体阐述皇帝对女儿的百般呵护与关爱。

　　二、和敬与和孝：乾隆皇帝的两颗掌上明珠

　　乾隆皇帝最喜爱的两位公主分别是皇三女固伦和敬公主与皇十女固伦和孝公主，由于乾隆帝长女和次女均夭折，因此这两位公主实际上是乾隆帝活到成年的 5 位女儿中的长女和幼女。也是清代史料中难得的体现出皇帝与公主亲密关系的特例。

　　1. 固伦和敬公主

　　和敬公主不仅是乾隆朝事实上的大公主，且系乾隆帝最为敬重的原配孝贤皇后所生，在诸女中身份自然尊贵。乾隆十二年，未满十七岁的和敬公主下嫁蒙古科尔沁辅国公色布腾巴尔珠尔[①]。额驸家族与清皇室渊源至深，色布腾巴尔珠尔的高祖曼珠习礼是孝庄文皇后之兄，祖父班第又是顺治朝端敏公主的额驸，顺治帝的第一任皇后（后被降为静妃）、第二任皇后（孝惠章皇后）以及淑惠妃，也都出自该家族[②]。色布腾巴尔珠尔自九岁起就被教养于内廷，颇受乾隆皇帝看重，将爱女下嫁于他也是出于非常周全的考虑。这一点从乾隆帝的一首御制诗中就可以看出：

　　　　世笃姻盟拟秦晋，宫中教养喜成人。诗书大义能明要，妫汭丛祥遂降嫔。

---

　　① 《清史稿》卷 169 "公主表"，第 5290 页。
　　② 参见《清史稿》卷 169 "公主表"，第 5280 页；《清史稿》卷 214 "后妃传"，第 8905、8906、8909 页。

此日真堪呼半子，当年欲笑议和亲。同来侍宴承欢处，为忆前弦转鼻辛。①

诗中既体现了两家世代联姻的背景、额驸在宫中成长的经历及其个人才华，也体现出皇帝对于额驸的喜爱和亲近，称其为"半子"，更体现出对于和敬公主生母孝贤皇后的怀念，表示能为心爱的"前弦"之女安顿好婚姻大事，皇帝内心颇感欣慰。婚后，乾隆帝还打破以往公主下嫁蒙古王公须前往夫家过游牧生活的先例，让和敬公主夫妇留居京城，享受皇室的各种照顾②。如前文所述，照清代规定，"凡在京居住固伦公主岁给俸银四百两"，同时"每银一两，均给米一斛"。如下嫁外藩，则俸银增至一千两，俸米改为赏赐缎匹③。和敬公主虽然婚后居住京城，却仍旧按照外藩的标准，每年赏给俸银一千两④。同时给予额驸一系列优待：乾隆十七年"进袭亲王"，二十年"赐双俸、增护卫"，二十三年授理藩院尚书、金川参赞大臣，三十八年授领侍卫内大臣等职⑤。

和敬公主出嫁时，皇帝赏赐陪嫁银 12 000 两，此外又将嫁妆中的金（三等金和六成金各 50 两）、绸缎和金器等"变价"折银 7 828 两赏给公主，再赏给"原架本银二万五千两"的"怡成当铺一座"。婚后，再于乾隆二十四年、四十年、四十八年先后赏银 42 089 两。内务府于乾隆五十四年统计的和敬公主所得赏赐总

---

① 《清高宗御制诗》第 4 册《清高宗御制诗二集》卷 51（清乾隆二十四年殿本），载《故宫珍本丛刊》，第 553 册第 263 页。
② 杜家骥：《清朝满蒙联姻研究》，第 18 页。
③ 《清会典事例》（光绪朝）卷 248，第 3 册第 930 页。
④ 《清高宗实录》卷 1330，第 25 册 1002 页。
⑤ 《清史稿》卷 169 "公主表"，第 5290—5291 页。

计"至八万六千余两之多"，大大超出公主一生能够得到的俸禄总额①。

除赏赐之外，乾隆帝对和敬公主生活的各方面都可谓关怀备至。他常亲临公主府看望公主，如乾隆十四年四月，公主生病，皇帝亲临公主府视病；乾隆十六年正月和十二月，又两次前往公主府探望；至乾隆五十年正月，和敬公主生病，已然七十五岁的老皇帝仍然前往公主府探病②。乾隆帝前往热河围猎时，也会带公主一同去避暑散心，根据内务府档案记载，公主婚后至少两次跟随乾隆帝去承德避暑山庄围猎③。对于公主的家事，皇帝也都关心操劳，公主操办三女一子的婚嫁，内务府都承担了相当一部分费用。特别是公主独子鄂勒哲特穆尔额尔克巴拜婚娶时，公主府仅支出白银1 300两，比格格出嫁的费用还少，可见是皇帝承担了主要的花费④。乾隆四十年四月，额驸色布腾巴尔珠尔在四川军营患病，乾隆帝急忙令鄂勒哲特穆尔额尔克巴拜带领御医"驰驿前往诊视"，不料次日即传来额驸已逝于军中的消息，皇帝遂一面令其子前往迎丧，"沿途地方官照料护送"⑤，一面赏赐"修建坟茔银五千两、立碑银三千两"，帮助公主府料理丧事⑥。

---

① 《内务府奏销档》，"奏为查办固伦和敬公主府进费帐目尚无侵欺情弊缘由折"，乾隆五十四年三月初七日，第154册第285—298页。
② 《清高宗实录》卷338，乾隆十四年四月，第13册第664页；卷380，乾隆十六年正月，第14册第5页；卷404，乾隆十六年十二月，第14册第307页；卷1223，乾隆五十年正月，第24册第399页。
③ 《内务府奏销档》，"奏为查办固伦和敬公主府进费帐目尚无侵欺情弊缘由折"，乾隆五十四年三月初七日，第154册第285—298页。
④ 同上。
⑤ 《清高宗实录》卷980，乾隆四十年四月，第21册第86页。
⑥ 《内务府奏销档》，"奏为查办固伦和敬公主府进费帐目尚无侵欺情弊缘由折"，乾隆五十四年三月初七日，第154册第285—298页。

　　关于和敬公主的独子鄂勒哲特穆尔额尔克巴拜，这个颇长的
名字还是乾隆帝亲自所取，系蒙古名，我们所见不同文献中有不
同的汉文音译，如《竹叶亭杂记》中记为"鄂勒哲依忒木尔额尔
克巴拜"，并解释"鄂勒哲依，蒙古语有福之谓也……忒木尔，
有寿也。额尔克，铁也。巴拜，宝贝也……幼时期其有福有寿，
结实如铁，而又珍之若宝贝，故以是名之"。作者不禁感叹"一
名至十二字，向所罕有"[1]。可见乾隆帝对这个外孙的重视和宠
爱。乾隆三十七年，皇帝即授予外孙固山贝子爵位，至乾隆四十
年额驸色布腾巴尔珠尔去世，又令鄂勒哲特穆尔额尔克巴拜袭
爵，成为多罗郡王，同时担任御前行走等职，至乾隆四十七年又
任命其为镶黄旗蒙古都统，同时派遣得力人选作为副都统辅助外
孙[2]。可惜鄂勒哲特穆尔额尔克巴拜并不争气，不但没有实心效
力、不负外祖父重望，反而任性乖张、肆意妄为，让老皇帝操碎
了心。乾隆五十五年，鄂勒哲特穆尔额尔克巴拜因身体生疮不能
供职，但他并未安心在家休养，而是四处行走，为非作歹，"如
患疯病"[3]。乾隆帝不得已解除了他镶黄旗都统之职，令负责管

---

　　① （清）姚元之：《竹叶亭杂记》卷1，中华书局，1982，第1页。
　　② 《清高宗实录》显示，乾隆三十六年十二月鄂勒哲特穆尔额尔克巴拜的爵位还是
"公品级一等台吉"（卷899，乾隆三十六年十二月，第19册第1131页）；三十七年十二
月则为"固山贝子"（卷923，乾隆三十七年十二月，第20册第407页）；四十年四月袭
父爵为科尔沁多罗郡王（卷981，乾隆四十年四月，第21册第104页）；四十七年九月担
任镶黄旗蒙古都统（卷1164，乾隆四十七年九月，第23册第593页）；五十一年十月将
达明阿调补为镶黄旗蒙古副都统，"协同鄂勒哲特穆尔额尔克巴拜办事"（卷1266，乾隆
五十一年十月，第24册第1068页）；五十二年十二月，在达明阿调补宁夏副都统后，又
令富具"协同鄂勒哲特穆尔额尔克巴拜办理事务"（卷1294，乾隆五十二年十二月，第
25册第368页）。
　　③ 中国第一历史档案馆藏：《军机处寄信档》，"寄谕管理造办处大臣伊龄阿著明白
回奏篡夺科尔沁庄头之缺事"，乾隆五十五年三月十三日，档号：03-140-3-027；"传谕
内务府总管大臣上行走伊龄阿将科尔沁郡王生疮等情明白回奏"，乾隆五十六年七月十九
日，档号：03-140-5-020。

理公主家务的内务府总管大臣伊龄阿将其送回京城安置，并严令"伊至家时，近随公主居住，跟随人等不许入内见面，惟派太监二名听其役使，茶饭亦令太监传送，断不许沽饮……如再饮酒，唯伊龄阿是问"。之后也一再叮嘱伊龄阿与公主"严行管教"，不得使其与外人接触。但是，仅仅一个月后乾隆帝就下令将外孙放出，"施恩赏给公衔，令在乾清门效力赎罪"，并叮嘱他"务须感激朕恩，倍加奋勉"。此后，鄂勒哲特穆尔额尔克巴拜也并未有出色的表现，其爵位一直保持在"公品级"。乾隆五十七年六月，和敬公主病逝，至乾隆五十八年，鄂勒哲特穆尔额尔克巴拜也病故，其爵位由嗣子鄂勒哲依图承袭①。乾隆皇帝能够给予外孙仕途和财富，却无法改变其本性，他希望女儿能一生幸福安康，却无法代替她承担生老病死、子嗣不肖。

2. 固伦和孝公主

如果说和敬公主作为长女，得到更多的是乾隆皇帝在生活和物质方面的照顾，那么和孝公主作为小女儿，还得到更多皇帝在精神方面的宠爱和呵护。和孝公主出生于乾隆四十年正月②，其时已然六十五岁的老皇帝已有 9 年未育③，意外地得到这个小女儿，欣喜疼爱之情不难想象。尽管清代皇帝很少以妃嫔诞育子女而为其晋升位分（相关论述参见本书第四章），但和孝的母亲却破了例，她怀孕前本为嫔位，就在和孝出生不久前的乾隆三十九

---

① 《清高宗实录》卷 1384，乾隆五十六年八月，第 26 册第 573 页；卷 1386，乾隆五十六年九月，第 26 册第 599 页；卷 1445，乾隆五十九年正月，第 27 册第 280 页。

② 唐邦治辑：《清皇室四谱》卷 4，第 207 页；《清史稿》卷 169 "公主表"，第 5293 页。

③ 乾隆帝子女中，和孝之前出生的为皇十七子永璘，乾隆三十一年五月生，此时已然十岁；而和孝之前出生的皇女则为和恪公主（皇九女），她生于乾隆二十三年，并于乾隆三十七年下嫁，因此和孝出生之时乾隆帝身边没有女儿陪伴。

年十一月被册封为惇妃，可见老皇帝的欢喜之情①。可惜这位惇妃性情暴躁，乾隆四十三年十一月竟将宫女责打致死，引起皇帝震怒，乾隆帝一面表示，"今惇妃此案，若不从重办理，于情法未为平允，且不足使备位宫闱之人咸知警畏"，另一方面又表示，"第念其曾育公主，故量从末减耳"，最终只将其"降封为嫔，以示惩儆"，且没过多久就恢复其妃位②。尽管乾隆帝表示"惇嫔平日受朕恩眷较优"，但此事她未受严惩显然是沾了女儿的光。

和孝公主受父亲宠爱，并不仅仅由于她是乾隆帝最小的子女，也因其个性得到皇帝欣赏。《啸亭续录》记载，和孝公主相貌酷似父亲，从小就像男孩子那样跟随乾隆帝骑射打猎，"性刚毅，能弯十力弓。少尝男装随上较猎，射鹿丽龟，上大喜，赏赐尤渥"。乾隆帝甚至说："若汝为皇子，朕必立汝储也。"③乾隆五十四年七月的一份《内务府奏案》中，记载了老皇帝谕令皇族的小阿哥们前来陪同自己木兰秋狝，并说明"应用之架子鞍、小撒袋、弓箭，皆用十公主从前小时进哨者"④，可见《啸亭续录》所记不虚。

与其他皇帝不同，乾隆帝对于小女儿的喜爱从不加以掩饰，而是以各种方式进行表达：

乾隆四十一年正月，公主满周岁，皇帝特意赏给汉玉撇口钟、汉玉娃娃戏狮、青玉匙、红白玛瑙仙鹤、油珀圆盒、玉扇器

---

① 《清高宗实录》卷971，乾隆三十九年十一月，第20册第1252页。
② 《清高宗实录》卷1070，乾隆四十三年十一月，第22册第352页；《清史稿》卷214"后妃传"，第8920页。
③ （清）昭梿：《啸亭续录》卷5，中华书局，1980，第515页。
④ 中国第一历史档案馆藏：《内务府奏案》，"为载锡阿哥随围进哨事寄信"，乾隆五十四年七月，档号：05-0422-024。

等，作为生日礼物①。

乾隆四十三年正月，公主四岁生辰（实际年龄为三岁），皇帝赏给"青玉万年灵芝小如意一柄，白玉圆盒一件，铜镀金珐琅小圆盒一件，永昌玉圈二件，玉扇器四件"②。

乾隆四十五年五月，公主年方六岁，老皇帝就开始为她的终身大事操心，并最终选定宠臣和珅之子作为未来的额驸。《啸亭续录》载，和珅之子"擅小诗，俊逸可喜"③，是老皇帝考量门第、才华、相貌之后的中意人选。该年五月，乾隆帝即发布上谕："尚书和珅之子，赐名丰绅殷德，指为十公主之额驸，赏戴红绒结顶、双眼孔雀翎，待年及岁时，再派结发大臣举行指婚礼"。尽管婚礼尚早，但次月乾隆帝就迫不及待地下令将一所房屋赏给和珅"作为十公主府第"，已然开始为女儿的婚后生活做起了安排④。据《竹叶亭杂记》载，公主在指婚后称和珅为"丈人"，作者认为可能是由于公主从小"衣冠作男子状"的原因。这则笔记中还记载，一天乾隆帝与和孝公主在圆明园买卖街游玩时，"见售估衣者有大红夹衣一领，因谓主曰：'可向汝丈人索之。'和因以二十八金买而进之"⑤。未婚时就当面向未来的翁公索要衣服的公主，大概就只有和孝了吧。

乾隆四十五年十一月，十公主不幸感染天花（痘症）。尽管

① 无园：《和孝公主的妆奁》，《紫禁城》1983 年第 5 期。

② 《内庭赏赐例》，乾隆四十三年正月初三日，载中国第一历史档案馆、文化部恭王府管理中心编：《清宫恭王府档案总汇·和珅秘档》，国家图书馆出版社，2009，第 10 册第 245 页。

③ （清）昭梿：《啸亭续录》卷 5，第 471 页。

④ 《清高宗实录》卷 1107，乾隆四十五年五月，第 22 册第 813 页；卷 1109，乾隆四十五年六月，第 22 册第 829 页。

⑤ （清）姚元之：《竹叶亭杂记》卷 2，第 46 页。

清代从康熙二十一年起就在太医院设立了专门的痘疹科，皇子皇
女每年例行种痘，以抵抗天花病毒①，但这在清代仍然是十分危
险的病症，种痘的成功率也不高，至道光时仍有公主因种痘失败
而离世②。如今皇帝的爱女染病，太医院自然不敢怠慢，从留存
至今的《十公主用药底簿》中可以看出，各位太医每日将所用之
药物及剂量、公主的病情变化和用药后的具体反应，都逐一详细
汇报给皇帝，经过 9 天的尽心调治，"十公主喜痘九朝，应期起
长，行浆结痂"，度过了危险期，太医们一面恭喜皇帝"吉祥大
喜"，一面遵命"于十二月初三日十二朝之期卯时遵例送圣"。之
后，太医们就进入精心为公主调理身体以期尽快全面恢复的阶
段③。如果每位公主都能够得到如此周全和慎重的治疗，想必清
代公主的夭折率会大大降低。

　　乾隆四十九年，年逾古稀的皇帝最后一次南巡，决定带十岁
的小公主同行，这是我们所见唯一有幸跟随皇帝南巡的公主。出
发之前，皇帝特发上谕："各省盐政、织造、关差，皆系内府世
仆，知公主随行，系朕所钟爱，间进衣服食物，以博朕欢。殊不
思服食玩好，宫中何物不有，岂借外间呈进？著一并传谕饬禁。
伊等系内务府人员，尚不许其稍有进献，至督抚为封疆大吏，又

---

　　①　杜家骥：《从清宫医案看天花的防治》，载《中国社会历史评论》（第八卷），天
津古籍出版社，2007，第 59-69 页。
　　②　《清宫医案研究》中记载了道光帝三公主和七公主种痘的详细情况，即使太医多
次诊视用药，仍皆因种痘不顺、痘毒内滞而失败，公主"目闭口开，脉息已断"。参见陈
可冀主编：《清宫医案研究》，第 812-813、839-845 页。
　　③　《十公主用药底簿》，乾隆四十五年十一月，载《和珅秘档》，第 10 册第 246-
254 页。"送圣"指的是皇子女在出天花度过危险期之后所举行的祭神送神仪式。杨珍在
《康熙皇帝一家》第 259 页中记载了康熙二十四年公主出痘后的送圣仪式，其中康熙帝的
朱批说明宫廷阿哥和格格出痘后都有送圣之例。

何得效尤及此耶！将此传谕知之。"① 可见皇帝对公主的宠爱已是内外皆知，大臣们都知道讨好公主就等于讨得皇帝欢心，以致皇帝不得不下令不准给公主进呈礼物。而和孝公主也通过南巡跟随父亲看尽江南的美景和繁华，感受到内外臣工的仰慕和拥捧。

乾隆五十一年，公主十二岁，老皇帝开始在制度上为女儿将来的地位突破做铺垫。该年八月的上谕指出："向来固伦、和硕公主俱乘坐银轿顶，嗣后固伦公主著乘坐金轿顶，和硕公主仍著乘坐银轿顶。十公主著加恩亦乘坐金轿顶。"②

乾隆五十二年正月，公主过完生日不久，乾隆帝就发布上谕："兹公主年已十三岁，朕之幼女，生质端庄，天性敏慧，温和笃厚，朕优爱之。本年又值及笄吉礼，著加恩晋封为固伦公主。所有指婚一切应行礼仪，该部即查例遵照办理。"③ 在上谕中，老皇帝毫不吝啬地用美好的词汇赞美女儿，也毫不掩饰地表达了自己对女儿的爱，同时突破祖制将小女儿封为固伦公主，并指示礼部为女儿举行盛大的册封典礼④。稍后公主开始留头发，为标志着女孩子成年的笄礼而做准备。即便留头发这样的小事，乾隆帝也看得很重，先是赏给公主珊瑚朝珠一盘、蜜蜡朝珠二盘、大卷八丝缎二匹、大卷宁绸二匹、大卷纱二匹、纺绸二匹、绫二匹，之后再赏给"金厢松石如意一柄、伽南香念珠一盘"，还特别标注赏赐的原因"系三月二十六日留头发"⑤。笄礼之后，

---

① 《清高宗实录》卷1189，乾隆四十八年九月，第23册第904页。
② 《清高宗实录》卷1263，乾隆五十一年八月，第24册第1017页。
③ 《清高宗实录》卷1273，乾隆五十二年正月，第25册第20页。
④ 根据清代宫闱制度，皇后所生之女封固伦公主，妃嫔所生之女只能封为和硕公主，参见《清会典事例》（光绪朝）卷2，第1册第20页。
⑤ 《内庭赏赐例》，载《和珅秘档》，第10册第221—223页。

乾隆帝就开始着手为公主准备异常丰厚的嫁妆。根据本年十一月总管内务府事务的质郡王永瑢所上的奏折，可以看到长达数十页的公主嫁妆清单，包括首饰、衣物、家具、奴仆等一应生活所需，可以说是清代下嫁公主中妆奁最为奢华者①。但乾隆帝尤觉不足，又增补了相当规模的一批妆奁，才算心安②。难怪朝鲜使臣记载，和孝公主"宠爱之隆，妆奁之侈，十倍于前驸马福隆安时"③。

乾隆五十四年正月，公主满十五岁，乾隆皇帝立刻下令"固伦十公主下嫁喜庆礼仪，著于今冬举行，所有一切应办事宜，著交各衙门查例具奏"，宫廷从此进入全面筹备公主婚礼的阶段。该年五月皇帝又下令："今和孝固伦公主，系朕幼女，且在朕前承欢侍养、孝谨有加。将来下嫁后，所有应支俸禄，亦著赏给一千两，以昭平允而示嘉奖。"④ 也就是说，按照和敬公主的先例，和孝公主也同样婚后居住京城但是享受下嫁外藩公主的经济待遇。有清一代，只有这两位公主享此待遇而已。老皇帝说得很明白，这是十公主因承欢、孝顺而得到的嘉奖。另外，在清代官方文献中，这也是第一次出现"和孝"的正式封号，从此不再使用"十公主"的说法，这也符合清代公主在订婚前后定品级、赐封号的做法。十月十五日，和孝公主行初定礼，乾隆帝"御正大光

---

① 《内务府奏销档》，"奏请为下嫁公主备办陪嫁妆奁饰物等项事折"，乾隆五十二年十一月二十三日，第150册第104-138页。
② 《内庭赏赐例》，载《和珅秘档》，第10册第224-241页。
③ 吴晗辑：《朝鲜李朝实录中的中国史料》下编卷11，中华书局，1980，第4809页。福隆安系乾隆第四女和硕和嘉公主之额驸。
④ 《清高宗实录》卷1320，乾隆五十四年正月，第25册第856页；卷1330，乾隆五十四年闰五月，第25册第1002页。

明殿，赐皇子、王公、大臣、额驸宴"①。随后钦天监择得该年十一月二十七日举行下嫁礼②。根据朝鲜《李朝实录》记载，公主出嫁时，不仅皇帝各类赏赐无法计数，官员们也都"手奉如意珠贝，拜辞于皇女轿前者，无虑屡千百，虽以首阁老阿桂之年老位尊，亦复不免云"③。公主地位之尊崇、婚礼之隆重可见一斑。按照清宫制度，公主下嫁后九日行归宁礼④，乾隆朝和孝公主之前出嫁的和敬固伦公主、和嘉和硕公主、和静固伦公主皆为九日归宁⑤。清代后期寿安固伦公主、荣安固伦公主下嫁时也是九日归宁⑥。但是乾隆帝大概不舍得一下子和爱女分别这么久，遂将九日改为六日，破例让和孝公主夫妇十二月初三日即回宫行归宁礼⑦。

---

① 《清高宗实录》卷 1340，乾隆五十四年十月，第 25 册第 1179 页。

② 中国第一历史档案馆藏：《内务府来文》，"为和孝固伦公主下嫁行成婚礼皇子王等不必入宴三品以上满洲大臣俱前往入宴一案抄录原奏夹片事致内务府等"，乾隆五十四年十一月，档号：05-13-002-000063-0042；"为开明和孝固伦公主成婚由何宫升轿出何门由何街道行走并净房在于何处一案抄录单事致内务府等"，乾隆五十四年十月，档号：05-13-002-000063-0034。

③ 吴晗辑：《朝鲜李朝实录中的中国史料》下编卷 11，第 4809 页。

④ 《清会典事例》（光绪朝）卷 325，第 4 册第 845 页。

⑤ 中国第一历史档案馆藏：《内务府来文》，"为和孝固伦公主归宁固伦额驸丰绅殷德进内与公主一同行礼一案抄录原奏事致内务府等"，乾隆五十四年十一月，档号：05-13-002-000063-0059，其中提到和敬固伦公主、和嘉和硕公主、和静固伦公主皆为九日行归宁礼。再，中国第一历史档案馆藏：《内务府奏案》，"奏为和孝固伦公主九日归宁事宜事"，乾隆五十四年十一月二十四日，档号：05-0424-019，也提到和敬固伦公主系乾隆十二年三月十八日归宁，查《清高宗实录》卷 286，第 12 册第 732 页，和敬公主系于乾隆十二年三月庚子（初十日）举行下嫁礼，则三月十八日确系九日归宁。

⑥ 寿安公主系道光二十一年十月初三日下嫁，十月十一日回门；荣安公主为同治十二年八月十八日行下嫁礼，也是九日行归宁礼（回门）。参见《清会典事例》（光绪朝）卷 325，第 4 册第 847-848、845 页。《内务府奏销档》，"奏为派大臣管理荣安公主下嫁一切事宜折"，同治十二年五月十八日，第 258 册第 328 页。

⑦ 中国第一历史档案馆藏：《内务府来文》，"为和孝固伦公主归宁固伦额驸丰绅殷德进内与公主一同行礼一案抄录原奏事致内务府等"，乾隆五十四年十一月，档号：05-13-002-000063-0059。

乾隆帝再于次日（初四日）驾临公主府第①，要亲眼看到女儿的一切生活安排妥当才能放心。

乾隆五十五年正月初三日，是和孝公主婚后第一个生日，乾隆帝完全没有因为公主系已嫁之女而有所怠慢，赏赐公主"紫檀嵌玉如意一柄、汉玉开璧磬一件、白玉仙山一件、汉玉葵花洗一件、碧玉双孔花插一件、青玉海棠洗一件、青绿双琯瓶一件、青花白地撇口瓶一件、玛瑙葵花碗一件、绿晶蕉叶花插一件、八成金五两重金锞九个、藏香九束、五十两重银元宝九个、缎绸九表九里"②，让离开宫廷不久的公主仍然感受到来自父亲的关爱。

在关照公主本人的同时，乾隆帝还着意培养和提拔额驸丰绅殷德。乾隆五十四年七月，在与公主的婚礼尚未举行之前，即"命固伦额驸丰绅殷德在御前行走"；婚礼次月赐"固伦额驸丰绅殷德紫禁城骑马"；五十五年正月"固伦额驸丰绅殷德著兼散秩大臣行走"；五十六年二月"命御前行走固伦额驸散秩大臣丰绅殷德管理御茶膳房、造办处事务"；五十九年十月"以散秩大臣丰绅殷德为正黄旗护军统领"；六十年正月"以固伦额驸丰绅殷德为内务府大臣……仍著管理奉宸苑事务"。乾隆帝禅位后，仍然大权在握，丰绅殷德也继续受到重用和提拔，嘉庆二年二月"以固伦额驸内务府大臣兼銮仪卫銮仪使"，八月"正黄旗护军统领丰绅殷德兼正白旗汉军都统"③。可见，作为额驸的丰绅殷德

---

① 《清高宗实录》卷1344，乾隆五十四年十二月，第25册第1219页。

② 《内庭赏赐例》，载《和珅秘档》，第10册第243页。

③ 《清高宗实录》卷1335，乾隆五十四年七月，第25册1091页；卷1344，乾隆五十四年十二月，第25册第1230页；卷1346，乾隆五十五年正月，第26册第11页；卷1372，乾隆五十六年二月，第26册第416页；卷1463，乾隆五十九年十月，第27册第548页；卷1468，乾隆六十年正月，第27册第608页。《清仁宗实录》卷14，嘉庆二年二月，第28册第201页；卷21，嘉庆二年八月，第28册第272页。

在仕途上一帆风顺。

可以说，乾隆皇帝在世之时对和孝公主夫妇百般呵护，使其诸事无忧，他大概希望女儿可以这样无忧无虑地生活一辈子，只可惜一旦他驾崩，失去了保护伞的公主的人生轨迹必然发生改变。尽管作为兄长的嘉庆帝和作为侄子的道光帝仍然给予和孝公主相当的照料和优待，但已然无法和乾隆帝相比。详见本章下一节对作为姐妹和姑母的公主与皇帝关系的论述。

第二节　奉养天年

清代皇帝对于同辈和长辈的公主也都给予了相当的关照。比如乾隆皇帝去世之后，嘉庆帝虽然立即拘捕和珅并将其赐死，丰绅殷德也一度被革职夺爵，但从皇帝的角度而言，已然是对公主夫妇"曲加体恤""格外开恩"，除将宅邸和寓园都留出一部分给公主夫妇生活居住之外，嘉庆四年正月的上谕还表示："丰绅殷德系固伦额驸，且公主平日最为皇考所钟爱，自应仰体恩慈、曲加体恤，若此时将丰绅殷德职衔斥革，齿于齐民，于体制亦觉未协……著加恩仍留伊伯爵，即令丰绅殷德承袭，在家闲住，不许出外滋事。"[1] 至嘉庆七年十二月，因四川、陕西、湖广等省"教匪"平定，皇帝又表示："固伦和孝公主素为皇考钟爱，下嫁固伦额驸丰绅殷德，其品秩原与贝子相等，嗣因伊父和珅身获重谴，是以将丰绅殷德一并革职。旋经朕格外加恩，授以散秩大

---

① 《清仁宗实录》卷 38，嘉庆四年正月，第 28 册第 434 页。

臣。今当大功戡定，恩逮亲藩，因念固伦和孝公主亦应一体锡予恩施。著将丰绅殷德赏给民公品级，仍在散秩大臣上行走，俾公主同深欢感，以示朕笃念推恩之至意。"① 可惜丰绅殷德"少年不谨"，嘉庆八年八月，和孝公主府长史揭发丰绅殷德有演习武艺与父报仇、欲毒害公主以及将侍妾带至坟园并于国服内生女等罪行，虽然经过调查，只有国服内生女一事属实，嘉庆帝仍令将丰绅殷德革去公衔、圈禁在家，并表示"此案如丰绅殷德果有悖妄之处，朕断不肯因公主曲法姑贷，既经询系诬捏，朕又岂肯因其怨家造作蜚语，遽将丰绅殷德置之重典，置公主于何地乎！"② 在嘉庆帝看来，未将丰绅殷德处以重罪就是给足了公主面子。嘉庆十二年，皇帝再恢复丰绅殷德伯爵衔，并说明主要原因是"伊系固伦和孝公主额驸"③。尽管嘉庆帝表示自己给予了多方关照，但在嘉庆朝，和孝公主府的经济状况一直不佳。嘉庆八年公主曾因家计窘迫"令太监售卖珍珠手串"④。至嘉庆十九年和孝公主将无力经营的寓园交还内务府，嘉庆帝特赏给白银6 000两"以佐用度"，并下令内务府"妥为筹画"，以使银两能够更好地发挥作用。经总管内务府大臣英和建议，将银两"全数发交长芦盐政，按一分生息，遇闰加增，每年所得利银定以五月、腊月两次解交内务府广储司，由司拨给公主府，以为费用之资"。他认为这种方式"较之置地得租足抵一分二厘，且无旱涝拖欠之虞"，

① 《清仁宗实录》卷106，嘉庆七年十二月，第29册第425页。
② 《清仁宗实录》卷118，嘉庆八年八月，第29册第567页。
③ 《清仁宗实录》卷189，嘉庆十二年十二月，第30册第502页。
④ 中国第一历史档案馆藏：《内务府奏案》，"奏为十公主令太监售卖手串并未具奏将管家务大臣英和罚俸事"，嘉庆八年五月初八日，档号：05-0503-042。

其建议得到皇帝允准，从此和孝公主每年增加了一份固定的收入①。

　　道光帝即位之后，也对和孝公主优礼有加，元年四月，新帝即位不久就因"和孝固伦公主用度不敷"，下旨将当年和珅被查抄入官的恒升当铺"赏给公主，以资日用"②。该年底，道光皇帝还赏给和孝公主"鹿一只、狍一只、煺羊一只、鹿尾三个、赭鲈鱼一尾、细鳞鱼一尾、各色鱼十尾、野鸡二十只、银盘蘑一匣、笋片一匣、麒麟菜一匣、香菇一匣、茶菇一匣、南华菇一匣、南小菜一匣、奶饼二斤、百合粉二斤、福圆膏一瓶、各样果脯一瓶、藕粉二斤、南枣一斤、哈密瓜干一斤、珠粉二斤、果丹一块、莲子一升、柿霜一匣、福圆干一斤、木瓜膏一碗"③。虽然相比乾隆帝所赐的金玉珠宝，道光帝赏给公主的都是一些吃食，但也体现出皇帝对于姑母的关心。道光二年，皇帝又将从前查抄入官的和珅之六顷余土地赏还和孝公主作为祭田使用④。至道光三年九月，和孝公主薨逝，道光帝发布上谕："和孝固伦公主，朕之姑也，自幼仰承皇祖高宗纯皇帝钟爱最笃，嘉庆年间皇考仁宗睿皇帝叠加恩眷，至为优渥。本年春间遘疾，朕屡次遣人存问，方冀克日就痊，兹闻薨逝，实深悯恻。著赏给陀罗经被，派惇亲王带领侍卫十员，即日前往奠醊。朕于本月十四日亲临赐

---

　　① 《内务府奏销档》，"奏为酌筹和孝固伦公主赏银事折"，嘉庆十九年五月初七日，第 176 册第 548—550 页。

　　② 《内务府奏销档》，"奏为处理所抄和珅入官恒升当钱文事折"，道光元年四月二十五日，第 190 册 128—130 页。

　　③ 中国第一历史档案馆藏：《内务府奏案》，"呈赏和孝固伦公主狍鹿清单"，道光元年十二月二十八日，档号：05-0619-074。

　　④ 《内务府奏销档》，"奏为遵旨赏给总管等地亩事折"，道光二年六月初六日，第193 册第 96 页。

奠。所有丧事一切官为经理，并派广泰在彼妥为照料，以示优恤。"① 可见，乾隆帝去世后，和孝公主虽然经历了一些波折和困难，但在嘉庆和道光两代皇帝的关照之下，尚能勉力维持家计。去世之后，由于她和额驸并没有亲生子嗣，丧事全由皇室负责操办，也算得到善终。无论在乾隆朝，还是在嘉庆和道光两朝，和孝公主被父亲所"钟爱"的说法都被皇帝反复提及，这使得她一直被认为是清代最受宠爱的公主，但即便如此，她的人生都不可能像乾隆帝所希望的那样完全一帆风顺。不过，相比于那些远嫁蒙古难以再见爹娘，甚至人生遭遇其他重大政治变故的公主而言，和孝公主的确是幸运的。

清代遭遇政治变故的公主中，恪纯公主应是较为典型的代表。她系皇太极第十四女，于顺治十年下嫁吴三桂之子吴应熊，是当时皇室为稳固三藩势力而与其联姻的结果②。至康熙十三年吴三桂反，次年吴应熊及其子吴世霖皆被诛，"其余幼子俱免死入官"③。根据《漫游纪略》的记载，至康熙二十年三藩反叛平定之后，康熙帝又下令将吴三桂"二幼孙缢杀之，诸庶孙皆斩于市"，务必将吴氏家族势力根除④。如此，公主的婚姻便成为她人生最大的悲剧，她接连失去丈夫和孩子，在皇族中的地位也非常尴尬。所幸公主本人并没有因额驸及其家族的政治问题受到牵连，康熙帝尽量善待这位姑母。康熙十九年，皇帝听说恪纯公主重病初愈，特意下旨进行慰问，并对公主的人生际遇深表同情：

---

① 《清宣宗实录》卷58，道光三年九月，第33册第1026页。
② 《清史稿》卷169"公主表"，第5276页。
③ 《清圣祖实录》卷47，康熙十三年四月，第4册第613—614页。
④ 《漫游纪略》卷4，载《笔记小说大观》（八），江苏广陵古籍刻印社，1984，第17册第19页。

"公主被反叛所累，屡年困顿，朕每念及，未尝不为恻然。不意身染时症，遣乳媪暨亲近侍卫往视。及回，转奏公主之语，不胜感叹。又闻病势危笃，即命该部院衙门将服饰、执事等项星夜制办。今公主体中大愈，将此各项尽送公主处，以示朕惓惓注念之意"①。从谕旨中可以看到皇帝对恪纯公主十分关心，因担心公主不测而尽心为其预备后事。在皇帝的宽慰和关照下，恪纯公主病情好转，并一直活到康熙四十三年十二月才离世，享年六十三岁，在清代公主中算长寿者②。

同为姑母辈公主，康熙朝最受尊崇的是淑慧公主。淑慧公主系皇太极第五女，为孝庄太后所生，因下嫁巴林郡王色布腾，在清代文献中一般被称为"巴林淑慧长公主"。孝庄一生共育有 1 子 3 女，其余儿女皆先于她离世，因此淑慧公主成为孝庄晚年唯一的记挂。康熙帝对祖母极为孝顺尊敬，对于祖母的爱女自然也是百般照拂。康熙十二年"太皇太后身体违和"，康熙帝即召乾清门侍卫武格谕曰："太皇太后甚念巴林淑慧公主，尔可将朕所乘轿驰驿往迎公主"，等公主到达京城，"太皇太后喜甚，圣体遂强健如常"③。至康熙二十六年七月，康熙帝听说"巴林淑慧公主所居地方马牛羊多染疫倒毙，田禾亦不收获"，担心公主染疫，再次命令侍卫五格"往迎公主"，"并令携带马驼糇粮以济之"④。实际上，康熙帝此举具有双重意义，一方面展示出疫情期间对姑母的关心，另一方面此时孝庄太后的生命已进入倒计时阶段⑤，

---

① 《清圣祖实录》卷 90，康熙十九年六月，第 4 册第 1139 页。
② 《清史稿》卷 169 "公主表"，第 5276 页。
③ 《清圣祖实录》卷 42，康熙十二年五月，第 4 册第 559 页。
④ 《清圣祖实录》卷 130，康熙二十六年七月，第 5 册第 405 页。
⑤ 孝庄太后于该年十二月离世。见《清圣祖实录》卷 132，康熙二十六年十二月，第 5 册第 424 页。

让淑慧公主和母亲在生命的最后时光得以团聚。孝庄太后去世后，康熙帝继续关爱姑母。康熙三十年，康熙帝将第三女和硕荣宪公主（即前文所述被破格晋封为固伦公主者）嫁给淑慧公主的亲孙子，使得公主与皇家的纽带进一步加强①。康熙三十一年十月，皇帝谕令理藩院给包括淑慧公主在内的几位公主设立护卫，以提高其待遇②。康熙三十八年八月，淑慧公主和孙媳荣宪公主在皇帝热河行围时，特意从巴林部前来给皇帝请安，姑侄、父女相聚，自然十分欢喜③。孝庄太后去世之前，曾将淑慧公主托付给康熙帝，康熙帝也当面应允"待姑年迈时迎至京师，凡一切应用之物朕皆承理，以终天年"。大约三十八年的这次会面之后，康熙帝就将淑慧公主接回北京居住赡养④。至康熙三十九年正月，淑慧公主病重，康熙帝"亲往公主邸第视疾"，不久公主病逝于京城。康熙帝回忆道："及公主病笃，见朕亲临视疾，含笑而逝。病笃之人，朕见者亦多矣，如此含笑而逝者，从未一睹。"康熙帝还追述公主的一生："公主生逢泰运，居蒙古地方五十余载，毫不生事，躬享高年，子孙繁盛，含笑长逝，诸福备矣！"淑慧公主虽然少年远嫁，但她受到母亲的宠爱、侄子的关照，拥有美满的家庭和幸福的晚年，六十九岁含笑而逝，可见一生无憾。她的含笑而逝也使得康熙帝的"叹悼之怀因少解焉"⑤。

清代其他皇帝也都善待同辈和长辈的公主。再如纯禧公主，

---

① 荣宪公主之额驸乌尔衮的父亲鄂齐尔，为淑慧公主与额驸色布腾所生亲子。见《清史稿》卷 169 "公主表"，第 5281 页。

② 《清圣祖实录》卷 157，康熙三十一年十月，第 5 册第 727-728 页。

③ 《清圣祖实录》卷 194，康熙三十八年八月，第 5 册第 1055 页。

④ 从下文康熙帝的叙述中称公主居住蒙古五十余载，也可以大致确定系该年方才将公主迎至北京，公主顺治五年（1648）下嫁，至康熙三十八年（1699）为 51 年。

⑤ 《清圣祖实录》卷 197，康熙三十九年正月，第 6 册第 1-2 页。

系康熙帝之弟恭亲王常宁长女，被康熙帝接入宫中抚养，封为和硕公主①。根据杜家骥先生的考证，这位公主由于在康熙朝成活的公主中年龄最长，在宫中被称为"大公主"。至雍正帝即位，她与端敏公主（顺治帝收养其兄简亲王之女）和恪靖公主（康熙帝第六女）一起晋封为固伦公主②。纯禧公主于康熙二十九年下嫁蒙古科尔沁台吉班第，雍正四年，班第卒，雍正帝将公主接回京师居住，让她继续享受皇室的照顾③。直到乾隆六年公主病笃，请求还旗。该年十二月，乾隆帝"派侍卫及首领太监携银二千两，驰驿速往彼处看视。若公主之病不痊，著告诉公主之媳固山格格，系特差来探丧、赏银办理公主之事"。乾隆帝还考虑到，"公主并无子孙，额驸班第侄辈又甚年幼，公主之事，著令伊族中之王罗卜藏衮布、诺门额尔和图等，率领班第侄辈办理"④。对公主的后事做出细致周全的安排。由上可见，纯禧公主并未因系养女而在皇室受到丝毫怠慢，她虽然丈夫早逝、没有子嗣，但孀居后被接到京师由兄弟和侄子恩养 15 载，并妥为料理后事，可见雍正和乾隆二帝对她的关照。

不过，由于清代公主多早逝，并非每个皇帝都有照顾同辈和长辈公主的机会，这一点在清代中期以后尤为明显。乾隆朝 11 位公主（包括收养的和硕和婉公主）中，除和孝公主之外，其余

---

① 《清史稿》卷 169 "公主表"，第 5287 页。

② 杜家骥：《清代皇子、皇女之齿序及相关问题考析》，载《沈阳故宫博物院院刊》（总第 11 辑），现代出版社，2012。

③ 《清史稿》卷 169 "公主表"，第 5287 页。

④ 《清高宗实录》卷 157，乾隆六年十二月，第 10 册第 1248 页。需要说明的是，实录中记载此位公主为"纯敬固伦公主"，但《清史稿·公主表》和《清皇室四谱·皇女》中皆无封号为纯敬的公主，且从额驸班第的说法来看，应系纯禧公主，不知系实录之误，还是公主封号有过改变。

10 位公主皆先于乾隆帝而逝；嘉庆朝 9 位公主全都先于嘉庆帝离世。至道光朝，10 位公主中方有 5 位活到成年，且都晚于道光帝离世。咸丰帝即位后，尽管国家内外交困，还是尽量善待同辈公主。咸丰三年，因镇压太平天国军费浩繁，王公及二、三品以上大员的俸禄都"暂行停放"，而寿安、寿恩两位固伦公主（道光帝第四女与第六女）的部分收入，系由官房租库提出后"出放世职官员等生息"所得的利银，因此也受到影响。咸丰帝注意到这一点，特别下令"由广储司银库正项银两内提出三千二百两五钱，按款赏给，以济需用"，并说明这份钱一直发放到王公世职俸禄恢复为止，保证两位公主的生活不受影响。在接济两位固伦公主的同时，咸丰帝还惦念着"寿臧和硕公主（道光帝第八女）用度尤绌"，令内务府提出资助方案[1]。经内务府查实"寿臧和硕公主除每年仅支领俸银三百两外，别无应领之款"，生活的确紧张，但"和硕公主分例自与固伦公主不能等齐"，因此建议将固伦公主分内每月房租银 130 两、每年俸利银 500 两、每年地租银 1 200 两，皆减半赏给寿臧和硕公主。这一建议得到咸丰帝批准，从此寿臧公主每年增加 1 600 余两银子的收入，生计大为改善[2]。皇帝在危难时刻的关怀，让公主们深为感动，咸丰三年十二月，寿安、寿恩两位固伦公主鉴于当时军需浩繁，国库紧张，通过府内长史代为上奏，请求各自报效白银 1 200 两，并将银两交至户部银库，"以冀稍尽微忱"。但咸丰帝并未允准，他在朱批中说："公主家用不饶，朕所深知，况家庭之内岂尚虚文，著不

---

① 《内务府奏销档》，"奏为公主日用缺乏拨银按款赏给以济需用事折"，咸丰三年七月（具体日期不明），第 235 册第 513—516 页。

② 《内务府奏销档》，"奏为拨银给寿恩公主等府第以资用度事折"，咸丰三年七月初二日，第 235 册第 520—524 页。

必捐输以安朕心，公主其共谅之"①。咸丰帝的拒绝，固然有清代严禁宫廷女眷参与任何外事的缘故，也有体恤公主、不让其破费的含义，特别是朱批中所透露出的对公主的亲近和尊重，可以感受到咸丰帝将公主作为亲人、长姐看待的态度。

咸丰五年四月，逢寿安固伦公主三十岁正寿，皇帝特别赏赐礼物，以示庆贺，包括："佛一尊、御笔扁（匾）一面、御笔对一副、黄碧珏瑶朝珠一盘、玉瓷铜陈设二十一件、八成金二十两、五十两重银元宝四个、一两重银锞二百个、五钱重银锞五百个、石青缎绣八团金龙有水褂面一件、金黄缂丝金龙袍面一件、大卷八丝缎五匹、大卷江绸五匹、大卷纱十匹、五丝缎褂料十件、五丝缎袍料十件、绉绸五匹、汤绸五匹、大红缂丝花卉衬衣面一件、石青绸二色金百蝶褂拉面一件、象牙一支"②。礼物中既包含皇帝亲笔题写的匾额和对联这类表达个人心意的物品，又有象征公主皇家身份的黄色、龙纹衣饰，更有数量可观的金银等，充分体现出皇帝对公主生辰的重视。

咸丰九年、十年，寿恩和寿安两位公主先后病逝，咸丰帝皆两次亲临府邸祭奠，并发布上谕表示哀悼。以寿安公主为例，咸丰十年闰三月初三日，寿安公主薨逝，咸丰帝当天即前往公主府第赐奠，并次日发布上谕："朕姊寿安固伦公主，淑慎持躬，性敦孝友，仰承皇考皇妣恩眷，优渥逾恒。昨闻薨逝，良深悼惜，当派醇郡王奕𬤂带领侍卫十员前往奠醊，朕复亲临祭奠，本月初

---

① 《内务府奏销档》，"奏为寿安固伦公主等捐输银两数目事折"，咸丰三年十二月二十七日，第 236 册第 31-32 页。

② 《内务府奏销档》，"奏为寿安固伦公主生辰赏给什物代奏谢恩事折"，咸丰五年四月初六日，第 238 册第 183-184 页。

五日朕再行亲往赐奠，用伸眷念优加至意。"① 公主的丧事由内务府与公主府共同筹办，园寝则由户部拨款修建②，内务府"奏请钦派大臣承修，谨将在京满汉大学士及六部满汉尚书侍郎并臣等衔名缮单敬呈"③。可见大学士、六部侍郎和内务府总管大臣都有责任承担公主园寝的修建任务。

咸丰帝以后的皇帝再没有诞育公主，且同治、光绪、宣统三帝皆幼年即位，权力掌握在他人手中，本身并无能力对同辈和长辈公主进行照料，公主与皇帝的关系基本就此画上句号。

本章讨论了皇帝与不同辈分的公主之间的关系。首先是公主与皇帝的父女关系，清代公主的夭折或早逝率较高，多数皇帝都经历了多次丧女之痛，但他们尽量在与女儿的关系上保持低调，不愿意因此而在史书中留下过多的个人情感记录。但皇帝与公主的父女亲情也是显而易见的，康熙帝和乾隆帝都直接因女儿的孝顺为其破格晋封，嘉庆帝在女儿皆故去的情况下"颇觉寂寞"而领养兄弟之女以再续父女之情。清代对女儿之爱表达最为突出的是乾隆帝，和敬与和孝两位公主当属盛世宠儿，备受父亲关爱，但即便如此她们也难免要面临各自生活中的难题。其次讨论了皇帝与同辈和长辈公主之间的关系，作为公主的兄弟和侄子，清代皇帝都尽量善待公主，在物质上和精神上给予公主关怀照料，尽

---

① 《清文宗实录》卷 312，咸丰十年闰三月，第 44 册第 577—579 页。

② 寿安固伦公主园寝用银"按照修建寿恩固伦公主园寝成案，仍由户部支领"。见《内务府奏销档》，"奏请派大臣承修寿安固伦公主园寝折"，同治元年八月初四日，第 245 册第 279—280 页。

③ 《内务府奏销档》，"奏请派大臣勘估寿安固伦公主园寝折"，同治元年五月初三日，第 245 册第 72 页。

量减少额驸家族的政治问题给公主本人带来的影响，即便在财政紧张的咸丰朝，也不让公主的收入有所减少。除养赡之外，皇帝给同辈或长辈公主的重要贡献还在于为她们安排后事，让公主生有所养、老有所依、死有所归。从这个角度而言，公主无论是否出嫁，的确都属于皇族成员，皇帝和皇室始终对她们负责。

第七章

公主与额驸的关系

　　清代 95 位公主中，有 37 位幼年夭折，另外 58 位活到成年并下嫁。下嫁公主中，有 32 位是蒙古额驸，22 位是满族额驸，4 位是汉族额驸。一直以来，学界对于公主婚姻的研究多集中于满蒙联姻政策的实施，或公主婚姻的政治功能等方面，对于公主婚后生活的真实状态关注较少。事实上，从乾隆朝起，公主即便下嫁蒙古也不再前往蒙古过游牧生活，而是与额驸一起生活在京城由皇帝赐予的公主府中。具体而言，清代有 26 位公主远嫁蒙古，而有 32 位公主婚后与额驸在京城生活。由于远嫁蒙古公主的生活情况难以找到史料记载①，因此本章以生活于京城的公主为主，尝试探讨清代公主的夫妻关系。

---

　　① 定宜庄教授说，她曾费时费力地从清代文献、档案、方志中寻找远嫁皇女生活的记载，其结果却如大海捞针。参见定宜庄：《关于清代满族妇女史研究的若干思考》，《吉林师范大学学报》（人文社会科学版）2014 年第 6 期。

第一节　身份和文化的差异

清代公主普遍短寿且子嗣稀少，因而公主与额驸关系冷淡，是清人乃至当今学界的共识。至于关系冷淡的原因，主要有民族和文化的差异、身份地位的差距、政治因素的影响等说法。但少有研究对以上因素进行系统的探讨，揭示这些因素如何具体地影响到公主的婚姻。本节尝试通过对各类史料的梳理，探讨以上因素对公主婚姻的影响。

清前期公主多下嫁蒙古王公，而满蒙之间生活习惯的差异，对于公主而言就是一项挑战。《养吉斋丛录》载，公主下嫁，"每苦游牧地方居处饮食"①。清廷为使公主们能够更好地适应蒙地生活而做了诸多努力，比如成婚时给予丰厚的财产和奴仆等作为陪嫁，为公主和额驸定时发放俸禄，为公主建造和内地一样的砖瓦结构的府第，等等②。因此，虽然清代官方文献中称远嫁蒙古的公主为"赴游牧"生活，其实并非真正意义上的游牧。尽管如此，这种远嫁对公主而言仍然是一项重大的人生转变。漫说入关后的公主逐渐适应了京城锦衣玉食的宫闱生活，不愿前往陌生的"苦寒之地"，即便入关前的公主远嫁，也是一件非常痛苦的事情。《清太宗实录》记载了一段皇太极时代公主远嫁蒙古的情形：

　　壬子，复赐公主宴。将行，上揽公主辔垂泪，复送至十

---

① （清）吴振棫：《养吉斋丛录》卷 25，第 321 页。
② 根据杜家骥的研究，最晚在顺治五年就有为远嫁蒙古的公主建造砖瓦房的记录，此后更是频繁有为公主建造、修缮府第的记载。参见杜家骥：《清朝满蒙联姻研究》，第 315—317 页。

里外，下马，公主抱上泣，上与诸贝勒思及太祖皆感涕，众亦堕泪。公主悲恸不止，上谕之曰：汝既归之后，善事尔夫，以慰我诸伯叔心，勿以路远为悲，后当常相往来耳。上亲引公主辔，令贝勒阿济格引之前行。①

相较于上一章所述入关后清帝对于公主的感情多低调处理，这一段史料则难得地体现出入关前二者间真挚的情感，皇太极为公主的出嫁几次堕泪，亲自引辔，一送再送，公主则抱着皇太极哭泣，不舍离去。尽管入关前满蒙之间的生活习俗差异相对入关后要小，但其时皇女出嫁年龄尤早，一般十三四岁即成婚，对于一个尚未成年的少女而言，面临离开亲人的悲伤和远嫁陌生部落的恐惧，心理上的确很难承受。

尽管皇太极安慰公主"勿以路远为悲，后当常相往来耳"，但一方面路途遥远自然导致往来不便，另一方面入关后这一观念很快就发生改变。顺治时即有规定："固伦公主、亲王以下，县君、公以上，或以朝贡，或以嫁娶及探亲等事来京师者，皆报院请旨，不得私来。"② 如此，下嫁外藩的公主回京不再是皇室内部的家庭事务，而须通过理藩院请旨，得到批准方可回京省亲。此后，公主们不能再随意来往于京城与蒙古之间。至雍正元年，皇帝进一步规定："公主等下嫁蒙古，成婚之后，久住在京，与蒙古无甚裨益。嗣后公主等下嫁蒙古，非奉特旨留京者，不得过一年之限。"③ 即公主一旦下嫁，一年之内必须前往蒙古，其间

① 《清太宗实录》卷 3，天聪元年八月，第 2 册第 52 页。该公主为肫哲公主，系皇太极抚从兄女，努尔哈赤于天命十一年五月将其指配给科尔沁台吉奥巴，是清皇室第一位下嫁蒙古科尔沁部的公主。皇太极即位后，肫哲公主随奥巴"归国"。

② 《清会典事例》（光绪朝）卷 993，第 10 册第 1245 页。

③ 同上。

回京省亲也不得滞留一年以上。雍正二年再次缩短公主在京居留的期限："其奉旨来京者，均定以限期……公主、郡主等住六十日。如限满后仍欲留京者，亦须奏明。"① 明确，公主每次居留京城的时间不得超过 60 天。嘉庆时又进一步规定，公主格格们除非特殊情况，一般须下嫁满 10 年者方可来京省亲："嘉庆十一年奏准，嗣后下嫁蒙古之格格等，除已逾十年后遵例来京外……其未逾十年呈请来京者，不准。"② 事实上，10 年之禁早在乾隆时期就已开始执行。乾隆三十二年理藩院上奏，科尔沁 3 位格格呈请来京请安，经审查其中一位下嫁已逾 10 年，被允准来京，另外两位"下嫁甫及四五年，为时不久，著不必来京"。乾隆帝同时声明，"嗣后凡下嫁蒙古额驸之格格等，出口已逾十年，呈请来京请安者，该院请旨具奏，如未过十年者，即行议驳"③。10 年之规对于思念家乡亲人的公主格格们而言，无疑是十分残酷的。公主由于其帝女身份，尚有机会在皇帝北巡时与亲人会面，以慰思念之苦，兼之身份显赫、行动规格高，鲜有能公然违背 10 年之规者，但格格们难耐对父母家人的思念，偷偷跑回京城者不时有之。如乾隆七年，嫁与喀喇沁部落罗卜藏敦多布的固山格格"未曾请旨，违例自行来京"，被理藩院发现，奏请罚俸一年④。

　　10 年才能回京探亲一次，加之很多公主格格短寿，难怪出嫁时会有生离死别的悲苦。漫说公主格格不愿远嫁蒙古，即便普通人也不愿前往关外遥远之地，乾隆五十年十月，履端郡王（乾隆帝第四子）府上一个太监听说他们家二格格要远嫁蒙古，"要

① 《清会典事例》（光绪朝）卷 988，第 10 册第 1207 页。
② 《清会典事例》（光绪朝）卷 993，第 10 册第 1245-1246 页。
③ 《清高宗实录》卷 788，乾隆三十二年七月，第 18 册第 686 页。
④ 《清高宗实录》卷 173，乾隆七年八月，第 11 册第 216 页。

派几个太监随往口外"，一时害怕自己被挑中，遂选择逃跑①。太监尚且为逃避前往蒙地之差铤而走险，公主格格们的心情更可想而知。只可惜皇帝在考虑联姻时很难顾及她们的内心感受，也没有文字将她们远嫁时的心情记录下来，但距离的遥远和生活习惯的差异无疑是影响到公主对婚姻满意度的重要因素之一。

此外，政治立场也是影响公主婚姻的重要因素。前述皇太极时远嫁科尔沁蒙古的肫哲公主，其额驸奥巴屡蒙努尔哈赤与皇太极提携，赐号土谢图汗，并将公主下嫁于他。但奥巴鉴于察哈尔部的威逼，对后金态度十分暧昧，婚后对公主也很冷淡，致使皇太极派人前去问罪②。这段冷淡的婚姻持续并不久，肫哲公主系天聪元年前往蒙古部落，至天聪六年奥巴即去世③，公主只得遵循收继婚俗下嫁奥巴长子巴达礼，后者被封为土谢图亲王。但作为收继来的父亲的妻子，她与巴达礼的婚姻大概也并不和谐，三十七岁即离开人世④。

另一位婚姻坎坷的是康熙朝端静公主。和硕端静公主为康熙帝第五女，康熙三十一年下嫁喀喇沁杜棱郡王札什之子噶尔臧，根据《清圣祖实录》记载，公主从下嫁到去世之间的 18 年里，康熙帝在北巡时曾 3 次驻跸公主府，公主也曾 5 次赴行宫给皇帝请安，可见父女间的往来还是比较密切的。至康熙四十九年三月，公主不幸薨逝，康熙帝特派皇十三子胤祥、贝勒海善等前往

---

① 《内务府奏销档》，"奏为拿获逃走太监杜平安发往吴甸铡草二年事折"，乾隆五十年十月初八日，第 143 册第 372-377 页。
② 杜家骥：《清朝满蒙联姻研究》，第 7-8 页。
③ 《清太宗实录》卷 12，天聪六年九月，第 2 册第 171 页。
④ 《清史稿》卷 169 "公主表"，第 5277 页。

致祭，并批准礼部为公主造坟、立碑的题请①。对于公主的死因，清代官方文献并未提及，但民间的说法流传甚广。陈思涵《和硕端静公主考述》和刘朝纯《清喀喇沁右旗郡王噶尔臧革爵缘由刍议——兼为和硕端静公主辩诬》两文，对有关公主之死的民间传说进行了梳理②。大体而言，传说认为公主并非病逝，而是被额驸噶尔臧踢死的。至于踢死公主的缘由，有因清廷与喀喇沁部落争地而引发矛盾之说，有因公主回京省亲时向皇帝密报噶尔臧的不法言行之说，还有公主在蒙古不守贞洁之说，等等。刘朝纯认为，噶尔臧在公主死后被处罚，是由于大批盗贼逃入旗境、玩忽职守之罪，与公主之死无关。但实录中明确记载，公主去世次年，领侍卫内大臣等向皇帝报告噶尔臧案件的结果，"噶尔臧于公主丧事之时霸占索诺穆之妻等款，俱系情实"，并裁定"噶尔臧以行事妄乱，前已革退王爵，今应将和硕额驸职衔革去，即行处斩"③。如果只是玩忽职守之罪，用"行事妄乱"一词来形容似乎不妥，也不至拟出"即行处斩"的重罚。尽管这样的记载并不能证明公主之死与噶尔臧确有直接关系，但从噶尔臧在公主丧事期间即行不轨，且被革去额驸职衔来看，他与公主的关系不会十分和睦。端静公主与肫哲公主一样，在不和谐的婚姻中只活到三十七岁就离开人世。

相对于远嫁蒙古，公主们当然更愿意留居京城生活。从乾隆朝起，公主即便下嫁蒙古王公，也不再前往"游牧"，而是和额

---

① 《清圣祖实录》卷 243，康熙四十九年闰七月，第 6 册第 411-412 页。

② 陈思涵：《和硕端静公主考述》，《黑龙江史志》2014 年第 23 期；刘朝纯：《清喀喇沁右旗郡王噶尔臧革爵缘由刍议——兼为和硕端静公主辩诬》，《松州学刊》2016 年第 2 期。

③ 《清圣祖实录》卷 246，康熙五十年四月，第 6 册第 439 页。

驸一起居住在京城由皇帝赏赐的府第中，享受着来自皇室的各方面照顾。这也是清代皇帝关爱女儿的重要体现。但是，留在皇帝身边的公主就一定能够生活幸福吗？事实上，清代中后期公主的寿命较前期并未有明显增长，子嗣也仍旧十分稀少。居住京城的公主婚姻仍然受到文化和身份差异，以及政治因素的影响。

仍以最受乾隆帝宠爱的和孝固伦公主为例，前述和孝的婚姻是乾隆帝精挑细选、精心安排的结果，但这仍不能保证公主与额驸婚姻和谐幸福。《啸亭续录》中记载了和孝公主婚后的两件小事，反映出公主夫妇之间身份与思维方式的差距。一件是关于额驸玩雪，"一日积雪，额驸偶弄叠锸作拨雪戏，公主立责之，曰：'汝年已逾冠，尚作痴童戏耶？'长跽请罢乃已"①，反映出额驸幼稚的行为与公主成熟思想之间的差距。另一件事是公主看到和珅势力骄纵，而额驸丰绅殷德毫无居安思危之虑，曰："汝翁受皇父厚德，毫无报称，惟贿日彰，吾代为汝忧。他日恐身家不保，吾必遭汝累矣！"② 和孝公主自幼受父亲教导，耳濡目染，心胸与眼界自然开阔宽广，此事中公主的政治远虑与额驸的不谙世事又形成鲜明对比。嘉庆帝亲政后，和孝公主的忧虑成为事实，额驸丰绅殷德的无能与颓废也印证了《啸亭续录》所载之形象，其后的家庭生计全靠皇帝看在公主面上给予的宽宥和照拂，以及公主的勉力维持而得以存续。如此可见，二人无论是在身份地位上还是在思想见识上的差距皆巨大，如此很难有所谓举案齐眉、夫唱妇随的和谐婚姻生活。

此外，清人还将公主与额驸关系冷淡的原因归咎为公主的保

---

① （清）昭梿：《啸亭续录》卷5，第515页。
② 同上。

母作祟。《清稗类钞》载，公主成婚后，"驸马居府中外舍，公主不宣召，不得共枕席。每宣召一次，公主及驸马必出费，始得相聚，其权皆在保母，即管家婆是也，否则必多方阻之，责以无耻。虽入宫见母，亦不敢诉，即言亦不听。故国朝公主无生子者，有亦驸马侧室所出"①。保母或乳母于公主幼时在其身边照顾养育，感情深厚，虽然清代官方文献中未见公主出嫁时乳母陪嫁的规定，但会典中有载，"蒙古亲王之女，照内亲王之女郡主陪嫁，除乳母夫妇外，侍女八人，闲散五户；郡王之女，照内郡王之女县主陪嫁，除乳母夫妇外，侍女七人，闲散四户；贝勒之女，照内贝勒之女郡君陪嫁，除乳母夫妇外，侍女六人，闲散三户……"②郡主、县主、郡君都有乳母夫妇陪嫁，公主应该也是如此。根据《清稗类钞》等材料记载，这些乳母、保母进入公主府后就摇身变为管家婆，利用公主与亲生父母关系疏远的特点，通过阻挠公主夫妇见面的方式而从中谋取利益，由于"二百年来之公主皆无此厚颜，故每每容忍"，"大抵清公主十人而九以相思死"，公主死后，额驸须"将府第、房屋、器用、衣饰全数而入于宫中"，变得一无所有，唯"其入保母腰缠者，不可考也"，"管家婆之虐待公主，尤甚于鸨母之虐妓"③。

我们认为，区区保母就全面影响到清代公主的婚姻和家庭，难免有夸大其影响之嫌。兼之稗史所记并非全部真实，比如《清稗类钞》记载，清代公主中只有"文宗之九公主，下嫁某额驸，悉去一切繁文，夫唱妇随，与普通家庭无以异。宫眷或嘲笑之，

① （清）徐珂编撰：《清稗类钞》第1册"宫闱类·皇子皇女之起居"，第353—354页。
② 《清会典事例》（光绪朝）卷992，第10册第1240页。
③ 《清朝野史大观》卷1"清宫遗闻"，上海书店，1981，第63—64页。

不为意也"①。首先，文宗即咸丰帝，只育有一位公主，即清代最后一位皇帝的亲生女——荣安固伦公主，即便算上咸丰帝去世后被慈禧接入宫内、封为荣寿公主的恭亲王奕䜣之女，充其量也只有两位公主，何来九公主之说②。其次，荣安公主下嫁仅一年就薨逝，没有生育子嗣，也没有太多机会与额驸享受夫唱妇随之乐。因此，《清稗类钞》此记全然不实。另有《清宫遗闻》载："清之公主，子女众多而又夫妇相得如民间者，二百年来仅宣宗之大公主与其夫符珍耳。大公主之初嫁也，有所召，亦为保母所阻，年余不得见驸马面。怒甚，忍而不言。一日入宫，跪宣宗前请命曰：父皇究将臣女嫁与何人？帝曰：符珍非尔婿耶！公主曰：保母不使臣女见也。上曰：尔夫妇事，保母焉得管，尔自主之可也。公主得命，回府立斥保母，召符珍，伉俪甚笃，生子女八人，可谓有清以来首屈一指。"③ 这个故事描述了公主用自己的勇气和谋略最终战胜保母而过上幸福生活，似乎为有清一代公主压抑的婚姻生活照进一束光。但可惜也并非史实。道光帝（宣宗）共育有 10 位公主，但前 3 位公主皆夭折，第四女寿安固伦公主终于长大成人并下嫁，额驸系蒙古奈曼部台吉德穆楚克扎布，而故事中的符珍系咸丰帝独女寿安固伦公主之额驸，作者显然是搞错了辈分，史料中更未见有哪位清代公主生育 8 位子女的记载。这些错误说明，稗史、笔记的作者们对于清代皇室的情况并不熟悉，其所描述的公主生活很可能只是道听途说，真实性令人怀疑。

---

① （清）徐珂编撰：《清稗类钞》第 5 册 "九公主有夫唱妇随之乐"，第 2085 页。
② 《清史稿》卷 169 "公主表"，第 5300—5301 页。
③ 《清朝野史大观》卷 1 "清宫遗闻"，第 63—64 页。

当然，稗史、笔记所载也并非全都不实，《清宫遗闻》"公主出嫁，即赐以府第，不与舅姑同居，舅姑且以见帝礼谒其媳"①的说法就是有一定根据的。前文已述，入关之初即有皇室至蒙古为公主修建府第的记载，在京城居住公主的府第也是由皇帝赐予，不过一般不是新建，多系在内务府掌握的房屋中挑选合适的，经过修缮或改造后赏给公主居住。如上一章提到和孝公主成婚前乾隆帝将入官的李侍尧房屋赏作公主府第。乾隆三十三年，皇帝下令将入官的高恒住房花园一所修整后作为七公主（和静）府第②。《内务府奏案》中记载了嘉庆三年、四年和七年，分别将三所入官房屋改建为公主府的情况，应是为即将出嫁的庄敬与庄静两位公主做准备③。因此公主婚后的确不与公婆同居，而是与额驸单独居住于公主府。至于公主与舅姑见面时究竟如何行礼，并无具体的事例记载。但会典中所记道光二十一年的一项礼仪改革，为我们揭示了公主与额驸及舅姑之间的礼仪之道："向来固伦公主、和硕公主下嫁，额驸及额驸之父母俱给公主屈膝请安，如有赏项，亦必磕头。此等礼节，殊属不合体制。本年十月初三日寿安固伦公主下嫁后，固伦额驸德木楚克扎布见公主时，著站立向公主请安，公主亦站立问好。额驸之父霈曼王阿宛都洼第扎布与其福晋及额驸之生母见公主时，俱著站立给公主请安，

---

① 《清朝野史大观》卷 1 "清宫遗闻"，第 63 页。

② 中国第一历史档案馆编：《乾隆朝上谕档》，乾隆三十三年八月十八日，档案出版社，1991，第 5 册第 460 页。

③ 中国第一历史档案馆藏：《内务府奏案》，"总管内务府大臣和珅等奏为修建公主府第估需工料银两事"，嘉庆三年十一月二十一日，档号：05-0472-078；"奏为福长安入官住房改建公主府第估需工料银两事"，嘉庆四年二月二十五日，档号：05-0474-031；"奏为奕果府第改建四公主将琅玕抵项房间赏伊居住事"，嘉庆七年正月二十二日，档号：05-0493-017。

公主亦站立向其请安。如遇公主送给额驸及额驸之父母什物等事，亦俱著站立向公主说磕头，不必屈膝，以重伦理。各宜钦遵，著为令。"① 从此次皇家礼仪的变革可见，道光二十一年寿安公主下嫁前，公主与额驸以及舅姑之间的礼仪，虽然不完全与"见帝礼"等齐，但的确具有君臣之间礼仪的性质。额驸及其父母见到公主要屈膝请安，公主有所赏赐还须磕头。不难想象，当年老的蒙古王公夫妇向年轻的儿媳下跪，当额驸每日见到妻子都要行屈膝礼或下跪，这样的礼仪之下，公主的家庭生活的确难以形成像其他传统家庭那样的"和谐"氛围。道光帝也正是意识到如此与其他家庭相比尊卑倒置的礼仪，给公主日常生活所带来的不便和困窘，因此在本朝第一位公主出嫁时即将礼仪进行了一些修正，以期在一定程度上调和公主家庭的夫妻尊卑和长幼伦序，给公主制造一个相对平等的家庭氛围。可惜从后来的情况看，这一改革似乎并未达到预期效果，道光朝 5 位下嫁的公主仍然全都寿命不长，最长寿的第九女寿庄公主活到四十三岁，其他 4 位公主皆二三十岁即早逝②。

至于"驸马居府中外舍，公主不宣召，不得共枕席"，"若公主先驸马死，则逐驸马出府，将府第、房屋、器用、衣饰全数而入于宫中"的说法，也有一定根据。额驸是否必须在妻子宣召后方可与其共枕席，因没有相关史料记载，不得而知；但额驸与公主在府第内分开居住、公主薨逝后额驸须将房屋等财产交回宫中，都是有史料可以证实的。内务府档案中记载了几位公主薨逝后，额驸将府第、财产交回内务府，并说明房屋等的使用情况，

① 《清会典事例》（光绪朝）卷 325，第 4 册第 847 页。
② 《清史稿》卷 169 "公主表"，第 5298—5300 页。

即可印证以上说法。咸丰九年四月，道光帝第六女寿恩固伦公主
薨逝，次月，额驸景寿上奏呈交公主府财产，奏折内清楚写明：
"公主府第坐落西直门内半壁街，连马圈计房二百六十七间半内，
公主居住房一百六十一间，景寿居住房五十一间半，马圈五十五
间。又园寓一所，坐落海淀挂甲邨，计房一百八十一间，公主居
住房一百四十三间，景寿居住房三十八间。呈请一并交出"。可
见公主与额驸在公主府内的生活区域泾渭、主次分明，不论府第
还是园寓都是如此，额驸居住的房间数量大大少于公主，也不能
排除这些房间位于公主府"外舍"的可能。另外，该奏折中还列
明公主下嫁时陪送的当铺、房租、地租、太监和嬷嬷妈妈等，也
都一并交回①。皇帝有时会开恩留给额驸一部分生活所需的财
产，如嘉庆十六年三月、五月，嘉庆朝仅有的两位活到成年的公
主——庄敬和硕公主（三公主）和庄静固伦公主（四公主）先后
薨逝，内务府按照定例，清查公主府所有财产，准备收回。庄敬
和硕公主共拥有府第三所，共计房间 405 间，下嫁时还赏给当铺
1 座、三等庄头 1 名、半分庄头 1 名、银 10 000 两（已使用 5 000
两，剩余 5 000 两）等资产。皇帝"加恩"将当铺一座赏给额驸
索特讷木多布斋让其自行经管，其余财产和人员全部收回。庄静
固伦公主的财产，除府第和园寓外，也包括下嫁时赏给的当铺 1
座、铺面房 5 处、陪嫁银 12 000 两（已使用 6 000 两，剩余 6 000
两）等。嘉庆帝则将当铺一座和剩余的 6 000 两白银都赏给额驸
玛呢巴达拉使用，其他资产下令收回，可见固伦额驸的待遇较和
硕额驸要高。不过，皇帝赏留给额驸的财产并没有固定的种类和

---

① 《内务府奏销档》，"奏为寿恩固伦公主薨逝呈交房间等事折"，咸丰九年五月初
八日，第 241 册第 625—628 页。

数量，同治五年寿禧和硕公主去世后，内务府奉命将其财产全部收回，只恩准额驸暂时留居公主府，不必马上将房屋交出①。可见，公主薨逝后，额驸所得都倚靠皇帝的格外恩典，是否赏给额驸财产，以及赏什么、赏多少，都无定数。因此，原则上讲，公主去世后，额驸所拥有的大概就只有固伦额驸或和硕额驸的封号及俸禄，如果他们再娶，连额驸的封号和待遇也会失去。

综上，身份地位的差距和制度规定所导致的隔阂，是造成公主与额驸的关系难以近密的主要原因。下节将从公主府的运转情况入手，具体考察制度规定给公主家庭生活带来的矛盾。

第二节 从公主府的运转情况看公主与额驸的关系

公主成婚后与额驸居住在由皇帝赏赐的府第中，形成以公主为主导，额驸、子女等家庭成员为从属，内务府派出的官吏、仆从群体为辅助的家庭结构。公主在家庭中处于毫无争议的尊位，这一点在居住京城的公主家庭内体现得尤为明显。

首先，公主府的经济收入主要来自皇室，而皇室资助的主要对象无疑是公主本人，额驸、子女等所享受的相关待遇，皆因他们是公主的亲属，且不得高于公主。清代规定，"凡在京居住固伦公主岁给俸银四百两，和硕公主三百两"，同时"每银一两，均给米一斛"，这是公主的俸饷待遇。而额驸的品级和待遇皆依

① 中国第一历史档案馆藏：《内务府奏案》，"奏为办理庄敬和硕三公主薨逝事"，嘉庆十六年四月初七日，档号：05-0553-025；"奏为四公主薨逝查明赏过银两人丁等呈缴事"，嘉庆十六年五月二十八日，档号：05-0554-028；《内务府奏销档》，"奏为和硕额驸扎拉丰阿呈交寿禧和硕公主府第等事折"，同治五年十月十六日，第249册第306-312页。

照其所娶公主的品级核定，"额驸等，向俱照公主封号，授为固伦额驸、和硕额驸"，固伦额驸的俸银为三百两，和硕额驸二百五十五两①。乾隆四十年规定，"嗣后在京公主所生之子，至十三岁时，如系固伦公主所生，即给予伊父固伦额驸品级；和硕公主所生，即给予伊父和硕额驸品级"②。尽管公主之子的品级随父亲，但其品级及待遇的取得无疑源自公主，额驸子嗣中非公主所生者并无以上待遇。关于公主之女的待遇，官书中并无记载，但顺治十七年曾规定："亲王女和硕格格，曰郡主；世子、郡王女多罗格格，曰县主；贝勒女多罗格格，曰郡君；贝子女固山格格，曰县君"。固伦公主品级相当于亲王，和硕公主相当于郡王，如此可推断公主之女也应相应封为和硕格格、多罗格格，并享有相应的俸禄。上章引用的《内务府奏销档》中关于乾隆朝和敬公主府进出账目的档案，其中公主府每年的进项中，除公主和额驸的俸银之外，还包括"格格俸银四十两"，即证明公主之女也是有固定俸禄的③。

除俸禄外，公主在成婚时的陪嫁和成婚后不时得到的赏赐，数量更是惊人。上一章提到和敬公主婚后陆续得到的赏赐银达86 000余两，和孝公主得到的赏赐更多，相比之下，俸银反而成为公主府收入中的小部分。需要指出的是，皇帝给公主的赏赐，除金银、房屋、当铺等之外，还包括官员、仆从群体，他们都由内务府派至公主府，薪酬仍由内务府承担。

乾隆五十一年规定："固伦公主分内，著定为三品翎顶长史一员，头等护卫一员，二等护卫二员，三等护卫二员，六品典仪

① 《清会典事例》（光绪朝）卷248，第3册第930页。
② 《清高宗实录》卷974，乾隆四十年正月，第21册第1页。
③ 《内务府奏销档》，"奏为查办固伦和敬公主府进费帐目尚无侵欺情弊缘由折"，乾隆五十四年三月初七日，第154册第285-298页。

二员。和硕公主分内，著定为四品翎顶长史一员，二等护卫二员，三等护卫一员，六、七品典仪各一员。不必拘定陪嫁人户，听从公主随便拣放"①。这些长史、护卫等均从内务府职员中挑选，道光二十一年寿安固伦公主下嫁时，"府第长史一员由现任员外郎、内管领、副参领内拣选充补，其头等护卫一员、二等护卫二员由副内管领、骁骑校、护军校内拣选充补"，三等护卫以下"于分给十二户护军披甲人内拣放"。所有挑中人选"均令仍食原俸饷银"，无须公主夫妇支付其俸禄②。

除官员、护卫外，公主府还配有太监、宫女、嬷嬷等仆从群体。康熙四十年规定，每位公主配备太监 10 名，乾隆五十一年谕令固伦、和硕公主府的首领太监准给八品顶戴 1 人；乾隆十二年奏准的"公主下嫁事宜"中规定，固伦公主陪送女子 12 名、嬷嬷妈妈不定具体人数，和硕公主陪送女子 10 名、嬷嬷妈妈 4 名③。从档案记载来看，每位公主身边的嬷嬷和女子、太监实际人数并不划一。咸丰九年寿恩固伦公主薨逝时，身边有太监 13 名、嬷嬷 5 名、女子 1 名；同治五年寿禧和硕公主薨逝时，身边有首领太监 10 名、妈妈里 5 名、女子 3 名④。关于此类人员的俸饷，政书类史料并无记载。我们从《内务府奏销档》中找到一条同治十二年荣安固伦公主出嫁时内务府有关赏赐事宜的奏折，从

① 《清会典事例》（光绪朝）卷 3，第 1 册第 43 页。
② 《清宣宗实录》卷 353，道光二十一年六月，第 38 册第 365–366 页。
③ 《清会典事例》（光绪朝）卷 1217，第 12 册 1106 页；《清高宗实录》卷 1258，乾隆五十一年七月，第 24 册第 903 页；《内务府则例（第二种）·掌仪司·公主下嫁事宜》，载《故宫珍本丛刊·钦定总管内务府现行则例二种》，第 171–180 页。
④ 《内务府奏销档》，"奏为寿恩固伦公主薨逝呈交房间等事折"，咸丰九年五月初八日，第 241 册第 625–628 页；"奏为和硕额驸扎拉丰阿呈交寿禧和硕公主府第等事折"，同治五年十月十六日，第 249 册第 306–312 页。

中可知荣安下嫁时"随出公主服役之首领太监及妈妈嬷嬷、灯火水上妇人等，请照寿恩固伦公主下嫁时随出人役均准带所食宫内月银米石，随出当差"①。奏折中虽未透露太监、嬷嬷等的具体钱粮数目②，但可以确定亦由内务府支付。

可见，公主府的实际运转由内务府负责。理论上讲，负责管理公主府工作的最高官员应系总管内务府大臣中的一位，尽管我们在实录和会典等官书中均没有找到相关的记载和规定，但内务府档案确切反映出，清代每位公主和皇子都有一位总管内务府大臣负责经理其家务。由于总管内务府大臣人数有限，有时一位大臣可能同时经管数位公主和皇子的家务。比如，同治四年总管内务府大臣宝鋆与文祥在入值军机之后，由于事务繁忙，皇帝允许两人辞去内务府职务，由其他总管内务府大臣接管，《内务府奏销档》中列出两人的职责中仅管理公主和皇子家务一项，就包括5位郡王和2位公主（寿庄和寿禧），其他职责更是繁多③。因此，恐怕两人未担任军机大臣之前，就已对公主家务分身乏术。难怪同治二年，寿庄和硕公主府的首领太监指出上驷院给公主车轿所配的骡头不好，并将其归因于负责公主家务的总管内务府大臣宝鋆管理不力④。

从内务府档案所反映的情况来看，总管内务府大臣对于公主

① 《内务府奏销档》，"奏为荣安固伦公主下嫁赏给房租地租当铺各款事折"，同治十二年闰六月初七日，第259册第219-226页。

② 清末太监回忆录中载，八品太监的俸禄为每月银四两、米四斗，无品级太监的俸禄为每月银二至三两、米二至三斗不等。参见李光：《清季的太监》，载中国人民政治协商会议全国委员会文史资料委员会编：《晚清宫廷生活见闻》，第161页。

③ 《内务府奏销档》，"奏请派员管理原内务府大臣宝鋆文祥所管处所折"，同治四年四月二十七日，第248册第144-156页。

④ 《内务府奏销档》，"奏为审明太监张玉仓出言无状按律定拟折"，同治二年十二月初七日，第246册第450-454页。

府的职责的确在很大程度上只是挂名而已，他们并不常驻公主府第，对很多事务常常不知情。比如上一章提到的和孝公主令府上太监出卖珍珠手串一事，负责公主家务的总管内务府大臣英和在皇帝讯问时毫不知情，因此被处以"失察"之罪①。实际上，总管内务府大臣对公主府的管理主要通过节制公主府的长史而实现。前述宝鋆因入值军机而辞去管理寿庄公主府事务之后，该职务由总管内务府大臣明善接任。后者上任仅两个多月就奏请更换公主府长史。明善在奏折中指出："该府长史骁骑副参领吉顺于府第应办一切事务未能周妥"，请求将其撤回，"交内务府议处"，寿庄公主府事务须另选"老成谙练之员，方克办理"。明善表示，新任长史不应由公主府护卫中升任，而另选了他所熟悉的内务府中人担任，系"内务府骁骑副参领永安"，因其"人尚老成，办事谨慎，堪以补授长史之缺"②。

可见，实际负责公主府事务的官员为该府长史，相当于公主府的大管家，对府上其他官员仆从负有管理之责。长史的实际职责，史料中亦无明确记载，但以下两个案例可以反映出长史在公主府的地位。乾隆三十六年，固伦和静公主府负责领取"公主食物折价银两"的护军校常龄，将所领银两"侵用"，而公主府的长史侉塞将此事拖延两个多月才向内务府呈报，最终因其管理下属不善，被罚俸一年③。乾隆三十九年，和硕和恪公主府花园屡屡失窃，长史清德因疏于防范被罚俸一年，公主府其他人员下至

---

① 中国第一历史档案馆藏：《内务府奏案》，"奏为十公主令太监售卖手串并未具奏将管家务大臣英和罚俸事"，嘉庆八年五月初八日，档号：05-0503-042。

② 《内务府奏销档》，"奏为更换寿庄和硕公主府长史事折"，同治四年七月十六日，第248册第362-364页。

③ 《内务府奏销档》，"奏为护军校常龄侵用和静公主银两请治罪事折"，乾隆三十六年六月二十八日，第91册第721-731页。

巡查兵丁、花园值更之人、仓库夜值之人、看守府门的武官、披甲清平等人，上至骑都尉达塞等，也都受到一定的责惩①。可知公主府有事，除总管内务府大臣之外，长史的责任最大。

确切而言，不论总管内务府大臣、长史、护卫，还是太监、嬷嬷等，其服务的对象都是公主。公主在世时，他们各负其责，帮助公主处理府上各项事务。一旦公主薨逝，他们将全部撤离公主府，重新等待任命。如嘉庆十六年三月，庄敬和硕公主病逝，次月，负责管理公主家务的总管内务府大臣徵瑞即上奏表示，他本人及所有管理公主家务之人员"相应请旨，照例毋庸管理"。皇帝批准"户口九户酌留四户看守公主园寝"，"太监十九名赏给三名，其余十六名著索特讷木多布斋（额驸）于百日后交进当差"，其余公主府人员全部撤离，或回内务府任职，或回本旗当差②。当年五月，庄静固伦公主薨逝，内务府照例在将公主府财产收回的同时，亦将府上人员撤回。庄静公主府"现有太监十五名，拟留二名以备看守公主祠堂。嬷嬷等六名、女子四名均照例撤回。至护卫等十二户内，应酌留六户看守园寝，其余六户撤回"，府上长史玉柱撤回内务府任职，副长史撤回本旗当差③。从庄静公主府留 2 名太监为公主看守祠堂来看，嘉庆帝给庄敬公主府所留的 3 名太监，也应并非赏给额驸使用，而是为公主看守祠堂或园寝。需要指出的是，两位公主病逝时都尚年轻，庄敬公

① 《内务府奏销档》，"奏为盗贼入公主花园行窃议处失查人员事折"，乾隆三十九年十月十二日，第 106 册第 504—510 页。

② 中国第一历史档案馆藏：《内务府奏案》，"著办理庄敬和硕三公主薨逝家务事奉旨单"，嘉庆十六年四月初七日，档号：05-0553-027；"奏为办理庄敬和硕三公主薨逝事"，嘉庆十六年四月初七日，档号：05-0553-025。

③ 中国第一历史档案馆藏：《内务府奏案》，"奏为四公主薨逝查明赏过银两人丁等呈缴事"，嘉庆十六年五月二十八日，档号：05-0554-028。

主三十一岁，庄静公主二十八岁，如有子女也应尚未成年。由于清代史料中公主生育子女的记载实在不详，很难得知其确切的生育情况，但我们在《内务府奏案》中发现两条嘉庆十年三月二十八日庄敬和硕公主因生女而得到赏赐的记录，皇帝分别赏给小格格礼物和乳母夫妇一对①。如果这位小格格没有夭折的话，至公主薨逝时年方七岁，尚需人照顾。即便公主本人没有生育，额驸也常有妾室生育的子女，或者皇室会为公主指定继嗣人选。如和孝公主去世后，其嗣子守孝百日后，赏给二品顶戴；同治四年正月，寿庄公主之额驸德徽病逝，次月即奉上谕将德徽胞兄之子联英"著继与寿庄公主为嗣"；同治六年，恩朴之子文熙"著继与寿臧和硕公主为嗣"；等等。但档案中皇帝在公主薨逝后收回财产和官员仆从时，除对额驸可能有一些恩赏之外，未见有考虑到其他亲属包括子女的情况。这进一步证明，皇室给予公主府的经济资助，仅针对公主本人，额驸和其他亲属虽然在公主在世期间，可以随同享受相关待遇，一旦公主薨逝，原则上讲，所有财产都和公主以外的其他人无关。

从以上公主府的运转情况，我们不难看出公主在府上的绝对尊位，这样的尊位很可能导致公主的傲骄跋扈之气。事实上，早在入关之前就有公主欺凌额驸的记载：

> 天命八年六月戊辰，太祖御八角殿，集诸公主、郡主，训之曰："朕仰体天心，劝善惩恶，虽贝勒、大臣，有罪必治。汝曹苟犯吾法讵可徇纵？朕择贤而有功之人，以汝曹妻

---

① 中国第一历史档案馆藏：《内务府奏案》，"奏为庄敬和硕公主遇喜生女照例赏赐事"，嘉庆十年三月二十八日，档号：05-0514-025；"呈为赏赐乳母夫妇子女名单"，嘉庆十年三月二十八日，档号：05-0514-027。

焉。汝曹当敬谨柔顺，苟陵侮其夫，恣为骄纵，恶莫大焉！
法不汝容。譬如万物依日光以生，汝曹亦依朕之光以安其生
可也。"……越数日，又谕归附蒙古贝勒曰："有娶我诸女
者，苟见陵侮，必以告。"①

努尔哈赤严厉告诫公主、郡主们，如再"陵侮其夫，恣为骄
纵"，则"法不汝容"，并鼓励额驸们在受到妻子凌侮时要勇于告
状，生动显示出其时公主在家庭中的跋扈形象，这显然并不符合
清皇室对公主形象的预设。入关后，清皇室一直致力于对公主进
行儒家妇德方面的教育和规训。"八角殿训言"之后反复出现在
各类清代官方文献中，就是对此思想的不断强化②。在此背景之
下，公主与其他八旗贵族女性一样，逐渐经历了从"扬鞭马背之
上"到"深藏闺阁之中"的转变。入关后再没有一位皇女在历史
上留下自己的名字，我们所知的唯有她们在家庭中的排行和在指
婚前后所赐予的封号，且这些封号也多以"孝""和""敬"、
"庄""顺""婉"等美德字眼来命名，册文和圹志中也往往突出
她们"亲顺孝谨""娴习阃仪"等品质③。

清代皇帝在保证公主于婚后家庭中处于尊位的同时，又极力
遏止其骄矜跋扈之气，使得清代公主呈现出一种十分矛盾的定
位。一方面，公主在家庭中处于主导地位，与额驸之间要保持一

---

① 《清史稿》卷 169 "公主表"，第 5301 页。
② 就我们所见，该训言在《清太祖实录》《清皇室四谱》《清史稿》等资料中皆有记载。
③ 有关公主的册文，见中国第一历史档案馆藏：《内秘书院档案》，"顺治十七年六
月封察哈尔公主为固伦公主之旧册文"，顺治十七年六月初一日，档号：06-03-05；
"康熙帝册封察哈尔固伦公主为温庄长公主之金册文"，康熙元年四月二十二日，档号：
06-03-05；"康熙帝册封巴林部固伦公主为淑慧长公主金册文"，康熙元年四月二十二
日，档号：06-03-04。有关公主圹志的资料，参见宋大川、夏连保：《清代园寝志》第
二部分"清代公主园寝志"，文物出版社，2012，第 391—481 页。

种类似"君臣"的关系；另一方面，又要求公主具有儒家的柔顺品德，不能抛头露面、不能欺侮丈夫。这无疑给公主在主持家务、处理家庭关系的过程中出了一道无解的难题。这一难题是远非道光帝免除额驸本人及其父母在见到公主时请安、磕头就能够解决的。

从额驸的角度而言，他在公主府更像是一个寄居者，要将妻子时刻摆在尊位，对家事基本没有决定权，而一旦妻子去世，他将几乎失去当前所拥有的一切。这样的家庭地位是与同时代的其他男性都截然不同的。尚主的婚姻使得额驸失去的不仅是一家之主的尊严，还可能蒙受经济上的损失。上文提到庄敬和硕公主去世后，内务府负责清点公主府的财产，在所列清单中包括额驸索特纳木多布斋开垦昌图额尔克地亩每岁所得租银约有四五万两，建议"行查盛京将军"核实具体数目后收回。索特纳木多布斋系科尔沁郡王，其在科尔沁地方开垦田亩的收入应系额驸家族财产，但负责管理公主家务的总管内务府大臣徵瑞竟然把这一财产也纳入回收之列。嘉庆帝起初并未发现其中的问题，还谕令"昌图额尔克地亩租银数目俟盛京将军咨覆到日再行具奏"。但数月之后他就觉悟过来，指责徵瑞"原派管公主家务，其于额驸索特纳木多布斋产业，即不应干涉。自公主逝后，朕尚施恩赏给额驸，乃伊转欲将索特纳木多布斋自有田租奏请入官……希图取巧见长，实属卑鄙不知大体"[1]。试想如果嘉庆帝稍有糊涂，被大臣所糊弄，额驸家族的经济损失可谓巨大。因此，难怪在我们所

---

[1]　中国第一历史档案馆藏：《内务府奏案》，"奏为庄敬和硕三公主薨逝简派管理官员事"，嘉庆十六年四月初七日，档号：05-0553-004；《清仁宗实录》卷250，嘉庆十六年十一月，第31册第382页。

见的公主去世后清查府上财产的档案中，出身满洲或蒙古贵族的额驸们除婚后的俸禄之外，没有任何将自己及其家族的财产投入公主府的记录。

由上可见，公主不仅在婚后与额驸分开居住，经济上也各自分开核算。额驸在婚姻中面临的不仅是没有一家之主的尊严，更是随时可能失去一切的危机。

本章从身份地位和文化差异等外部因素，以及公主府的运转情况两方面探讨了影响公主与额驸关系的原因，指出清代制度的设定是造成公主与额驸关系不和谐的根本原因。公主身份的特殊性使其家庭秩序和结构与其他传统家庭皆不相同。清廷既希望通过公主的婚姻达到联结和安抚政治势力的效果，同时又要保持公主在婚后家庭中绝对的尊位，以代表皇权的至高无上；既要打造公主"敬谨柔顺""深藏闺阁"的妇德形象，又要求她们具有主持和决定府上大小事务的能力。这种情形之下，额驸只能是家庭中的从属者和寄居者，须谦卑、恭谨地对待自己的妻子，同时小心地保护好自己的财产不在妻子去世之后被皇家吞噬。由此，我们也就不难理解公主与额驸为何关系冷淡，而公主在这种矛盾的人生设定中辗转挣扎，多早早离世。

第四编

暮年生活

一旦皇帝崩逝，后妃们无论年龄老少都将进入漫长的暮年时光。她们的称谓变为皇太后、太妃等；她们的居住地点将由位于紫禁城内路的东西六宫迁往外路的宁寿、寿康等宫；除太后之外，其他人如果年龄未过五十岁，将不得与当朝皇帝见面，没有生育子嗣的太妃、太嫔们晚年生活更是格外寂寞。当然，也有一些宫廷女性在这一阶段才迎来她们人生的"巅峰"，比如原先是妃嫔者可能被嗣皇帝尊为太后，原先位分低微者经新帝的累次加封可以达到贵妃以上高位。本编考察清代皇帝"未亡人"的宫廷地位和生活，揭示这些太后、太妃、太嫔、太贵人等的宫廷境遇。

第八章

"庆隆尊养"：清代皇太后的尊称与晚年生活

清代，皇太后是皇室女性中最为尊贵的群体，作为皇帝的母亲（嫡母、继母或生母）而受到特别的孝养与尊崇，也因此在宫廷内外享有特殊的地位。本章将考察皇太后尊称的获得方式和她们的晚年生活，并从中探讨太后的宫廷地位及其与皇帝的关系。

第一节　太后的尊号与徽号

清代，皇帝"登极之初，奉圣祖母为太皇太后，奉母后或母妃为皇太后，则有上尊号礼"①。此系沿袭前代做法。明代皇帝继位后，凡前朝皇后及本生母在世者，皆被尊封为皇太后；凡前朝皇太后在世者，皆被尊封为太皇太后②。

有清一代共有 11 位太后，由前朝皇后被尊为太后者共 5 位，其中 2 位嫡后、3 位继后；由嗣皇帝生母被尊为太后者亦 5 位；

---

① 《康熙会典》卷 42，载《大清五朝会典》，第 1 册第 529 页。
② 刘毅：《明清皇室》，紫禁城出版社，1997。

另有 1 位在前朝为皇贵妃而被嗣皇帝尊为太后者，属于特例。从皇朝而论，清代只有嘉庆一朝没有太后，雍正朝和咸丰朝的太后都在获尊后不久即离世，因而此两朝也基本没有太后实际活动，其他朝均或多或少留有太后活动的相关记载。清代除光绪和宣统二帝是从近支宗室中择立外，其他皇帝均系父死子继，因此从太后的尊封来看，世系也很清晰：每朝至多有前朝皇后和皇帝生母两位太后存在，康熙朝另有太皇太后在位 26 年。（详见表 8-1）

清代首次正式尊封皇太后的时间，在历朝会典中记载并不一致。康熙及雍正朝会典，均记为顺治八年二月，皇帝亲政，"上圣母尊号曰皇太后，上徽号曰昭圣慈寿皇太后"，并举行了尊封的一系列仪式①。而自乾隆朝《会典则例》起，皆改为"崇德八年，世祖章皇帝嗣位，尊母后皇后为皇太后，圣母为皇太后"。即顺治帝是在崇德八年甫一即位即尊封两宫太后，至顺治八年皇帝亲政，只是为生母太后第一次上徽号②。所谓徽号，是"至国家有大庆典，则有加上徽号礼，或四字，或二字，递进以极推崇之义"③。若从史料形成的时间来看，康雍两朝的会典记录应更值得信赖；乾隆朝及以后的会典虽记顺治帝继位即尊封两位太后，却并无举行相关仪式的记载。此外，顺治朝实录中，也未记载顺治帝继位后即尊封两位太后，不过在办理太宗丧仪的过程中

---

① 《康熙会典》卷 42，载《大清五朝会典》，第 1 册第 529 页。刘潞《孝庄——名满天下的清朝睿智皇太后》[《沈阳故宫博物院院刊》（总第 11 辑）] 即认为顺治八年，皇帝为生母上尊号的礼仪办得极为盛大隆重，并创立皇太后上尊号颁诏天下之制，绝非繁文缛节，而是向天下树立权威必不可少的手段。

② 《清会典则例》（乾隆朝）卷 57，载《景印文渊阁四库全书》，第 622 册第 30 页。嘉庆及光绪朝《清会典事例》亦如此记载。

③ 《康熙会典》卷 42，载《大清五朝会典》，第 1 册第 529 页。

表 8-1

清历朝皇太后简表

序号	朝代	初封徽号	初上谥号	姓氏	母家身份	获尊身份	卒年	卒岁
1	顺治	无	孝端文*	博尔济吉特	科尔沁部贝勒莽古思女	嫡后	顺治六年四月	五十一
2	顺治	昭圣慈寿	孝庄文	博尔济吉特	科尔沁部贝勒寨桑女（孝端文皇后侄女）	生母	康熙二十六年十二月	七十五
3	康熙	仁宪	孝惠章	博尔济吉特	科尔沁部贝勒卓尔济女（孝庄文皇后侄孙女）	继后	康熙五十六年十二月	七十七
4	康熙	慈和	孝康章	佟（佟佳）	少保、固山额真佟图赖女	生母	康熙二年二月	二十四
5	雍正	仁寿**	孝恭仁	乌雅	护军参领威武女	生母	雍正元年五月	六十四
6	乾隆	崇庆	孝圣宪	钮祜禄	四品典仪凌柱女	生母	乾隆四十二年正月	八十六
7	道光	恭慈	孝和睿	钮祜禄	礼部尚书恭阿拉女	继后	道光二十九年十二月	七十四
8	咸丰	康慈	孝静	博尔济吉特	刑部员外郎花良阿女	皇贵妃	咸丰五年七月	四十四
9	同治/光绪	慈安	孝贞显	钮祜禄	广西右江道穆扬阿女	继后	光绪七年三月	四十五
10	同治/光绪	慈禧	孝钦显	叶赫那拉	安徽徽宁池广太道惠征女	生母	光绪三十四年十月	七十四
11	宣统	隆裕	孝定景	叶赫那拉	都统桂祥女（孝钦显皇后侄女）	嫡后	民国二年正月	四十六

* 根据《清会典》有关记录，孝端文皇后生前并有正式上徽号的记载。

** 雍正朝拟尊封皇太后并上徽号为仁寿，但未及正式举行典礼太后即去世。

资料来源：《清会典》《清实录》《清史稿》。

已有"皇太后"行为的记载①。顺治朝初期，诸多典章制度尚不完备，故很有可能并无尊封皇太后的规制性仪节。如果按照康熙、雍正朝会典记载，系于顺治八年正式尊封太后，其时太宗皇后即顺治帝的嫡母已经去世，则她生前并未举行正式的尊封仪式，之后也未得到任何徽号。

实际上，康熙朝尊封皇太后的时间，不同时期的会典记录也有差别。康熙及雍正朝会典中，均记康熙帝嗣位改元后即康熙元年，"上皇太后尊号曰太皇太后，加上徽号曰昭圣慈寿恭简安懿章庆敦惠太皇太后；上母后尊号曰皇太后，上徽号曰仁宪皇太后；上母妃尊号曰皇太后，上徽号曰慈和皇太后"②。而自乾隆朝《会典则例》开始变为，顺治十八年康熙帝甫一嗣位即尊封太皇太后和两位皇太后，第二年改元，又为她们各上 2 字徽号③。

至雍正朝尊封皇太后时，该朝会典称康熙六十一年十一月皇帝嗣位后，欲尊生母为皇太后并加徽号，但准太后称圣祖梓宫尚未奉移山陵，故不受尊④。经诸王大臣再三恳请，才同意并于雍正元年正式获尊为皇太后，徽号"仁寿"⑤。此后乾隆和道光二帝，均系甫一继位即将前朝皇后/母妃尊为皇太后，同时加上 2 字徽号。如乾隆帝继位即尊生母为皇太后，上徽号"崇庆"⑥，

① 《清世祖实录》卷 2，崇德八年九月，第 3 册第 36 页；《清世祖实录》卷 7，顺治元年八月，第 3 册第 77 页。

② 《康熙会典》卷 42，载《大清五朝会典》，第 1 册第 532–533 页。

③ 《清会典则例》（乾隆朝）卷 57，载《景印文渊阁四库全书》，第 622 册第 31 页。嘉庆及光绪朝《清会典事例》亦如此记载。

④ 《雍正会典》卷 59，载《大清五朝会典》，线装书局，2006，第 4 册第 928 页。

⑤ 《雍正会典》卷 59，载《大清五朝会典》，第 4 册第 927–929 页；《清世宗实录》卷 3，雍正元年正月，第 7 册第 90 页。

⑥ 《清会典则例》（乾隆朝）卷 57，载《景印文渊阁四库全书》，第 622 册第 33 页；《清高宗实录》卷 4，雍正十三年十月，第 9 册第 209 页。

他欲亲率诸王大臣在太后前行礼，太后推辞不受，但皇帝坚称"关系国家大典，礼不可缺"①。

以上皇太后获得尊封时间的变化，一方面反映了清皇室入关后历经几代皇帝的统治，后宫制度逐步建立与完善的过程；另一方面也反映了清帝对太后地位的重视，特别是乾隆帝，首先实践了继位即尊封太后并加上徽号的做法，同时又在官书中修订了前朝太后获得尊位与嗣帝继位的时间差，以证明清帝对皇太后身份的一贯尊崇。

清代尊封皇太后唯一的特例发生在咸丰朝，康慈皇贵太妃博尔济吉特氏于咸丰五年七月病重弥留之际，由皇帝特旨尊为皇太后，成为清代唯一一位既非前朝皇后也非嗣帝生母的太后。咸丰帝称皇贵太妃"侍奉皇考廿余年，徽柔素著。抚育朕躬十五载，恩恤优加。虽懿德执谦，而孝忱难罄"，故"谨上尊号为康慈皇太后"②。可见她受尊封的原因有二，一是侍奉道光帝 20 多年，二是对咸丰帝有抚育之恩。不过，人们多认为她被尊为太后与其子奕䜣有关③。康慈皇太后获尊 9 日后即病逝，与其他清代皇后、太后不同的是，她仅被尊谥为"孝静康慈弼天抚圣皇后"④，未系宣宗谥，亦不祔太庙。可见咸丰帝还是对她与其他太后进行了区别。至咸丰十一年十月，同治帝即位，谕内阁召集大学士九卿共同商议，拟为康慈皇太后上尊谥并升祔太庙，"敬谨改拟，并

---

① 《清高宗实录》卷 9，雍正十三年十二月，第 9 册第 334 页。
② 《清文宗实录》卷 171，咸丰五年七月，第 42 册第 896 页。
③ 如王树卿在《咸丰帝与恭亲王》（《紫禁城》1982 年第 4 期）中提到康慈皇贵太妃病重时，奕䜣直接向咸丰帝"请求"尊封生母为皇太后。刘毅著《明清皇室》内称"咸丰五年七月，太妃病笃，由所生皇六子奕䜣力请，文宗下令尊太妃为'康慈皇太后'"（第 298 页）。
④ 《清文宗实录》卷 174，咸丰五年八月，第 42 册第 947 页。

请加至十二字，以表尊崇"①。翌年九月，正式为她重上尊谥为
"孝静康慈懿昭端惠弼天抚圣成皇后"，并升祔太庙②。如果说博
尔济吉特氏被尊为太后可能与奕䜣有关，那么她的系帝谥与升祔
太庙则毫无疑问与同治帝甫即位、两位新任太后亟须奕䜣的全力
支持有必然联系。

　　另外，同治朝慈安、慈禧两位皇太后获尊，清代会典和实录
均记为咸丰十一年嗣帝继位后，先行提出尊封继后和生母为皇太
后，至同治元年才各给 2 字徽号并完成相应尊封礼仪③。对比前
几朝皇太后在嗣帝继位后即获尊封的记载，咸同更替之际的一系
列政治斗争，很可能影响到两位太后尊封的时间。

　　皇太后获尊号和首次徽号之后，每逢遇有重大庆典皆可累加
徽号，详见表 8－2：

表 8－2　　　　　　　　　　清代皇太后加上徽号简表

朝代	时间	缘由	累加字样
顺治	八年二月	亲政	生母，尊封并加上徽号：昭圣慈寿
	八年八月	大婚立后	恭简
	十一年	册立继后	安懿
	十三年	册封皇贵妃	章庆
康熙	元年	嗣位改元	尊封并加上徽号。太皇太后：敦惠；嫡母太后：仁宪；生母太后：慈和
	四年	大婚立后	太皇太后：温庄；嫡母太后：恪顺
	六年	亲政	太皇太后：康和；嫡母太后：诚惠
	十五年	册立皇太子	太皇太后：仁宣；嫡母太后：纯淑
	二十年	平定三藩	太皇太后：弘靖；嫡母太后：端禧
雍正	元年	嗣位改元	生母，拟尊封并加上徽号：仁寿（未及正式举行典礼）

---

　　① 《清穆宗实录》卷 8，咸丰十一年十月，第 45 册第 206－207 页。
　　② 《清穆宗实录》卷 42，同治元年九月，第 45 册第 1129 页。
　　③ 《清会典事例》（光绪朝）卷 302，第 4 册第 563 页；《清穆宗实录》卷 26，同治
元年四月，第 45 册第 702－704 页。

续表

朝代	时间	缘由	累加字样
乾隆	雍正十三年	嗣位	生母，尊封并加上徽号：崇庆
	二年	册立皇后	慈宣
	十四年	册封摄六宫事皇贵妃，平定金川	康惠
	十五年	册立继后	敦和
	十六年	太后六旬寿	裕寿
	二十年	平定准噶尔	纯禧
	二十六年	太后七旬寿	恭懿
	三十六年	太后八旬寿	安祺
	四十一年	平定两金川	宁豫
道光	嘉庆二十五年	嗣位	继母，尊封并加上徽号：恭慈
	二年	册立皇后	康豫
	八年	平定回疆	安成
	十四年	册封摄六宫事皇贵妃	庄惠
	十五年	太后六旬寿	寿禧
	二十五年	太后七旬寿	崇祺
同治	元年	改元	加上徽号。母后太后：慈安；圣母太后：慈禧
	十一年	大婚立后	母后太后：端裕；圣母太后：端佑
	十二年	亲政	母后太后：康庆；圣母太后：康颐
光绪	二年	完成同治帝遗旨*，及嗣位改元**	连续加上两次，各2字，同日举行典礼。慈安太后：昭和、庄敬；慈禧太后：昭豫、庄诚
	十五年	大婚，亲政	连续加两次，各2字。慈禧太后：寿恭、钦献
	二十年	太后六旬寿	慈禧太后：崇熙
宣统	光绪三十四年	嗣位	光绪帝嫡后，尊封并加上徽号：隆裕

　　* 同治十三年十一月，同治帝因"本月遇有天花之喜，仰蒙慈安端裕康庆皇太后慈禧端佑康颐皇太后调护朕躬，无微不至，并荷慈怀曲体，俯允将内外各衙门章奏代为披览裁定，朕心实深欣感，允宜崇上两宫皇太后徽号，以冀仰答"（《清穆宗实录》卷373，同治十三年十一月，第51册第936页）。但十二月初五，同治帝崩，未及举行典礼。光绪帝称"朕钦奉懿旨，入承大统，并应恪遵成宪，恭上两宫皇太后徽号，以继隆规"，令王公大学士九卿妥议如何举行典礼（《清德宗实录》卷2，同治十三年十二月，第52册第91页）。

　　** 光绪元年六月，礼部尚书灵桂等奏请，"此次恭上两宫皇太后徽号，应否作乐"（《清德宗实录》卷11，光绪元年六月，第52册第205页）；十月，皇帝谕内阁，"恭上慈安端裕康庆皇太后、慈禧端佑康颐皇太后徽号，著钦天监于明年七月内敬谨选择吉期举行"（《清德宗实录》卷19，光绪元年十月，第52册第308页），均说明从光绪元年起即有为两宫皇太后加上徽号的意图。

　　资料来源：《清会典》《清会典则例》《清会典事例》《清实录》。

　　由表 8-2 可见，首先，虽然礼制规定皇太后加上徽号，或 4
字或 2 字。但只有顺治八年皇帝亲政时为生母上"昭圣慈寿" 4
字徽号①。此后历代清帝每次为太后加上徽号，都只有 2 字。尤
其是光绪朝，二年和十五年时均各连续两次为太后加上徽号，但
每次只加 2 字，应是不敢比肩孝庄太后并超越前朝各位太后的先
例。总体而言，清代太后获得徽号最多者便是历经子孙两朝的孝
庄太后，累加至 20 字，全称为"昭圣慈寿恭简安懿章庆敦惠温
庄康和仁宣弘靖太皇太后"②；其次为乾隆帝生母孝圣太后，累
加至 18 字，全称为"崇庆慈宣康惠敦和裕寿纯禧恭懿安祺宁豫
皇太后"③；再次为同治帝生母即同光两朝孝钦太后，累加至 16
字，全称为"慈禧端佑康颐昭豫庄诚寿恭钦献崇熙皇太后"④。
孝钦即慈禧太后七十寿辰时并未再行累加，当时皇帝率王公百官
奏请加上徽号，但太后以"时事艰难，疆圉未尽绥谧，广西尚在
用兵，各省筹款方殷，民生困苦"⑤ 等理由拒绝，也可能有她不
敢超越前朝两位太后地位的因素。3 位太后均为嗣皇帝生母，而
非前朝皇后。

　　其次，从皇太后获得徽号的契机来看，顺治朝所定皇帝亲
政、大婚、册后和册封皇贵妃时皆上徽号的先例，都为后世皇帝
所遵从。至康熙帝时，加入了取得事关国家一统的重大军事胜利
则为太后上徽号，也为后世皇帝所遵从。此外，康熙朝还有一个
特殊的为太后加上徽号的缘由为定立皇太子，但由于雍正朝起实

① 《康熙会典》卷 42，载《大清五朝会典》，第 1 册第 529 页。
② 《清圣祖实录》卷 99，康熙二十年十二月，第 4 册第 1252 页。
③ 《清高宗实录》卷 1008，乾隆四十一年五月，第 21 册第 534 页。
④ 《清德宗实录》卷 346，光绪二十年八月，第 56 册第 443 页。
⑤ 《清德宗实录》卷 518，光绪二十九年六月，第 58 册第 844 页。

行了秘密立储制度而使得这一契机不复存在。乾隆朝时，又加入了太后"正寿"（即五十、六十、七十等整旬寿诞）时加上徽号的先例，道光朝予以遵循。同光两朝，国家内忧外患，除慈禧六旬寿外，没有再借太后"正寿"之机而加上徽号的情况。

这里需要讨论的是，康熙朝起，遇有重大军事胜利则为太后加上徽号定例的开创。康熙二十年，清廷荡平三藩之乱，这是康熙帝亲政后在维护国家统一方面完成的第一件大事，为此皇帝谕令为太皇太后和皇太后各加2字徽号，却被孝庄力辞。她指出："皇帝应受尊号，以答臣民之望。予处深宫之中，不与外事，受此尊号，于心未惬。"但康熙帝解释为："历稽往代，国家凡有大庆，必归美于尊亲……臣虽无尊号，传示中外，亦有荣光。"[1] 可见，相对于孝庄太后将加上尊号与参与外事相关联，康熙帝则将平叛胜利的欢庆与"美于尊亲"的孝道联系起来，理顺了二者之间的逻辑，也使得两位太后顺理成章地接受了徽号。

后世皇帝继续实践这一成例。乾隆二十年平定准部，四十一年平定大小金川，皇帝都为孝圣太后加上徽号。道光八年，平定新疆回部叛乱后也为孝和太后加上徽号，道光帝明确指出：康熙、乾隆年间，国家平叛胜利，班师回朝后，均有廷臣屡请加上皇帝尊号，都被先帝推辞，"仰见圣怀冲抑，洵足为奕禩法守，惟念铭勋偃武，皆由圣母福庇，国有大庆，允宜祗循令典，备极显扬，朕谨当躬率王大臣等，加上皇太后徽号，共申贺悃"[2]。可见几位皇帝一脉相承，均将军事大捷归功于母后的福佑以及其

① 《清圣祖实录》卷99，康熙二十年十二月，第4册第1249页。
② 《清宣宗实录》卷133，道光八年二月，第35册第25页。

对母后的孝道，故以此为由加上太后徽号，向天下宣扬尊亲孝养之道。

不过，并非每位太后都接受皇帝为自己加上徽号。除康熙二十年平三藩后孝庄拒绝加上徽号未果外，康熙三十六年，噶尔丹叛乱经数次亲征后终于平定，群臣恳奏为康熙帝上尊号，他表示推辞："皇太后崇加尊号允宜，朕之徽号，不必加。"① 但孝惠太后却认为："皇帝懋建弘勋，予不胜忻悦，际此昌期，予心慰矣，尊加徽号，向虽有例，并非断不可已者，著停止，我心始安。"康熙帝令大学士集议后再次奏请，太后还是坚称"皇帝既不受尊号，这加徽号，不必行"。经三次力请后，遂以皇太后"既不允，应谨遵懿旨"② 而止。此外，光绪十二年八月和十一月，光绪帝按年龄即将亲政，先后有礼亲王世铎及睿亲王魁斌等人以"以光巨典""以光孝治"等因奏请加上皇太后徽号，皇帝也再三恳请，但慈禧太后坚持不加，在懿旨中表明"惟事亲之道，以实不以文，亦与敬天之义相同。现在时事艰难，上下交儆，深宫惕励，宵旰不遑，惟愿皇帝勤求治理"③。同样，前述慈禧太后七旬寿时也拒绝了加上徽号之请，可见太后的主观意愿会直接影响到徽号的加上。

尊号和徽号都是太后在宫廷中崇高地位的象征，也是皇帝向天下彰显孝道的重要方式，太后在此过程中与皇帝发生的直接对话和互动，为我们留下了难得的一窥太后与皇帝关系的史料。

---

① 《清圣祖实录》卷 183，康熙三十六年五月，第 5 册第 965 页。
② 《清圣祖实录》卷 184，康熙三十六年七月，第 5 册第 969 页。
③ 《清德宗实录》卷 231，光绪十二年八月，第 55 册第 113 页；卷 235，光绪十二年十一月，第 55 册第 166 页。

第二节　太后"御新宫"与晚年生活

皇太后获尊之后，不宜再居于之前的住所，即紫禁城内路的东西六宫，而须搬移至专门的宫殿，形成以太后为中心的前朝皇帝后妃的生活区域。紫禁城中居于外西路与外东路的慈宁宫、宁寿宫、寿康宫等，是历朝皇帝为太后专门修建的宫殿，以供太后与太妃嫔们生活其中①。

清代第一位正式获尊的太后——顺治朝孝庄太后，居住在建于明嘉靖年间的慈宁宫，直到她在康熙朝去世②。慈宁宫位于紫禁城外西路，原本就是明代嘉靖朝修建的皇太后居所，代表了两个朝代皇帝对太后的孝亲之意③。而康熙朝孝惠太后所居宁寿宫，"在慈宁宫西北"④。康熙二十八年底，皇帝以宁寿旧宫历年已久，特旨修建宁寿新宫，落成之后择吉日亲自恭奉太后移居⑤。

---

① "本朝定制，皇帝尊圣祖母为太皇太后，尊圣母为皇太后，居慈宁、寿康、宁寿等宫，奉太妃、太嫔等位随居。"见（清）鄂尔泰、张廷玉等编纂：《国朝宫史》卷8"典礼四"，第138页。

② "乙亥，皇太后移居慈宁宫。"见《清世祖实录》卷76，顺治十年闰六月，第3册第603页。

③ 王子林在《四位太后与慈宁宫的命运》[《故宫学刊》（总第16辑），故宫出版社，2016]中指出慈宁宫的竣工是太后宫制度得以形成和确立的重要标志，认为慈宁宫的命运与皇帝特别是入住其中的诸位皇太后有着特殊关系，成为帝王表达孝亲最重要的场所。

④ 《康熙会典》卷131，载《大清五朝会典》，第2册第1712页。宁寿旧宫乃康熙二十一年由咸安宫改建（《康熙会典》卷131，载《大清五朝会典》，第2册第1713页）。孝惠太后居于宁寿宫时间应在康熙二十一年以后，而此前她的居处并不清楚。《清史稿·后妃传》记"孝惠章皇后……圣祖即位尊为皇太后，居慈仁宫"。康熙朝会典记十四年册立皇太子礼仪，有"皇上出，诣寿昌宫，于皇太后前行礼"（《康熙会典》卷43，载《大清五朝会典》，第1册第553页）；《康熙起居注》康熙二十年七月二十二日申时，记"上又率皇太子诣紫光阁，请皇太后安，随送皇太后回寿昌宫"（中国第一历史档案馆整理：《康熙起居注》第1册，中华书局，1984，第730页）。以上资料显示孝惠太后似乎曾居于"慈仁宫""寿昌宫"。但我们查询相关史料，尚未发现清代紫禁城中有这两个宫名。

⑤ 《清圣祖实录》卷143，康熙二十八年十二月，第5册第574页。

宁寿新宫位于紫禁城外东路，《日下旧闻考》有记："奉先殿东为夹道，即苍震门前直街也。街东为宁寿宫。"① 康熙五十六年底，孝惠太后病重，康熙帝自己也是足背浮肿，不便移动，但仍坚持以手帕裹足，乘软舆至宁寿宫向太后请安，由于身体不能支持，为便于探视，故"在苍震门内，设帷幄以居"②。

宁寿宫为何从紫禁城外西路转移至外东路，除宫殿修缮的需要外，应与康熙帝对孝庄太皇太后的深切感情以及内廷与外朝的界限有关。孝庄于康熙二十六年底去世，翌年三月，皇帝称："从前诣两宫请安，皆于起居注记档。今诣宁寿宫请安，朕因不忍过慈宁宫，故从启祥门行走。但此系宫禁之地，外官无由得知，此后每次请安，著令太监传谕敦住，仍令起居注官记载。其不忍由隆宗门行走之故，亦令谕侍郎库勒纳知之。"③ 康熙帝因思念祖母不忍经过慈宁宫，而改道启祥门向皇太后请安，但由于此路线属内廷禁地，有碍起居注官记载。这应该是他将宁寿新宫建于紫禁城中相反方位的重要原因。

至雍正朝，皇太后获尊不久即离世，未及移居宁寿宫④。但康熙帝其他妃嫔仍移居此宫，内务府档案有雍正十年"宁寿宫惠妃薨逝"的记载⑤。乾隆朝，八年七月皇帝曾"诣宁寿宫，视顺懿密太妃病"⑥；八年十二月为"宁寿宫温惠皇贵太妃进册宝，皇后

<hr />

① （清）于敏中等编撰：《日下旧闻考》卷 18 "国朝宫室"，北京古籍出版社，2001，第 239 页。

② 《清圣祖实录》卷 276，康熙五十六年十二月，第 6 册第 703 页。

③ 《清圣祖实录》卷 134，康熙二十七年三月，第 5 册第 456—457 页。

④ "奏请皇太后移御宁寿宫，届期受朝贺，皇太后固执未允，尚御永和宫。"见《清世宗实录》卷 7，雍正元年五月，第 7 册第 150 页。

⑤ 中国第一历史档案馆藏：《内务府来文》，"为知会祭惠妃应备之处俱照良妃例办理并每逢致祭礼部工部内务府大人照管致祭事致内务府"，雍正十年七月初八日，档号：05-13-001-000005-0020。

⑥ 《清高宗实录》卷 196，乾隆八年七月，第 11 册第 518 页。

可率妃嫔等诣宁寿宫行礼"①；十一年办理宁寿宫襄嫔丧事②；十五年皇帝奉太后"诣宁寿宫祝定太妃九十寿"③。以上惠妃、顺懿密太妃、温惠皇贵太妃、襄嫔、定太妃都是康熙帝妃嫔，可见康熙朝妃嫔在雍正、乾隆两朝都是居于宁寿宫的，这导致乾隆朝太后没有了居住空间，乾隆帝遂决定修建新的太后宫——寿康宫。

　　林姝在其文章中指出，寿康宫的筹建是乾隆皇帝即位后最先解决的朝政之一，也是他尊亲法祖、标榜"以孝治天下"时首先需要落实的问题。因新建的寿康宫与慈宁宫毗连，因此乾隆帝的新建太后宫是以整修慈宁宫的名义开始的，随着"修理慈宁宫"工程的实际进行，逐步过渡到"修理慈宁宫新建殿宇"和修理"慈宁宫中一路并花园内原有殿宇房屋"，再到明确分别为"修建寿康宫"与"粘补慈宁宫"两项工程④。可见，再次将太后宫建于西路，乾隆帝或许有一定顾虑，从而建立了一个逐渐让他人接受的过程。寿康宫建成之后，孝圣太后的日常生活和几次大寿，均在此度过，直到八十岁后才移居只有孝庄长期住过的慈宁宫。乾隆帝为母后入住慈宁宫，专门题写了"庆隆尊养"的匾额，体现了乾隆一朝对太后的尊崇和礼遇⑤。

　　此后，道光朝太后亦居于寿康宫。但同治朝开始，因两宫皇

---

　　①　（清）鄂尔泰、张廷玉等纂：《国朝宫史》卷 4 "训谕四"，第 46-47 页。

　　②　《内务府奏销档》，"奏报办理宁寿宫襄嫔丧事仪注折"（满文），乾隆十一年六月二十八日，第 34 册第 128 页。

　　③　中国第一历史档案馆编：《乾隆帝起居注》，乾隆十五年正月初三日，广西师范大学出版社，2002，第 9 册第 3 页。

　　④　林姝：《奉养东朝之所的兴建——寿康宫的肇建始末》，《紫禁城》2015 年第 7 期。

　　⑤　林姝：《万岁千秋奉寿康——"寿康宫原状与崇庆皇太后专题展"纪略》，《艺术品》2015 年第 12 期。

太后需辅助幼帝理政，自咸丰十一年十月从热河回銮后，仍居于咸丰朝时旧宫，而没有搬移至寿康宫。实录中明确记载，同治帝即位之初都是"诣钟粹宫母后皇太后前、储秀宫圣母皇太后前行礼"①。同治十年后，慈禧太后搬至长春宫居住，仍属于内路的西六宫之一②。光绪十年以后，慈禧太后搬回储秀宫③。至宣统年间，隆裕太后也循例不再迁居外路宫殿，同样居长春宫④。也就是说，清代后期慈安、慈禧、隆裕3位皇太后，皆未迁居太后宫区域，仍居内路的东西六宫。

皇太后迁居新宫要举行隆重的仪式。根据会典规定，"皇太后御新宫，前期一日，遣官祗告太庙后殿、奉先殿。届期，豫设皇太后仪驾乐悬于宫门内外，皇太后礼服乘舆出宫，乐作，仪驾前导，引礼大臣命妇前引，至慈宁宫，候皇太后升后宫暂憩，执事官豫设皇帝拜位于慈宁门正中，礼部堂官奏请皇帝礼服乘舆出宫，礼部堂官恭导出隆宗门至永康左门降舆，至慈宁门下东旁立。礼部堂官转传内监奏请皇太后升座，乐作，皇太后御慈宁宫，升座，乐止。礼部堂官恭导皇帝诣正中拜位上立，鸿胪寺官引内大臣、侍卫于仪驾末排立，鸣赞官奏跪拜兴，丹陛乐作，皇帝行三跪九拜礼，内大臣等皆随行礼"。皇帝行礼之后，再由皇后率领妃嫔向皇太后行礼，礼成之后，皆入慈宁宫内举行筵宴⑤。不过，女眷的行礼在清代不同时期有所变化。顺治十

---

① 《清穆宗实录》卷6，咸丰十一年十月，第45册第167页。
② 《清穆宗实录》卷308，同治十年四月，第51册第81页。
③ 《清德宗实录》卷195，光绪十年十月，第54册第776页。
④ 宣统元年、二年，皆有宣统皇帝诣长春宫隆裕皇太后前行礼的记录。如《清实录（附录）宣统政纪》卷25，宣统元年十一月，第60册第462页；卷29，宣统二年正月，第60册第533页。
⑤ 《清会典事例》（光绪朝）卷312，第4册第685-686页。

年，孝庄太后御新宫时，没有皇后率领妃嫔行礼的记载，大概由于其时顺治帝与元后不合，在太后移宫后不久就将其降为静妃，"改居侧宫"①，因此顺治十年所定的太后御新宫仪注中，没有皇后率妃嫔行礼的相关规定，只有公主、福晋、命妇等进内行礼的规定。至康熙二十八年宁寿新宫建成，孝惠太后御新宫时，由于其时中宫没有皇后，因此也没有执行皇后率领妃嫔行礼的仪节，"一应礼仪，均与顺治十年同"。至乾隆元年，崇庆皇太后御新宫时，才增添了孝贤皇后率领妃嫔在太后前行礼的仪节，但"停止公主、福晋、命妇祗俟"，且"停止筵燕"②。

太后移宫后的生活，史料记载较少，我们试图从各方面的散碎记录中一窥太后的晚年岁月。

孝庄是清代慈宁宫的第一代主人，也是在此生活时间最长之人，她与慈宁宫感情深厚。内务府档案记录了她在康熙年间对慈宁宫区域的修缮工作所做的具体指示和要求。康熙十六年六月二十日，太监刘忠等传太皇太后懿旨给内务府总管，称宫中两边厢房之天沟、偏殿之天沟等处俱已朽坏，令他预备换修；慈宁花园供佛之房的地面已铺金砖，可否刷桐油；以及有房屋地面漏孔之处，可否用油漆修平。均令他询问工匠。内务府大臣噶鲁、图巴将以上情形奏闻皇帝③。太监们又进一步传孝庄旨意，她认为偏殿房檐漏雨、天沟朽坏是修理之人怠慢所致，令修理之时务必要谨慎妥善，她甚至指明一些具体的修造办法、领用物料之事，还

①　《清世祖实录》卷 77，顺治十年八月，第 3 册第 612 页。
②　《清会典事例》（光绪朝）卷 312，第 4 册第 687-690 页。
③　中国第一历史档案馆藏："太皇太后谕修理宫中厢房偏殿等处细节事"（原档为满文），康熙十六年六月二十日，检索自故宫博物院文档资源检索平台，长编号 70076。

特别强调海子所盖之庙，柁、柱、梁、椽子等木，务必做粗，倘若做细，年久必断①。九月二十三日，太监刘忠、赵寿保再传太皇太后懿旨，称西边偏殿炕火冒烟，九月初二日开始修理，至十月初六日修理内井时，井亭台阶有开裂损害处亦要修理，西库后面的井修完，亭子亦要修理等。内务府大臣海拉孙、费扬古再将懿旨具奏皇帝②。这是迄今可见为数不多的有关孝庄在慈宁宫区域生活情况的档案，可见她对宫内情形了如指掌，对所居空间也有自己的想法和要求。康熙帝对于祖母的这些意见都是接受的。

孝庄太后信奉藏传佛教，学者已多有研究。从康熙五年至十二年，孝庄下令抄写和翻译了大量的蒙、藏文佛经，其底本都供奉在慈宁宫，以忽必烈时期和林丹汗时期译成的蒙藏文佛经为主。如康熙五年、十一年，她两次下令抄写元朝大喇嘛喜日布桑额翻译而成的《金光明经》③。孝庄的礼佛活动对清代宫廷女性产生了重要影响，促使礼佛成为她们晚年主要的精神寄托，也是后宫生活的重要组成部分。除了对内廷的影响外，也有学者关注到孝庄尊佛译经的做法对清代宗教政策亦产生积极影响。基于德高望重的太皇太后身份，她下令翻译或抄写佛经有益于巩固"满蒙联盟"政策的实施，也对清朝宗教政策的奠定具有一定的影响力④。

---

① 中国第一历史档案馆藏："太皇太后谕修理宫中偏殿务谨慎妥善等事"（原档为满文），康熙十六年六月二十日，检索自故宫博物院文档资源检索平台，长编号 70077。

② 中国第一历史档案馆藏："太皇太后谕修理偏殿之炕及井亭台阶等处事"（原档为满文），康熙二十年九月二十四日，检索自故宫博物院文档资源检索平台，长编号 70082。

③ 聂晓灵：《孝庄文皇后的佛事活动与满蒙初期政治关系》，《黑龙江民族丛刊》2018 年第 2 期。

④ 春花：《孝庄太后尊佛译经对清代宗教政策的影响》，载《沈阳故宫博物院院刊》（总第 11 辑）。

　　孝惠太后是宁寿宫第一代主人，有关她的宫廷生活记载更少。康熙帝曾说需防止皇长子胤禔以"皇太后懿旨或朕密旨，肆行杀人"①，可见孝惠在内廷的地位还是很高的，甚至间接拥有杀伐决断的权力。外朝的一些大事，康熙帝也会奏报给太后。如康熙三十五年，皇帝御驾亲征噶尔丹，留京代理朝政的太子胤礽奉旨将皇帝击败噶尔丹的谕旨奏览于孝惠太后，太后懿旨："闻此，我喜之不尽。"② 康熙帝又令胤礽将投降的噶尔丹"挚友"丹巴哈什哈之口供"恭闻皇太后、宫内以闻"③，令胤礽将拿获噶尔丹之达赖喇嘛、噶尔丹遣往青海的老喇嘛等人之事"奏闻皇太后、宫内以闻"④。至噶尔丹遣人欲降，康熙帝也令奏闻太后，还专门在胤礽完成此任务的回奏中询问："闻得皇太后何言？大臣们并未说。"⑤ 表示出对太后态度的关注。胤礽回奏："奉太后祖母懿旨：帝出外，凡事挂心，喜悦之行，又总来佳音，我之内心甚悦，喜之不尽等语。"⑥ 可见皇帝出征期间也与太后保持联系和沟通，将战事的进程随时告知宫中的太后，到最终平定噶尔丹后，康熙帝还欲加上太后徽号，以示孝道和对太后的尊崇。

　　乾隆帝生母孝圣太后是寿康宫第一代主人。清代至乾隆朝国

---

　　① 《清圣祖实录》卷 237，康熙四十八年四月，第 6 册第 371 页。
　　② "皇太子允礽奏为击败噶尔丹皇太后喜悦折"，康熙三十五年五月十九日，中国第一历史档案馆编译：《康熙朝满文朱批奏折全译》，第 88 页。
　　③ "康熙帝谕皇太子胤礽关于丹巴哈什哈口供事"，康熙三十五年五月二十二日，《康熙朝满文朱批奏折全译》，第 89 页。
　　④ "康熙帝谕皇太子为拿获噶尔丹之喇嘛等事"，康熙三十五年十一月二十三日，《康熙朝满文朱批奏折全译》，第 122 页。
　　⑤ "皇太子胤礽奏为收到噶尔丹欲降之谕旨等事折"，康熙三十五年十一月二十三日，《康熙朝满文朱批奏折全译》，第 122 页。
　　⑥ "皇太子胤礽奏为噶尔丹欲降事折"，康熙三十五年十二月初一日，《康熙朝满文朱批奏折全译》，第 125 页。

力强盛，皇帝宣称"朕尊奉皇太后以天下养"①。不仅特建寿康宫供其居住，还"每巡幸木兰、江浙，必首奉慈舆，朝夕侍奉"②，并且为太后举办空前隆重的万寿盛典，将孝道彰显天下，成为一代美谈③。下文以乾隆朝太后的万寿庆典为中心，阐释盛世时期皇帝"以天下养"的具体表现。

顺康时期，太后圣寿节即有不同形式的庆贺。《清会典》中记录顺治十四年太后圣寿，皇帝率领"内大臣、侍卫，内院、礼部官，诣皇太后宫行礼"④。康熙朝《万寿盛典初集》有记："查三十九年恭遇皇太后六旬大庆，四十九年恭遇皇太后七旬大庆，俱系钦奉上谕，本部具题，和硕亲王等以下八分公等以上各酌量进献器皿鞍马蟒缎等物，头等大臣进献缎八匹，二等大臣进献缎六匹"⑤。至乾隆朝，庆祝太后圣寿的材料相对丰富，特别是太后五旬至八旬的 4 次正寿，庆贺仪式之隆、参与人数之广、花费银钱之多，可谓清代之最。

乾隆六年，孝圣太后五旬寿辰，这次圣寿节的特点是将宫廷庆典一定程度向外间耆老开放，他们可沿太后自畅春园回宫之路跪迎拜寿，并得到太后的赏赐。这是比照康熙四十二年圣祖五旬庆典时，曾经赏赉八旗年老人等之先例。乾隆帝称："今年朕亦欲将在京八旗官员及男妇、太监等六十以上者，加以恩赏，此等

---

① 《清高宗实录》卷 896，乾隆三十六年十一月，第 19 册第 1048 页。

② （清）徐珂编撰：《清稗类钞》第 5 册"孝友类·高宗孝孝圣后"，第 2448 页。

③ 相关研究参见陈葆真：《乾隆皇帝对孝圣皇太后的孝行和它所显示的意义》，《故宫学术季刊》（台北）第 31 卷第 3 期，2014 年春季号；赖惠敏：《崇庆皇太后的万寿盛典》，《近代中国妇女史研究》（台北）2016 年第 28 期。

④ 《清会典则例》（乾隆朝）卷 56，载《景印文渊阁四库全书》，台湾商务印书馆，1986，第 622 册第 21 页。

⑤ （清）王掞监修：《万寿盛典初集》卷 55，载《景印文渊阁四库全书》，第 654 册第 33 页。

老人，于皇太后自畅春园回宫之日，欲瞻仰跪接者，不必禁止。"①

至乾隆十六年，太后六旬圣寿的欢庆场面更加宏大。赵翼《簷曝杂记》载：

> 皇太后寿辰在十一月二十五日。乾隆十六年届六十慈寿，中外臣僚纷集京师，举行大庆。自西华门至西直门外之高梁桥，十余里中，各有分地，张设灯彩，结撰楼阁。天街本广阔，两旁遂不见市廛。锦绣山河，金银宫阙，剪彩为花，铺锦为屋，九华之灯，七宝之座，丹碧相映，不可名状。每数十步间一戏台，南腔北调，备四方之乐，侲童妙伎，歌扇舞衫，后部未歇，前部已迎，左顾方惊，右盼复眩，游者如入蓬莱仙岛，在琼楼玉宇中，听《霓裳曲》，观羽衣舞也。其景物之工，亦有巧于点缀而不甚费者。或以色绢为山岳形，锡箔为波涛纹，甚至一蟠桃大数间屋，此皆粗略不足道。至如广东所构翡翠亭，广二三丈，全以孔雀尾作屋瓦，一亭不啻万眼。楚省之黄鹤楼，重檐三层，墙壁皆用玻璃高七八尺者。浙省出湖镜，则为广榭，中以大圆镜嵌藻井之上，四旁则小镜数万，鳞砌成墙，人一入其中，即一身化千百亿身，如左慈之无处不在，真天下之奇观也。时街衢惟听妇女乘舆，士民则骑而过，否则步行。绣毂雕鞍，填溢终日。余凡两游焉。此等胜会，千百年不可一遇，而余得亲身见之，岂非厚幸哉！京师长至月已多风雪，寒侵肌骨，而是年自初十日至二十五日，无一阵风，无一丝雨，晴和暄

---

① 《清高宗实录》卷 154，乾隆六年十一月，第 10 册第 1197 页。

暖，如春三月光景，谓非天心协应，助此庆会乎？二十四日，皇太后銮舆自郊园进城，上亲骑而导，金根所过，纤尘不兴。文武千官以至大臣命妇、京师士女，簪缨冠帔，跪伏满途。皇太后见景色巨丽，殊嫌繁费，甫入宫即命撤去。以是，辛巳岁皇太后七十万寿仪物稍减。后皇太后八十万寿、皇上八十万寿，闻京师巨典繁盛，均不减辛未，而余已出京不及见矣。①

可见，不仅官员麇集京城庆贺太后圣寿，各省还奉上各式珍奇礼物，以供太后本人和官员百姓观览，共同感受皇家的喜庆。皇帝安排自高梁桥到西华门沿途皆为庆典场所，"王公宗戚六部八旗卿寺各衙门，直省督抚，在京绅士耆老，自高梁桥至西华门，豫设采棚乐剧"②。《清实录》中称"皇太后万寿圣节，恩赏八旗年老男妇缎匹银两，应令各该旗按名分赏，其能接驾之老妇，应于皇太后驾过时赏给缎银"③，让老年女性也能够参与到太后的万寿盛典之中。此外，还有众多在京及各省在籍人员共185人恳请设立经坛以示庆祝，乾隆帝表示："念该员等俱非现任职官，且有由本籍远赴京师者，应行特沛恩施。此内来京候旨、解任休致及候补、降调、现有职衔之员，俱著加一级。其革职人员五品以上者，均降二等赏给职衔。七品者复还原衔。"④

这样的公开欢庆和赏赐，自然会吸引更多的人参与到太后万寿庆典之中。至乾隆二十六年太后七旬圣寿时，来京设立经坛庆

---

① （清）赵翼：《簷曝杂记》卷1，中华书局，1982，第9—10页。
② 《清会典则例》（乾隆朝）卷56，载《景印文渊阁四库全书》第622册第22页。
③ 《清高宗实录》卷402，乾隆十六年十一月，第14册第288页。
④ 《清高宗实录》卷403，乾隆十六年十一月，第14册第292页。

祝太后寿辰的人数增至1 000多人。广西巡抚熊学鹏于所呈题本内称，为恭祝太后万寿，广西士绅欲在省城寿佛寺诵经，不过此举被皇帝斥为"甚非体"。乾隆帝认为："恭逢皇太后万寿圣节，普天同庆，自属臣子至情。若建坛诵经等事，为大吏者，本不宜办。即众情难阻，亦只宜据情折奏，朕可随宜批答，何必专具题本，视同典礼耶！"[1] 即乾隆帝认为大臣为太后建坛诵经贺寿，属于"臣子至情"，应与国家典礼有所区别，但"非体"的原因只是公私不分，并非反对士绅为太后建坛诵经，因此乾隆帝最终批准了这一请求。乾隆帝不仅允许臣民通过设坛诵经等方式表达"至情"，还准许他们直接捐纳资金。乾隆二十六年五月十一日及十九日，分别有闽浙总督杨廷璋和浙江巡抚兼管盐政庄有恭上奏称，省内有商人请求缴银恭祝太后圣寿，数目达50 000两及80 000两，且称系"援照十六年恩例敬备"，即太后六旬圣寿即有此先例。皇帝称"既为此，知道了，当为浙省明春之用，可也"[2]。根据滕德永的研究，孝圣太后七旬圣寿庆典，两广盐商以及各省和京城王公大臣共捐献西直门至圆明园街道两旁的点景布置银两达110余万两之多[3]。

乾隆三十六年孝圣太后八旬圣寿，更多的人想要赴京祝寿、贡献银两。从一份吉林将军解到太后八旬万寿庆典经费银两的档案可见各省官员都有孝敬银两："恭照皇太后八旬万寿，大小臣

---

① 《清高宗实录》卷650，乾隆二十六年十二月，第17册第278页。

② 中国第一历史档案馆藏：《宫中朱批奏折》，"奏为欣逢皇太后万寿闽省商人林兴泮等敬缴庆典银两力求输悃事"，乾隆二十六年五月十一日，档号：04-01-14-0032-028；"奏为庆贺皇太后万寿两浙众商敬备庆典银两恳请查收事"，乾隆二十六年五月十九日，档号：04-01-14-0032-026。

③ 滕德永：《清代帝后万寿点景述论》，载《故宫学刊》（总第9辑），故宫出版社，2013。

工尤思各尽愚诚，恭襄盛典。各省督抚诸臣照前解交经费，仍令委员与所派司员一同恭办……查本总理此次恭办庆典，奏明悉照二十六年之例，各省将军、副都统交到银两内十分减去三分半，照六分半分派，行文直隶转行各处遵照在案。"① 可见，太后七旬圣寿时各省督抚诸臣即有报效银两的做法。除官员外，商人也是主要的报效群体。浙江巡抚富勒浑上奏称，"皇太后八旬圣寿前，蒙传奉恩旨，准令商等赴京抒忱祝嘏"，故有两浙商人吴玉如等奉旨赴京庆贺皇太后万寿，呈请各自交银十万两，以做庆典工程之用②。《清实录》中亦有记："两淮、长芦、浙江等处商人，来京恭办庆典，踊跃可嘉，业已优加赏赉。"③

　　除各类实际的庆典活动之外，乾隆帝还下令绘制崇庆皇太后的"万寿庆典图"，用图画的方式将太后圣寿节普天同庆的盛大场面流传后世④。总之，乾隆帝用各种方式向天下彰显孝道，也使得孝圣太后被认为是清代历史上最有"福"的太后之一，以至于慈禧晚年庆贺寿诞时，极欲效仿孝圣太后之先例，可惜晚清朝廷的财政实力已经无法为她支撑起这样盛大的场面了。事实上，乾隆朝之后，皇太后的圣寿节再无如此隆重的场面。道光朝孝和皇太后寿至七十有四，经历了几乎整个道光朝，其中举办了三次

---

① 中国第一历史档案馆藏：《内务府呈稿》，"为呈明兑收吉林将军解到皇太后八旬万寿庆典经费银两并委员英来不便留京事"，乾隆三十六年三月，档号：05-08-030-000038-0020。

② 中国第一历史档案馆藏：《宫中朱批奏折》，"奏为两浙商人吴玉如等奉旨赴京庆贺皇太后万寿公备银两以佐庆典工程恳请赏收事"，乾隆三十六年正月十二日，档号：04-01-14-0037-003。

③ 《清高宗实录》卷897，乾隆三十六年十一月，第19册1081页。

④ 相关研究参见林姝：《崇庆皇太后画像的新发现——姚文瀚画〈崇庆皇太后八旬万寿图〉》，《故宫博物院院刊》2015年第4期；赖惠敏：《崇庆皇太后的万寿盛典》，《近代中国妇女史研究》（台北）2016年第28期；刘潞主编：《十八世纪京华盛景图：清乾隆皇太后〈万寿图〉全览》，故宫出版社，2019；等等。

整旬寿诞，皆未见如乾隆朝时的隆重庆贺。

道光五年十月初十日，是太后第一个整旬——五旬圣寿，对于王公大臣应进献的礼物，皇帝谕令称："奉皇太后懿旨，停止进献"①。当时太后驻京西绮春园，圣寿节当日，皇帝仅率皇子王公及一、二品大臣，在绮春园二宫门外行礼，三品以下官员则在午门外行礼②。

道光十五年太后六旬圣寿，仍未有大行庆祝的记录。据内务府档案载，道光十四年底，皇帝即宣布太后六旬圣寿不许王公大臣备献礼物③。至圣寿当月又允许"内廷行走亲、郡王，御前大臣，军机大臣，内务府大臣，俱准呈递如意"，但仍不允许各省督抚将军等外臣呈递礼物④。圣寿节当日，皇帝率王公大臣诣寿康宫行庆贺礼，其他官员及朝鲜国使臣于午门外行礼⑤。京外王公大臣如有请求来京者，仍旧不被准许。如当时有喀喇沁郡王布呢雅巴拉、贝子玛哈巴拉呈请来京庆贺行礼，皇帝指出，"伊等诚悃，朕深嘉悦"，但两人俱在御前行走，每年年终均有来京差使，若因十月皇太后万寿来京行礼，未免往返徒劳，"著停止来京，以节糜费，用示朕轸念蒙古臣仆至意"⑥。

道光二十五年皇太后七旬寿辰，史料记载，该年十月太后仍

---

① 《清宣宗实录》卷76，道光四年十二月，第34册第227页。

② 《清宣宗实录》卷90，道光五年十月，第34册第440、445页。

③ 中国第一历史档案馆藏：《内务府来文》，"为皇太后六旬大庆王公大臣等停止进献礼物刊刷原题事致内务府等"，道光十四年十二月初三日，档号：05-13-002-000144-0095。

④ 《清宣宗实录》卷272，道光十五年十月，第37册第192页。

⑤ 同上书，第37册第199页。

⑥ 《清宣宗实录》卷270，道光十五年八月，第37册第153-154页；中国第一历史档案馆藏：《军机处满文档簿》，"喀喇沁王布呢雅巴拉贝子玛哈巴拉呈太后万寿前来庆贺行礼著停止"，道光十五年八月十六日，档号：03-18-009-000086-0003-0018。

居绮春园，皇帝率领皇子及王公大臣诣绮春园行庆贺礼，之后奉太后幸同乐园，赐皇子及王公大臣、蒙古王公、额驸等食，再奉皇太后御正大光明殿，进喜起舞乐章九章。为体现孝道，道光帝还特意"彩衣躬舞，捧觞上寿"，又命惠亲王绵愉、皇四子奕詝、皇五子奕誴、皇六子奕䜣、瑞郡王奕誌、宗室载初、溥和、溥煦，以次进舞①。这是道光朝太后最隆重的一次圣寿节，但庆典活动仍限以内廷庆贺为主，与乾隆朝的几次太后正寿庆典无法相提并论。

同治以后，太后临朝，慈禧、慈安与隆裕三位太后都不再移居外围的太后宫区域，晚年生活的特点也与前朝太后有所不同。她们不再被动接受皇帝的"孝养"，而需扶持幼小的皇帝、参与政事决策，是太后晚年生活中的特例，暂不属本章的讨论范畴。在清代前中期，皇帝都对太后恭敬、孝养有加，虽然不是每个皇帝都像乾隆帝那样多次奉太后出巡、举行盛况空前的圣寿节庆贺，但太后们无疑是宫廷之内最受尊重的女性，享受最高的生活待遇。不过，这并不意味着清代太后有着至高无上的权力，事实上，清帝一方面大肆向天下彰显其孝亲之道，另一方面对太后在宫廷中的身份地位、言行活动和权力范围都进行了十分严格的界定和限制，以确保太后"不与外事"，不影响皇权，这与清代皇帝对后权的限制和打压是相辅相成的。

---

① 《清宣宗实录》卷 422，道光二十五年十月，第 39 册第 297 页。

第九章

"不与外事"：清帝对皇太后角色的定位与建构

清代皇帝对太后的"庆隆尊养"，并不意味着太后权力的至
高无上。"不与外事"一直是皇室对太后的基本要求。从孝庄开
始，尽管其在顺康两朝地位崇高，但她也明确声明自己"不与外
事"。至乾隆朝，皇帝一方面向天下大肆彰显其孝亲之道，另一
方面则格外注意培养太后区分"内外"的意识，使其自觉地不问
外事。道光帝在彰显孝道方面较乾隆帝低调很多，但在约束太后
的言行和权力方面则严格遵从了乾隆朝的方针，甚至进一步发
展。直到同治帝即位，年幼的皇帝才失去了对太后权力进行约束
和管控的客观条件及主观能力。

第一节　太后宫三大节仪式的减杀

前文已述，早在顺治时期，皇帝就开始逐步切断后宫与外界
的往来，其中也包括太后。顺治十一年谕令，停止命妇更番入侍，
但福晋、命妇等满洲贵族女性仍须在节庆时入宫向太后朝贺。

《清会典》所载三大节太后宫庆贺、筵宴之礼，记录了福晋、

命妇在特定的节庆之时入宫向皇太后行礼、筵宴的规定。太后宫朝贺及筵宴之仪是分别记录的，其中有关命妇等赴太后宫行礼仪制，嘉庆朝《会典事例》有记："元日，皇太后宫朝贺。顺治八年题准，元日设皇太后仪驾及丹陛大乐，皇帝御礼服，率王公大臣侍卫，诣皇太后宫行礼毕，公主、福晋以下，都统、尚书、子命妇以上，诣皇太后宫行礼……长至节，皇太后宫庆贺……康熙八年定，长至次日，皇帝躬率王公以下，大臣、侍卫、都统、尚书、子以上，先朝于太皇太后宫，次诣皇太后宫行礼，皇后亲率公主、福晋以下，都统、尚书、子命妇以上，先朝于太皇太后宫，次诣皇太后宫行礼，并与元日同……皇太后圣寿庆贺……康熙九年题准，皇太后圣寿日，皇帝率王公群臣行礼，皇后率公主、福晋以下，都统、尚书、子命妇以上行礼，均与元日同。"① 命妇们在行礼之后参加太后宫筵宴，有关仪节也有较为详细的记录："凡三大节，皇太后宫筵燕之礼。至日，内銮仪卫设皇太后仪驾于慈宁门外……设皇太后御燕桌于宝座上。稍远，宝座之东，金设皇后燕桌。稍后，设皇贵妃、贵妃、妃、嫔桌。又后，设公主、福晋以下，乡君、入八分公夫人以上桌，重行，东西相向。丹陛上，设公侯伯子男满洲一二品大臣命妇、侍卫妻桌，东西相向。"② 顺治十年定，参加筵宴的女性包括皇后、妃嫔、固伦公主，亲王福晋以下，县主、辅国公夫人，及公侯伯子男大学士尚书都统等命妇以上。筵席由尚膳监供办，亲王、世子、郡王各进筵席牲酒，外藩贝勒、贝子每旗各进牲酒，皆交尚膳监收进

---

① 《清会典事例》（嘉庆朝）卷 239，载《近代中国史料丛刊三编》第 67 辑第 365–374 页。
② 《清会典事例》（嘉庆朝）卷 402，载《近代中国史料丛刊三编》第 67 辑第 8205–8207 页。

陈设，如不足由光禄寺备齐。康熙四年题准，皇太后三大节由亲王、郡王恭进筵席牲酒，不再提及需要外藩进呈①。

至乾隆三年题准，正月初二即元旦次日的慈宁宫筵宴，"亲王、郡王每人进席一、羊一、酒一瓶，共进席二十、羊二十、酒二十瓶"，此外光禄寺再增备十席。乾隆十五年正月初二的慈宁宫筵宴，将参与女性扩大至二品大臣命妇以上，筵席增至四十桌，均交内务府收入陈设。乾隆十六年逢皇太后六旬圣寿，筵宴亦定为四十席②。实际上，至乾隆中期就开始缩小慈宁宫筵宴规模，根据嘉庆朝《会典事例》记载，乾隆三十五年正月初二日慈宁宫筵宴，礼部奏称"例设桌四十，似属过多"，而"三十张，尽足敷用"，但皇帝下令"再减十张"，即二十张③。不过，内务府档案显示，乾隆三十四年正月初二慈宁宫筵宴便已然减半供办了，"乾隆三十四年，军机处遵旨查奏，元旦次日慈宁宫筵宴请用桌三十张，奉旨再减十张，其羊酒数目照桌张减半之例"④。桌数的减少也意味着参与筵宴女性数量和范围的缩减。

进入道光朝，太后宫行礼筵宴的仪制进一步简化。道光二年谕，翌年元旦皇后率内廷主位、公主、福晋、命妇等，恭谢恩宴，由之前的行二肃一跪一拜礼⑤，改为在坐次行三拜礼；又谕："元旦次日，皇太后宫筵燕桌张，届期殿内安设若干张，殿外安设若干张，著交内务府分别具奏。并传南府太监，届期承

① 《清会典事例》（嘉庆朝）卷 402，第 67 辑第 8223—8225 页。
② 同上书，第 67 辑第 8225—8226 页。
③ 同上书，第 67 辑第 8227—8228 页。
④ 中国第一历史档案馆藏：《内务府来文》，"为皇太后六旬大庆圣节举行筵宴典礼著用桌二十张并宴毕散给剩桌抄录原奏查照办理事致内务府等"，道光十五年九月二十日，档号：05—13—002—000146—0153。
⑤ 《清会典事例》（嘉庆朝）卷 402，第 67 辑第 8221 页。

应,其礼部所奏乐舞,俱毋庸豫备。"① 道光五年、十五年皇太后五旬、六旬圣寿,也都只用筵桌二十张②。

从以上太后宫三大节筵宴仪制中可见两个变化,一是筵宴规模逐渐缩小、礼仪趋向简化;二是有资格进献牲酒桌张者逐步限于亲王、郡王类高级别宗室人员,承应乐舞者也由礼部变为内务府。而即便这样日趋简化的筵宴之礼也并未得以严格遵行,太后宫庆贺常被取消或停止。

顺康两朝实录记载相对简略,仅以太后圣寿节为例,顺治朝未见明载,康熙年间的记录则常为"上率王以下文武大臣、侍卫等诣圣祖母皇太后宫/皇太后宫行礼,遵懿旨,停止筵宴"③。如康熙朝前三十年内,明确记录孝庄太后圣寿节行礼但停止筵宴的年份就有元年、八年、十年、十二年、十三年、十五年、十七年、十九年、二十至二十六年④,孝惠太后圣寿节行礼但停止筵宴的年份有八年、九年、十一至十五年、十七至二十一年、二十四至二十九年⑤。

乾隆朝太后在世的四十二年以前,仅以《清实录》记载为例,至少有 11 个年份的太后宫元旦庆贺停止筵宴⑥。如乾隆三年

① 《清会典事例》(光绪朝)卷 516,第 6 册第 973 页。

② 中国第一历史档案馆藏:《内务府来文》,"为皇太后六旬大庆圣节举行筵宴典礼著用桌二十张并宴毕散给剩桌抄录原奏查照办理事致内务府等",道光十五年九月二十日,档号:05-13-002-000146-0153。

③ 《清圣祖实录》卷 6,康熙元年二月,第 4 册第 105 页;卷 31,康熙八年十月,第 4 册第 421 页。

④ 以下各卷为所示各纪年二月载,见《清圣祖实录》卷 6、28、35、41、46、59、71、88、94、101、107、114、119、124、129。

⑤ 以下各卷为所示各纪年九或十月载,见《清圣祖实录》卷 31、34、40、43、50、57、63、77、85、92、98、105、122、127、131、137、142、149。

⑥ 分别为乾隆四、七、八、十四、十七、二十二、二十四、二十七、三十一、四十一、四十二年,以下各卷为上述各纪年前一年十二月载,见《清高宗实录》卷 83、156、180、330、404、528、576、650、750、978、1022。

十二月，"礼部疏请，恭行元旦庆贺礼仪。得旨，是，照例行礼。奉皇太后懿旨，停止筵宴"①。太后圣寿节停止筵宴的年份则更多，包括乾隆二至五年、八至十年、十三年、十八至十九年、二十一至二十五年、二十七至三十五年、三十八至四十一年②。总计有 28 年均停止筵宴，占到了 41 个年份中的近 70%。冬至节也是如此，由于冬至节与太后圣寿节时间相近，因此很多年份停止行礼筵宴的原因，是二者合并进行。如"乾隆十五年十一月二十四日冬至，例于二十五日行朝贺礼。是日，皇太后万寿圣节，奏请恭拟两次行礼合为一次。奉旨于二十五日行庆贺万寿礼，冬至行礼之处，此次著停止"③。又如乾隆三十四年十月，礼部即奏"本年冬至次日，恭逢皇太后万寿圣节，所有冬至行礼，请照乾隆十五年例，停止庆贺。得旨，是，依议"④。

尽管乾隆帝为太后举行了 4 次大规模的正寿庆贺活动，但在庆贺的同时并没有放松对于太后前应行礼仪及太后与朝臣之间联系的约束和管控。

首先，官员只能在固定的时间用固定的形式向太后表示庆贺，不可稍有逾矩。乾隆二年，礼部定皇帝为太后圣寿时进表的仪注："每年用进表仪注，凡遇大庆之年，用宣表仪注。"⑤ 大庆之年就是指太后的正寿，"皇帝恭庆皇太后圣寿表，每十年行礼

---

①　《清高宗实录》卷 83，乾隆三年十二月，第 10 册第 307 页。

②　以下各卷为所示各纪年十或十一月载，见《清高宗实录》卷 56、80、103、129、204、227、252、328、450、475、526、549、573、599、623、673、697、721、747、771、797、821、845、871、945、969、995、1019。

③　《清会典事例》（嘉庆朝）卷 239，第 67 辑第 372 页。

④　《清高宗实录》卷 845，乾隆三十四年十月，第 19 册第 322 页。

⑤　《清会典则例》（乾隆朝）卷 56，载《景印文渊阁四库全书》，第 622 册第 21—22 页。

时宣读"，而王公百官呈递皇太后包括圣寿节在内的三大节表，"由翰林院撰拟，大学士奏请钦定，每年遵行，行礼时不宣读"①。可见，为太后祝寿上表有固定而严谨的形式，不可逾矩。部分官员若想单独向太后有所"表示"，可以自行上贺折，但内容有严格要求。如乾隆三十四年，兴汉镇总兵张大经在恭祝太后万寿的奏折外，另呈上一件恭请太后圣安折，被皇帝批评"殊与体制未协，而近日督抚提镇中，亦颇有似此者。皇太后万寿圣节，普天同庆，凡属臣工，自应具折恭祝，以伸诚恫。至于奏请圣安，则非伊等分所应尔"。乾隆帝还提出："向来惟皇太后回銮时，在京王公满汉大臣等，有同赴宫门请安之事；其内廷行走大臣及内务府大臣，奉差回京者，亦许趋诣请安；若督抚将军陛见来京，尚不敢率行奏请，况总兵乎！嗣后督抚等，遇拜发恭祝皇太后万寿折，不得另具请安奏折……令转传各该省应行具折大员，一体遵照。"② 严格控制外官随意向太后请安。另据军机处上谕档记载，乾隆四十三年六月，浙江巡抚王亶望所上"以试用令杨先仪署理桐乡令"的折子内，有"乾隆三十六年恭祝皇太后万寿庆典，赏给降一等职衔等语"，被下旨改为"三十六年恩旨赏给降一等字样"发抄，并要求"嗣后贵督抚题奏事件，如遇'皇太后庆典字样'，俱无庸叙入，以昭画一，其有应行知照之处，贵督抚一体行知"③。皇帝明确要将对官员的职衔恩赏与太后万寿庆典之事划分清楚，也是禁止官员在叙事时随意提及

① 《清会典则例》（乾隆朝）卷 2，载《景印文渊阁四库全书》，第 620 册第 58 页。

② 《清高宗实录》卷 847，乾隆三十四年十一月，第 19 册第 340 页。另据军机处上谕档，乾隆三十四年十一月二十三日载，还有阿尔泰、容保、董天弼、德云、伟善、窦璸、诚泰诸人，借机向太后呈递请安折。见中国第一历史档案馆编：《乾隆朝上谕档》，第 5 册第 961 页。

③ 《乾隆朝上谕档》，乾隆四十三年六月十一日，第 9 册第 128 页。

太后。

其次，圣寿大典一般只限在京文武官员和直省督抚大员在午门外遥向太后行礼，禁止普通外官赴京向太后祝寿。前述乾隆十六年太后六旬正寿时，自高梁桥到西华门沿途皆作为庆典场地，可以莅临的官员包括"王公宗戚六部八旗卿寺各衙门，直省督抚"①。同时，"凡大小官员之休致既降革官，赴阙庆贺，蒙恩给予品衔者，许随见（现）任官入班行礼，进士、举人、贡生并有顶戴官于午门外，生监、耆老于天安门外，各行礼"②。《清实录》中称其中"休致者著照原品各加一级，革职者复还原衔，用昭行庆施惠至意"③。这些可以随现任官一起行礼的其他官员均是"休致""降革"者，皇帝并非因逢太后六旬大寿，就准许更多在任官员进京行礼。事实上，确实有很多外任臣工请求来京城为太后祝寿。如乾隆二年十一月，马兰口总兵永常奏请为太后万寿进京叩祝，皇帝称"汝病方愈，仍需调摄，不必来京"④。三年十一月，马兰口总兵副都统保祝请旨来京祝寿并觐见，朱批"汝于岁底进京可也"⑤；直隶泰宁镇总兵官公元亦请旨，朱批"汝不必来京"⑥。六年十一月，马兰口总兵布兰泰请旨进京祝寿，朱批"不必来京"⑦。甚至乾隆二十六年，赛音图因奏请来京叩贺太后

---

① 《清会典则例》（乾隆朝）卷56，载《景印文渊阁四库全书》，第622册第22页。

② 同上书，第622册第23页。

③ 《清高宗实录》卷399，乾隆十六年九月，第14册第251页。

④ 中国第一历史档案馆藏：《宫中朱批奏折》，"奏为本月二十五日崇庆皇太后万寿令节请旨进京叩祝事"，乾隆二年十一月初十日，档号：04-01-12-0009-069。

⑤ 中国第一历史档案馆藏：《宫中朱批奏折》，"奏为皇太后万寿圣节恩请进京随众恭贺并觐见事"，乾隆三年十一月十二日，档号：04-01-14-0004-051。

⑥ 中国第一历史档案馆藏：《宫中朱批奏折》，"奏为皇太后万寿圣节请准进京随班行礼事"，乾隆三年十一月十四日，档号：04-01-14-0004-039。

⑦ 中国第一历史档案馆藏：《宫中朱批奏折》，"奏为恭逢皇太后圣诞恩准单骑减从赴阙叩祝事"，乾隆六年十一月初七日，档号：04-01-14-0007-022。

万寿折内用词不当，被乾隆帝申饬并不许来京①。至乾隆三十六年，皇太后已高寿八十，更多的官员请求来京祝寿，乾隆帝重申限制，"各省督抚等，多有以远任封圻，未克随班蹈舞，奏请来京申祝者，固出于伊等庆忭之忱，但外省文武大员，各有本任专责，势不可令其同时朝集京师，是以概未允准。且该督抚等，届辰各于所属，率偕僚吏绅士，望阙呼嵩，自足以展申祝悃，又何借此奏吁虚文。所有未经奏请来京之督抚、将军、都统、提镇、藩臬等，俱不必续有陈奏"②。此外，各省也有驻防的将军、都统等武职，自知不能离岗赴京，遂有请求率领官兵在当地诵经为太后祝寿之举。如皇太后八旬圣寿，萨炳阿为凉州官兵上奏称，拟"率众吁请诵经恭祝"，皇帝认为"各省官兵，理应行礼"，但诵经一月的行为，"不但徒事虚文，且必敛凑官兵俸饷，致使不肖之徒，借端敛派侵肥，于伊等生计，殊属无益"。他专门传旨申饬萨炳阿，并称"各省将军、副都统，未免有似此奏请者，著通行晓谕知之"③。虽然皇帝不令外任官员参与太后祝寿有防止影响地方公务的考量，但显然也起到了将太后圣寿庆典尽量限制于京城之内的客观作用。

最后，群臣乃至宗室王公都不能擅自向太后呈递寿礼④。自乾隆六年皇太后五旬圣寿节起，皇帝便称奉懿旨停止进献礼

---

① 中国第一历史档案馆藏：《军机处满文档簿》，"为赛音图奏请来京叩贺皇太后万寿圣节折用词不当著不必来京仍行申饬事"，乾隆二十六年十月二十七日，档号：03-18-009-000030-0002-0071。

② 《清高宗实录》卷891，乾隆三十六年八月，第19册第940—941页。

③ 《清高宗实录》卷892，乾隆三十六年九月，第19册第956页。

④ 《嘉庆朝上谕档》，嘉庆五年正月二十七日记，嘉庆帝回忆乾隆时期凡向皇太后呈送圣寿礼物，必须经过乾隆帝同意，第5册第37页。

物①。乾隆十六年太后六旬圣寿，礼部本请旨王以下公以上及内外大臣均照康熙三十九年、四十九年为孝惠太后六、七旬圣寿进献仪物之例办理，但皇帝仍称奉太后懿旨停止进献②。不过，还是有大臣借太后寿辰企图以各种形式敬献寿礼。如乾隆二十六年底，皇帝表示："上年朕五十诞辰，本年皇太后七旬大庆，各督抚等未免以进献称祝，务求备物将敬之意，此亦不可不防其渐。上年以藩臬等官阶未至，已叠经降旨申谕。其外廷及学政等各员，即奏折亦不令送览。此众人所稔知。"当然，乾隆帝称这是为了避免官员们滋长进献贵重物品之风，表示："内府之储，何所不有，岂在此区区贡物之有无？朕任用大臣，亦惟视伊等平日宣力何如，又宁问其所进之丰啬，以为人才高下之衡鉴？"③因而，当远在阿克苏的侍卫官员等因皇太后万寿节进献当地土产，就被皇帝申饬"甚属不合"④。乾隆帝还在翌年声称历次奉皇太后南巡舟船经过之地，也从来不令当地商人进贡⑤。但十年后，各地大臣仍借皇太后八十大寿普天同庆之机，继续绞尽脑汁呈送礼物，很多人请自己的母亲出面送礼，其中不乏金、玉等贵重物品。乾隆帝对此依旧态度谨慎，再次强调："朕尊奉皇太后以天下养，宝贵之物，何所不有，岂屑此外间金器乎！"⑥

---

① 《清高宗实录》卷 141，乾隆六年四月，第 10 册第 1028 页。

② 中国第一历史档案馆藏：《内务府来文》，"为皇太后六旬大庆王公大臣等停止进献礼物刊刷原题事致内务府等"，道光十四年十二月初三日，档号：05-13-002-000144-0095。

③ 《清高宗实录》卷 650，乾隆二十六年十二月，第 17 册第 278-279 页。

④ 中国第一历史档案馆藏：《军机处满文档簿》，"为海明等奏驻阿克苏侍卫官员等因皇太后万寿节进献当地土产甚属不合着申饬事"，乾隆二十六年十一月二十二日，档号：03-18-009-000030-0002-0099。

⑤ 《乾隆朝上谕档》，乾隆朝二十七年七月初六日，第 3 册第 911 页。

⑥ 《清高宗实录》卷 896，乾隆三十六年十一月，第 19 册第 1048 页。

不过，皇帝并非完全不准许送礼，而是依据内外朝臣的官职和等次有所分别，"如内而尚书、都统，外而总督、巡抚有备仪庆祝慈寿者，自不妨俯允其奏。顾朝廷班列差分，宜有制限。昨岁朕六十诞辰，曾豫为分别饬禁。当此璇闱衍庆，诸臣自皆念切抒诚，而辨等威以达悃忱。上年成例具在，其在京侍郎、副都统，并外省提镇、学政、藩臬等，均毋庸进献称祝。奏事人员，不得概行转奏。将此通谕知之"①。乾隆帝比照了自己前一年六旬万寿时，对不同官员规定的送礼要求。但无论皇帝自称控制呈递寿礼的动因为何，其所展示的导向和造成的结果，是禁止大部分外朝臣工向太后献礼，切断其与太后联络的途径。

由上可知，乾隆帝虽然在太后的圣寿庆贺中极尽尊崇奢华，营造出普天同庆的热烈氛围，但在隆重庆贺的同时也加以严格控制，内外官员必须恪守皇帝的要求向太后祝寿，若有人欲以贺寿为契机，与太后联络情谊，均会被皇帝警觉切断，一些官员更因此遭到严厉的申饬和惩处。这既是乾隆帝对官民做出的要求，也是为太后树立的行为规范。

至道光朝，皇帝甫继位便宣布，本朝起太后万寿及元旦、冬至三节，各省将军、督抚、提镇等在太后前"具表称贺，用备礼仪，著无庸再递黄折祝贺，以省繁文而归画一"②。可见，道光帝将乾隆帝的思路继续向前推进，且所做更加决绝，终止群臣向太后呈递贺折，只可用"进表"的方式庆贺。如前所述，"表"作为重大庆典时呈进给帝后的正式上行文书，内容向有定式，堪称一律。而奏折是官员陈奏重要公私事务时直接呈进给皇帝的文

---

① 《清高宗实录》卷891，乾隆三十六年八月，第19册第941页。
② 《清宣宗实录》卷11，嘉庆二十五年十二月，第33册第217页。

书，比较私密，行文也具个性化。道光帝规定只可"进表"而不再"递折"，进一步切断了群臣以个人名义向太后表达尊孝忠诚并建立近密联系的可能，太后也没有了通过有数的庆典之机接触和了解当朝官员的机会。道光四年，顺天学政毛式郇呈递贺折，遭到皇帝严厉训斥："向来各省学政，恭遇圣节，例不呈递贺折……此次率行递折，殊属冒昧"，将其交部议处①。

道光朝太后宫三大节的仪式更加低调，不仅筵宴多被取消，且福晋、命妇入内行礼也常被叫停。据《清实录》记载，元旦节除道光元年至三年、九年未见记载外，其他年份皆明确停止福晋、命妇等人进内廷行礼②。如道光三年十二月，皇帝称奉太后懿旨："明年元旦令节，福晋、命妇进内行礼之处，著停止。"③ 道光五年元旦，同样奉懿旨"停止筵宴，福晋、命妇进内行礼之处，并著停止"④。圣寿节自道光四年开始，有记录皇帝奉太后懿旨："今年停止筵宴，福晋、命妇进内行礼之处，并著停止。"⑤ 前述道光五年以后，太后圣寿节时常驻绮春园，五年十月逢皇太后五旬圣寿，有 8 名福晋、命妇得以赴绮春园行礼⑥。但此后即再无此类记载：道光九、十五、二十六年

---

① 《清宣宗实录》卷 74，道光四年十月，第 34 册第 186 页。

② 《清宣宗实录》卷 63，道光三年十二月；卷 76，道光四年十二月；卷 92，道光五年十二月；卷 111，道光六年十二月；卷 131，道光七年十二月；以下各卷为道光九至二十八年十二月载，卷 163、181、202、227、246、261、275、292、304、317、329、342、363、386、400、411、424、437、450、462。

③ 《清宣宗实录》卷 63，道光三年十二月，第 33 册 1097 页。

④ 《清宣宗实录》卷 76，道光四年十二月，第 34 册第 227 页。

⑤ 《清宣宗实录》卷 73，道光四年九月，第 34 册第 171 页。

⑥ 《清宣宗实录》卷 90，道光五年十月，第 34 册第 439-440 页；《内务府奏销档》，"奏为皇太后圣寿进园行礼福晋命妇送到事折（附送到福晋命妇等人清单）"，道光五年十月初七日，第 201 册第 284-285 页。

未见记载；其余年份皆明令停止福晋、命妇进内行礼①。甚至道光二十五年太后七旬正寿时，礼部本来题请照例行礼筵宴，但奉皇太后懿旨："是日在绮春园行礼，至礼成后，内廷自有筵宴，所请照例筵宴之处，毋庸举行。"②据宗人府档案载，当时外廷命妇得以进内行礼③，但按例应参加的筵宴并未举行。

事实上，早在乾隆三十四年十一月，就有军机大臣等奏报，"查向例庆贺之期，福晋、命妇，均应齐集行礼。现在不到者多，殊乖礼制，嗣后凡遇庆贺，例应行礼之命妇等，如实有事故，令其由该旗咨报礼部，于年终汇查，除丧服残疾免议外，其余一年内三次不到者，将各本夫交部查议。得旨，依议"④。当时最临近的庆贺正是太后圣寿，既然有此议奏，说明虽然筵宴多有停止，但外朝命妇还是应当按例入内廷行礼的，不过显然至乾隆中期，已属"不到者多，殊乖礼制"。道光朝后期及同光年间的宫廷档案中，更常有遇太后圣寿等节庆时，宗室福晋因患病或身孕等各种原因，不能前往慈宁宫行礼及参加筵宴，而向宗人府奏报

---

① 《清宣宗实录》，以下各卷为道光六至八年九月载，卷105、125、142；以下各卷为道光十至十四年九月载，卷174、196、221、243、256；以下各卷为道光十六至二十二年九月载，卷288、301、314、326、339、357、380；以下各卷为道光二十四、二十七至二十九年九月载，卷409、447、459、472。其中道光二十三年情况实录无载，见中国第一历史档案馆藏：《内务府来文》，"为皇太后万寿圣节应行礼仪仪注一案粘单事致内务府等"，道光二十三年九月十四日，档号：05-13-002-000162-0120，记：奉皇太后懿旨，停止筵宴，其在外公主、福晋、命妇进内行礼之处，并著停止。

② 《清宣宗实录》卷421，道光二十五年九月，第39册第279页。

③ 中国第一历史档案馆藏：《旧整宗人府说堂稿》，"为查明道光二十五年皇太后万寿进内行礼之公主以下县君以上及王公福晋夫人等事故情形行礼部事"，道光二十五年九月十三日，档号：06-01-002-000132-0044。

④ 《清高宗实录》卷847，乾隆三十四年十一月，第19册第348页。

的记录①。这也从侧面反映出经过之前经常性地取消福晋、命妇入内行礼，使得她们对于这一活动不再具有积极性，无形中减少了太后在满洲贵族女性中的威望。

第二节 清帝对太后权力和活动范围的掌控

顺康年间，孝庄太后对军国大事的参与和决策，前人已多有论述②，这与皇帝年幼和当时的政治格局等因素都有一定关系。尽管如此，清初并未形成太后垂帘的政治局面，甚至在官方史书中始终没有以太后名义正式发出的决策国政的旨意，这固然与孝庄本人有着较强的"内外"意识有关，顺、康二帝对太后势力所进行的平衡和抗争也是不可忽略的因素。

如杨珍指出，顺治帝亲政后，对汉文化较为接受和认可，时人称其"专厌胡俗，慕效华制"，同时给予汉官一定的权力。但

---

① 如中国第一历史档案馆藏：《内务府来文》，"为皇太后七旬万寿怡亲王福晋染患风寒不能行礼将怡亲王门上送到原册咨送办理事致内务府等"，道光二十五年十月初五日，档号：05-13-002-000170-0071；《宗人府旧整来文》，"为查明同治十三年九月恭逢慈禧皇太后四旬万寿瑞敏郡王福晋因患腿疾不克进内行礼事"，同治十三年九月，档号：06-01-001-000486-0195；《宗人府旧整来文》，"为查明光绪二十年十月慈禧皇太后六旬万寿圣节豫亲王之嫡福晋因有两耳重听腿疾之症不克进内行礼筵宴事"，光绪二十年九月，档号：06-01-001-000491-0236。

② 学界对孝庄太后的主流评价认同她辅政两朝，培养两位幼帝，对国家确实发挥了功勋作用，代表性论述如商鸿逵：《清代孝庄孝钦两太后比评》，《故宫博物院院刊》1982年第3期；姜相顺：《略论孝庄文皇后的地位及其作用》，《社会科学辑刊》1986年第1期；聂晓灵：《孝庄文皇后的历史地位及其作用》，《满族研究》2011年第4期；等等。也有学人指出孝庄在顺康两朝的实际作用不应被夸大，如乔治忠、孔永红：《康熙帝与孝庄皇太后政治关系的解构》，《齐鲁学刊》2013年第2期。孝庄太后对满蒙关系的积极作用，学界多有共识，如聂晓灵：《论满蒙初期政治关系与孝庄文皇后》，《黑龙江民族丛刊》2011年第1期；等等。

以孝庄太后、郑亲王济尔哈朗为代表的老一辈满洲贵族对汉文化、明制怀有疑虑和敌意，顺治帝因此采取了一系列措施以集中权力①。康熙皇帝自幼受祖母教导，对其尊孝有加，但也逐步阻断其与朝臣的联系。姚念慈指出，从康熙十四年起，皇帝向两宫太后问安时即不准起居注官员随行，因此《起居注》所记太后形象，并非官员所见，皆为玄烨个人描绘。擒拿鳌拜之后，康熙帝还下令禁止文武官员交结内大臣、侍卫，切断朝官与侍卫的交通，也就间接切断了孝庄通过此途径对外间局势的掌控和影响②。姚念慈和乔治忠的研究还指出，康熙帝清除鳌拜集团的行动，也是瞒着孝庄进行的③。康熙帝在平定三藩之乱后，决定给太皇太后和皇太后加上徽号，而孝庄推辞曰"予处深宫之中，不与外事，受此尊号，于心未惬"④，在一定程度上也传递出太后对于皇帝权威的认可，以及皇权与太后权力之间的一定原则和界限。

至乾隆朝，尽管皇帝崇尚"国家凡有大庆，必归美于尊亲"的孝道，但他的这种尊崇与多次奉太后出巡的行为，客观上增加了太后的权威及其与外界接触的机会，为此，乾隆帝采取一系列措施进行严格的防范和掌控。

首先，乾隆帝严格限制太后在内廷的活动区域。孝圣太后移

---

① 杨珍：《历程 制度 人：清朝皇权略探》，学苑出版社，2013，第10-17页。

② 姚念慈：《康熙初年四大臣辅政刍议》，载氏著《定鼎中原之路：从皇太极入关到玄烨亲政》，三联书店，2018，第360-361页。孟昭信在《康熙大帝全传》（吉林文史出版社，1987，第31页）中也指出，康熙帝禁止朝臣与侍卫交通，包含了禁止交通太皇太后身边侍卫，以图通过太后干求政务之意。

③ 姚念慈：《康熙初年四大臣辅政刍议》，载氏著《定鼎中原之路：从皇太极入关到玄烨亲政》，第358-360页；乔治忠、孔永红：《康熙帝与孝庄太皇太后政治关系的解构》，《齐鲁学刊》2013年第2期。

④ 《清圣祖实录》卷99，康熙二十年十二月，第4册1249页。

居寿康宫后，按照当年孝惠太后在宁寿宫之例安排守卫：慈宁宫正门派内管领一员，护军参领一员，护军校及护军十名；新开左右门派护军参领各一员，护军校及护军各十名；永康左右门派护军校及护军各十名；慈祥门派护军参领一员，护军校及护军十名；等等①。这样的守卫，既是保护太后安全，在某种程度而言也是把太后生活区域严密封闭起来。乾隆二十六年九月初四日，为庆祝太后七旬万寿而进一步修建的寿安宫内遮阳席片失火，宫外护军巡更唤门要进入救火，但是太监"以宫禁严密，不敢擅行开门为辞"，拒不开门②。可见平素宫禁之严，即便在危急时刻，太监也不敢擅自打开太后宫区域与外界的通道。

其次，严格控制皇太后与外边人员往来。《国朝宫史》载，乾隆元年三月，皇帝得知皇太后之弟入宫谢恩后怒斥："苍震门亦系宫闱之地，未奉旨意，岂可擅将外人领入门内？将来移居慈宁宫，若如此轻易带领，成何体制？姑念初次，从宽免究，嗣后万万不可。"③ 可见，乾隆帝对太后与外人即便是近亲的接触也严格限制。乾隆三年开始，畅春园也成为孝圣太后的重要活动区域，"皇太后居畅春园，上居圆明园"④。乾隆帝曾说："若畅春园，则距圆明园甚近，事奉东朝，问安视膳，莫便于此，我子孙亦当世守勿改。"⑤ 可见，这样的安排是为了侍奉问安方便，但其实也暗含了管控太后行为的方便，就在孝圣太后初驻畅春园之际，乾隆帝就特意严申纪律："驻跸畅春园后，外祖父母以时进

---

① 中国第一历史档案馆藏：《内务府奏案》，"奏为皇太后移居寿康宫其慈宁宫正门等处遵例派员看守事"，乾隆元年十一月初二日，档号：05-0009-004。
② 《清仁宗实录》卷363，嘉庆二十四年十月，第32册第800页。
③ （清）鄂尔泰、张廷玉等编纂：《国朝宫史》卷4"训谕四"，第38页。
④ 《清高宗实录》卷60，乾隆三年正月，第10册第5页。
⑤ 《清高宗实录》卷1025，乾隆四十二年正月，第21册第748页。

见则可，其余人等概不许时常请见。至如悟真庵之尼僧，尤不可听其入内请安。"①

除直接往来之外，外人与太后的间接联系也被严格控制。乾隆三十一年，有副都统德云和总兵德兴、索柱，各具折恭请皇太后圣安，被乾隆帝斥责："外任副都统、总兵等，如恭遇皇太后万寿圣节并元旦令节，自应具折请安，平素无故不应屡次请安！"②乾隆三十六年，皇帝发现原任提督董天弼在奏函内递上了一件恭请皇太后圣安折，同样训斥其"于体制殊为未协，皇太后万寿圣节，敷天洽庆，属在臣工原可具折恭祝……至于常时奏请圣安，即督抚亦不应尔，况提镇乎！"③

最后，严禁任何人向皇太后传递外界消息。乾隆帝继位伊始，便传谕太后身边的太监、女子及各处执事人等，"凡国家政事，关系重大，不许闻风妄行传说，恐皇太后闻之心烦"。他进一步阐释，如系应让太后知晓之事，母子之间没有不告之理，"但朕与诸王大臣所办政务，外人何由而知，其应奏闻母后者，早已奏闻矣。宫禁之中，凡有外言，不过太监等得之市井传闻，多有舛误。设或妄传至皇太后前，向朕说知其事，如合皇考之心，朕自然遵行，若少有违，关系甚巨，重劳皇太后圣心"。即是说，所有的外事，只能由皇帝一人向太后叙说，他人严厉禁止，"嗣后凡外间闲话，无故向内廷传说者，即为背法之人"④。

① （清）鄂尔泰、张廷玉等编纂：《国朝宫史》卷4 "训谕四"，第40页。
② 《清高宗实录》卷775，乾隆三十一年十二月，第18册第505页。有关清代请安折制度、内容等相关研究，可参见强光美、陈鹏：《清代请安折初探》，《历史档案》2013年第3期；刘文华：《清代请安折再探——兼谈请安折与召见问题》，《满族研究》2017年第2期等。
③ 《乾隆朝上谕档》，乾隆三十六年十二月十九日，第6册第875页。
④ 《清高宗实录》卷1，雍正十三年八月，第9册第147-148页。

乾隆元年七月，太后向皇帝提及顺天府东的一个废寺应当重修，乾隆帝非常警觉，就此阐明内外之别："几曾见宁寿宫太后当日令圣祖修盖多少庙宇？朕礼隆尊养，宫闱以内事务，一切仰承懿旨，岂有以顺从盖庙修寺为尽孝之理？"他还进一步解释，如果"外间声扬皇太后各处修理庙宇，致僧道人等借缘簿疏头为由，不时乞求恩助，相率成风，断乎不可"。虽然"在此时僧道亦知畏惧国法，即欲妄为，必不能行。倘后来或遇年幼之君，并值不知外间事务，主母不能断制，俾若辈自谓得计，殊于国体有伤"[1]。乾隆帝的这段话可谓颇有深意：首先表明母亲的行为标准应当参照"宁寿宫太后"即康熙帝嫡母孝惠太后，而非地位更高的孝庄太后；其次讨论了太后一言一行可能给当时社会风气带来的不良影响；最后说明太后的行为不妥当还可能给后世造成有伤国体的不良表率。

乾隆二年正月，太后又向皇帝提及慈宁宫佛堂还有收拾不到的地方，太监和尚也少几名。此事按理属于后宫之事，但乾隆帝仍旧诘问："似此小事，太后圣母如何知道？再太后圣母位尊，比不得从前，陈福、张保就该结实办理，禁止小人妄言。将此旨传与陈福、张保，严传无知小人，不可妄言胡说，结结实实管着，不必奏太后圣母知道。"[2] 这里的"结结实实管着"，表面是针对太后身边"无知小人"，其实也针对太后本人而言，这样的严密管控与乾隆帝展现给天下的孝道尊崇，可谓判若云泥。

前述乾隆二十八年十月，当皇帝发现礼部仍有将会试录、登科录各进皇太后及皇后一本之例后，严斥其"系沿袭具文，非事关典礼者可比"，下令停止会试录、登科录向太后和皇后的进呈。

---

① （清）鄂尔泰、张廷玉等编纂：《国朝宫史》卷 4 "训谕四"，第 39 页。
② 《清宣宗实录》卷 217，道光十二年八月，第 36 册第 222 页。

　　其实，在乾隆朝初期，乾隆帝也曾效仿康熙帝向太后报告一些重要的战事进程，如十四年初，清廷平定大金川之战接近尾声时，乾隆帝欲接受叛军投降，但战事总指挥傅恒主张彻底歼灭，皇帝将此事垂询太后，太后称"予从不问外朝政事"，只表示赞同皇帝的决定①。《钦定平定金川方略》详细记录了乾隆十三年派遣傅恒领兵攻打金川之时，皇帝即已告知太后：因此前将士平叛失利，傅恒称"如不成功无颜以见众人"。太后认为傅恒此见实为太过，"此行原为国家效力，非为一己成名……岂有国家费如许帑项，用如许生命，专以供一己成名之理"②。翌年初，在金川战局已分明之时，乾隆帝传谕傅恒："朕今日辰刻恭请皇太后圣母万安，仰蒙慈谕：'金川之事，朝廷此时即应降旨罢兵。诸王大臣想不敢奏请，但理势自当如此。'朕以所调各路兵丁踊跃前去，若中道撤回，不得一申其敌忾之气，未免有拂众心。且于从前办理之体，恐涉轻率。俟其到齐得一二胜阵，即令班师，具奏。又蒙慈谕：'似此是朝廷尚有专意成功之念，岂不与经略大学士傅恒同出一见耶？大军早罢一日，则兵丁得早免一日劳苦，人情孰不恋妻子而顾室家，何必待临阵得胜，方令凯旋。此一二阵中能保兵丁一无伤损乎？大兵所过，百姓惊惶，夫马供亿，悉资其力，早罢一日，亦早得安息一日。朝廷若执意待至四月，是百姓又多受一二月之灾矣！'皇太后懿训至圣至明，朕实无辞以对。"③体现出乾隆帝受降罢兵是受太后的影响。《清稗类

---

① 《清高宗实录》卷 333，乾隆十四年正月，第 13 册第 565 页。

② （清）来保：《钦定平定金川方略》卷 20，载（清）永瑢、纪昀等：《景印文渊阁四库全书》，第 356 册第 317 页。

③ （清）来保：《钦定平定金川方略》卷 22，载《景印文渊阁四库全书》，第 356 册第 335-336 页。

钞》记乾隆帝"尝从后之训，减刑罢兵"①，即应指上述情形。不过，平定大金川叛乱是乾隆帝第一次在军政大事上做出部署并获胜利，他很可能效仿皇祖，将战事筹备和作战情形告知太后，其意图却并非请太后决断。因为从上述官书的记录来看，太后慈谕无不围绕偃兵罢战，体恤兵民，完全符合其"圣母"的角色定位。此后便少有类似记载。乾隆十九年，清廷平定准噶尔叛乱，傅恒同样力主出兵，其他参与商议的朝臣皆有不同意见②，却不见乾隆帝再向太后告知情形，只在平叛之后，为太后加上徽号③。乾隆四十一年，清廷再次平定大小金川，皇帝也只是为太后加上徽号④，而在发兵和作战过程中同样不见再有奏报太后的记载。此两次维护国家统一的重大战事进行时，皇帝已有丰富的理政经验，战事胜利后为太后加上徽号，属"国家凡有大庆，必归美于尊亲"之意。如此，人们逐渐只能看到乾隆帝所展示的对太后的礼隆尊养，而很少再能看到太后本人在盛世一朝的行为、态度和主观意愿。

道光朝延续了乾隆朝对于太后的管控措施，令太后的生活区域愈加封闭。前述慈宁宫、寿康宫前通道东侧的永康左门，平时守卫严格，即便遇有宫廷典礼全部打开，外官也不能进入太后宫。如道光年间的记录显示，大学士接奉节庆时皇帝向太后庆贺之表匣，至慈宁门外即止步，转交内监恭进⑤。

---

① （清）徐珂编撰：《清稗类钞》第 5 册"孝友类·高宗孝孝圣后"，第 2448 页。
② 《清高宗实录》卷 474，乾隆十九年十月，第 14 册第 1129–1130 页。
③ 《清高宗实录》卷 490，乾隆二十年六月，第 15 册第 153 页。
④ 《清高宗实录》卷 1007，乾隆四十一年四月，第 21 册第 529 页。
⑤ 中国第一历史档案馆藏：《内务府来文》，"为长至令节皇上庆贺皇太后表文转传内监接进事致内务府"，道光六年十一月二十二日，档号：05–13–002–000126–0076。

　　寿康宫之外，道光朝皇太后在京西的园林生活区域由畅春园改为绮春园。元年五月，皇帝称读到乾隆四十二年皇祖圣谕，"以畅春园距圆明园甚近，事奉东朝，问安视膳，莫便于此，子孙当世守勿改"。但当时畅春园已"殿宇墙垣，多就倾敧，池沼亦皆湮塞"，非一两年能修葺竣工。道光帝想到翌年为仁宗释服后，"圣母皇太后临幸御园，不可无养志颐和之所。朕再四酌度，绮春园在圆明园之左，相距咫尺，视膳问安，较之畅春园更为密迩。且系皇太后凤昔临莅之区，居处游览，馨无不宜，于此尊养承欢，当于近奉东朝之旨，尤相契合也"。因此，他命管理圆明园大臣立即着手修整绮春园，用以"敬奉慈愉"①。道光三年正月开始，"奉皇太后居绮春园，上居圆明园"②。

　　同时，道光帝效仿乾隆帝，不因太后移居宫外而放松管控，尤其当道光帝阅及乾隆二年皇祖严谕太监陈福、张保"严传无知小人，不可妄言胡说，结结实实管着，不必奏太后圣母知道"的话后，感慨道："仰见我皇祖高宗纯皇帝圣虑周详，于尽孝尽礼之中，深寓防微杜渐之意，实为万世法守，朕曷胜钦服！"他立即令内务府大臣传谕孝和太后近前太监王得恩、田代余："嗣后寿康宫上下人等，务要遍行谆嘱，加意查管，凡宫内等处，以及外边事情，必应遵照乾隆年间上谕，一切不准在太后圣母面前，以无作有、信口谈论，非但徒劳圣心，而恐有碍。日后如稍有不妥，朕必重治汝二人之罪。"道光帝还进一步规定："宫内等处及外围圆明园、升平署总管首领太监，非奉旨差往，或皇后等位、阿哥、公主差往者，概不准到寿康宫、敷春堂去。寿康宫首领太

① 《清宣宗实录》卷18，道光元年五月，第33册第335—336页。
② 《清宣宗实录》卷48，道光三年正月，第33册第856页。

监，非有官差亦不准到宫内、圆明园来。"将皇太后居住的寿康宫和绮春园敷春堂与宫廷内外都隔离开来。在宫内时，寿康宫责成慈宁宫、寿康宫总管、管门之首领太监稽查，绮春园则责成寿康宫总管同本园总管督饬各门首领太监稽查，"如有为私事来往者，概行阻止。如日久懈弛，或别生事端，一经破露，必将失察之人治罪不贷。著通行传谕，敬谨遵行，并著载入宫中现行则例"①。

即便出巡时，王公大臣也难有机会与太后接触。乾隆时皇帝曾说："向来惟皇太后回銮时，在京王公满汉大臣等，有同赴宫门请安之事"。但道光二年，皇帝奉太后从行宫回銮紫禁城，已年过七旬的成亲王永瑆趁机向太后呈进食品十六盒，道光帝对此非常不悦，称："向来回銮进宫时，内廷外廷各王公，从无呈进食物之事"，批评永瑆"甚属错谬，著即发还。嗣后如不知悛改，仍率意妄行，朕惟有按例处治，不能稍从宽贷也。其懔之"②。

经过乾隆、道光两朝的持续管束，皇太后在获得尊位的同时，与各类外朝人员的联系越来越被严格地切断，连近支宗室王公及内务府大臣平日也不得无故与太后联络。尽管皇帝仍旧奉太后出巡、定期移居西郊园林，但太后宫已然成为一个被隔离、封闭的区域。直到同治朝以后，皇帝幼年登基，太后才得以从深宫之中解放，垂帘听政。但实际上，咸同易代之际太后的政变成功和最终受到王公大臣的支持，也在一定程度上得益于前朝皇帝对于太后权力约束得法，使得太后势力相对于近支宗室王公和权臣而言，对皇权的威胁更小、更有利于皇权的平稳过渡。不过，这

① 《清宣宗实录》卷217，道光十二年八月三日，第36册第222—223页。
② 《清宣宗实录》卷43，道光二年十月，第33册第769页。

是一个非常复杂的政治角力的过程，其中既有前朝背景的积累，也有当时客观形势的限制，更有太后个人能力的因素，鉴于学界有关两宫垂帘以及慈禧太后的研究已然较为充分，本书不再赘述。

第十章

清代太妃嫔的尊封制度与生活状态

皇帝崩逝，除皇后、嗣帝生母成为太后，其他妃嫔也都成为太妃、太嫔、太贵人等。相较于太后而言，后者既失去了前朝皇帝的庇护和恩宠，也较难得到嗣皇帝的足够重视。清代规定，前朝妃嫔与嗣皇帝"年皆逾五十，乃始得相见"[1]，为二者之间划分出相当明确的界限。以往学界研究清代后宫，多聚焦于当朝后妃或皇太后，有关太妃嫔[2]等着墨极少，一般仅在涉及皇帝后宫时，将某位妃嫔在后朝的位号情况一并列明，尚无将太妃嫔作为一个单独的群体，关注她们在宫廷之中的存在意义。本章将补缀零散史料，结合清宫档案和时人回忆，观察太妃嫔在深宫的生活状态以及有限的人际联系，梳理有清一代逐步形成的针对太妃嫔的尊封制度，并通过剖析太妃嫔经后朝皇帝的尊封而产生的位次晋升，探讨她们对皇权统治的意义和价值。

---

[1] 《清史稿》卷 214 "后妃传"，第 8898 页。
[2] 为表述方便，本章将除太后之外的前朝皇帝后宫女性统称为太妃嫔。

第一节　清代太妃嫔尊封制度的发展变化

清代对太妃嫔等位的尊封，以道光朝为界，此前仅有部分前朝妃嫔得到嗣皇帝尊封，从道光朝开始，所有前朝妃嫔皆获尊封。在光宣两朝，因太后掌权，太妃嫔等的尊封又出现新的变化。本节主要讨论清代太妃嫔尊封制度的形成及其发展变化过程。

一、顺康时期为太妃嫔"晋徽称"

清军入关时，太宗皇太极的两妃亦随皇室进京，奉养于紫禁城中。顺治八年二月，亲政后的皇帝除上皇太后尊号外，也称太宗的两位皇妃"敬事先皇恭勤素著，雍和肃穆，誉洽宫闱，宜各晋徽称，以表令德"①，开启了清帝首次对太妃的尊封。但与皇太后尊号不同，对两位太妃的优遇明确为"晋徽称"。次年，正式举行尊封礼，尊两妃为皇考懿靖大贵妃、皇考康惠淑妃②。"懿靖""康惠"即顺治帝为两位太妃所加"徽称"，她们在太宗朝后宫就是贵妃与淑妃，此次尊封仅为单纯加封美称，并无位分晋升。

需要指出的是，当时清宫中仍有太祖努尔哈赤的一位妃子在世，却并未随两位太宗妃一起获得尊封。这位女性为博尔济吉特

① 《清世祖实录》卷52，顺治八年正月，第3册第413页。
② 《康熙会典》卷42，载《大清五朝会典》，第1册第538页。关于这位太妃的徽称，实录中皆作为"懿靖大贵妃"，《康熙会典》中则有"懿靖大贵妃"和"懿静大贵妃"两种写法，本书在叙述时统一使用"懿靖"之说，但在引文中遵照原史料的写法。

氏，彼时住仁寿宫①，顺治帝直至去世前不久才表示，"仁寿宫太祖妃年长行尊，向来未晋名封，礼宜举行封典，所有应封名号及应行典礼，尔部即详察典例具奏"②。但尚未及正式行礼，皇帝即崩逝，至康熙帝继位才为这位太祖妃完成尊封，"尊皇祖妃为寿康太妃"，"用金册宝，并仪仗等项，行尊封礼"③。

顺治帝崩逝后，其后宫仍有多位妃嫔在世，康熙六年，顺治朝石姓贵人去世，康熙帝追封其为"皇考恪妃"④，给予谥号并将其位次由贵人追封为妃。但从后来的情况看，这只是偶然行为，并未形成定制。康熙十二年底，皇帝将4名居妃位的顺治朝后宫同时尊封为皇考恭靖妃、皇考淑惠妃、皇考端顺妃和皇考宁悫妃，"一应仪注，俱与顺治九年同"⑤。康熙帝表示，尊封4位太妃是"奉太皇太后慈旨，世祖章皇帝博尔济金氏三妃及董鄂氏妃，久在宫闱，敬谨夙著，宜加封号，以表令仪"⑥。可见，这次尊封与顺治八年尊封太宗二妃一样，仅是加2字"徽称"，没有位次的晋升。其他顺治朝位分较低的妃嫔于康熙朝均未见尊封记

---

① 仁寿宫是明代紫禁城宫殿名，至清代史书中已不见记录。《春明梦余录》卷6"宫阙"记，慈宁宫即明嘉靖十五年"以仁寿宫故址并撤大善殿更建"，但又记紫禁城东部也有一"仁寿宫"，见（清）孙承泽：《春明梦余录》，北京古籍出版社，1992，第49页。侯仁之主编《北京历史地图集》之"明皇城（天启、崇祯年间）"及"明紫禁城（天启七年）"地图均显示"仁寿宫"在紫禁城外东路（约清康熙二十八年底建成之宁寿宫的位置），见侯仁之主编：《北京历史地图集》，北京出版社，1988，第33~36页。应是明紫禁城中的仁寿宫本在紫禁城西路，毁坏后故址已在嘉靖十五年更建为慈宁宫，而仁寿宫至晚在天启朝以后转移至紫禁城东路了。

② 《清世祖实录》卷141，顺治十七年十月，第3册第1089页。

③ 《清圣祖实录》卷5，顺治十八年十月，第4册第93页；《康熙会典》卷42，载《大清五朝会典》，第1册第539页。李凤民《北京清宫第一太妃》（《紫禁城》2000年第3期），详细考证了寿康太妃生平及被尊封过程。

④ 《清会典则例》（乾隆朝）卷89，载《景印文渊阁四库全书》，第622册第827页。

⑤ 《康熙会典》卷42，载《大清五朝会典》，第1册第539~540页。

⑥ 《清圣祖实录》卷44，康熙十二年十二月，第4册第582页。

录。此外，康熙帝也没有对太宗的两位妃继续尊封，她们中被顺治帝尊为"皇考懿靖大贵妃"者卒于康熙十三年①，而"皇考康惠淑妃"则卒于懿靖大贵妃之前②。

总之，顺康二帝只择父辈后宫中处于高位者进行尊封，且尊封形式为加徽称但不晋升位次，尊封的理由为"誉洽宫闱""敬谨夙著"等妇德因素，未论及与诞育子嗣的关系。

二、雍正朝不加徽称而晋升位分的尊封

康熙帝后宫人数于清帝中为最多，他故后留有更多数量的妃嫔在世，雍正帝同样对其中的一部分予以尊封。雍正二年六月，皇帝正式对康熙朝 5 位后宫即贵妃、和妃、密嫔、定嫔和贵人予以尊封③，且全都晋升了位次。雍正帝称此次尊封源于皇太后懿旨："孝懿皇后曾抚育尔躬，贵妃系孝懿皇后亲妹，应将贵妃封为皇贵妃。又和妃奉事先帝，最为谨慎，应将和妃封为贵妃。朕惟皇太后圣心至仁至厚，此旨实为允当。"④ 可见两位被晋升为皇贵妃（佟佳氏）、贵妃（瓜尔佳氏）者，类似顺康时期提出的久在宫闱、奉先帝谨慎等理由，似无特殊之处。而另外获封的二妃，则明确为诞育贤皇子的缘由，太后懿旨称"尔弟兄之母，当加意相待"。雍正帝"思十二阿哥之母与皇太后同日进宫，甚为谨慎，多年侍奉皇考，亦列嫔位"，而"皇考圣躬违和，朕等同进请安，皇考呼十五阿哥、十六阿哥至御榻前曰，朕此番抱病，尔二人之母昼夜侍奉，衣不解带，为日甚多，殊属劳苦，尔等后

① 《清圣祖实录》卷 50，康熙十三年十一月，第 4 册第 659 页。
② 《清史稿》卷 214"后妃传"，第 8904 页。
③ 《清世宗实录》卷 21，雍正二年六月，第 7 册第 339 页。
④ 《清世宗实录》卷 2，康熙六十一年十二月，第 7 册第 50–51 页。

日须尽孝道"，故"今将十五阿哥、十六阿哥之母嫔亦晋封为妃"。十二阿哥之母定嫔，被尊封为定妃；十五、十六阿哥之母密嫔，被晋封为密妃。此外雍正帝还将"六公主之母，封为嫔"，即贵人纳喇氏晋封为通嫔①。纳喇氏曾生二子，皆早殇，又生育皇十女，于康熙四十五年下嫁喀尔喀台吉策棱，封和硕纯悫公主，她在康熙朝成年获封的公主中排行第六②。《清史稿》指："世宗以其（通嫔）婿喀尔喀郡王策棱功，尊封"，有清一代仅此一例③。

内务府档案中详细记载了雍正二年六月为以上 5 位妃嫔举行的尊封典礼。其中定妃"仪仗设于贝子允祹宅第"。雍正帝曾说："朕即位后恭检皇考所遗朱批谕旨，内有料理宫闱家务事宜一纸，皇考谕令有子之妃嫔，年老者各随其子归养府邸，年少者暂留宫中。朕谨遵圣谕，遣人询问诸位母妃，咸愿随子归邸。"④ 定妃显然是随其子出宫居住了，因此在儿子府邸受封。她的册印由东华门出，送至允祹府，先交允祹后再进于定妃；其余人的尊封仪仗均设于各自所居宫门之外⑤。

抚育、诞育皇嗣，是雍正朝尊封太妃嫔的重要考量因素。圣祖后宫位次最高的贵妃佟佳氏以及和妃瓜尔佳氏均抚育过幼年的弘历，因而特别受到雍正帝的尊崇。定妃、密妃受尊封的原因除

---

① "谕礼部著将十五阿哥十六阿哥之母嫔晋封为妃"，雍正元年正月初二日，中国第一历史档案馆编：《雍正朝汉文谕旨汇编》，广西师范大学出版社，1999，第 1 册第 13 页。

② 《清朝文献通考》卷 242 "帝系考四·皇太子皇子"，第 7019 页；《清圣祖实录》卷 227，康熙四十五年十二月，第 6 册第 280 页。

③ 《清史稿》卷 214 "后妃传"，第 8912 页。

④ 《清世宗实录》卷 40，雍正四年正月，第 7 册第 592—593 页。

⑤ 中国第一历史档案馆藏：《内务府来文》，"为抄录尊封四位太嫔礼仪原奏事致内务府等"，乾隆元年十一月二十九日，档号：05-13-002-000001-0019。

对康熙帝侍奉恭谨之外，也是由于诞育阿哥。而对于那些虽已诞育子嗣而位分低微者，雍正帝也表示，"现在有曾生兄弟之母未经受封者，俱封为贵人……内有一常在年已七十，亦封为贵人。"①《清朝文献通考》记载，雍正继位后5位育有皇子的康熙朝庶妃被一体尊封为皇考贵人，分别是庶妃高氏（高廷秀女）、庶妃色赫图氏（员外郎多尔济女）、庶妃石氏（石怀玉女）、庶妃陈氏（陈玉卿女）、庶妃陈氏（陈岐山女）②。但我们并未找到那位年已七十，拟封贵人之常在的具体晋升记录。

因诞育子嗣而受到尊封的康熙朝妃嫔还有勤嫔。勤嫔位次本比贵人纳喇氏高，却并未出现在雍正二年的尊封名单中，我们在《清代文献通考》中发现有勤嫔于雍正四年被尊为皇考勤妃的记载③。她没能在雍正二年得到尊封，可能还是由于其在康熙朝地位较低，在康熙五十七年的最后一次集体册封妃嫔时，她排序在定嫔、密嫔之后④，所生皇十七子，序齿亦在定嫔、密嫔子之后，而其子在雍正朝又没有特殊的表现，因而尊封稍晚。

除对在世者进行尊封外，雍正帝还追封了已于康熙三十八年过世的敏妃为皇考皇贵妃⑤，也可归于因诞育贤子嗣而受尊封之列。敏妃乃皇十三子允祥生母，允祥是最受雍正帝信赖和重用的兄弟，《清史稿》说明"世宗以其子怡亲王允祥贤，追进封"⑥。也从中可见，尽管诞育子嗣是雍正朝尊封太妃嫔的重要标准，但

---

① "谕礼部著将十五阿哥十六阿哥之母嫔晋封为妃"，雍正元年正月初二日，《雍正朝汉文谕旨汇编》，第1册第13页。
② 《清朝文献通考》卷241 "帝系考三·后妃"，第7005页。
③ 同上书，第7004页。
④ 《清圣祖实录》卷282，康熙五十七年十一月，第6册第760页。
⑤ 《清世宗实录》卷8，雍正元年六月，第7册第160页。
⑥ 《清史稿》卷214 "后妃传"，第8911–8912页。

其所尊封的康熙朝妃嫔都是诞育"贤"子女者，而那些在储位之争中与雍正帝为敌或者在雍正朝表现不佳的兄弟之母，未得尊封。如惠妃是康熙帝皇长子允禔之母，良妃是皇八子允禩之母，允禔、允禩都被削爵治罪、幽禁而亡，其生母自然不大可能得到新帝的尊封。再如宜妃，诞育皇五子允祺和皇九子允禟，但允禟密切参与到康熙朝后期皇子争斗的派系中，且宜妃本人也在康熙帝去世后于皇太后、皇帝面前表现不敬，据载其"坐四人软榻，在皇太后前与众母妃先后搀杂行走，甚属僭越，与国礼不合……见朕时气度竟与皇太后相似，全然不知国体"①。还有荣妃，虽生育五子一女，其中包括皇三子允祉，但雍正八年，宗人府等衙门议奏，称允祉"情性乖张，行事残刻，圣祖仁皇帝屡降谕旨，宣示于众。皇上御极以来，时加训诫，多方保全"，列举了他种种违逆之事，尤其是当二阿哥废黜之后，允祉"以储君自命，见廷臣更正东宫仪仗"②。以上妃嫔，位分虽高，但本人或子嗣不利于当朝的统治与后宫的和谐，自然不会得到皇帝的尊封。

综上可知，雍正时期对太妃嫔的尊封，系不加封号而直接晋升位分。对尊封对象的拣选不择位次高低，抚育和诞育皇嗣固然是得以尊封的重要因素，但有利于皇权集中或者后宫和谐是更深层次的背景。

另外值得关注的是，康熙朝起清代宫闱制度已然确立，至雍正朝是第一次依照后宫制度为前朝妃嫔安排位次。本朝首次出现尊封太妃为贵妃、皇贵妃的情况，"皇考皇贵妃、皇考贵妃"是皇帝从先帝角度对贵妃位的敬称，是记录在官方史书中的书面用

---

① （清）鄂尔泰、张廷玉等编纂：《国朝宫史》卷3"训谕三"，第17页。
② 《清世宗实录》卷94，雍正八年五月，第8册第264页。

语。而在当朝日常生活中，如何称呼这些先帝妃嫔，成为新的问题。我们在雍正二年一份名为"呈皇太贵妃等千秋单"的宫廷档案中，发现当时大臣为皇帝呈上如下三种称呼方式：

> 恭祝皇太贵妃千秋，雍正二年七月　日
>
> 恭祝太妃皇贵妃千秋，雍正二年七月　日
>
> 恭祝母妃皇贵妃千秋，雍正二年七月　日

雍正帝在第一条后朱批改定为"皇贵太妃"①。此后清代文献基本遵循此称呼方式②。

三、乾嘉时期尊封制度的发展

雍正帝在位 13 年即崩逝，乾隆帝继位时，康雍两朝妃嫔皆有在世者，因此乾隆朝尊封太妃嫔与前朝不同之处，首先是对父、祖两辈的部分妃嫔皆予以尊封；其次，乾隆朝还开创了一代皇帝两次尊封同一位太妃的先例。

首先，乾隆帝突破了康熙时期只给予父辈妃嫔尊封之例，对康熙及雍正两朝的部分妃嫔都予以尊封。康熙朝妃嫔中，乾隆帝继续尊封雍正年间所尊妃嫔中的 4 位妃以上者，分别尊为"皇祖寿祺皇贵太妃、皇祖温惠贵太妃、皇祖顺懿密太妃、皇祖纯裕勤

---

① 中国第一历史档案馆藏：《宫中朱批奏折》，"呈皇太贵妃等千秋单"，雍正二年九月，档号：04-01-30-0093-021。

② 仅据我们所见雍正以后的清宫档案，绝大部分以"皇贵太妃""贵太妃"称呼相应女性，但也有一些档案仍现称呼上的差异。如中国第一历史档案馆藏：《内务府来文》，"为请给发太妃皇贵妃金棺处坐更应用羊油蜡事致内务府"，乾隆八年四月初三，档号：05-13-002-000003-0007，内以"太妃皇贵妃"称呼寿祺皇贵太妃；《内务府呈稿》，"为备办婉太贵妃悼太妃椅座衾枕帷幄及各房应用家伙等项事"，嘉庆十二年五月十六日，档号：05-08-030-000105-0018，内称"婉太贵妃"；"为补报咸丰二年十月如皇太贵妃进宫等项用过白蜡数目事"，咸丰三年十一月十四日，档号：05-08-002-000540-0030，内称"如皇太贵妃"；等等。

太妃"①。对于这4位已然位分较高的太妃，乾隆帝并没有再次晋升其位分，仅加徽称。这次尊封的缘由，乾隆帝解释为："朕自幼龄仰蒙皇祖慈爱笃挚，抚育宫中，太妃皇贵妃、贵妃仰体皇祖圣心，提携看视，备极周至，朕心感念不忘。太妃密妃诞育庄亲王，太妃勤妃诞育果亲王，二王为皇考宣力多年，公忠体国，今又辅朕办理政务，裨益良多。此四太妃应各加封号，以展朕敬礼之意。"② 可见，乾隆帝尊封她们的理由基本与其父如出一辙，其中略有不同的是，雍正四年才获皇帝尊封的勤妃，此次进入新帝首批尊封的康熙朝妃嫔名单，其原因为勤妃之子果亲王允礼，于乾隆年间深受皇帝重用，她"母凭子贵"被尊为"皇祖纯裕勤太妃"。而雍正二年即获尊封的定妃，虽于乾隆朝寿至九十七岁，却并未获得尊封③。其原因应系定妃之子允祹，虽在康熙年间参与争斗不多，雍正帝继位后晋为郡王，但由于办事不谨，很快被降为贝子④；又在雍正二年因办理圣祖配享仪注及封妃金册事务，均出现遗漏舛错，最终降为镇国公⑤，直到雍正八年才恢复郡王爵位⑥，可能因而影响到其母的尊封。

而被雍正帝晋升为贵人的5位圣祖庶妃，则被乾隆帝尊封为嫔，再次晋升了位分："贝勒允祎、郡王允禧、贝勒允祐、贝勒允祁、诚亲王允祕之母，侍奉皇祖多年，恪恭勤慎，皇考当日俱

① 《清会典则例》（乾隆朝）卷58，载《景印文渊阁四库全书》，第622册第41页。

② 《清高宗实录》卷2，雍正十三年九月，第9册第174页。杨珍《乾隆诗文中的康熙妃嫔》（《清史论丛》总第33辑，社会科学文献出版社，2017）认为，乾隆帝对太妃抚养之恩的赞颂与宫廷政治之间实有关联，他对寿祺、温惠两太妃备加尊崇，是践行孝道的具体表现，也对加强统治集团内部的凝聚力、做臣民表率、巩固皇权统治大有帮助。

③ 《清史稿》卷214"后妃传"，第8912页。

④ 《清世宗实录》卷14，雍正元年十二月，第7册第250页。

⑤ 《清世宗实录》卷21，雍正二年六月，第7册第348页。

⑥ 《清世宗实录》卷94，雍正八年五月，第8册第268页。

封为贵人。今允祹等晋封王贝勒之爵，应加恩所生，以昭典礼。允祹、允禧、允祜、允祁之母著晋封为嫔，允祕之母著追封为嫔。"①4位在世太嫔的尊封仪仗设在宁寿门外，由礼部鸿胪寺官员安奉4个金册案，各宫内监取入后，安置于本宫之内②。这几位妃嫔皆是汉人，在康熙朝位次不高，诞育的皇子也没有参与宫廷斗争，在雍正、乾隆朝均稳步晋封为王或贝勒爵位，其母也"加恩所生"，得以连续晋升。

雍正朝妃嫔数量较少，乾隆帝继位后，尊其父二妃为"皇考贵妃、皇考谦妃"③。他称奉太后懿旨，"裕妃侍大行皇帝多年，诞生皇五子，已蒙圣恩封为亲王，今裕妃应封贵妃。谦嫔诞生圆明园阿哥，今应封妃"④。可见仍是以诞育贤皇子作为标准。而雍正朝妃嫔并非所有高位分且诞育子嗣者都获得乾隆帝的尊封。如先后育有三子的齐妃，系世宗潜邸侧福晋，远比获尊封的两太妃资历深——裕妃在潜邸为格格，谦嫔为贵人⑤。但齐妃应是受到儿子牵连，其子弘时一贯行事乖张，雍正五年"以放纵不谨，削宗籍，无封"⑥。乾隆二年四月，"世宗宪皇帝齐妃薨，上至五龙亭殡所奠酒"⑦。她至死时仍被称为"齐妃"，也再次印证了没有得到乾隆帝尊封。

其次，乾隆帝突破了一朝只给予太妃嫔一次尊封的先例，给

① 《清高宗实录》卷6，雍正十三年十一月，第9册第269页。
② 中国第一历史档案馆藏：《内务府来文》，"为抄录尊封四位太嫔礼仪原奏事致内务府等"，乾隆元年十一月二十九日，档号：05-13-002-000001-0019。
③ 《清会典则例》（乾隆朝）卷58，载《景印文渊阁四库全书》，第622册第41页。
④ 《清高宗实录》卷2，雍正十三年九月，第9册第166页。
⑤ 《清史稿》卷214"后妃传"，第8915页。
⑥ 《清史稿》卷220"诸王六"，第9086页。
⑦ 《清高宗实录》卷40，乾隆二年四月，第9册第720页。

予同一太妃两次尊封。首位两次受尊者系康熙朝和妃瓜尔佳氏，前述其在雍正朝被尊为贵妃，乾隆帝即位后尊封为"皇祖温惠贵太妃"，至乾隆八年十一月，皇帝再次尊封这位对自己有抚育之恩的祖辈女性为"皇祖温惠皇贵太妃"①。另一位两次受尊封者为雍正朝裕妃，她于乾隆初年被尊为裕贵妃之后，又于乾隆四十三年二月蒙上谕，"裕贵妃母妃，侍奉皇考，诞育和亲王，淑慎素著，朕御极之初，即钦奉圣母皇太后懿旨，晋封贵妃，以申敬礼之意。四十余年，慈宁随侍，亲爱尤深，兹年届九旬，实为宫闱盛事，宜崇位号，以介蕃釐，应晋封为皇贵妃"②。裕妃得以二次尊封、晋为皇贵妃之高位的理由很简单，因其近九旬高寿，有助于诠释乾隆朝的尊孝之道。

　　总之，乾隆帝对父、祖两代太妃嫔的尊封标准是灵活多样的，既有对祖辈高位妃嫔只加"徽称"不晋位分的尊封（二次晋封皇贵太妃除外），也有对父辈妃嫔晋升位分的尊封，还开创了一朝皇帝对于同一太妃进行两次尊封的先例。

　　乾隆帝妃嫔数量虽多，但其于八十九岁崩逝时，后宫已少有在世者，即便如此，嘉庆帝亲政后仍未广施恩泽，只于在世乾隆朝之妃嫔中尊封婉妃一人："婉太妃母妃，从前皇考在藩邸时，蒙皇祖所赐，侍奉皇考多年，嗣经晋封为妃。现在寿康宫位次居首，年跻八十有六，康健颐和，宜崇位号，以申敬礼，应尊封为婉贵太妃。"③ 其他在世妃嫔则并无尊封，如惇妃汪氏育有极受乾隆帝宠爱的皇十女和孝固伦公主④，公主在嘉庆朝也备受皇帝

---

①　《清高宗实录》卷 205，乾隆八年十一月，第 11 册第 643 页。
②　《清高宗实录》卷 1050，乾隆四十三年二月，第 22 册第 26 页。
③　《清仁宗实录》卷 78，嘉庆六年正月，第 29 册第 4 页。
④　《清朝文献通考》卷 242 "帝系考四·皇太子皇子"，第 7020 页。

重视，但惇妃于嘉庆十一年去世，一直未获尊封。另有一位晋贵
人富察氏，至道光帝继位才获尊封①。除婉妃外，嘉庆帝还追封
了于乾隆三十九年去世的贵妃陆氏为"庆恭皇贵妃"，原因是自
己曾受庆贵妃抚育，"与生母无异"②。尽管嘉庆帝所尊封的太妃
嫔数量最少，但其严格遵守了前朝所定的尊封方针与原则，这与
道光帝即位后所做出的大幅度改革迥然不同。

四、从部分尊封到普遍尊封：道咸以后的尊封制度

道光帝甫继位，就将仍在世的乾隆朝后宫唯一一位贵人晋升
两级为妃位："谕内阁，皇祖高宗纯皇帝嫔御存者，惟晋贵人一
人，宜崇位号，以申敬礼，谨尊封为晋妃。"③ 同时颁谕："皇考
大行皇帝妃嫔，承侍宫闱，恪恭淑慎，均宜加崇位号，以表尊
荣。诚贵妃，侍奉皇考最久，年齿亦尊，谨尊封为诚禧皇贵妃；
如妃，诞育惠郡王，尊封为如贵妃；信嫔，晋封为信妃；恩贵
人，晋封为恩嫔；荣贵人，晋封为荣嫔；安常在，晋封为安嫔。
所有应行事宜，著各该衙门察例具奏。"④ 至此，道光帝完成了
对所有仍在世前朝妃嫔的一体尊封，基本形式为晋位分一级，除
皇贵妃再加一字徽称外，其余不加徽称，可以说是对每一位后宫
长辈都给予恩典。

同时，道光帝继续推行乾隆朝的二次尊封政策。道光二十六
年，皇帝称嘉庆朝如妃"侍奉皇考有年，淑慎素著，随侍慈闱"，

---

① 《清宣宗实录》卷3，嘉庆二十五年八月，第33册第107页。
② 《清仁宗实录》卷37，嘉庆四年正月，第28册第412页。
③ 《清宣宗实录》卷3，嘉庆二十五年八月，第33册第107页。
④ 同上。

且当时年届六旬，再尊封其为皇贵妃①。值得一提的是，这位如皇贵妃高寿，至咸丰皇帝继位，称祖父后宫如皇贵妃"年齿最尊"，继续尊为"如皇贵太妃"②。这是由于其已至皇贵妃高位，无法继续晋封，因而延续了"皇贵太妃"的称谓。

咸丰帝继承了道光帝对前朝妃嫔一体尊封的政策，并有进一步发展。他一方面对个别位高并无晋升空间者加上徽称："皇贵妃侍奉皇考淑慎素著，允宜加崇称号，以申敬礼，谨尊封为康慈皇贵太妃"；另一方面对其他太妃嫔普晋一级位分："皇考大行皇帝妃嫔，承侍宫闱，恪恭淑慎，均宜加崇位号，以表尊荣"，"常贵人晋封为常嫔，佳贵人晋封为佳嫔，彤贵人晋封为彤嫔，成贵人晋封为成嫔，祥贵人晋封为祥嫔，顺常在晋封为顺贵人，蔡答应、尚答应、李答应、那答应并晋封为常在"③。另外较为特殊的一位是道光朝琳贵妃乌雅氏，由于一朝不能有两位皇贵妃同时存在，因此琳贵妃已没有晋封空间，"谨尊封为琳贵太妃"④。直到同治帝即位，康慈皇贵太妃已逝，琳贵太妃才被尊为"琳皇贵太妃"⑤。

同治帝继位后，首先对祖辈妃嫔晋位尊封，"皇祖宣宗成皇帝嫔御，前经皇考大行皇帝加崇位号，兹朕御极之初，宜晋隆称，以申敬礼。琳贵太妃诞育醇郡王、钟郡王、孚郡王、寿禧和硕公主，谨尊封为琳皇贵太妃；彤嫔诞育寿庄和硕公主，尊封为彤妃；佳嫔尊封为佳妃；成嫔尊封为成妃；顺贵人尊封为顺嫔；

---

① 《清宣宗实录》卷 427，道光二十六年三月，第 39 册第 353 页。
② 《清文宗实录》卷 2，道光三十年正月，第 40 册第 78 页。
③ 同上书，第 40 册第 77—78 页。
④ 同上书，第 40 册第 77 页。
⑤ 《清穆宗实录》卷 6，咸丰十一年十月，第 45 册第 172 页。

蔡常在尊封为蔡贵人；尚常在尊封为尚贵人；李常在尊封为李贵人；那常在尊封为那贵人"①。值得一提的是，在咸丰十一年十月初十日的一份上谕档内，记载了内阁奉上谕"彤嫔诞育寿庄和硕公主，尊封为彤贵妃"，档后注明"此件递上，发下，去彤贵妃贵字，另缮递"②。而接下来同日的另一份上谕档即改为"彤嫔诞育寿禧和硕公主，尊封为彤妃"③。不知是撰写者笔误，还是改为遵循前朝妃嫔尊封每次只能晋一级位分的原则。但是，同治朝对于父辈妃嫔，显然未再遵循这一原则，同是咸丰十一年十月的上谕指出：咸丰朝妃嫔"承侍宫闱，恪恭淑慎，均宜加崇位号，以表尊荣。丽妃侍奉皇考有年，诞育大公主，谨尊封为丽皇贵妃，婉嫔晋封为婉妃，祺嫔晋封为祺妃，玫嫔晋封为玫妃，璷贵人晋封为璷嫔，容贵人晋封为容嫔，璹贵人晋封为璹嫔，玉贵人晋封为玉嫔，吉贵人晋封为吉嫔，禧贵人晋封为禧嫔，庆贵人晋封为庆嫔"④。不仅丽妃越级尊为皇贵妃，且同时尊封 7 位贵人为嫔，突破了一朝后宫只能有 6 嫔的宫闱制度。

值得关注的是，同治十三年十一月，道光朝和咸丰朝太妃嫔再次集体获得尊封。同治帝称奉两宫太后懿旨，道光朝"彤妃等位，侍奉宣宗成皇帝，多历年所，允宜加崇位号，以表尊荣。彤妃晋封为彤贵妃，佳妃晋封为佳贵妃，成妃晋封为成贵妃，贵人蔡佳氏晋封为恒嫔，贵人尚佳氏晋封为豫嫔"；咸丰朝"丽皇贵

---

① 《清穆宗实录》卷 6，咸丰十一年十月，第 45 册第 172 页。

② 中国第一历史档案馆编：《咸丰朝上谕档》，咸丰朝十一年十月初十，广西师范大学出版社，1998，第 11 册第 415 页。

③ 《咸丰朝上谕档》，咸丰朝十一年十月初十，第 11 册第 415—416 页。

④ 《清穆宗实录》卷 6，咸丰十一年十月，第 45 册第 172—173 页。

妃等位，侍奉文宗显皇帝，均称淑慎。丽皇贵妃著封为丽皇贵太妃，婉妃著封为婉贵妃，祺妃著封为祺贵妃，玫妃著封为玫贵妃，璷嫔著封为璷妃，吉嫔著封为吉妃，禧嫔著封为禧妃，庆嫔著封为庆妃"①。出现在一朝之中第二次尊封同一位太妃嫔的情况，此前，只出现过贵妃被二次尊封为皇贵妃。同治朝此次尊封太妃嫔，除丽皇贵妃无可晋升、只予尊封外，其他妃嫔皆再晋升位分。因此这次尊封在整个清代都是比较特殊的，是因当月同治帝"遇有天花之喜"而"特沛恩施"的结果②。这一次集体尊封使得道光与咸丰朝后宫皆同时出现 3 位贵妃，也打破了一朝后宫只能有 2 位贵妃的制度。

光绪帝是清代唯一一位以同辈兄弟继位的皇帝，这对于前朝妃嫔的尊封有所影响。同治帝青年早逝，并无子嗣，后宫只有一位皇后、一位皇贵妃、两位妃及一位嫔。光绪帝即位后尊皇太后懿旨，"皇后作配大行皇帝，懋著坤仪，著封为嘉顺皇后；皇贵妃侍奉大行皇帝，凤昭淑慎，著封为敦宜皇贵妃"③。两朝皇帝既为同辈，前朝所用"尊封"字样皆不适合，故只称"封"；而且由于系同辈，"徽号"或"徽称"的字样也不合用，因此只能以类似于为同治朝皇后和皇贵妃加封号的形式进行。其他 3 位妃嫔则至光绪二十年，因逢慈禧太后六旬正寿才奉懿旨，"本年予六旬庆辰，内廷妃嫔，平日侍奉谨慎，允宜特晋荣封。敦宜皇贵妃著封为敦宜荣庆皇贵妃，瑜妃著晋封瑜贵妃，珣妃著晋封珣贵妃，瑨嫔著晋封瑨妃。"④ 皇贵妃仍然以加封号的形式以示恩典，

---

① 《清穆宗实录》卷 373，同治十三年十一月，第 51 册第 938—939 页。
② 同上书，第 51 册第 938 页。
③ 《清德宗实录》卷 2，同治十三年十二月，第 52 册第 93 页。
④ 《清德宗实录》卷 332，光绪二十年正月，第 56 册第 260—261 页。

其他妃嫔则晋升一级位分。至于道光和咸丰两朝的太妃嫔，光绪时期未再给予尊封。

光绪帝仅有1后2妃，崩逝时有皇后与瑾妃在世。宣统帝嗣位后，将咸丰、同治、光绪三朝妃嫔一体尊封："祺贵妃、瑜贵妃、珣贵妃、瑨妃、瑾妃侍奉大行太皇太后历有年所，淑顺克昭，均宜加崇位号，以表尊荣。祺贵妃谨尊封为祺皇贵太妃，瑜贵妃尊封为瑜皇贵妃，珣贵妃尊封为珣皇贵妃，瑨妃晋封为瑨贵妃，瑾妃晋封为瑾贵妃。"① 其中，祺贵妃系咸丰朝妃嫔，瑜贵妃、珣贵妃、瑨妃系同治朝妃嫔，瑾妃系光绪朝妃嫔，但同时尊封同治朝两位贵妃为皇贵妃，显然又打破了制度。

还需要说明的是，清代即便没有得到嗣帝尊封的前朝妃嫔，在当时也被冠以某太妃、某太嫔、某太贵人等称呼。比如嘉庆四年正月，太上皇帝崩逝，会典记录大丧仪有"惇太妃（即高宗惇妃）以下福晋、公主以及凡宫人等，俱剪发，摘耳环，成服"②。嘉庆十三年四月二十五日，乾隆朝鄂贵人去世，会典记为"高宗纯皇帝鄂太贵人薨逝，一应礼仪，悉如贵人例"；十四年二月二十一日，同为乾隆朝的寿贵人去世，会典记为"高宗纯皇帝寿太贵人薨逝，一应礼仪，与十三年鄂太贵人丧礼同"③。这种情况并非她们得到了嗣帝或加封号或晋位次的尊封，而只是对长辈妃嫔的尊称，同时能够与当朝妃嫔相区分。内务府档案中记录高宗惇妃、白贵人、鄂贵人、寿贵人等去世后相应丧葬事宜的办理

---

① 《清实录（附录）宣统政纪》卷1，光绪三十四年十月，第60册第12页。
② 《清会典事例》（光绪朝）卷461，第6册第223页。
③ 《清会典事例》（光绪朝）卷495，第6册第729页。

时，对她们也使用"太妃""太贵人"的称呼①。又如前述仁宗如妃高寿，历经道光及咸丰两朝，咸丰帝继位后，祖父辈如皇贵妃已经无位次再可晋升，便被尊为"如皇贵太妃"。当时咸丰帝还尊封了父辈的"康慈皇贵太妃"。虽然祖父辈皇贵妃没有再被晋封，但如果从称谓上没有进一步尊称的表示，似乎也于礼不合，而以皇贵太妃做长辈尊称，确实也可区别于后朝妃嫔。

总体而言，太妃嫔既系前朝未亡人，五十岁之前不得与当朝皇帝相见，地位又无法与太后之尊相比，特别是那些位分不高者，在宫廷之内尤为不受重视，因此这一女性群体的尊封始终没有形成特别固定的制度，一直处于调整、变化之中。但是从道光朝起对于前朝妃嫔，不论位分高低，实行普遍尊封，反映出皇帝对于所有太妃嫔的照顾和恩典，而那些在当朝位分低微的妃嫔，只要寿命够长，经过皇帝的累世尊封，也可能达到高位。对于她们而言，人生的"巅峰"反而出现在孀居岁月之中。

第二节　太妃嫔的生活状态与人际联系

清代多数时期，太妃嫔都随太后一起退居紫禁城外路的太后宫区域，但由于她们既属前朝妃嫔，身份又不如太后重要——嘉

---

① 如中国第一历史档案馆藏：《内务府呈稿》，"为领取赍送惇太妃园寝供用铜瓷祭器各员所需车辆盘费等项事"，嘉庆十二年十月二十五日，档号：05-08-002-000182-0038；"为领取赍送白太贵人彩棺奉移应用铜瓷祭器等项所需盘费车辆等项事"，嘉庆十年三月十七日，档号：05-08-002-000180-0005；"为支领成做鄂太贵人事宜各处活计裁缝所用工价钱文事"，嘉庆十三年闰五月初一日，档号：05-08-002-000140-0044；"为领取派出备带寿太贵人彩棺奉安事宜应用座罩等项司匠应得路费车辆事"，嘉庆十四年三月二十三日，档号：05-08-002-000142-0023。

庆帝即在指责皇弟永璘擅自向颖贵太妃呈递礼物时称"颖贵太妃尤与东朝尊养礼节悬殊"①，因此有关这一群体的史料记载格外少。本节力图将所搜集到的有关太妃嫔居住和生活的零散史料串联起来，以期大致勾画出这一宫廷边缘女性群体的生活样态。

一、随居太后宫

《国朝宫史》载："本朝定制，皇帝尊圣祖母为太皇太后，尊圣母为皇太后，居慈宁、寿康、宁寿等宫，奉太妃、太嫔等位随居。"② 顺治帝尊封皇考懿靖大贵妃、皇考康惠淑妃时，"设黄幄二于皇太后宫前，东西相向，设二妃座于幄内，大贵妃在东，淑妃在西，设二妃仪仗于御道丹墀内"③，可知两位太妃当时确与皇太后一起生活。顺治十年闰六月，"皇太后移居慈宁宫……皇太后、两妃入宫"④。康熙朝太皇太后仍住慈宁宫，皇太后住宁寿宫，本朝尊封的皇考恭靖妃等 4 位太妃应是随太后居于宁寿宫中。

至雍正朝，皇太后获尊不久即离世，尚未移居宁寿宫⑤。该朝最为重要的特点是，根据康熙帝遗旨，"有子之妃嫔，年老者各随其子归养府邸，年少者暂留宫中"⑥，目前可知未得到雍正帝尊封的惠妃、荣妃、宜妃、成妃均在雍正元年出宫随子

① 《清仁宗实录》卷 58，嘉庆五年正月，第 28 册第 762 页。
② （清）鄂尔泰、张廷玉等编纂：《国朝宫史》卷 8 "典礼四"，第 138 页。
③ 《康熙会典》卷 42，《大清五朝会典》，第 1 册第 538 页。
④ 《清世祖实录》卷 76，顺治十年闰六月，第 3 册第 603 页。
⑤ "奏请皇太后移御宁寿宫，届期受朝贺，皇太后固执未允，尚御永和宫。"见《清世宗实录》卷 7，雍正元年五月，第 7 册第 150 页。
⑥ 《清世宗实录》卷 40，雍正四年正月，第 7 册第 592–593 页。

居住①，前述获得尊封的定妃亦"就养其子履亲王允祹邸"②，其他留在紫禁城中的康熙朝妃嫔均迁入宁寿宫。需要指出的是，内务府档案中有雍正十年"宁寿宫惠妃薨逝"③的记载，惠妃虽在雍正初年出宫奉养于允裪府邸，但允裪被革去宗籍后，她又被迎归宫中供养④。可见即便出宫就养的太妃嫔也可能重新回到宫廷之中。另外，雍正帝逝世后，庄亲王、果亲王曾奏请各自迎养生母密、勤两位太妃于府邸。乾隆帝称，"朕以两位太妃向在宁寿宫居住，朕正当仰承皇考先志，祗敬奉养。在二王之意，必以宁寿宫为太后应居之宫，故有是请，朕闻奏，心甚不安。及奏闻太后，亦以为必不可行，是以未允。今再四思维，人子事亲，晨昏定省，诚欲各遂其愿，若不允其迎养之请，则无以展二王之孝思。若允二王之请，迎养太妃于府第，则朕缺于奉养，此心实为歉然。自今以后，每年之中，岁时伏腊，令节寿辰，二王及各王贝勒可各迎太妃太嫔于府第。计一年之内，晨夕承欢者可得数月，其余仍在宫中。如此，则王等孝养之心与朕敬奉之意，庶可两全。向后和亲王分府时，其侍奉母妃，亦照此礼行。"⑤即康熙帝的遗旨至乾隆朝已不再遵行，康熙朝妃嫔在乾隆朝多数时间仍须居住于宁寿宫中。乾隆朝之后，也再未见有前朝妃嫔被儿子迎养府第的记载。

---

① "内务府奏请恒亲王妃母等皇妃离宫归王府居住折"，雍正元年七月初三日，中国第一历史档案馆译编：《雍正朝满文朱批奏折全译》（上册），黄山书社，1998，第209-210页。

② 《清史稿》卷214"后妃传"，第8912页。

③ 中国第一历史档案馆藏：《内务府来文》，"为知会祭惠妃应备之处俱照良妃例办理并每逢致祭礼部工部内务府大人照管致祭事宜内务府"，雍正十年七月初八日，档号：05-13-001-000005-0020。

④ 《清世宗实录》卷40，雍正四年正月，第7册第593页。

⑤ 《清高宗实录》卷8，雍正十三年十二月，第9册第301-302页。

乾隆帝完成新太后宫——寿康宫的修建后，雍正朝妃嫔遂随太后迁居寿康宫，此后寿康宫成为后世太后及太妃嫔固定的居住和生活场所。嘉庆朝没有皇太后，但乾隆朝其他妃嫔依旧住在寿康宫。如嘉庆五年，颖贵太妃七十寿辰，自幼受其抚育的永璘进献礼物，却因没有先向皇帝请旨，"辄令护卫太监等径赴寿康宫陈递"而被皇帝训斥①。前述嘉庆六年，皇帝晋封婉太妃为婉贵太妃时，亦称其"现在寿康宫位次居首"。道光朝皇太后也居住寿康宫，其他太妃嫔随居于此，内务府档案中有道光二十九年为寿康宫皇太后和如皇贵妃位下新添女子的记载②，可以印证这一点。另有嘉庆朝恩嫔居住寿三所的记录③，也属于寿康宫区域④。咸丰朝的太妃嫔仍旧居于寿康宫，此时道光朝妃嫔中最尊者是康慈皇贵太妃，咸丰帝将其尊封后，亲自"奉皇贵太妃居寿康宫，诣前殿拈香，后殿皇贵太妃前行礼，侍午膳"⑤，其他太妃嫔也随居于此。

由于清后期皇帝在位时间较前期短暂，至咸丰朝又出现父祖两代妃嫔都在世的情况，两代太妃嫔不宜居住同一宫殿，故另辟寿安宫作为祖辈妃嫔之居所。寿安宫于乾隆十六年由咸安宫改建⑥，是当年为皇太后六旬圣寿的"奉觞之所"⑦。道光三十年十月，刚继位的咸丰帝"诣寿安宫西所，问如皇贵太妃安"⑧。

① 《嘉庆朝上谕档》，嘉庆五年正月二十七日，第 5 册第 37 页。
② 中国第一历史档案馆藏：《内务府来文》，"为寿康宫皇太后并如皇贵妃下各新添官女子一名行给吃食事"，道光二十九年三月初七日，档号：05-13-002-000706-0150。
③ 中国第一历史档案馆藏：《内务府来文》，"为寿三所恩嫔下新添官女子大妞行给吃食事"，道光二十四年二月十一日，档号：05-13-002-000683-0094。
④ 寿西宫、寿中宫、寿东宫、寿三所组成寿康宫的东部宫区，参见常欣：《寿康宫沿革略考》，《故宫博物院院刊》2005 年第 5 期。
⑤ 《清文宗实录》卷 19，道光三十年十月，第 40 册第 268 页。
⑥ 《清会典事例》（光绪朝）卷 863，第 10 册第 26 页。
⑦ 《清会典事例》（光绪朝）卷 300，第 4 册第 529 页。
⑧ 《清文宗实录》卷 19，道光三十年十月，第 40 册第 272 页。

直至咸丰九年，均有皇帝赴寿安宫西所向如皇贵太妃问安的记录①。可知至咸丰朝，作为嘉庆朝妃嫔的如皇贵太妃，已经由寿康宫移居至寿安宫，而寿康宫则成为道光朝妃嫔的居所。如咸丰十一年八月二十三日的一份内务府《奏为琳贵太妃等位到京日期折》内称："琳贵太妃、彤嫔、成嫔、蔡常在、八公主、九公主于八月十三日由热河启程，于十九日申正到京，进寿康宫。"② 直至同治帝继位后，她们也成为祖辈太妃嫔而被转移至寿安宫，这从一份咸丰十一年《呈寿安宫琳贵太妃等名单》中有"寿安宫琳贵太妃、佳嫔、彤嫔、成嫔、顺贵人、蔡常在、尚常在、李常在、那常在"③ 的记载中可以得到印证。同治元年四月的一份《内务府呈稿》亦明确记载：上年十二月，琳皇贵太妃、彤嫔、成嫔、顺嫔、尚常在、那常在等位迁移寿安宫④。

同治帝继位后，虽然循例将道光朝妃嫔移居至寿安宫，但两位太后自热河回銮却未迁新宫，仍旧居于咸丰时期的旧宫，这一点前文已有论述。那么咸丰朝其他妃嫔的居住情况如何？同治元年二月的一次有关咸丰帝祺妃、玫妃的会亲安排显示，二妃当时仍住在承乾宫，这应是她们在咸丰朝时的寝宫⑤。档案显示，祺

---

①　《清文宗实录》卷 301，咸丰九年十一月，第 44 册第 391 页。

②　中国第一历史档案馆藏：《内务府奏案》，"奏为琳贵太妃等位到京日期事"，咸丰十一年八月二十三日，档号：05-0808-056。

③　中国第一历史档案馆藏：《军机处录副奏折》，"呈寿安宫琳贵太妃等名单"，咸丰十一年，档号：03-4179-054。

④　中国第一历史档案馆藏：《内务府呈稿》，"为领取琳皇贵太妃等位迁移寿安宫成做挪用他坦应用绳斤络子等项所需银两事"，同治元年四月二十七日，档号：05-08-009-000402-0016。

⑤　中国第一历史档案馆藏：《内务府来文》，"为传出同治元年二月十一日祺妃会亲亲族人等在承乾宫并于苍震门出入时间等情事"，同治元年二月初九日，档号：05-13-002-000775-0148。

妃在同治四年仍居于承乾宫①。同治八年九月的一份《内务府呈稿》中，记载了给予由苍震门前往寿康宫挪运祺妃物品的雇佣人夫饭食钱粮之事，可知此时祺妃才移居至寿康宫②。这个转变过程，应是同治帝幼年即位，尚未有后宫，因此咸丰朝后妃仍可占据原先的东西六宫而没有搬离，至同治八年，宫内应已开始考虑皇帝将来大婚，除主政的太后之外，其他太妃嫔不宜再居于东西六宫，因此被迁往寿康宫。光绪二十八年的一份档案显示，祺妃居于寿康宫的寿东宫内③，可见从同治八年之后她一直居于寿康宫。另外一条同治十二年二月的档案记录咸丰朝丽皇贵妃居住在寿康宫的寿西宫④。可知咸丰朝妃嫔大约在同治八年以后都被迁往寿康宫了。

　　光绪时，有档案显示道光朝妃嫔仍居于寿安宫，如佳贵妃⑤、豫嫔⑥等。咸丰朝妃嫔也仍居于寿康宫区域，如丽皇贵妃居寿西宫，婉贵妃居寿中宫，玟贵妃、吉妃居寿三所⑦。但同治

---

　　① 中国第一历史档案馆藏：《内务府奏案》，"为承乾宫交出女子一名在祺妃位下当差因笨交出查验属实事的呈文"，同治四年二月二十一日，档号：05-0828-059。

　　② 中国第一历史档案馆藏：《内务府呈稿》，"为呈请给发同治八年苍震门往寿康宫挪运祺妃使用什物等项雇觅人夫饭食等项钱文事"，同治八年九月十一日，档号：05-08-009-000434-0020。

　　③ 中国第一历史档案馆藏：《内务府奏案》，"奏为寿东宫祺妃位下因病交出一女子事"，光绪二十八年二月初六日，档号：05-1030-033。

　　④ 中国第一历史档案馆藏：《内务府奏案》，"为敬事房接出寿西宫丽皇贵妃位下女子系正黄旗披甲人英琪之女因病现令退出事的堂报"，同治十二年二月初六，档号：05-0867-043。

　　⑤ 中国第一历史档案馆藏：《内务府来文》，"为寿安宫佳贵妃下官女子镶黄旗苏拉得喜之女二妞因笨退出宫去传知会计司官等备车接出再每日所食口分止退事"，光绪十二年十二月二十四日，档号：05-13-002-000891-0113。

　　⑥ 中国第一历史档案馆藏：《内务府来文》，"为寿安宫豫嫔下新添官女子大妞每日行给口分事"，光绪十一年六月十六日，档号：05-13-002-000884-0128。

　　⑦ 中国第一历史档案馆藏：《内务府奏案》，"为查验寿西宫交出女子一名在丽皇贵太妃下寿中宫交出女子一名在婉贵妃位下寿三所交出女子二名在玟贵妃位下景仁宫交出女子一名在珣妃位下三所交出女子一名在吉妃位下当差因病出宫并无别情属实事的呈文"，光绪元年正月二十八日，档号：05-0882-025。

朝妃嫔的居住区域则相对复杂，珣妃居于景仁宫①，而敦宜皇贵妃却生活在寿安宫②。这是由于光绪时前三朝的妃嫔皆有在世者，难以再为每代妃嫔辟出单独的生活区域，加之从同治朝起太后不再移宫，因此例应随居的妃嫔也就逐渐失去了原先的随居规则。

二、皇帝的孝养与寂寞单调的生活

尽管无法与皇太后之尊相比，但太妃嫔们作为先帝遗属、当朝皇帝的"母妃"乃至"祖妃"，还是能够得到嗣皇帝一定的尊敬与孝养。康熙时，太宗之懿靖大贵妃病重，"上步随皇太后辇，诣太宗懿靖大贵妃宫问疾"，至其薨逝，"上步随皇太后辇，进太妃宫举哀，命辍朝五日"③。康熙五十二年，顺治朝淑惠妃薨逝，皇帝赴其灵前祭酒后，因灵前陈设和祭品太过粗率而将负责的官员治罪；在送淑惠妃下葬时，令各位皇子"俱步行恭送"，并对不够恭敬的宗室和官员严加查处④。不过，淑惠妃丧礼中官员的办理不够恭谨，以及康熙帝的补救和纠正措施，也一定程度上折射出太妃嫔们没有受到足够的重视。

雍正帝继位后，圣祖妃嫔仍有很多在世者，皇帝亦表现出对诸位"母妃"的尊孝。《国朝宫史》有记，雍正七年五月初六日，

---

① 中国第一历史档案馆藏：《内务府奏案》，"为查验寿西宫交出女子一名在丽皇贵太妃位下寿中宫交出女子一名在婉贵妃位下寿三所交出女子二名在玫贵妃位下景仁宫交出女子一名在珣妃位下三所交出女子一名在吉妃位下当差因病出宫并无别情属实事的呈文"，光绪元年正月二十八日，档号：05-0882-025。

② 中国第一历史档案馆藏：《内务府奏案》，"为查验寿安宫交出女子一名在敦宜皇贵妃位下当差素无过失并无别情属实事的呈文"，光绪二年八月十八日，档号：05-0893-044。

③ 《清圣祖实录》卷50，康熙十三年十一月，第4册第658-659页。

④ 《清圣祖实录》卷257，康熙五十二年十一月，第6册第540-541页。

皇帝令太监详查皇后和诸太妃嫔千秋节时，他颁赐皇后及给太妃嫔送去的表里、金银等物如何接受？太监回奏，给诸太妃嫔送去的表里俱在佛前焚香接受，雍正帝指出："此皆圣祖皇考遗留之恩，诸太妃原不必向朕称谢。"又让太监们详查，寻常赐赉之物如何接受？太监回奏，皇后妃嫔见物跪接，诸太妃嫔凡遇寻常送去等物件，皆起立手扶接受。皇帝认为此法可行①，表现出雍正帝对自己与太妃嫔辈分关系的理解及对她们的尊重。

乾隆帝尊封皇父裕贵妃、谦妃之后，她们相应的待遇均有提高②。元年八月，皇帝称以后诸母妃送来之物，位分签照旧写，不必写"进"字；又见位分签上对皇祖的两位妃嫔只写"寿祺太妃、温惠太妃"，认为不得体，"嗣后著写寿祺皇贵太妃、温惠贵太妃"，将对太妃的尊封落到实处③。圣祖定嫔在雍正二年获尊定妃并被允许随子允祹居住。乾隆九年十二月，皇帝为履亲王允祹六旬寿而差人赴王府颁赏，同时特意送给定妃如意一柄，并向太妃致贺④。定妃虽随子居于宫外，但"岁时令节，皇太后及朕亦偶迎太妃入宫行庆，实宫庭盛事云"⑤。乾隆十五年四月，定妃千秋节，"所有随从接送人员，定妃赏银一千两。查得初三日随从接送官员太监人等共七百八十二员名"⑥，可见迎接太妃回宫场面之盛大。这位定妃是清代后宫女性中最高寿者，乾隆二十

---

① （清）鄂尔泰、张廷玉等编纂：《国朝宫史》卷 3 "训谕三"，第 28—29 页。
② 中国第一历史档案馆藏：《内务府奏案》，"奏为除派裕贵妃分内管领事"，乾隆元年四月十一日，档号：05—0005—011。
③ （清）鄂尔泰、张廷玉等编纂：《国朝宫史》卷 4 "训谕四"，第 39 页。
④ 同上书，第 50 页。
⑤ "恭祝皇祖定妃太妃九旬千秋诗"，《清高宗御制诗》第 3 册《清高宗御制诗二集》卷 14，载《故宫珍本丛刊》，第 552 册第 189 页。
⑥ 中国第一历史档案馆藏：《内务府奏案》："奏报定妃千秋赏赐随从人等片"，乾隆十五年四月二十日，档号：05—0105—025。

二年以九十七岁高龄去世，乾隆帝赞其"实为世所罕有"，令内务府帮助履亲王府备办丧事①。

对于曾抚育过自己的寿祺和温惠两位皇贵太妃，乾隆帝更是不吝表达尊孝之情。两位皇贵太妃均高寿，他曾专作《恭祝寿祺皇贵太妃七旬大庆》和《恭祝温惠皇贵太妃八旬千秋》之诗以示孝心②。尤其是温惠皇贵太妃，弘历少年时随皇祖猎熊，表现勇敢而冷静，康熙帝对当时伴随身边的和妃即温惠皇贵太妃称："是命贵重，福将过予"③。对这样一位见证自己少时如何备受祖父赏识的太妃，乾隆帝格外注重表达孝意。温惠皇贵太妃七旬寿时，皇帝亲诣行礼，侍宴④；八旬寿时，他亲致御笔寿星一幅⑤。至乾隆三十三年二月，皇贵太妃病重，乾隆帝两次赴宁寿宫探视⑥。她去世后，皇帝在挽辞中称"太妃世上超群寿，圣祖宫中无一人"⑦。两位皇贵太妃去世，乾隆帝分别辍朝10日、5日，亲自诣金棺前奠酒行礼，又作《寿祺皇贵太妃挽辞》和《温惠皇贵太妃挽辞》，回忆二妃对他的恩情。乾隆帝为二妃分赠谥号"恝惠"及"惇怡"，并以皇贵妃仪制，为她们单独修建妃园寝，在清代属特例。值得一提的是，温惠皇贵太妃去世后，内务府发现其宫内屡年出入钱粮数目不清。温惠皇贵太妃宫内所有金银缎匹等物，

① 《清高宗实录》卷536，乾隆二十二年四月，第15册第766页。
② 《清高宗御制诗》第1册《清高宗御制诗初集》卷1，载《故宫珍本丛刊》，第550册第92页；《清高宗御制诗》第7册《清高宗御制诗三集》卷26，载《故宫珍本丛刊》，第556册第163页。
③ 《清高宗实录》卷1，雍正十三年八月，第9册第139页。
④ 《清高宗实录》卷425，乾隆十七年十月，第14册第561页。
⑤ 《乾隆帝起居注》，乾隆二十七年十月十六日，第21册第426页。
⑥ 《清高宗实录》卷805，乾隆三十三年二月，第18册第876、880页。
⑦ 《清高宗御制诗》第9册《清高宗御制诗三集》卷72，载《故宫珍本丛刊》，第558册第30页。

收贮库房，本派首领太监等掌管收发，但他们在雍正七年前的管理全无账目，几名太监及其亲属却都大量置业。即使雍正七年以后所立账目亦含混不清，仅有旧存和每年的用账，入项多未开载。经过严格查证审讯，皇贵太妃宫内太监龚三德供称侵隐参价和簪花首饰，又伙同另外几个太监偷盗库中缎匹等。仅有账可查的雍正七年到乾隆三十三年间，他们明确供认侵吞的银两就达 4 000 余两，还有很多无账可查的年份尚不知数目①。可见温惠皇贵太妃宫中的积累还是很丰富的，也从侧面反映出其生活优越，只不过她全无能力管理，任凭太监监守自盗。而一旦太妃嫔们去世，内务府要对其宫中的财物进行清点，所遗财物也就归于皇室了。

对于抚育过自己的太妃嫔孝养有加的还有咸丰帝。咸丰朝太妃嫔中位次最高的是道光朝静皇贵妃，咸丰帝继位后即将其尊封为"康慈皇贵太妃"，称她"侍奉皇考敬慎柔嘉，朕在冲龄，深蒙抚育，无异所生"②。此后还时常至寿康宫问安。咸丰二年，皇帝下令皇贵太妃慈寿节时在京王公和文武官员俱要穿蟒袍补褂，并作为定例，以后每年实行③。咸丰三年、四年皇贵太妃慈寿节，咸丰帝均亲至寿康宫行庆贺礼，并奉皇贵太妃至漱芳斋进午膳④。

---

① 《内务府奏销档》，"奏为温惠皇贵太妃宫内屡年出入银两不清案事折"，乾隆三十三年四月二十日，第 84 册第 283-299 页。

② 《清代起居注册·道光朝》，第 98 册，联经出版事业公司，1985，第 057872-057873 页。

③ 中国第一历史档案馆藏：《内务府来文》，"为再行知照康慈皇贵太妃慈寿著在京王公文武官员俱穿蟒袍补褂嗣后每年即著为例事致内务府等"，咸丰四年五月初八日，档号：05-13-002-000197-0135。吉辰《清代的花衣期制度——以万寿节为中心》（《史学月刊》2016 年第 5 期）指出，花衣期是清代官场一项重要的礼仪制度，即规定官员在若干庆典期间应穿着花衣蟒袍，一般实施这一制度的庆典有元旦、上元节与万寿节。可见自咸丰二年，皇贵太妃慈寿节期间，在京王公和文武官员也被要求穿蟒袍补褂，并作为定例。

④ 《清文宗实录》卷 94，咸丰三年五月，第 41 册第 295 页；卷 130，咸丰四年五月，第 42 册第 302 页。

不过，大概随着道光朝开始对前朝妃嫔的普遍尊封，位居妃、嫔等高位分者大大增多，皇室逐渐开始无力均照会典之例一一给予优遇了。如道光二十六年，嘉庆帝恩嫔薨逝，至二十九年奉移安葬，礼部照例奏请派堂官一员护送恩嫔金棺，但道光皇帝谕旨称"毋庸派往。嗣后遇有嫔位分移送园寝各该处，俱毋庸以堂官开单奏请派往"①。再如道光二十六年三月，皇帝第二次晋封嘉庆朝如妃为如皇贵妃时，所用的册宝仪仗等都没有新制，而是将原有仪仗修饰添补继续使用。同治帝继位后继续尊封道光帝妃嫔时，也特意谕令仪仗方面遵照此成案进行。咸丰四年三月起，皇帝下令今后册立皇贵妃、贵妃和妃，均将按例应用的金册宝印改用银质镀金，同治帝继位后尊封道光朝妃嫔时，除琳皇贵太妃照原尊封皇贵太妃之例用了金册金宝，其余的彤妃、佳妃、成妃以及顺嫔，均依咸丰四年成案改用银质镀金册印②。

综上可见，能够得到皇帝格外孝养的太妃嫔，或系前朝位分较尊，或系对皇帝有抚育之恩，或系自身高寿而成为宫廷佳话者，而其他多数太妃嫔即便获得尊封也是宫廷之中默默无闻的群体。如乾隆二十八年五月，果亲王弘瞻的生母即雍正帝谦妃生辰，皇太后令弘瞻"豫备称祝之仪，陈设宫陛，为果亲王母妃增辉"，但弘瞻表示皇帝没有让其对生母"加赐称祝，不敢自行铺张"。乾隆帝斥责弘瞻故意生事，意欲攀比和亲王弘昼之母裕贵妃，后者位分比谦妃高，又年长于太后，自己才在裕贵妃六旬以后"隆礼称祝"。而谦妃年甫五旬，按祖宗成训，皇帝与其"向

① 《清会典事例》（光绪朝）卷495，第6册第727-728页。
② 中国第一历史档案馆藏：《内务府来文》，"为尊封宣宗成皇帝妃嫔应用金册宝印改用银质镀金应行制造仪仗于原有仪仗内修饰添补抄录原奏事致内务府等"，咸丰十一年十一月十五日，档号：05-13-002-000215-0036。

不相见"，因此不能当面祝贺其生辰，弘曕"乃转以此自托，微词讽朕"①。从乾隆帝的斥责来看，弘曕的言行有表达对生母在后宫受到冷落的不满之意。

太妃嫔们皆有太监、宫女侍奉，根据《钦定宫中现行则例》（以下简称《宫中则例》）载：太妃位下配有首领太监一名，太监十名；太嫔位下首领太监一名，太监八名；其膳房和药房则另外配备太监②。晚清有太监回忆了被宣统帝尊封的同治朝瑜皇贵妃的宫廷生活：太妃住长春宫，能够使唤的太监有 260 余人，长春宫的茶房、膳房、司房、药房、佛堂、殿上、散差等处都有太监任事，每处都有首领太监一人。另有品级高的两个首领太监，品级低的三个回事太监，更低的十三个小太监③。这里的太监数量，与《宫中则例》所载太妃等位膳房的太监有大首领一名、首领二名、普通太监二十四名还算相合，但膳房之外其他处的太监则没有上述回忆这么多，即便皇太后使唤的所有太监数量也不过百名④。因此至清末一位皇贵太妃尚有 260 余名太监的数字未免有夸张之嫌。

晚清太监的回忆中称太妃嫔身边宫女数目很少，还不及太监的一个零头。宫女和妈妈只负责寝宫里的事，比如服侍太妃洗脸、漱口、沐浴等。瑜皇贵妃早晨起床后，由妈妈、宫女替她穿好衣服鞋袜，走出寝宫，由梳头的小太监给她梳头、整装。八点

---

① 《清高宗实录》卷 686，乾隆二十八年五月，第 17 册第 686 页。

② 《宫中则例·太监》，载《故宫珍本丛刊·钦定宫中现行则例二种》，第 167-168 页。

③ 刘兴桥等：《女主的生活》，载中国人民政治协商会议全国委员会文史资料研究委员会编：《晚清宫廷生活见闻》，第 190-191 页。

④ 《宫中则例·太监》，载《故宫珍本丛刊·钦定宫中现行则例二种》，第 167-168 页。

钟进早餐，餐后，回屋坐下，手拿念珠念半个钟头无声佛，随后吃茶、吸水烟、旱烟。午后一点钟进小餐，餐后歇午觉，三点钟起床，四点钟进正餐，餐后又回屋念无声佛，随后由妈妈、宫女、太监们陪同到外边散步，有时还摸摸骨牌，或者让太监们讲故事、笑话和外面听来的新闻。就这样混到夜里，进完晚粥进寝宫睡觉。太妃每天 4 餐，早、晚正餐荤素菜 40 品，粥 3 样，糕点 4 样，面食 4 样，小餐则都是糕点，晚粥有小菜十几样和两三种粥与面食。食物看起来虽然丰富，但只能按季节更换，不到换季之时就只能天天重复同样的饭食①。

　　太监的回忆未必全部属实，却大体透露了太妃嫔们单调乏味的生活，除日常饮食起居之外，只能做些简单的骨牌游戏，或者在佛事中寻找精神寄托。末代皇帝溥仪的堂弟溥佳回忆他在宫中见过的荣惠和庄和两位太妃（即获宣统帝尊封的同治朝瑨贵妃和珣皇贵妃）："二人的言谈举止极为相似，而且都笃信佛教。她们都体弱多病，每次我到她们那里，都见到她们那枯瘦而苍白的脸上，总带着一种无限忧伤的神气，没有一丝笑容，说话的声音细得几乎听不出来。她们在宫里虽然过着养尊处优的物质生活，但看了她们那种抑郁和衰病的样子，也使人觉得可怜。"②

　　太妃嫔们能做的最有意义的事情，恐怕就是有机会承担抚育阿哥、公主之责。乾隆二年六月十五日皇帝谕令内务府总管："告知诸母妃，照看小阿哥、公主，所穿衣服不必用织绣等物，

---

　　①　刘兴桥等：《女主的生活》，载中国人民政治协商会议全国委员会文史资料研究委员会编：《晚清宫廷生活见闻》，第 190—191 页。

　　②　溥佳：《清宫回忆》，载中国人民政治协商会议全国委员会文史资料研究委员会编：《晚清宫廷生活见闻》，第 15 页。

过于华丽，只用随常衣服，为幼年人惜福之道。"① 此时，尚未成年的雍正帝子女中只有弘曕（雍正十一年六月生），乾隆帝也可能像自己幼时曾受到康熙帝两位妃嫔照顾那样，将自己的子女交给雍正帝妃嫔抚育，此外他也曾将宗室子女接入宫中抚养，比如和亲王弘昼的长女就被养于宫中，封和硕和婉公主，乾隆十五年十二月下嫁额驸巴林辅国公德勒克②。在一份涉及"寿康宫抚养公主婚礼应行典礼事"的档案中，所记公主下嫁额驸即德勒克③。可见，公主是被太后或太妃嫔所抚育。道光帝的八公主、九公主与她们的母亲彤嫔、琳贵太妃在咸丰朝也是一起居住在寿康宫的，两位公主均为同治二年才下嫁④。

会亲也是太妃嫔单调枯燥生活中的一丝光亮。《宫中则例》载："凡内廷等位有父母年老者，或一年，或数月，奉特旨许会亲者，只许本生父母入宫，其余外戚一概不许入宫，家下妇女亦不许随入。"⑤ 如本书第五章所述，清代宫廷会亲并不常有，但我们还是在内务府档案中找到了清后期几位太妃嫔在宫中会亲的记载。同治元年二月内务府档案中有关于咸丰朝祺妃、玫妃，道光朝琳皇贵太妃、彤妃、佳妃、李贵人的会亲安排。其时，祺妃、玫妃还住在她们于咸丰朝时的寝宫——承乾宫，会亲被安排在二月十一日，来者都是家族女眷，如祺妃的伯父裕诚（已故）

---

① （清）鄂尔泰、张廷玉等编纂：《国朝宫史》卷4"训谕四"，第40页。

② 《清朝文献通考》卷242"帝系考四·皇太子皇子"，第7020页。

③ 中国第一历史档案馆藏：《军机处录副奏折》，"著令内务府查办寿康宫抚养公主婚礼应行典礼事"，乾隆十六年八月十四日，档号：03-0295-061。

④ 中国第一历史档案馆藏：《内务府案》，"奏为琳贵太妃等位到京日期事"，咸丰十一年八月二十三日，档号：05-0808-056；《清朝续文献通考》卷285"帝系三·皇子公主"，浙江古籍出版社，2000，第10291页。

⑤ 《宫中则例·宫规》，载《故宫珍本丛刊·钦定宫中现行则例二种》，第84页。

之妻和八、九女，以及裕诚长子广林（已故）之妻，她们均于苍震门出入，卯时（5：00－7：00）进，酉时（17：00－19：00）出。此时祺妃直系家人应多已亡故，因而入宫者皆为伯父家族女眷。不过实录记载，裕诚收继胞弟裕祥（祺妃生父）之子为嗣，两房的关系应当是相当近密的①。会亲时间从早上卯时至傍晚酉时，是一整个白天的时间，太妃嫔们可以与亲人好好叙叙别离之情。道光朝琳皇贵太妃等四位道光朝妃嫔的会亲安排于二月二十二日在寿安宫区域进行，她们的亲人分别被安排出入寿安宫右门或寿安门，同样是卯时进、酉时出，入宫者也都是家族女眷，如琳皇贵太妃家族来人是婶母和舅母等 3 人，彤妃家族来人是她的婶母、胞妹和侄女，佳妃族中来人是其姨母等 3 人，李贵人会亲的则是她的胞兄恒升之妻②。另有一份同期咸丰朝璹嫔、玉嫔、婉嫔，以及道光朝成嫔、顺嫔等的会亲安排，记录了璹嫔和玉嫔于二月十三日，婉嫔于十六日会亲，族人俱出入苍震门；成嫔和顺嫔于二十二日会亲，族人出入寿安宫右门③。

溥杰亦曾回忆他与祖母、母亲、妹妹于 1916 年奉瑜皇贵妃命入宫会亲的过程。他们入神武门后，轿子继续前行，其他人则下马步行，到苍震门，王府官员就此止步，只许妈妈、太监随进，一行人换乘由宫中太监抬的二人肩舆，所有照料等事都有太妃派来的太监负责，王府的妈妈、太监只能跟在后面。溥杰等人

---

① 《清文宗实录》卷 262，咸丰八年八月，第 43 册第 1073 页。

② 中国第一历史档案馆藏：《内务府来文》，"为传出同治元年二月十一日祺妃会亲亲族人等在承乾宫并于苍震门出入时间等情事"，同治元年二月初九日，档号：05－13－002－000775－0148。

③ 中国第一历史档案馆藏：《内务府来文》，"为同治元年二月十三日璹嫔玉嫔会亲亲族人等俱出入苍震门等情事"，同治元年二月十一日，档号：05－13－002－000775－0149。

入长春宫向太妃磕头请安，献上贡物（八盒点心），太妃也有赏赐，他们再磕头谢恩，然后坐下说话。此次进宫竟然持续几日，他们留宿于长春宫西配殿，太妃也曾多次赏赐他们同桌吃饭①。

溥杰的入宫会亲，毕竟已是清帝逊位后之事，较同治初年又有所宽松，甚至能在宫中停留几日。从之前的记载来看，在宫中生活的太妃嫔绝不可随意与宫外人员有所接触，即使是自己的亲生子女也须经过皇帝的特别允准方可联络和见面。如道光帝曾在嘉庆朝如皇贵妃患病时，特许其子惠亲王绵愉留在圆明园侍奉②。而前述嘉庆帝的同母弟庆郡王永璘自幼受颖贵太妃抚养，在太妃七十寿辰时因没有事先向皇帝请旨就备献贺礼，而受到皇帝斥责。不过，清末有个别妃嫔被特许前往公主府第探望的记载，如咸丰二年三月内务府行文敬事房预备康慈皇贵太妃前往四公主、六公主府第事宜，行文中写明"当日还宫"，"所用引导跟随关防官员人等照例派出，于二十二日卯初，在寿康宫后铁门外预备，再总管太监所用马匹开后"③。同治十二年八月，丽皇贵太妃也被准许前往荣安固伦公主府上探视女儿，亦是当天往返④。当然，这些也都是晚清才有之事，之前未见有相关记载。

总体而言，有清一代太妃嫔的地位有所提高，由被嗣皇帝选

---

① 溥杰：《清宫会亲见闻》，载中国人民政治协商会议全国委员会文史资料研究委员会编：《晚清宫廷生活见闻》，第39—43页。

② 《清宣宗实录》卷449，道光二十七年十一月，第39册第641页。

③ 中国第一历史档案馆藏：《内务府来文》，"为康慈皇贵太妃往四公主六公主府第所用人员在寿康宫后铁门外预备并总管首领太监需用马匹车辆数目开单事"，咸丰二年三月二十一日，档号：05-13-002-000192-0091。

④ 中国第一历史档案馆藏：《内务府来文》，"为知照丽皇贵妃前往荣安固伦公主府第当日还宫除派导引跟随及散秩大臣侯施振走带豹尾枪事致内务府"，同治十二年八月十八日，档号：05-13-002-000825-0138。

择性尊封转变为普遍性尊封，尊封时由只加徽称发展为晋升位次，由皇帝只尊父辈妃嫔到尊封所有前朝妃嫔，这些变化一方面是清代宫闱制度发展演变过程的重要组成部分，另一方面也体现出清帝对前朝妃嫔给予的尊重和孝养。尽管康熙帝留有遗旨，让有子之年老妃嫔可以就养儿子府邸，以享天伦之乐，但只在雍正初年有几位太妃得以出宫，乾隆朝以后即没有看到有太妃嫔出宫就养的记载。绝大多数太妃嫔在宫内度过悠悠余生，特别是那些皇帝去世时还年轻者，既不能与嗣皇帝见面，也很难与外人甚至自己的子女接触，抑或并没有生育过子女，更是格外孤独。即便年老而受到皇帝礼遇的太妃嫔，其实也很难拥有真正的亲情，正如末代皇帝溥仪曾回忆，他与4位同治及光绪朝太妃们，"平常很少见面。坐在一起谈谈，像普通人家那样亲热一会，根本没有过"①。像康熙朝定嫔那样的幸运者确属凤毛麟角，她在雍正朝被尊为定妃，于雍正初年即被儿子接至王府居住，乾隆帝称"太妃自雍正年间即迎养于履亲王府第，叔姨齐眉，承欢太妃膝下"②。定妃最终以近百岁高龄逝世，人生可谓美满。虽然绝大多数太妃嫔都没有这种子孙承欢膝下的好运，但从某种程度而言，那些在宫廷中能够挨过寂寞而漫长的岁月而得以长寿的太妃嫔已然属于其中的赢家。清代，太妃嫔中长寿者必然受到额外的尊封和孝养，成为宫廷中盛世颐年、皇帝仁孝的象征，可惜多数的太妃嫔连这样的幸运也没有。

---

① 爱新觉罗·溥仪：《我的前半生》，第59页。

② "恭祝皇祖定妃太妃九旬千秋诗"，《清高宗御制诗》第3册《清高宗御制诗二集》卷14，载《故宫珍本丛刊》，第552册第189页。

第五编

承值侍应

本编将讨论宫廷中的女性仆从群体，包括宫女、乳母和各类嬷嬷妈妈。她们有着各自不同的职责，对宫廷的运转和宫内文化的塑造都起到重要作用。但相较于其他宫廷女性，她们所受关注最少，至今没有专门的著作对此群体进行系统的研究。主要原因是由于该群体在清代没有完整的史料和明确的制度规定，需要从零散细碎的史料和一些事例所体现的规则实践中对该群体的特点和相关制度进行归纳和总结，具有相当的难度。与后妃和公主不同，女性仆从是宫廷中的流动群体，有一定的服役期限，期满出宫，且有清一代这一期限呈缩短趋势，以宫女最富代表性。除内外流动之外，她们的仆从地位也不是绝对的，帝王登基后给予乳保很高的待遇和封号，受到宠幸的宫女也有机会摆脱仆从身份而跃居妃嫔群体，从而形成阶级的上下流动。

第十一章

"可谓至少"的清代宫女

清代宫女来源于内务府选秀,其挑选过程和标准详见本书第二章。本章主要讨论内务府秀女被选中入宫后,在宫廷的等级和职责、相关待遇和服役期限等问题。与前代不同,清代明确规定了宫女在宫廷的服役期限,因此,她们是宫廷内流动的群体。由于内务府选秀年年举行,每年都会有新宫女进入宫廷,服役期满的宫女则会离开宫廷、归家婚嫁。

第一节 清代宫女概况

顺治十五年,皇帝曾令礼部等衙门"会议宫闱女官名数、品级,及供事宫女名数"。礼部遂仿明制拟定女官的人数和品级上奏,并得到顺治帝批准①。但女官制度在清代宫廷并未真正得以实施,遴选入宫承值侍应的只有宫女。

清代官方文献中,宫女的称谓多种多样。"宫女"自然是其

---

① 《清世祖实录》卷 121,顺治十五年十一月,第 3 册第 939—940 页。

中一种，如前述顺治帝令礼部讨论"供事宫女名数"；康熙十六年规定"凡宫女年三十以上者遣出，令其父母择配"；雍正元年又规定"宫女年至二十五岁，令其出宫"；等等①。

明代将女官与宫女合称"宫人"②，清代有时也用"宫人"来指代宫女。康熙二十九年正月谕旨，"朕以天旱，欲省减宫人"，因此对"慈宁宫、宁寿宫、乾清宫妃嫔、宫人及老媪数目"进行清查，结果是"乾清宫妃嫔以下，使令老媪、洒扫宫女以上，合计止一百三十四人"③。谕旨中妃嫔和老媪（嬷嬷妈妈）皆另为一类，清查结果中只有"洒扫宫女"对应前文"宫人"，可见"宫人"即特指宫女。

"女子"也是文献中常见的对于宫女的称谓，这从皇帝的上谕中即可体现。康熙二十年二月上谕，"宫中女子，不知礼体，每有声高角口者，尔总管俱罢软不能管束"④；康熙四十四年上谕，"近来太监不守规矩，与各宫女子认亲戚、伯叔、姊妹，往来结识，断乎不可"⑤。乾隆六年"谕总管太监，应出宫女子，既已出宫，即系外人，不许进宫请安"⑥。道光十二年谕令："从前恬嫔下曾有一女子因病出宫，并奏请病好仍著进宫。近又有皇后下女子一人因病出宫，经皇后面奏，此女子进宫八年，甚属得力，俟病好仍著进宫。均经允准。近因检查现行则例，内载凡已出宫女子，不许复进宫……嗣后各宫女子，有因病出宫者，断不

---

① 《清会典事例》（光绪朝）卷1218，第12册第1110页。
② 邱仲麟：《阴气郁积——明代宫人的采选与放出》，《台大历史学报》2012年第50期。
③ 《清圣祖实录》卷144，康熙二十九年正月十七日，第5册第584－585页。
④ （清）鄂尔泰、张廷玉等编纂：《国朝宫史》卷2"训谕二"，第7页。
⑤ 同上书，第12页。
⑥ 《清高宗实录》卷156，乾隆六年十二月，第10册第1230页。

准奏请病好仍著进宫"①。

　　文献中还有"使令女子""使唤女子""给使女子"等说法。雍正七年六月的上谕中有"嗣后凡挑选使令女子，在皇后、妃、嫔、贵人宫内者，官员世家之女尚可挑入"②。乾隆四十三年十一月"谕诸皇子及军机大臣等，昨惇妃将伊宫内使唤女子责处致毙，事属骇见"。乾隆五十六年正月上谕，"至于宫中嫔御，以及给使女子，合之皇子皇孙等乳妪使婢，约计不过二百人"。乾隆五十七年四月，皇帝再次强调"其余给使女子，合之皇子皇孙等乳妪使婢，统计不满二百人"③。由于宫女在宫中所承担的职责系分配给各宫妃嫔供使唤、使令，因而也有以上称谓。

　　在宫女的称谓中，最易令人混淆的当属"宫女子"与"官女子"之说。本书第三章中，已对"官女子"的含义进行了一定的分析，指出她们是宫眷中低于答应品级的底层女性，其品位虽低，却不属于仆从群体。但有些文献中将"宫女子"与"官女子"的说法混用，容易导致读者对二者的关系产生疑惑。如《国朝宫史》载："宫女子额数：皇太后宫十二名，皇后宫十名，皇贵妃位下八名，贵妃位下八名，妃位下六名，嫔位下六名，贵人位下四名，常在位下三名，答应位下二名"④。这是清代宫廷规定的各级后妃使用宫女的数量。但《宫中则例》中却记为："皇太后例应官女子十二名，皇后例应官女子十名，皇贵妃例应官女子八名，贵妃例应官女子八名，妃例应官女子六名，嫔例应官女

---

　　①　《清宣宗实录》卷 217，道光十二年八月，第 36 册第 223 页。
　　②　（清）鄂尔泰、张廷玉等编纂：《国朝宫史》卷 3 "训谕三"，第 29 页。
　　③　《清高宗实录》卷 1370，乾隆五十六年正月，第 26 册第 383 页；乾隆五十七年闰四月，第 26 册第 855 页。
　　④　（清）鄂尔泰、张廷玉等编纂：《国朝宫史》卷 8 "典礼四"，第 138 页。

子六名，贵人例应官女子四名，常在例应官女子三名。凡各宫女子至二十五岁俱令出宫。"① 可见，这里的"官女子"即《国朝宫史》中的"宫女子"，二者是混用的，都是指宫女而言，与本书第三章所述"官女子"含义并不相同。由于"宫"与"官"本身字形相近，有些文献书写者在写"宫"字时习惯在两个"口"中间连接一个小竖，更容易造成阅读者的混淆，使用材料时须谨慎辨别。

前朝宫人数量众多，为各种史料所记载，成为统治者奴役百姓的有力证明。如汉代"六宫采女凡数千人"，晋武帝时"掖廷殆将万人"，明代也有"宫女至二万人"之说②。相比之下，清代宫女的数量"可谓至少"。关于清代宫女的人数，清末夏仁虎《旧京琐记》中说，"宫女定制不得逾五百人"③，但官方文献中并未发现有此规定。不过，从各类史料的记载来看，清代宫女的确未逾此数，甚至远少于 500 人。康熙二十九年，皇帝曾宣布，"乾清宫妃嫔以下，使令老媪、洒扫宫女以上，合计止一百三十四人"。如再除去妃嫔和老媪，乾清宫妃嫔（此处指当朝皇帝妃嫔）所用宫女的人数应不满百，再加上宁寿宫等处宫女，大概百人，即便如此，康熙帝仍表示"朕以天旱，欲省减宫人"。朝臣们一致认为康熙朝宫女数量"可谓至少，不独三代以下所无，虽

---

① 《宫中则例·宫规》，载《故宫珍本丛刊·钦定宫中现行则例二种》，第 82-83 页。

② （汉）应劭：《风俗通义校注》，中华书局，1981，第 600 页；（唐）房玄龄等：《晋书·后妃传》，中华书局，1974，第 962 页；（清）萧奭：《永宪录》卷 1，中华书局，1959，第 5 页。关于明代宫女的数量，邱仲麟曾考证在 3 000 人左右，二万余人是清帝夸张的说法，参见邱仲麟：《阴气郁积——明代宫人的采选与放出》，《台大历史学报》2012 年第 50 期。

③ 夏仁虎：《旧京琐记》，辽宁教育出版社，1998，第 96 页。

三代以上，亦未有如此者。皇上节俭盛德，诚超迈千古矣"①。
至康熙四十八年，皇帝再次表示，"明季宫女至九千人，内监至
十万人，饭食不能遍及，日有饿死者。今则宫中不过四五百人而
已"②。此处的四五百人，包括宫女和太监，如单独计算宫女，
其数量较康熙二十八年应无大的变化。这一情况至乾隆末年仍无
大的变化，乾隆五十六年，皇帝曾说，"至于宫中嫔御，以及给
使女子，合之皇子皇孙等乳妪使婢，约计不过二百人"。五十七
年四月再次强调，"其余给使女子，合之皇子皇孙等乳妪使婢，
统计不满二百人"③。康熙二十八年统计的是皇帝妃嫔使用的宫
女、嬷嬷，乾隆帝则将自己的妃嫔和宫女、皇子皇孙所用宫女及
嬷嬷妈妈都算在内，因此总数超过康熙朝，如果单算宫女，应该
也不会与百人左右的规模相差较大。

我们在《内务府奏销档》中发现光绪九年和十年两件档案明
确罗列出该年份内廷宫女的具体人数，可以作为考察清末宫女数
量的依据。光绪九年十一月内务府统计，长春宫女子 18 人；丽皇
贵太妃下女子 8 人，婉贵妃下女子 8 人，祺贵妃下女子 8 人，玫贵
妃下女子 8 人，瓃妃下女子 8 人，吉妃下女子 6 人，庆妃下女子 6
人，共女子 52 人；敦宜皇贵妃下女子 8 人，瑜妃下女子 6 人，珣
妃下女子 6 人，瑨嫔下女子 6 人，共女子 26 人；佳贵妃下女子 8
人，成贵妃下女子 8 人，豫嫔下女子 6 人，共女子 22 人④。以上

---

① 《清圣祖实录》卷 144，康熙二十九年正月，第 5 册第 585 页。
② 《清圣祖实录》卷 240，康熙四十八年十一月，第 6 册第 391 页。
③ 《清高宗实录》卷 1370，乾隆五十六年正月，第 26 册第 383 页；卷 1403，乾隆
五十七年闰四月，第 26 册第 855 页。
④ 《内务府奏销档》，"奏报呈进本年慈禧皇太后及内廷主位宫分绸缎等项数目片"，
光绪九年十一月二十一日，第 271 册第 309－315 页。

宫女分为 4 类：第一是居住长春宫的慈禧太后的宫女，因慈禧身份特殊，单独为首类，所用宫女数量也最多，甚至超过了清制规定的太后宫 12 名宫女之数①；第二为咸丰朝其他妃嫔之宫女（52人）；第三为同治朝妃嫔之宫女（26 人）；第四为道光朝妃嫔之宫女（22 人）。三朝妃嫔使用宫女共计 118 人。需要指出的是，除慈禧外，瑨妃是当时唯一一个宫女数量超过规定额数者——居妃位而使用 8 名宫女，其他妃位都遵循了 6 名宫女的定制。本书第四章曾提到光绪帝即位后，瑨妃系咸丰朝妃位之首，一切待遇"照贵妃例"给予，宫女名数也是按照贵妃规格配备的，因此较普通妃位多 2 名。

光绪十年十月内务府统计结果为："长春宫女子二十二人……丽皇贵太妃下女子八人，婉贵妃下女子八人，祺贵妃下女子八人，玫贵妃下女子八人，瑨妃下女子八人，吉妃下六人，庆妃下女子六人，共女子五十二人……敦宜皇贵妃下女子八人，瑜妃下女子六人，珣妃下女子六人，瑨嫔下女子六人，共女子二十六人……佳贵妃下女子八人，成贵妃下女子八人，豫嫔下女子六人，共女子二十二人"②。该年度宫女总数为 122 人，除慈禧名下增加了 4 名宫女之外，其他妃嫔位下无任何变化。

由上可见，清代前后期的宫女数量总体上是比较稳定的，一直维持在百人左右，相较前代而言，数量的确不多。除数量外，清代宫女与前代最大的不同在于其包衣身份。前代宫女的来源，

---

① 18 位还不是慈禧所用宫女数量的上限，根据内务府档案的记载，慈禧所用宫女一般在 20 人左右，除下文所述次年使用宫女 22 人，有些年份更达 25 人，如《内务府奏销档》第 278 册第 211 页、第 280 册第 286 页、第 281 册第 436 页、第 286 册第 355 页，均记载"储秀宫女子二十五人"。

② 《内务府奏销档》，"奏报恭进本年慈禧皇太后及内廷宫分绸缎数目片"，光绪十年十月二十二日，第 272 册第 299—305 页。

一般有从民间采选、罪人籍没、俘虏入宫等方式，但清代宫女皆源于内务府包衣。这一点在本书第二章已有论述，此处不再赘述，本章所要讨论的是，虽然都出身包衣，但宫女群体中也有着明确的等级差异。

雍正七年六月皇帝曾谕令，"凡挑选使令女子，在皇后、妃、嫔、贵人宫内者，官员世家之女尚可挑入。如遇贵人以下挑选女子，不可挑入官员世家之女。若系拜唐阿、校尉、护军及披甲闲散人等之女，均可挑入"[①]。包衣中的不同出身首先就决定了宫女入宫后所服侍主子地位的不同，官员世家之女只在位分较高的后妃宫内服侍。

即便同一后妃位下的宫女，也分不同等次。乾隆五十三年容妃去世后，其遗物被分送给其他妃嫔、公主、太监和宫女等，其中宫女所得遗物清单为"头等女子一名，银十两，制钱一贯，衣服六件；二等女子五名，每人银六两，制钱一贯，每人衣服五件"[②]。分得遗物的 6 名宫女数量正好符合妃位下应有的宫女数，应是容妃生前侍奉的所有宫女都得到了遗赠。不过宫女并非只分 2 等。清代公主出嫁时也有宫女陪送，分为 3 等。固伦公主下嫁，共陪送女子 12 名，其中头等女子 4 名，二等女子 4 名，三等女子 4 名；和硕公主下嫁陪送女子 10 名，其中头等女子 3 名，二等女子 3 名，三等女子 4 名。宫女们作为陪嫁人户，在婚礼中皆有赏赐，不同等级的宫女所得赏赐的品质和数量也有差别[③]。可

---

① （清）鄂尔泰、张廷玉等编纂：《国朝宫史》卷 3 "训谕三"，第 29 页。

② 中国第一历史档案馆藏：《宫中杂件》第 2014 包，乾隆 1 包，转引自徐鑫：《香妃迷案：清宫档案与考古中的香妃》，东方出版社，2014，第 180 页。

③ 《内务府则例（第二种）·掌仪司·公主下嫁事宜》，载《故宫珍本丛刊·钦定总管内务府现行则例二种》，第 171–180 页。

见这个等次与待遇是直接相关的。不过，宫女的等级并不只依据其出身高低而定。从各类史料所反映的情况来看，决定其等级的还有她们自身的条件，如相貌周正、心灵手巧、举止得体等，以及入宫的年限。

内务府秀女被选中入宫后，先要进行一段时间的考察和培训，其间"试以绣锦、执帚一切技艺，并观其仪行当否。有不合者，命出。然后择其尤者，教以掖庭规程……俊者侍后妃起居，次为尚衣、尚饰"①。此说虽为稗史所载，但基本符合清代史料所体现的宫女入宫后之情形。通过对宫女言行举止和灵巧程度的考察，决定其所从事的工种和服务的对象，而考察方式的确首先是针黹刺绣。《内务府奏销档》中有颇多宫女被遣出宫的记载，其中不少皆是由于针黹刺绣不能娴习。如咸丰三年五月，婉贵人位下宫女二妞，因"学习针黹二月之久，并无成效，是以因笨交出"②。有些学习女红成绩不佳的宫女，也可能被分配去学习其他粗笨活计，如果粗活也做不好，就只能被遣送出宫。如咸丰七年正月，寿康宫佳嫔位下的宫女四妞，"因我在家并没做过细活，总学不会"，而后被分配做"粗重活计"，又因"时常失手砸碎家伙"，被退出宫去③。道光二十年六月，玲常在位下遣出宫女一名，该女子系上年十一月初五日入宫，"进宫后因学做活计粗笨，曾令太监责过四十板，本年五月间不记日期，因过门槛时误将小猫踏毙，脸上打过数下。后因摘食院内树上杏儿，两手责过数

---

① （清）徐珂编撰：《清稗类钞》第 1 册"宫闱类·宫女日课"，第 354—355 页。

② 《内务府奏销档》，"奏为查验承乾宫因笨交出女子情形事折"，咸丰三年五月十三日，第 235 册 257—258 页。

③ 《内务府奏销档》，"奏为寿康宫交出女子二名讯实因笨事折"，咸丰七年正月二十八日，第 239 册第 662—666 页。

板。又因喂猫时误将小猫踏伤，过日猫毙，责过左右胳膊十数板。又因猫抓伊手，将猫打伤，责过手掌十余板。过日猫毙，并未责打。五月二十八日，因误将洗手瓷盆踢有伤璺，两手受责二十板。均系主位自行责打的"①。从该宫女的表现来看，她在最初的培训考察阶段成绩不佳，虽未被淘汰出宫，但分配在位分较低的常在下做粗笨活计，结果仍不能胜任，被遣送出宫。

经过考察，那些出身好、样貌周正，且心灵手巧的宫女，才会被分配至宫内位分尊贵的后妃位下当差。如晚清慈禧太后身边的宫女何荣儿回忆，宫女们"能迈进储秀宫门坎里的是上等。例如：早晨收拾屋子、擦砖地等等，毛手毛脚的人是进不了储秀宫门坎的；能够贴身给老太后敬烟、敬茶，伺候老太后吃点心，这是上上等；能够在上房值夜的，是经过考察，绝对可靠的，是特等；白天能够给老太后更衣，伺候老太后大小溲，晚上能给老太后洗洗脚，洗澡、擦身上，夜里能侍寝的，是特特等"②。越是近身侍奉后妃的宫女，越要灵活、稳妥、可靠，而不同级别的主位之间其宫女的档次又有差别。因此，尽管制度上有头等女子、二等女子、三等女子之分，但实际上各宫宫女之间的差别和分化更加细微。

宫女入宫后，会被分配跟随一位"大宫女"学做活计。"大宫女"也称"大女子"或"大姑娘"，是指那些入宫年久的资深宫女，她们负责教导新宫女各种活计和举止礼仪，也被新宫女称为"姑姑"。晚清太监信修明回忆："宫女初入宫，先跟下屋大姑

① 《内务府奏销档》，"奏为查验延禧宫因笨交出女子情形事折"，道光二十年六月初二日，第 219 册第 620—622 页。

② 金易、沈义羚：《宫女谈往录》，紫禁城出版社，2010，第 53 页。

娘学活计、针线，学站立规矩。称大姑娘为姑姑，假如学习不好，大姑娘有责打权，大丫头管小丫头，更透着厉害"①。可见，宫女的入宫年限也是构成她们身份等级的一个重要因素，服役年限越久，越熟谙宫内规矩，做事越有章法，在新宫女面前自然形成一定权威。内务府档案中有不少体现大宫女教导新宫女的案例，也生动反映出宫女之间的等级关系。

咸丰七年正月二十六日，寿康宫佳嫔位下有两名宫女进如（乳名大妞）、进意（乳名四妞）被同日退出宫去。据内务府调查，两人均于咸丰六年三月初七日入宫，同被分在佳嫔位下当差。进如在"大女子"素凤名下学习活计，进意在"大女子"素燕名下学习活计。进如称："因我系左手做活，总学不会，又教我做粗笨活计，时常失手砸坏家伙，打过二十板，也打过手简，并没拿别的东西打过，至腊月初间，我们主子怕我砸家伙，教我上殿时在旁站立，不准多手。正月十九日，我在后殿又将盛密供的瓷罐砸破了，打过二十板。"进意称："在家并没做过细活，总学不会，教我做粗重活计，又因我太不小心，时常失手砸碎家伙，浆洗衣服也不干净，打过二十板，也打过手简，并没拿别的东西打过……至本年正月间就不准我上殿伺候差使。"不仅两人"因笨"被遣出宫，负责教习她们的大宫女也因此受到牵累，"我们主子（佳嫔）因女子素燕教导四妞总学不会，将素燕打了十板"②。

这样的牵累导致"大宫女"们承受了一定的压力，在教导新

---

① 信修明：《宫廷琐记》，载信修明等：《太监谈往录》，紫禁城出版社，2010，第98页。

② 《内务府奏销档》，"奏为寿康宫交出女子二名讯无别情实因笨事折"，咸丰七年正月二十八日，第239册第662-666页。

宫女时难免急躁严苛。嘉庆九年三月十八日，寿康宫宫女平安投井自尽，经内务府调查，平安系上年十二月被选入宫，跟随宫女全喜学习活计，全喜"年二十五岁，十四岁上进宫当差"，是名副其实的"大宫女"。据全喜供述，平安"狠笨，做的不好，拆了又做，我于两三日前在他右胳膊上拧了两把，用鸡毛掸子把在他左胳膊上抽了几下，到十七日因他做的仍不好，又打了他两个嘴巴是有的。他晚间还照常吃饭，我们同屋睡的。十八日一早起来，因叫不着他，随各处找寻不见，告知首领并众太监们，在井内找着捞出，撷救不活，实是他自己投井死的"。经仵作与稳婆验伤，证明全喜所供为实。内务府官员认为"平安被殴伤痕本轻，且非致命处所，委系轻生自尽，并非威逼致死"。但全喜仍被"交总管太监折责四十板，以昭惩儆，再行逐出，交伊家属领回"①。从内务府对平安伤痕和死因的鉴定来看，新宫女们在学习过程中受一些打骂是常事，但不能过分蹂躏或发生意外。内务府在宫女被遣送出宫或自杀等事件中都会派人详查，就是为了防止妃嫔或大宫女对其有过分之举。尽管如此，个别大宫女还是对新宫女痛下狠手。

宫女永安系嘉庆十七年二月挑选入宫，在储秀宫当差。嘉庆二十三年十二月，宫女玉蓉入宫，跟随永安学习。嘉庆二十四年，永安"因其活计平常，于本年正月二十八日，曾在玉蓉脸上打过几拳，他仍不用心学习活计"，又于二月初一日"用支窗木棍在玉蓉背膀腰腿等处责打几十下"，由于"玉蓉不服管教，向我倔强，一时气忿，随取用我屋内生火铁通条复向玉蓉背后上下

① 中国第一历史档案馆藏：《内务府奏案》，"奏为寿康宫女子带伤投井身死审明治罪事"，嘉庆九年三月十九日，档号：05-0508-094。

浑身乱殴，以致玉蓉气闭"，随后身死①。

从以上几个案例可见，新宫女入宫后的头半年是比较难熬的时期，大宫女与其同吃同住［永安殴打玉蓉致死一案，永安的供词中也有"同屋连我共有女子四人，其二人先行进城（案件发生在圆明园），留我与玉蓉在一处居住，并无同殴之人"］，新宫女时刻处在大宫女的严密监视和严厉管教之下，甚至连如厕都要请假且不能时间太长②，毕竟她们都还是十几岁的孩子，心理素质不好的很难挨过这一系列的考验。而大宫女们一方面担心教导不善承担责任，另一方面她们当初大概也是在前辈大宫女的严厉苛责之下而成长起来的，将此视为理所当然，性格暴躁者遂有虐待之行为。

当然，我们也不能因此就将大宫女与新宫女看作完全对立的两个阵营。毕竟她们同吃同住，服侍共同的主子，彼此之间也会有感情，在他人面前大宫女也会对新宫女予以保护。伶安、伶顺是道光朝翊坤宫祥贵人位下的两名宫女，皆因"素日拙笨，时常受责"，道光二十六年十一月三十日，受命管教伶安、伶顺的大女子安庆出于同情，在祥贵人前"替他们分辩，言语冒撞，就要将我们三人一并责打。我们因怕责打，一时糊涂，从本宫跑喊出来，被人拦阻，因此受责三十板"，其后 3 人被同时遣出宫去。安庆在供述中提到自己于道光二十年入宫，"自进宫后，偶有小

---

① 《内务府奏销档》，"奏报遵旨审讯殴毙同伴之女子永安情形折"，嘉庆二十四年二月初八日，第 185 册第 377–381 页。

② 比如道光元年二月二十二日寿康宫宫女大妞"往净房走动，告知陈伴玉姑姑"，但因眼睛近视，耽搁太久，被姑姑怀疑"欲寻短见"，因此被遣出宫，其父亲也连带受到惩罚。《内务府奏销档》，"奏报遵旨详讯使女大妞欲寻自尽情由折""奏报遵旨审明使女大妞欲寻自尽情由并请重责有关人员折"，道光元年二月二十五日，第 189 册第 489–494 页。

过，亦常责打"，可能是自身受责打的经历，使她对伶安、伶顺时常受责充满同情，因此为其分辩，结果导致自己和二人一起被责三十板子、驱逐出宫①。

　　除去因笨拙、疾病等原因被提前遣送出宫者，多数宫女在宫内服务一定期限后即可"出宫聘嫁"，这与前朝常有"白头宫女"②的现象是截然不同的，且清代宫女服役期限呈缩短趋势，体现出统治者对包衣女子的"仁慈"。康熙十六年即奏准，"凡宫女年三十以上者，遣出令其父母择配，续选年幼女子充补"③。如果按照十三四岁入宫服役推算，至三十岁已然宫内服役十六七年，且三十岁的女子在清代已然是绝对的大龄，恐怕很难婚嫁，因此继任皇帝继续缩短宫女的服役时间。雍正帝甫即位，就下令"宫女年至二十五岁，令其出宫"④，将出宫年龄降低了 5 岁。但若仍按十三四岁入宫来算，二十五岁出宫也需在宫中熬过十余年的漫长时光。之后，雍正帝一度将宫女的服役期限缩短为 5 年："凡进宫女子过五年者，俱蒙圣恩令其出宫聘嫁"⑤。如果宫女们按例十三四岁入宫服役，则二十岁前即可出宫聘嫁，不会导致婚嫁愆期。即便因事故延误至十七八岁选入宫廷，二十五岁之前也可以出宫婚嫁了，因此雍正以后宫内几乎没有超过二十五岁的宫女。雍正十一年十二月，皇帝想赏给年已七十一岁的正白旗满洲

---

　　① 中国第一历史档案馆藏：《内务府来文》，"为翊坤宫祥贵人下女子安庆等人怕打喊叫奉旨各重责退出宫去事"，道光二十六年十一月三十日，档号：05-13-002-000695-0075。
　　② 参见（唐）白居易《上阳白发人》及（唐）元稹《行宫》。
　　③ 《清会典事例》（光绪朝）卷 1218，第 12 册 1110 页。
　　④ 同上。
　　⑤ 《内务府奏销档》，"奏为遵旨查出年长出宫之女赏给正白旗满洲都统吉兰泰事折"，雍正十二年正月二十九日，第 9 册第 45-46 页。

都统、步军校吉兰泰一房妻室，命庄亲王在宫内"查一年岁长些女子赏给"，庄亲王在向宫殿监督询问之后，很为难地向皇帝表示，"现今女子内至二十四岁者，即系年长之女子"，因此宫内很难找到年龄与吉兰泰相配之人①。

但是，5 年之限似乎并未成为定制。清代官方文献中，我们只在雍正朝内务府档案中看到有此明确说法，实录与会典并未有相关记载，其他著作则说法不一。如昭梿《啸亭杂录》载，"其留宫之女，至二十五岁遣还择配"②。而吴振棫《养吉斋丛录》则载："近制，十五岁预挑，五年即放还择配"③。清末德龄则在回忆录中说，宫女"必须在宫中伺候太后十年，然后才可以出去自由嫁人"④。从具体案例来看，5 年之限在雍正朝以后似乎的确未再执行，如前述嘉庆九年宫女平安投井自尽案，其中负责教她活计的宫女全喜"年二十五岁，十四岁上进宫当差"，已然服役11 年⑤；道光十二年皇帝谕令，"近又有皇后下女子一人因病出宫，经皇后面奏，此女子进宫八年，甚属得力，俟病好仍著进宫。均经允准"⑥。已然入宫 8 年的宫女尚未服役期满，系因病提前出宫，也可见并非 5 年的服役期限。

总体而言，尽管清代多数时期宫女们的服役期限可能都超过 5 年，但仍属于有时限的服役，且雍正朝以后的确少见超过二十

---

① 《内务府奏销档》，"奏为遵旨查出年长出宫之女赏给正白旗满洲都统吉兰泰事折"，雍正十二年正月二十九日，第 9 册第 45-46 页。
② （清）昭梿：《啸亭杂录》卷 8，中华书局，1980，第 226 页。
③ （清）吴振棫：《养吉斋丛录》卷 25，第 321 页。
④ 德龄：《清宫二年记》，中国人民大学出版社，2012，第 63-64 页。
⑤ 中国第一历史档案馆藏：《内务府奏案》，"奏为寿康宫女子带伤投井身死审明治罪事"，嘉庆九年三月十九日，档号：05-0508-094。
⑥ 《清宣宗实录》卷 217，道光十二年八月，第 36 册第 223 页。

五岁的宫女，避免了"白头宫女"的悲剧。

第二节　宫女与"主子"的关系：从惇妃殴毙宫女案谈起

乾隆四十三年十一月初七日，惇妃将自己位下一名宫女殴打致死，导致皇帝震怒，由此引发一系列内廷追责。次日，乾隆帝发表长篇上谕，先将此事通晓诸位皇子和军机大臣等，次令总管内务府大臣"传内府诸人知之"，再令上书房、敬事房将此事著录存记，永远为戒。此篇上谕真实地反映出皇帝如何看待在内廷服侍的宫女及其与妃嫔的关系，而皇帝的意志必将左右内廷风气，有助于我们理解宫女与妃嫔的关系，因此特将上谕摘录如下：

> 谕诸皇子及军机大臣等，昨惇妃将伊宫内使唤女子责处致毙，事属骇见，尔等想应闻知。前此妃嫔内，间有气性不好，痛殴婢女，致令情急轻生者。虽为主位之人，不宜过于很虐，而死者究系窘迫自戕，然一经奏闻，无不量其情节惩治，从未有妃嫔将使女毒殴立毙之事。今惇妃此案，若不从重办理，于情法未为平允，且不足使备位官闱之人，咸知警畏。况满汉大臣官员，将家奴不依法决罚，殴责立毙者，皆系按其情事，分别议处，重则革职，轻则降调。定例森然，朕岂肯稍存歧视。惇妃，即著降封为嫔，以示惩儆。并令妃嫔等，嗣后当引以为戒，毋蹈覆辙，自干重戾。朕办理此事，准情酌理，惟协于公当，恐外间无识之徒，或有窃以为过重者，不知朕心已觉从宽。事关人命，其得罪本属不轻，

第念其曾育公主，故量从末减耳。若就案情而论，即将伊位号摈黜，亦岂得为过当乎！朕临御四十三年以来，从不肯有溺爱徇情之事……所有惇嫔此案，本官之首领太监郭进忠、刘良，获罪甚重，著革去顶带，并罚钱粮二年。其总管太监，亦难辞咎，除桂元在奏事处，萧云鹏兼司茶膳房，每日在御前伺候，不能复至宫内稽查，伊二人著免其议罪。其王成、王忠、王承义、郑玉柱、赵德胜，专司内庭，今惇嫔殴毙使女，伊等不能豫为劝阻，所司何事？著各罚钱粮一年。但其事究因惇嫔波累，著将伊等应罚钱粮，于各名下扣罚一半，其一半，亦著惇嫔代为缴完。所有殴毙之女子，并著惇嫔罚出银一百两，给其父母殓埋。此案虽系小事，朕一秉大公至正，与综理庶务无异，亦可恍然咸喻朕意矣！将此旨交总管内务府大臣，传谕内府诸人知之，并著缮录一通交尚书房、敬事房存记，令诸皇子共知警省，永远遵奉。①

本书第四章和第六章皆已提及，惇妃诞育了乾隆帝最小的女儿和孝固伦公主，她也因此成为乾隆朝后期较受宠幸的妃嫔，这一点从上谕中"惇妃平日受朕恩眷较优"的说法也可证明。尽管乾隆帝表示自己"从不肯有溺爱徇情之事"，但还是借公主之名对惇妃从轻发落，"第念其曾育公主，故量从末减耳"。此处我们讨论的重点不在于惇妃，而在于宫女被殴打致死事件。乾隆帝对此事发布长篇上谕，体现出他对后妃与宫女关系的重视，并希望借此事对其他妃嫔和皇子、大臣等进行警诫，避免再有此类恶性事件发生。从乾隆帝的言语之间，我们还可以得到以下信息：

---

① 《清高宗实录》卷1070，乾隆四十三年十一月，第22册第352-353页。

第一，惇妃"气性不好"，大概平时对待宫女就不够和善。虽然宫内以前也发生过"气性不好"的妃嫔"痛殴婢女，致令情急轻生"的事件，但那毕竟属于宫女的自杀，"妃嫔将使女毒殴立毙之事"，还是首次发生。尽管乾隆帝表示"事属骇见"，但整篇上谕对于事件的原委并无任何描述。因此，对于宫女究竟犯了什么错而导致惇妃将其在宫廷之内殴打致死，我们不得而知。内务府档案中也没有查到相关的记载。从上谕的表述来看，大概并没有什么特殊的原因，无非"因笨"或"不懂规矩"之类。

第二，尽管乾隆帝一再强调"若不从重办理，于情法未为平允"，"事关人命，其得罪本属不轻"，但对惇妃的实际处罚是相当轻的，只将其降一级为嫔，并罚一些银两给宫女的父母做殓埋费用而已。即便如此，乾隆帝还担心"此案虽系小事"，但这样的惩罚"恐外间无识之徒，或有窃以为过重者"，可见统治者心目中宫女性命的分量之微。如前所述，乾隆帝发布此番长篇上谕，其目的并非为被打死的宫女鸣冤或主持公道，甚至主要不在于让后宫其他妃嫔引以为戒。前述乾隆朝最注意宫廷内外隔离，内廷之事不外传，外朝不可过问内事，若出于警诫妃嫔的目的，在后宫范围之内处理即可，完全不需要用上谕的形式公开发布。正如上谕开头"谕诸皇子及军机大臣等"和结尾"交尚书房、敬事房存记，令诸皇子共知警省，永远遵奉"所言，其真正目的在于借此事警告皇子和王公大臣等要遵守国法，不可在家中滥用私刑，否则"必不轻恕"。

第三，乾隆帝并非认为妃嫔不能殴打宫女，只是"主位之人，不宜过于很虐"，这是内廷主位应有的德行，如此宫廷之内才能保持和睦肃雍的状态。如果妃嫔过于暴躁狠戾，将影响到皇帝对她的评判及其在后宫中的地位。前述清代宫廷惯例，为确保宫女不受到过分的苛待，每当有宫女死亡或提前遣出宫时，内务府都要详加盘查，有时甚至是密查，将实际情况报告给皇帝，作为约束妃嫔与宫女关系的一种手段，也是皇帝加强对后宫掌控的方式①。

乾隆帝的上谕很容易给人以皇帝及其后妃对宫女性命视如草芥之感，前述宫女遭受后妃责打的案例也是如此，但这只是后妃与宫女关系的一个侧面。实际上，宫女作为贴身服侍后妃的女仆群体，也常常与主子关系融洽、荣辱与共。妃嫔受宠而待遇提高，她们也会得到更好的待遇和更多的赏赐；妃嫔若遭受贬降打入冷宫，她们也会受到其他宫人的歧视。慈禧身边的宫女感觉自己在其他宫女面前高人一等，就是这个道理。服侍时间久了，主仆之间也会产生感情，服役期满仍彼此不舍分开。有的宫女在出宫之后因思念主子，会寻找机会进宫请安，或托人向主子问候，延续主仆情谊。但乾隆六年起，皇帝谕令"应出宫女子，既已出宫，即系外人，不许进宫请安，其本宫首领太监与伊等传信，亦属不可"，断绝了这一联系渠道②。那些与宫女相得的后妃，只能通过让她们多服役几年，或出宫后再让其进宫的方式，延长宫女留在自己身边的时间，但这些做法也往往被皇帝所阻止。如前述道光时，恬嫔位下一名宫女因病出宫，病好后奏请仍允许其进宫服侍，得到皇帝允准。其后皇后身边的一名宫女也因病出宫，

---

① 光绪朝《大清会典事例》载，道光十九年谕，嗣后凡各宫未满年限交出女子，著总管内务府大臣派员详细查验后，据实具奏。咸丰九年也有谕令，以后出宫女子，如在内未经引看者，仍着内务府察验专折具奏。见《会典事例》（光绪朝）卷 1218，第 12 册第 1112 页。但从档案所反映的情况可见，道咸之前即已有此惯例。

② 《清高宗实录》卷 156，乾隆六年十二月，第 10 册第 1230 页。

皇后因"此女子入宫八年，甚属得力"，因此面奏皇帝，请求准许其病好后也再次进宫。道光帝先是允准，随后发现乾隆时即有不准出宫女子复进宫的规定，本朝接连两位后妃违例奏请，"恐日后相互效尤"，因此重申禁例，不准后妃再有此类请求。恰好皇后的宫女出宫后病故，才让道光帝不致在皇后面前食言①。清代从康熙朝起即限定宫女出宫年龄，雍正朝更一度将服役期限缩短至 5 年，乾隆帝禁止出宫宫女再度进宫，客观上都起到阻碍后妃们与宫女建立长期稳固关系的作用，导致她们不得不每隔数年就更换一批宫女，熟悉得力的旧宫女与笨手笨脚的新宫女之间形成的鲜明对比，难免导致后妃们也会心急气躁。

悖妃事件之后，尽管清宫再无妃嫔殴毙宫女的记载，但宫女受责打后自尽的事件还是不绝如缕。乾隆五十三年三月，承乾宫那答应位下的宫女五妞投井自尽，内务府令仵作、稳婆验明尸体上的伤痕，得出五妞系受责打后投井自尽的结论。但乾隆帝对此表示质疑，"以八寸井口，该女子何能投入"。内务府以此对仵作进行询问，仵作表示，"井口径过虽系八寸，以围三径一而论，则围圆即系二尺四寸，况十几岁幼女甘心自尽，必系瞑目蹲身头向下，即可钻入，如若死后尸身皮骨已硬，反不能钻入井口"。为确保没有隐情，内务府再将本宫太监及已遣出宫的宫女九妞等人"传集到案，逐一隔别，严加究讯"，最终确认五妞实系受责打后自尽，再向皇帝回奏②。此处皇帝的关注点在于怀疑宫女并

---

① 《清宣宗实录》卷 217，道光十二年八月，第 36 册第 223 页。
② 《内务府奏销档》，"奏报承乾宫女子五妞投井自尽事折"，乾隆五十三年三月十七日，第 151 册第 249—252 页。

非投井自尽，而系被打死后硬塞入井中编造投井自尽的说法，内务府围绕这一疑点进行了深入调查，以确保后宫之中没有被遮蔽的隐情。确定五妞系自尽之后，尽管相关首领太监等因管理不力受到责罚，但那答应并未受任何影响。

内务府档案中有不少宫女因受责打而自尽或企图自尽的记载，但因此而遭受惩罚或贬降的妃嫔却很少，除惇妃外，我们所见明确因责打宫女被贬降的只有道光朝的玲常在。上一节提到玲常在位下的宫女大妞，因为人愚笨，曾将数只小猫踩死，玲常在多次对其进行责打，道光二十年六月初二日大妞"因笨"被遣出宫。遣出前，内务府照例进行察验，验得大妞"面上青肿二处，左右胳膊青紫，两手心及手指亦均有青肿之处，委系板责伤痕"①。而上一年，玲常在位下已经连续遣出两名宫女，虽然一名系因病出宫，一名系因偷窃遣送出宫，但内务府照例查验时发现两名宫女均受过责打，带有伤痕②。其后，就在大妞被遣出宫的次日，延禧宫又遣出一名宫女，系尚答应位下宫女二妞，"上年进宫后，因学做活计粗笨，令太监责过四十板，本年五月间因做活计迟误，两手掌各责五板，胳膊责过数板等语。现验得该女子右胳膊、左手掌隐有青肿之痕，委系板责，并不甚重"③。于善浦和赵玉敏都在研究中提出，尚答应即系玲常在，她在大妞被遣出宫后被贬降，因此次日二妞出宫时她的身份已为

---

① 《内务府奏销档》，"奏为查验延禧宫因笨交出女子情形事折"，道光二十年六月初二日，第 219 册第 620—622 页。

② 中国第一历史档案馆藏：《内务府奏案》，"奏为查验延禧宫出宫女子受责情形事"，道光十九年十月二十三日，档号：05-0708-039；"奏为宫内交出偷窃女子一名验得有伤情形事"，道光十九年十二月十四日，档号：05-0709-042。

③ 中国第一历史档案馆藏：《内务府奏案》，"奏为查验延禧宫交出女子一名情形事"，道光二十年六月初三日，档号：05-0713-029。

答应①。我们试着对内务府档案中道光朝每年的后妃宫分清单进行梳理，以验证两位的说法。如从道光十七至十九年，宫分清单中都有玲常在的名字，道光二十年起，不再有玲常在，而增加了尚答应（由于每年的宫分清单皆于十一月奏报，因此如果玲常在于二十年六月被降为答应，则该年十一月的宫分中她已是答应待遇），此后至少到二十四年的宫分清单中都只有尚答应而无玲常在②。如此可进一步证明，玲常在确系在大妞出宫后被降为答应。一年之内连续遣出 4 名宫女，难怪道光帝对其行为大为不满，且直到道光帝去世，尚答应再未得到任何晋封。

除贬降外，皇帝还可能通过其他方式对苛责宫女的妃嫔进行惩罚。前述咸丰七年寿康宫佳嫔位下两名宫女同时"因笨"被遣出宫，皇帝认为此事"殊属可疑，其中必有别情，断非因笨"，下令总管内务府大臣"督饬司员认真讯究，务令尽吐实情，不准隐讳，所讯若何，可密封具奏"。内务府司员遵旨对两名宫女详细询问，两名宫女表示入宫后因做活粗笨多次受到佳嫔的嫌弃和责打，连负责教导她们的大宫女也连累受责，经过审讯，内务府得出的结论是："该女子等情词尚无隐讳，其资质亦属愚钝，委

---

① 于善浦：《道光后妃怨女多》，《紫禁城》1994 年第 1 期；赵玉敏：《道光帝"玲常在"出身与名号考补》，《历史档案》2012 年第 4 期。

② 中国第一历史档案馆藏：《内务府奏案》，"呈皇太后等宫分缎匹等项数目清单"，道光十七年十一月十五日，档号：05-0697-040；"呈皇太后皇后及内庭主位宫分缎匹等项数目清单"，道光十八年十一月初九日，档号：05-0704-010；"呈皇太后皇后及内庭主位宫分缎匹等项数目清单"，道光十九年十一月十二日，档号：05-0708-059；"呈皇太后及内庭主位宫分缎匹等项数目清单"，道光二十年十一月二十四日，档号：05-0715-035；道光二十一年未见内庭主位宫分档案；"呈皇太后等内庭主位及女子宫分绸缎等项数目清单"，道光二十二年十一月十六日，档号：05-0726-021；"呈皇太后及内庭主位等宫分缎匹等项数目清单"，道光二十三年十一月二十八日，档号：05-0732-076；"呈皇太后及内庭主位分缎匹等项数目清单"，道光二十四年十一月初八日，档号：05-0738-013。

系因笨交出，并无别项情事"。咸丰帝虽然接受了内务府的调查结果，但仍批示"以后佳嫔下只准有女子四名，此二名毋庸挑补"①。嫔位下应有 6 名宫女，按照宫廷旧例，佳嫔遣出 2 名宫女后，下次内务府选秀时可以再行挑补 2 名，但咸丰帝大概觉得她对宫女过于苛刻，由于佳嫔系道光朝妃嫔，在咸丰朝为太嫔辈分，大概不便随意贬降，因此只裁减其位下宫女名数，以示惩戒。

本章通过对称谓、人数、等级和分工等方面的讨论，试图勾勒出清代宫女的整体概况，进而以惇妃殴毙宫女案为契机，探讨宫女与后妃的关系，以及皇帝如何定位和形塑这一关系。由于宫廷档案本身的特点，有关宫女与后妃的和睦、亲密关系所留存的记载甚少，我们看到更多的是宫女受责自尽或因各种原因被遣送出宫。因此，尽管清代皇帝一直号称"恩养"旗人，在选秀女的过程中和制度规定方面也力图体现对旗人的"仁慈"，但从宫女的角度来看，奴婢与主子之间的关系还是有其相当残酷的一面。

---

① 《内务府奏销档》，"奏为寿康宫交出女子二名讯无别情实因笨事折"，咸丰七年正月二十八日，第 239 册第 662-666 页。

第十二章

"一品夫人"与清宫的乳保群体

　　除宫女外，清宫还有被统称为嬷嬷妈妈的仆妇群体。她们皆为已婚的年长妇人，包括负责哺育皇室子女并照顾其生活起居的乳母、保母，以及其他从事各种宫廷差务的妇人。清代官方文献中对仆妇群体的记载非常简略，唯有近年陆续公布的内务府档案使我们有机会管窥这类女性群体的概况。本章讨论皇室的乳母与保母（简称乳保），探讨她们的来源和职责，以及其与皇室子女的关系。

第一节　乳保的称谓与职责

　　清代文献中，常用"嬷嬷妈妈"作为宫廷仆妇群体的总称，同时又有"嬷嬷""嬷嬷额涅""妈妈里（哩）"等称呼，其身份与职责的异同很容易让人感到迷惑。那么，"嬷嬷""嬷嬷""妈妈"等是指同一类人吗？她们在宫廷中各自的职责何在？这是本节所要讨论的问题。

一、"嬷嬷"、"嬷嬷"与"妈妈里"

《满汉大辞典》中，满语 meme 者，本义为奶头、乳房，meme-niye 则为奶母、奶妈之意①。刘小萌先生也在《清朝皇帝与保母》②及《清朝皇帝的保母续考》③中指出，满语称 meme（汉译嬷嬷或嬷嬷）、meme eniye（嬷嬷额涅）者，即保母，又称乳母、奶母、乳媪。可见，从满语来源来看，嬷嬷和嬷嬷属同类人群。我们再来考察清代史料中对"嬷嬷"与"嬷嬷"的具体使用是否有差别。

首先，清宫挑选乳母、保母之规，在《清会典事例》中记载为："选乳姆、保姆，顺治十八年议准，总管太监等预期传知，即交各佐领、内管领，将应选之人送进，交总管太监等选用。入选之乳姆，则别买乳妇偿之，以哺其子女，价以八十两为则。"④《内务府则例》中"挑选嬷嬷妈妈里"条载："凡挑选嬷嬷、妈妈里，据宫殿监督领侍太监等所传，即交各佐领、管领查选，将应选之人送与宫殿监督领侍太监等挑取。"⑤其后的"领给嬷嬷等买乳妇银两"条下进一步说明："阿哥、公主、格格等之嬷嬷，进内过八个月后，应买给乳妇之处，据宫殿监督领侍太监等传出，由会计司派领……不过八十两"⑥。可见"嬷嬷"对应会典

---

① 安双成主编：《满汉大辞典》（修订本），辽宁民族出版社，2018，第782页。

② 刘小萌：《清朝皇帝与保母》，《北京社会科学》2004年第3期。

③ 刘小萌：《清朝皇帝的保母续考》，《黑龙江民族丛刊》2018年第4期。

④ 《清会典事例》（光绪朝）卷1218，第12册第1112页。

⑤ 《内务府则例（第二种）·会计司·挑选嬷嬷妈妈里》，载《故宫珍本丛刊·钦定总管内务府现行则例二种》，第287页。

⑥ 《内务府则例（第二种）·会计司·领给嬷嬷等买乳妇银两》，载《故宫珍本丛刊·钦定总管内务府现行则例二种》，第334页。

中的"乳姆","妈妈里"则对应"保姆"。因乳母入宫哺育皇室子女，她们自己的子女由内务府出钱另雇"乳妇"哺育。由《内务府则例》可知，乳母并非在入宫之初就为其子女另雇乳妇，而是在满 8 个月之后，应是经过一段时间的试用，皇子女的乳母才能固定下来，留用者赏给 80 两银子①。嘉庆十四年有旨，"阿哥、公主之嬷嬷八个月期满，向例由广储司赏银八十两，今著加恩，嗣后按每月赏银十两，此次四阿哥、八公主之嬷嬷已逾两月，即著各赏银二十两"，共得到 100 两的赏赐。这里的"嬷嬷"也无疑指乳母。再如会典中记载，嘉庆五年"奉旨，嗣后乳母之女不必备选（秀女）"。而在《内务府则例》中则记为，嘉庆五年十一月"奏准，嗣后嬷嬷亲生女不必入选"②。"嬷嬷"也是对应"乳母"一词的。

其次，清宫档案中满语汉译写作"嬷嬷"者，有时也指乳母。内务府档案记载："凡挑选嬷嬷，由该管领详细查看新生子女者，送进敬事房，传兆祥所妈妈里查验后，择其乳食充足者送交阿哥下妈妈里，再行选择。"嘉庆十年四月，由内管领德禄选进宫中的"四阿哥嬷嬷缺乳"，致使德禄受到处分③。显然，这里的"嬷嬷"也是指乳母。清末，溥杰亦称王府中"'嬷嬷'即乳母，在哺乳时期待遇较优"④。可见，"嬷嬷"也可以作为乳母

---

① 内务府档案亦印证了此说法，如中国第一历史档案馆藏：《内务府呈稿》，"为三阿哥下三嬷嬷刘氏八个月已满应得买乳母银两事"，嘉庆二年十月三十日，档号：05-08-005-000009-0061。

② 《内务府则例（第二种）·会计司·挑选女子》，载《故宫珍本丛刊·钦定总管内务府现行则例二种》，第 283 页。

③ 中国第一历史档案馆藏：《内务府奏案》，"奏报内管领德禄选进四阿哥嬷嬷缺乳将其议处事"，嘉庆十年四月二十四日，档号：05-0514-070。

④ 溥杰：《回忆醇亲王府的生活》，载中国人民政治协商会议全国委员会文史资料研究委员会编：《晚清宫廷生活见闻》，第 240 页。

的称谓。

"妈妈"和"妈妈里"，也由满语汉译而来。《满汉大辞典》中，满语 mama，表示女性的含义一是祖母、祖母辈；二是老太太、老妪、老媪。满语 mamari，含义一是众祖母；二是指坛庙内负责祀蚕神的老妪，如祭祀妈妈里、蚕神庙妈妈里，皆自吉林乌拉地区会读书的寡妇中挑选而来①。刘小萌也在《清朝皇帝的保母续考》中指出：满语 mamari 者，汉译妈妈里、侍母、保姥②。"妈妈里"在清代档案中常指在宫中从事低级劳作的妇女（详见下章论述），但有时也指保母。如《内务府则例》"挑选嬷嬷妈妈里"条记载，雍正七年十月奉旨，"阿哥、公主等之嬷嬷、妈妈里，著照雍和宫例，每月赏给银二两，白米二斛"③。光绪朝《会典事例》则载："雍正七年奉旨，皇子、公主等之乳姆、保姆，著照雍和宫之例，月给银二两，白米二斛。"④ 对照可以看出，"妈妈里"与"保姆"的概念可以混用。乾隆三十九年，皇帝谕令："嗣后挑选照看阿哥等妈妈，著在京居住东三省侍卫官员妻室内会清语者挑选。"⑤ 光绪朝会典也记述："凡选乳母、保姥，乳母于各佐领管领下人内挑选，保姥于在京居住东三省侍卫官员妻室内能清语者挑选"⑥。亦可见"妈妈"与"保姥"的含义也是互通的，而"保姥"即保母。

---

① 安双成主编：《满汉大辞典》（修订本），第 771 页。
② 刘小萌：《清朝皇帝的保母续考》，《黑龙江民族丛刊》2018 年第 4 期。
③ 《内务府则例（第二种）·会计司·挑选嬷嬷妈妈里》，载《故宫珍本丛刊·钦定总管内务府现行则例二种》，第 287 页。
④ 《清会典事例》（光绪朝）卷 1218，第 12 册第 1112 页。
⑤ 《内务府则例（第二种）·会计司·挑选嬷嬷妈妈里》，载《故宫珍本丛刊·钦定总管内务府现行则例二种》，第 287 页。
⑥ 《清会典》（光绪朝）卷 94，第 850 页。

总体而言，就我们所见，清代汉文档案中"媤媤"一般仅指乳母；"嬷嬷"既可指乳母，也可指保母；"妈妈里"可指保母或其他差务仆妇。

二、乳保的职责与遴选

在清宫中服务的嬷嬷妈妈，与皇室成员最为亲近的当属从他们婴幼儿时起即照顾起居生活的乳保了。原则上讲，乳母与保母职责各有不同，乳母指仍处于哺乳期的妇女，入宫后负责用乳汁哺育皇子女；而保母的职责则在照顾生活起居、引导礼仪举止方面。

先讨论乳母。每位皇子女的乳母不止一位，《清稗类钞》载"一皇子乳媪四十人"①；《苌楚斋三笔》载"皇子吃乳，照例每人雇乳媪八人，由太监监视，每媪只吃数口"②。但以上毕竟都属笔记史料，可信度有限。从正史的记载来看，皇子女的乳母是相对固定的。如康熙时，为了便于太子允礽花销，特命"伊乳母之父（夫）凌普为内务府总管"③；康熙帝还曾指责皇八子允禩"听信其乳母之夫雅齐布之言"，擅自责惩御史④。两位皇子的乳母都是很固定的个人。相对而言，《听雨丛谈》中的记载应较为合理："初亦杂试，候月余乃留一人"⑤。即皇子女诞生后，安排多位乳母试用，然后留下婴儿最为适应的一名。如溥仪的乳母王

---

① （清）徐珂编撰：《清稗类钞》第 1 册"宫闱类·皇子皇女之起居"，第 353 页。

② （清）刘声木：《苌楚斋三笔》卷 4 "孙家鼐等言皇室情形"，中华书局，1998，第 551 页。

③ 《清圣祖实录》卷 234，康熙四十七年九月，第 6 册第 336 页。

④ 《清圣祖实录》卷 235，康熙四十七年十月，第 6 册第 345 页。

⑤ （清）福格：《听雨丛谈》卷 11 "乳母"，中华书局，1984，第 230 页。

焦氏"在二十名应选人中，她以体貌端正和奶汁醇厚而当选"①。内务府档案也有记载，道光七年，乳母于氏当差满四十日才得到每月"二两钱粮米食"的收入，被确定为四公主的乳母②。不过，一位皇子女的乳母也非严格限定一人，如乳母随着哺育时间的延长而乳汁减少，或其本人发生某种变故不能再行哺乳，即需更换乳母，这也是有些皇子女有数位乳母的原因。但从皇帝对乳母的册封记录来看，数量一般不超过3位③，且皇子女心目中最为认可或亲近的常常是其中一位，详见下文论述。

皇室子女生活安逸，受哺育时间较长，如溥仪自述吃王焦氏的奶一直到九岁，像这样一位乳母能够持续哺乳九年的情况应该并不普遍。哺育时间再久也有断乳之日，皇子女于几龄断乳，史无明载。按溥仪的说法他于九岁断乳，还是由于太妃们因故将其乳母赶出宫去，否则哺乳时间可能更长④。《听雨丛谈》载，明末崇祯时期宫廷乳母"令乳皇子至七岁放出"⑤，也可作为参考。但无论几龄断乳，清代乳母通常不会在断乳后离开所乳子女，而是继续陪伴在他们身边。前述康熙朝的太子和皇八子皆已成人，乳母夫妇仍在其身边发挥重要作用；溥杰亦称王府中"'嬷嬷'

---

① 爱新觉罗·溥仪：《我的前半生》，第85页。

② 中国第一历史档案馆藏：《内务府来文》，"为正黄旗苏拉德禄之妻四公主下乳母于氏当差满四十日照例行给二两钱粮米食事"，道光七年四月初二日，档号：05-13-002-000614-0009。

③ 内务府档案亦可印证，奏销档在记载内廷主位等人员历年宫分使用人员等信息时，常记录阿哥、公主位下的乳母人数。如嘉庆十九年十月的记录显示，二阿哥、三阿哥、四阿哥下皆有乳母二人，五阿哥下有乳母一人，九公主下有乳母三人。见《内务府奏销档》，"奏呈拟备本年恭进皇后及内庭主位等缎绸各项数目清单折"，嘉庆十九年十月十九日，第177册第181页。

④ 爱新觉罗·溥仪：《我的前半生》，第85页。

⑤ （清）福格：《听雨丛谈》卷11"乳母"，第230页。

即乳母,在哺乳时期待遇较优,断乳后的地位,工资与'精奇'差不多"①。可见断乳后乳母的职责有所变化,从以哺育为主转为从事与保母类似的工作,但会继续留在皇子女身边。有的乳母甚至照顾多位皇子女,如顺治帝的乳母朴氏,在顺治帝成人之后仍留居宫中,继续抚育年幼的玄烨,只是其时不可能再担任乳母,而是作为有经验的保母来照顾玄烨②。这些因素也是导致乳、保有时难以分别的原因。

乳母与保母的不同职责决定了对她们不同的遴选要求。前述内务府的一份奏折显示了清宫挑选乳母的条件和程序:"凡挑选嬷嬷,由该管领详细查看新生子女者,送进敬事房,传兆祥所妈妈里查验后,择其乳食充足者送交阿哥下妈妈里,再行选择。"该奏折指出,嘉庆朝四阿哥的嬷嬷乃"正白旗德禄管领下苏拉清泰之妻,进内甫及二月,乳食缺乏,并怀有身孕。该管领当时并未详细查出,率行挑送,实属不合",管领德禄与敬事房首领太监赵进忠等均因此受到责罚;苏拉清泰之妻生子已逾十数月之久,才上报挑选乳母,因此清泰也交慎刑司惩处③。可见,宫廷乳母都是在内务府佐领或管领下挑出,凡新生子女之乳妇,必须及时上报,接受皇室的挑选,上报延迟或挑选不力,佐领或管领都会受到惩罚。刘小萌的研究指出,满洲皇室选择乳母,有着严格的身份限制,故清宫乳母为清一色内务府旗籍。但并非所有内务府旗下人皆可担任皇室乳母④。康熙三十二年的一份宫廷档案

① 溥杰:《回忆醇亲王府的生活》,载中国人民政治协商会议全国委员会文史资料研究委员会编:《晚清宫廷生活见闻》,第 240 页。

② 《清圣祖实录》卷 68,康熙十六年七月,第 4 册第 871—872 页。

③ 中国第一历史档案馆藏:《内务府奏案》,"奏报内管领德禄选进四阿哥嬷嬷缺乳将其议处事",嘉庆十年四月二十四日,档号:05-0514-070。

④ 刘小萌:《清朝皇帝的保母续考》,《黑龙江民族丛刊》2018 年第 4 期。

显示，康熙皇帝明令："给阿哥喂奶诸妇，将在内廷行走，关系至要。尔等乃内务府总管，不选体面人之妻具奏，竟将原是人之包衣阿哈之巴图夫妻具奏，是何缘故？"① 可见即便出自内务府旗人，也必须是"体面人之妻"，身份低贱者不可担任乳母。这一档案还显示，当时为阿哥挑选乳母，在 19 名候选人中仅有 4 位入围，均为"奶好无味者"，而"退回之十五妇皆系奶不好有疮有味者"。可知宫廷在甄选乳母时，除出身之外，最注重的是乳汁质量和身体状况②。

保母的职责主要是侍奉皇子女的生活起居并对其行为举止进行引导。《红楼梦》中贾府的姑娘们，"每人除自幼的乳母外，另有四个教引嬷嬷"③；清代公主下嫁时，"其跟随之太监、嬷嬷，为服侍其指导礼节之用"④。因此挑选保母时更会侧重文化方面的素养。乾隆三十九年，皇帝谕令："嗣后挑选照看阿哥等妈妈，著在京居住东三省侍卫官员妻室内会清语者挑选。"⑤ 鉴于乾隆时期皇族内部面临满语危机，皇帝希望将皇子女的满语从小抓起，因此在选择保母时"会清语者"成为遴选标准之一，使其承担起在日常生活中教授皇子满语的职责。《清稗类钞》载，有美医古力架曾入宫为溥仪诊疾，出宫后记述其见闻，说将溥仪"日

---

① "玛思喀等为议处选阿哥奶母不合之官员事的题本"，康熙三十二年四月二十日，辽宁社会科学院历史研究所、大连市图书馆文献研究室、辽宁省民族研究所历史研究室译编：《清代内阁大库散佚满文档案选编》，天津古籍出版社，1992，第 82—87 页。

② 前述溥仪也说其乳母王焦氏在二十名应选人中，以体貌端正和奶汁醇厚而当选。见爱新觉罗·溥仪：《我的前半生》，第 85 页。

③ （清）曹雪芹著，程伟元、高鹗整理：《红楼梦》，人民文学出版社，2008，第 51 页。

④ 载涛、恽宝惠：《清末贵族之生活》，载中国人民政治协商会议全国委员会文史资料研究委员会编：《晚清宫廷生活见闻》，第 333 页。

⑤ 《内务府则例（第二种）·会计司·挑选嬷嬷妈妈里》，载《故宫珍本丛刊·钦定总管内务府现行则例二种》，第 287 页。

夜保抱者,为宫人张氏,年约四十余岁,并教其写字",系"孝钦后生时所选用者"①。溥仪自述其乳母为王焦氏,溥杰回忆溥仪的看妈为李妈、张妈,乳母是王二嬷,此3人在宫中被改名为连福、连禄、连寿②。可见《清稗类钞》的这一记载是可信的,张氏系溥仪的保母之一,且承担了小皇帝的部分教育职责。

尽管保母也是在皇子女身边从小进行照顾,但由于没有哺育关系,其与皇子女的亲近程度和在宫中的地位要低于乳母,这一点从只有乳母可以得到封赠即可看出。《国朝宫史续编》载:"皇子生,设乳母、侍母,承侍内宫……至承侍之皇子即皇帝位,其乳母例邀封赠,其子嗣例邀世职产业之赐;侍母无封赠世职,仍一体邀赏。"③这也是我们判别乳、保的重要依据,如《永宪录》记载,曾任两江总督的噶礼,其母亲担任过康熙帝的保母④;《红楼梦》作者曹雪芹的曾祖母孙氏也做过康熙帝的保母⑤。但从康熙、雍正朝封赠乳母的记录中并无此二人来看,即可断定她们的确只是皇帝的保母,而非乳母。

第二节 清帝对乳保的封赏

由于礼仪和权力等因素,皇室子女与亲生父母很难像平常人家那般亲密。据载,皇子"与生母相见有定时,见亦不能多言",

① (清)徐珂编撰:《清稗类钞》第1册"宫闱类·美人述宫事",第376页。
② 溥杰:《清宫会亲见闻》,载中国人民政治协商会议全国委员会文史资料研究委员会编:《晚清宫廷生活见闻》,第43页。
③ (清)庆桂等编纂:《国朝宫史续编》卷45"典礼三十九",第358页。
④ (清)萧奭:《永宪录》卷4,第306页。
⑤ (清)冯景:《解春集文钞》卷4"御书萱瑞堂记",中华书局,1985,第39页。

皇女与母亲的关系"较皇子尤疏，自堕地至下嫁，仅与生母数十面"①。代替父母履行照顾婴幼儿之责的，正是皇室的乳保群体。皇子女出生，"甫堕地，即有保母持付乳媪手"，诚如溥仪所说，"我是在乳母的怀里长大的"②。因此不难理解他们和从小哺育、照料及陪伴自己的乳保建立起深厚的感情和绝对的信任关系，这种感情最重要的表现形式，便是历任皇帝继位后都对自己的乳保大加赞誉和封赏。

清代皇帝封赏乳母始于顺治帝，他在乳母李氏去世后所发的谕旨中，饱含深情地回忆了李氏对自己幼年生活的照顾：

> 乳母李氏，当朕诞毓之年，入宫抚哺，尽心奉侍。进食必饥饱适宜，尚衣必寒温应候。啼笑之间，曲意调和，期于中节。言动之际，相机善导，务合规程。诸凡襁褓殷勤，无不周详恳挚。睿王摄政时，皇太后与朕分宫而居，每经累月，方得一见，以致皇太后萦怀弥切。乳母竭尽心力，多方保护诱掖，皇太后倦念慈衷，赖以宽慰。③

顺治皇帝从生活照顾、行为引导到以实际行动代行母职等几个方面，赞颂了李氏的贤德，并下令礼部详查典例，"追封恩恤宜从优厚"④。不过顺治帝很快薨逝，直至康熙朝，才将李氏封为"佑圣夫人"，并将顺治帝的另一位乳母叶黑勒氏封为"佐圣夫人"⑤。而在顺治帝的乳母中，最受康熙帝尊重的当属朴氏。

① （清）徐珂编撰：《清稗类钞》第1册"宫闱类·皇子皇女之起居"，第353页。
② 爱新觉罗·溥仪：《我的前半生》，第83页。
③ 《清世祖实录》卷143，顺治十七年十二月，第3册第1103页。
④ 同上。
⑤ 《清圣祖实录》卷292，康熙六十年四月，第6册第840页。

从康熙十六年封赠朴氏的谕令中可以看出，朴氏先哺育了顺治皇帝，又在康熙帝幼时对其"殚心调护，夙夜殷勤，抚视周旋，身不离于左右"。也就是说，朴氏在担任顺治帝的乳母之后，又担任了幼年玄烨的保母。同父亲一样，康熙帝在追忆朴氏辛劳的同时，不忘赞颂她的美德："恭谨抒匪懈之忱，淑惠尽慈爱之养"，将朴氏封为"奉圣夫人"，"顶帽服色，照公夫人品级"①。此外，刘小萌根据朝鲜史籍记载，指出顺治帝的乳母还有朝鲜人金氏②，但未见相关封赠记录。

根据《清实录》等官方史料的记载，康熙、雍正、乾隆、嘉庆朝也都对皇帝的乳母进行了封赠。康熙帝封乳母瓜尔佳氏为保圣夫人③，雍正帝封乳母王氏为顺善夫人、乳母谢氏为恭勤夫人④。嘉庆三年，太上皇弘历的谕旨指出："从前朕之乳母、侍母等，曾经酌量加恩，赏给世职家产。现在皇帝之乳母、侍母等，亦应一体加恩。遵照乾隆元年之例，将皇帝三次乳母应封字样照例撰拟、另行封赠外，其子嗣等俱赏给骑都尉世职，承袭三次，仍酌量各赏给房屋居住，并各赏银一千两，安置产业。其侍母等虽无封赠之例，亦照此各赏给房屋一所，银一千两。"⑤ 可见，乾隆帝不仅曾给自己的乳母、侍母（即保母）赏予世职或家产，且给予嘉庆帝的乳保同样待遇。不过，实录中未记载乾嘉二帝乳母的姓氏及所获封号，且此后的清代实录等官方史书中再无任何封赏乳保的记载。这很容易造成清代中后期不再册封皇帝乳

① 《清圣祖实录》卷 68，康熙十六年七月，第 4 册第 871—872 页。
② 刘小萌：《清朝皇帝的保母续考》，《黑龙江民族丛刊》2018 年第 4 期。
③ 《清圣祖实录》卷 194，康熙三十八年闰七月，第 5 册第 1053 页。
④ 《清高宗实录》卷 3，雍正十三年九月，第 9 册第 183 页。
⑤ 《清高宗实录》卷 1498，嘉庆三年四月，第 27 册第 1058—1059 页。

母的印象，似乎皇室乳保的地位大不如前①。

但我们通过对内务府档案的搜求发现，事实上清帝册封乳母的成例一直延续至清朝后期，只是不再出现在实录这样公开性的官方文献中②。且从乾隆朝至咸丰朝，皇帝都是甫继位便着手封赠乳母，这大不同于顺治、康熙及雍正年间皇帝册封乳母的时间并不及时——有些是在乳母去世后才给予封赠。至晚清同治、光绪及宣统三朝，乳保的地位才有所衰落。就我们目前所掌握的史料来看，此三朝的乳母并未获得册封，只例得恩赏，且光绪帝的乳母姓氏尚不清楚。可见，乳保的封赠也与皇权的兴衰有直接关系。

首先来看乾隆帝乳母的情况。嘉庆四年的一份宫廷档案回溯了"高宗纯皇帝之乳母安勤夫人刘氏、温淑夫人周氏坟院"所用银两数量，可见乾隆帝的乳母至少有安勤夫人刘氏及温淑夫人周氏两位③。乾隆十六年十一月，皇帝曾称周嬷嬷病重，命三阿哥前往探视，并令内务府为她料理后事④。次月，周嬷嬷去世，乾

---

① 如刘小萌《清朝皇帝与保母》（《北京社会科学》2004 年第 3 期）一文中即认为清代册封保母止于乾隆朝。

② 杨乃济在《燕都》（1987 年第 6 期）发表的《清帝的乳母与保姆》中指出，"自顺、康、雍后，对皇帝乳母、保姆的封赏已成定例"，但他仅摘引一则中国第一历史档案馆藏记有道光帝即位后赏赐其嬷嬷、妈妈里的内务府档案，未注明题名、档号等信息。近年，中国第一历史档案馆公布相关档案后，我们查证此条即《内务府呈稿》，"为分赏给二嬷嬷张氏等安定门内香儿胡同路北住房等处呈明照例开除备案事"，道光元年六月初五日，档号：05-08-011-000035-0015。见杨乃济：《紫禁城行走漫笔》，紫禁城出版社，2005，第 288 页。

③ 中国第一历史档案馆藏：《内务府来文》，"为咨催皇帝下乳母温惠夫人孙氏等应得祭祀地亩速即查办报部拨给事致内务府等"，嘉庆四年七月二十九日，档号：05-13-002-001888-0075。

④ 中国第一历史档案馆藏：《军机处满文档簿》，"为周嬷嬷病重三阿哥前往探视著内务府大臣派一官员料理后事事"，乾隆十六年十一月二十七日，档号：03-18-009-000008-0004-0156。

隆帝谕令其丧事照夫人之例办理①。乾隆十七年的一份《内务府奏案》显示，周嬷嬷被赐封号"温淑夫人"②。刘氏于乾隆二十九年底去世③，丧仪事项照周氏"一品夫人例"办理④。可见，两位乳母都被封为一品夫人。嘉庆四年的档案中明确指出安勤夫人刘氏、温淑夫人周氏的坟院于乾隆二年派员修理⑤；乾隆十七年的档案中也有"查得温淑夫人周嬷嬷、恭人耿妈妈、恭人王妈妈坟茔各一处，于乾隆二年奉旨修造，迄今十数余年"的说法⑥。可见，乾隆帝的两位乳母是在乾隆继位后即明确予以封赠，同时开始着手为其修造坟院，足见其待遇之优厚。刘小萌根据《内务府满文奏销档》指出，乾隆帝还有乳母董氏和陶氏⑦，但没有其相关封赠的记载。原存于北京朝阳区酒仙桥东八间房村的一通刻于乾隆十六年十二月十三日的石碑中，确实有"温淑夫人董氏"的记载⑧。那么，获封"温淑夫人"的乳母究竟是周氏还是董氏，抑或两人获得同样的封号，有待进一步证明。

---

① 中国第一历史档案馆藏：《内务府奏案》，"奏为周嬷嬷病故后照夫人例办理事"，乾隆十六年十二月初三，档号：05-0118-(002-003)。
② 中国第一历史档案馆藏：《内务府奏案》，"奏为查得周嬷嬷等坟茔并伊子侄现有房地各缘由事"，乾隆十七年十二月二十七日，档号：05-0125-023。
③ 中国第一历史档案馆藏：《军机处满文档簿》，"为刘嬷嬷病故著派四阿哥往祭茶酒加恩赏银一千两交内务府大臣派官一员办理后事事"，乾隆二十九年十二月十二日，档号：03-18-009-000032-0004-0065。
④ 中国第一历史档案馆藏：《内务府来文》，"为给发内务府病故刘妈妈应得碑价银两抄录粘单事致总管内务府等"，乾隆三十年闰二月，档号：05-13-002-000410-0030。
⑤ 中国第一历史档案馆藏：《内务府来文》，"为咨催皇帝下乳母温惠夫人孙氏等应得祭祀地亩速即查报部拨给事致内务府等"，嘉庆四年七月二十九日，档号：05-13-002-001888-0075。
⑥ 中国第一历史档案馆藏：《内务府奏案》，"奏为查得周嬷嬷等坟茔并伊子侄现有房地各缘由事"，乾隆十七年十二月二十七日，档号：05-0125-023。
⑦ 刘小萌：《清朝皇帝的保母续考》，《黑龙江民族丛刊》2018年第4期。
⑧ 乳母董氏墓碑，清乾隆十六年十二月十三日刻。见北京图书馆金石组编：《北京图书馆藏中国历代石刻拓本汇编》第70册，中州古籍出版社，1989，第172页。

　　前述嘉庆三年的谕旨显示，嘉庆帝有 3 位乳母，这与我们在内务府档案中得到的信息一致。《内务府奏案》记载了嘉庆帝的乳保姓氏及获封赏情况："嘉庆三年，仁宗睿皇帝位下嬷嬷三名，头嬷嬷孙氏追封温惠夫人，二嬷嬷朱氏追封勤恪夫人，三嬷嬷张氏追封恭顺夫人。恩赐该子嗣骑都尉世职，荫袭三代，各赏住房一所，银一千两，祭田八十晌。修盖坟茔，建立石碑，看坟人由该族中拨出十户，每人给房一间，每月各给一两钱粮米石。妈妈里二名，各赏住房一所，银一千两，祭田八十晌，修盖坟茔，看坟人由该族中拨出十户，共给房五间，无钱粮。"① 嘉庆朝的乳母中首次出现"头嬷嬷"、"二嬷嬷"和"三嬷嬷"的说法，不知是根据乳母的地位，还是其哺乳皇帝的先后次序而定，但从其封赏待遇来看，并没有差异。此处的"妈妈里"即保母，她们没有封号，只是给予经济赏赐和修盖坟茔等待遇。

　　道光帝继位后同样封赏自己的乳保："皇上位下嬷嬷三名、妈妈哩三名。头嬷嬷原苏拉福保之妻晏氏，继子护军德禄；二嬷嬷原内管领福善之妻张氏，长子笔帖式巴哈布，次子闲散人希拉布，四子柏唐阿四格；三嬷嬷原护军立住之妻张氏，长子饭上头目全德，次子牧丁全贵。妈妈哩原披甲人德福之妻朱氏，子披甲人登奎；妈妈哩原苏拉七十四之妻崔氏，已故，子披甲人伯庆；妈妈哩原库使什迦保之妻周氏，当差一年病故，

① 中国第一历史档案馆藏：《内务府奏案》，"嘉庆三年仁宗睿皇帝位下嬷嬷三名封赏清单，嘉庆二十五年十月二十九日，档号：05-0612-010。另据《内务府来文》"为咨催皇帝下乳母温惠夫人孙氏等应得祭祀地亩速即查办报部拨给事致内务府等"（嘉庆四年七月二十九日，档号：05-13-002-001888-0075）载，嘉庆帝的两位妈妈里为王张氏、赵张氏。

孙幼丁库尔。"① 这几位乳保被封赏的情况是:"毋庸施恩头嬷嬷晏氏,二嬷嬷张氏诰封循谨夫人,三嬷嬷张氏诰封静勤夫人",二、三嬷嬷的子嗣也均被赏荫袭骑都尉世职,并各赏住房一所,银一千两,祭田八十晌;妈妈里朱氏、崔氏,各赏住房及银田,妈妈里周氏也"毋庸施恩"②。我们还查到几位乳保所获得住房的具体位置:"安定门内香儿胡同路北住房一所,计三十一间,分赏给二嬷嬷张氏、妈妈哩崔氏等居住;又东直门内金太监寺胡同北住房一所,计三十七间,分赏给三嬷嬷张氏、妈妈哩朱氏等居住"③。头嬷嬷晏氏和妈妈里周氏没有得到封赠和赏赐,从档案所体现的情况来看,晏氏没有亲生子嗣,世职无人承继,大约此时她本人也已去世,因此未得封赠;周氏当差一年即病故,服侍皇帝时间较短,儿子也应已故去,只有幼孙④。两人因此未予封赏。

咸丰十一年十月的《内务府奏案》显示,同治皇帝即位之初,内务府遵旨按咸丰时封赠乳保的成案,对新帝的乳保进行封赠。其中明确指出,道光三十年四月初九日,咸丰帝甫即位,就着手封赠乳母,他将自己的乳母"二嬷嬷谢氏诰封娴敏夫人",谢氏之夫石头恩赐"骑都尉世职,荫袭二次",此外赏给谢氏夫

---

① 中国第一历史档案馆藏:《内务府奏案》,"嘉庆三年仁宗睿皇帝位下嬷嬷三名妈妈哩三名清单",嘉庆二十五年十月二十九日,档号:05-0612-011。此件档案题名有误,内文所述为道光帝乳保。

② 中国第一历史档案馆藏:《内务府呈稿》,"为呈明皇上位下嬷嬷妈妈里等应得恩赐赏银等项事",道光三十年五月十七日,档号:05-08-004-000231-0045。

③ 中国第一历史档案馆藏:《内务府呈稿》,"为分赏给二嬷嬷张氏等安定门内香儿胡同路北住房等处呈明照例开除备案事",道光元年六月初五日,档号:05-08-011-000035-0015。

④ 中国第一历史档案馆藏:《内务府奏案》,"嘉庆三年仁宗睿皇帝位下嬷嬷三名妈妈哩三名清单",嘉庆二十五年十月二十九日,档号:05-0612-011。

妇"住房一所，银一千两，祭田八十晌"；两位保母——妈妈里
马氏和妈妈里金氏，则只赏给相同数量的住房、银两与祭田①。
此外，咸丰时还曾有过嬷嬷陶氏、王氏"因事退出"，嬷嬷廖氏、
李氏"另拨处所当差"，所以未获封赏的情况②。同治帝即位后，
内务府尊先帝成案，奏请将其乳母二嬷嬷潘氏、三嬷嬷王氏，以
及保母妈妈里杨氏、白氏，例行恩赏，大嬷嬷吴氏由于"因病退
出"，没有列入恩赏名单③。可见，服侍皇帝时间短，的确是不
予封赏的原因之一。

以上可见至少到咸丰朝，皇帝仍按先例对乳保进行封赏，其
姓氏也皆有明确记录，且皇帝乳母的封号均为钦定，如道光帝为
其二嬷嬷张氏定封号为"循谨"，三嬷嬷张氏定封号为"静勤"，
且封号都有满汉两种文字④；咸丰帝亦亲自为"二嬷嬷应封清汉
字样奉朱笔圈出娴敏"⑤。同治朝虽对乳保例行赏赐，但未给予
乳母册封。至光绪帝即位，作为同治帝的同辈而继承帝位，我们

---

① 中国第一历史档案馆藏：《内务府奏案》，"奏为皇上位下嬷嬷等恩赏事"，咸
丰十一年十月十五日，档号：05-0810-002。乳母之夫一般亦得赏赐。刘小萌在《清
朝皇帝的保母续考》（《黑龙江民族丛刊》2018 年第 4 期）指出，历代皇帝施恩奶母，
必也泽及奶公及嗣裔。具体到清朝，优礼乳公尚比较节制，赐予世职，一般在三品、
四品之间；并考证了乾隆帝做出的一个重要改变，即谕令将奶公世职由以往"世袭罔
替"改为限定袭次。此外，一份咸丰元年六月的《内务府呈稿》显示，镶黄旗妈妈里马
氏控告原佃户霸种了其被恩赏的位于大兴县的祭田地亩，她很可能正是道光帝的马姓
保母。见中国第一历史档案馆藏：《内务府呈稿》，"为查明镶黄旗妈妈里马氏呈控原佃霸种
恩赏大兴县祭田地亩情形事"，咸丰元年六月初七日，档号：05-08-005-000218-0056。
② 中国第一历史档案馆藏：《内务府呈稿》，"为呈明皇上位下嬷嬷妈妈里等应得恩
赐赏银等项事"，道光三十年五月十七日，档号：05-08-004-000231-0045。
③ 中国第一历史档案馆藏：《内务府呈稿》，"为办理赏给皇上位下嬷嬷妈妈里等应
得住所银两事"，咸丰十一年十月二十四日，档号：05-08-004-000274-0020。
④ 中国第一历史档案馆藏：《内务府来文》，"为抄录皇上位下二嬷嬷张氏三嬷嬷张
氏等应封清汉字样事致内务府"，道光元年正月十八日，档号：05-13-002-000112-
0013。
⑤ 中国第一历史档案馆藏：《内务府来文》，"为皇上位下二嬷嬷封娴敏清汉字样事
致内务府"，道光三十年八月十八日，档号：05-13-002-000186-0134。

尚未见到有关其乳母情况的记载。宣统帝溥仪则在其自传中记述了乳母王焦氏的有关信息①，前述其胞弟溥杰也曾回忆溥仪的乳母叫王二嬷②，应该是"二嬷嬷"，溥仪对其感情深厚，但同样未见她被封赠的记载。

可见，以往研究之所以有清代中后期不再册封皇室乳母的印象，确实是因乾隆朝以后，清朝统治者有意将册封乳母之事从正史中隐去，这些女性所获封赏的情况均深藏于内务府档案之中。事实上，即使清人对有关封赏之事亦未有所闻，如《郎潜纪闻》的作者陈康祺就认为："康、雍而后，纲纪聿新，保姆微劳，膺受渥赉，礼亦宜之，奉圣崇封，必已裁革，宜二百余年罕见纪述也。"他的观点是，以乳保的贡献，得到丰厚的财物赏赐是符合礼仪的，但授予"奉圣夫人"这样的殊荣则有些过头，因此在康、雍之后此制必已遭裁革，因为其后的二百余年再未见到相关记述。而陈康祺恰恰忽略了其书中册封乳母的有关记载转自恽子居的《大云山房杂记》，恽氏明确表述：奉圣夫人之后"多有乳母之封，外廷至不知其姓氏，本朝推恩之厚，家法之肃，具见矣"③。也就是说，康雍之后乳母不是没有封号，而是乳母的封号和姓名不再对外提及，以显示宫廷内外有别、家法严明。恽子居生活在乾嘉年间，对康乾时期制度变革的了解显然超过晚清的陈康祺。从清宫档案所显示的皇帝册封乳母一直延续至咸丰朝来看，清代宫廷的内外隔离确实做得很好，像陈康祺这样曾任职刑

① 爱新觉罗·溥仪：《我的前半生》，第81—85页。
② 溥杰：《清宫会亲见闻》，载中国人民政治协商会议全国委员会文史资料研究委员会编：《晚清宫廷生活见闻》，第43页。
③ （清）陈康祺：《郎潜纪闻二笔》卷1"本朝沿袭奉圣夫人封号"，中华书局，1984，第327页。

部且着意搜求掌故纪闻之人都不得而知①。

表 12 - 1　　　　史料所见清代皇帝乳母姓氏及封号

序号	皇帝	乳母	封号	获封时间	史料来源
1	顺治帝	朴氏	奉圣夫人	康熙十六年七月	清实录
2		叶黑勒氏	佐圣夫人	康熙六十年四月	
3		李（嘉）氏	佑圣夫人		
4		金氏			燕行录
5	康熙帝	瓜尔佳氏	保圣夫人	康熙三十八年闰七月	清实录
6	雍正帝	王氏	顺善夫人	雍正元年或三年 *	清实录、内务府档案 **
7		谢氏	恭勤夫人		
8	乾隆帝	刘氏	安勤夫人	乾隆二十九年十二月 ***	内务府档案。实录仅追溯乾隆元年曾经封赠，无乳母姓氏及封号
9		周氏	温淑夫人（档案记）	乾隆十六年十二月	
10		董氏	温淑夫人（墓碑记）	乾隆元年 ****	
11		陶氏			
12	嘉庆帝	孙氏（头嬷嬷）	温惠夫人	嘉庆三年四月	内务府档案。实录仅记提出封赠，无乳母姓氏及封号
13		朱氏（二嬷嬷）	勤恪夫人		
14		张氏（三嬷嬷）	恭顺夫人		
15	道光帝	晏氏（头嬷嬷）	无（未知原因）		内务府档案
16		张氏（二嬷嬷）	循谨夫人	道光元年正月	
17		张氏（三嬷嬷）	静勤夫人		
18	咸丰帝	谢氏（二嬷嬷）	娴敏夫人	道光三十年八月	内务府档案
19		陶氏	无（因事退出）		
20		廖氏	无（另拨处所）		
		王氏	无（因事退出）		
		李氏	无（另拨处所）		
21	同治帝	吴氏（大嬷嬷）	无（因病退出）		内务府档案
22		潘氏（二嬷嬷）	无		
23		王氏（三嬷嬷）	无		

① 刘小萌《清朝皇帝的保母续考》（《黑龙江民族丛刊》2018 年第 4 期），根据成文于雍正十三年十二月初九日的一份满文奏销档《总管内务府奏请交付内阁编写赏给乳母封号并赏妈妈里之子六十等官职折》指出，乾隆帝继位后便要求以后有关乳母封赠的文书，只可用满文书写，"这意味着，乳母封赠，由此前的国家事务缩小为满洲皇室内部事务"。

续表

序号	皇帝	乳母	封号	获封时间	史料来源
24	光绪帝	未知			
25	宣统帝	王焦氏（王二嫫）	无		自传、回忆录

* 刘小萌《清朝皇帝的保母续考》(《黑龙江民族丛刊》2018 年第 4 期)指出，雍正帝两乳母的获封时间有雍正元年及雍正三年十二月两说。

** 中国第一历史档案馆藏《内务府来文》"为咨催皇帝下乳母温惠夫人孙氏等应得祭祀地亩速即查办报部拨给事致内务府等"(嘉庆四年七月二十九日，档号：05-13-002-001888-0075)中，明确回溯"世宗宪皇帝之乳母顺善夫人王氏、恭勤夫人谢氏坟院于乾隆二年由工部给与银两修理"等事项。

*** 前述安勤夫人刘氏于乾隆二十九年十二月去世，丧仪照乾隆十六年十二月去世的周氏一品夫人例办理，故两位乳母至迟于去世后即获得封号，或至翌年获得。

**** 前述《清高宗实录》卷 1498 记，乾隆帝有乳母在乾隆元年获封赠，但未见乳母姓氏及封号。刘小萌《清朝皇帝的保母续考》(《黑龙江民族丛刊》2018 年第 4 期)据内务府满文奏销档指出，雍正十三年十一月，内务府奏请撰拟封号的乾隆帝乳母为陶氏、董氏。我们认为两人应是乾隆元年获得封赠者。

第三节　皇室乳保的特权及影响力

当皇帝对乳保大加封赏，将其册封为一品夫人、赠予世职和丰厚的财产时，已然改变了乳保及其家人的身份属性，在一定程度上使之跨入旗人社会的上层行列。事实上，清帝对乳保及其家人的照顾远不限于一次性的封赏。前文所述，由于乳保对所乳子女的尽心喂养、抚育和侍奉，使得二者之间建立起深厚的感情和绝对的信任，这种感情和信任给乳保及其家人带来各种特权和利益。

从唐代起，为乳母服缌麻之丧即已进入官方礼志，且为士人所接受①。《元典章》中有三父八母之图，以乳母为八母之一②。《清史稿·礼志》也明确规定应为乳母服缌麻之丧③。尽管缌麻

① 刘琴丽：《论唐代乳母角色地位的新发展》，《兰州学刊》2009 年第 11 期。
② 《辞源》（合订本）"乳母"词条，商务印书馆，1988，第 63 页。
③ 《清史稿》卷 93 "礼志"，第 2728 页。

系"五服"中最轻的服制，却是对乳母与所乳子女之间伦理关系的莫大肯定。清代虽未见皇室子女为自己乳母服丧的记载，但在其他方面体现出其作为晚辈对长辈亲人应尽之礼，这样的做法远远超越了二者之间原本的主仆关系。

本书第六章曾提到，康熙十九年，皇帝听说恪纯长公主病重，"遣乳媪暨亲近侍卫往视。及回，转奏公主之语，不胜感叹"。恪纯公主系康熙帝姑母，因下嫁吴三桂之子而命运悲惨，康熙帝对她的人生际遇深表同情，并对她的生活情况"倦倦注念"，听说公主病重，特派自己的乳母和亲近侍卫前往探望，并命将公主的情况回报①。因系探望长辈女眷，单派侍卫前往显然不合适，晚辈女性也不适合前往，而长辈中若太后前去也不妥当，病重的公主显然无力具礼仪接待，那么皇帝的乳母成为最合适的人选，她既是皇帝亲信之人，又在一定程度上代表了长辈亲人的角色，帮助皇帝起到慰问、联络皇室成员感情的作用。康熙帝将乳保当作长辈看待之事不止一例。《解春集文钞》载，康熙三十八年四月，皇帝南巡途中，"止跸于江宁织造臣曹寅之府"，见到曹寅的母亲孙氏，"色喜，且劳之曰：'此吾家老人也'……书'萱瑞堂'三大字以赐"②。孙氏曾为康熙保母，"吾家老人"和"萱堂"的提法，无疑显示康熙帝将其作为长辈亲人看待。

康熙二十二年，皇帝"率王以下大臣官员"诣孝陵及仁孝、孝昭两位皇后陵前奠酒、举哀后，"复至乳媪奉圣夫人坟前奠酒"③。康熙帝不仅将先帝乳母暨自己的保母附葬皇陵、有司春

---

① 《清圣祖实录》卷90，康熙十九年六月，第4册第1139页。
② （清）冯景：《解春集文钞》卷4"御书萱瑞堂记"，第39页。
③ 《清圣祖实录》卷113，康熙二十二年十二月，第5册第167页。

秋致祭①,而且在祭奠先帝和两位已故皇后的同时,亲自祭奠这
位先乳保。乾隆十六年十二月,皇帝在回銮途中亦赴乳母周嬷嬷
家中祭奠②。皇帝亲往祭奠乳母的行为,很难用"主仆关系"的
框架来解释,只能说明在他们心目中,两位乳母已有类似于家庭
长辈的地位。皇帝对于乳母如此尊重,使得乳母在自己家族中的
身份和地位发生重大改变。刘小萌的研究指出,顺治帝的乳母朴
氏死后,其丈夫随她附葬孝陵近地,朴氏甚至成为其家族的始迁
祖,这在汉人葬俗中是不可想象的,即使在满人中,就其研究所
见,女性被奉为始迁祖者,也仅朴氏一例③,足以说明与皇帝的
关系给女性身份带来的巨大改变。

对于乳保的家人,除有些给予世职之外,皇帝还尽力多加
呵护、照顾。如乾隆五年闰六月,海保犯侵贪国帑之重罪,但
皇帝念其母曾经作为世宗皇帝的乳母,令海保之子承袭其世
职,已经入官的家产也被酌量赏回④。乾隆十七年十二月,内
务府遵旨粘补周嬷嬷、耿妈妈、王妈妈的坟茔,3位女性正是
乾隆帝的乳保,内务府奉旨修补其坟茔之外,还调查了3位嬷
嬷、妈妈子嗣的生活情况。周嬷嬷之子每年有固定的200两银
子收入,系属乳母之子有世职封赠,另外两位妈妈的后代只受
到遇有合适"缺出"优先"坐补"的照顾。皇帝还令内务府帮

---

① 刘小萌:《清朝皇帝与保母》,《北京社会科学》2004年第3期。
② 中国第一历史档案馆藏:《军机处满文档簿》,"为朕本月初五日赴雍和宫次日赴
静安庄回銮途中赴周嬷嬷家致奠幸固伦公主府邸事",乾隆十六年十二月初三日,档号:
03-18-009-000008-0004-0160。
③ 刘小萌:《清朝皇帝与保母》,《北京社会科学》2004年第3期。
④ 中国第一历史档案馆藏:《军机处满文档簿》,"为海保侵贪国帑身犯重罪念伊母
奉乳世宗皇帝其世职著伊子承袭入官家产酌量赏给事",乾隆五年闰六月十四日,档号:
03-18-009-000005-0002-0056。

助乳保之子还清了他们所欠的 450 两银子债务，给予他们切实的关怀和帮助①。乾隆帝又特别安排周嬷嬷之孙福龄入咸安宫官学读书②。皇帝对乳母本人的尊敬和对其家人的照顾，与《红楼梦》中所述很相似：王熙凤对丈夫贾琏的乳母赵嬷嬷恭敬有加，称贾琏为"你从小儿奶的儿子"，称赵嬷嬷的亲生子为"两个奶哥哥"，并设法帮助"两个奶哥哥"谋到差事③，反映出旗人家庭对乳母与其子女之间亲人关系的肯定和认同。

乳母与皇子女的伦理关系，在清朝中后期选秀制度的变革上也有体现。乾隆七年八月，皇帝下令："嗣后挑选秀女，遇有皇太后、皇后之姊妹，亲弟兄之女，亲姊妹之女记名者，著户部奏闻，彻（撤）去记名。"④ 即皇太后、皇后的亲姐妹、侄女及外甥女皆不必备选秀女。至嘉庆五年，又将此范围扩大到"嗣后自嫔以上，其亲姊妹，著加恩不必备挑"⑤。嘉庆帝解释这一做法的原因是后妃之姊妹挑选秀女"于体制殊有未协"。满族一向有姑侄姐妹同嫁一夫的习俗，乾嘉之前后宫不乏姐妹共为妃嫔的例子⑥，这样的政策变化反映出清代皇帝受汉文化影响逐步加深，开始重视宫廷内部的伦理关系。同在嘉庆五年，皇帝下令"嗣后嬷嬷亲生女不必入选（秀女）"⑦。《内务府奏案》记载了此谕旨形

① 中国第一历史档案馆藏：《内务府奏案》，"奏为查得周嬷嬷等坟茔并伊子侄现有房地各缘由事"，乾隆十七年十二月二十七日，档号：05-0125-023。
② 中国第一历史档案馆藏：《军机处满文档簿》，"为周嬷嬷之孙福龄著入咸安宫读书事"，乾隆十七年三月初六日，档号：03-18-009-000009-0001-0056。
③ （清）曹雪芹著，程伟元、高鹗整理：《红楼梦》，第 207-212 页。
④ 《清高宗实录》卷 172，乾隆七年八月，第 11 册第 192 页。
⑤ 《清仁宗实录》卷 76，嘉庆五年十一月，第 28 册 1030 页。
⑥ 如康熙朝三任皇后都有亲姊妹在宫中为妃嫔，参见《清史稿·后妃传》。
⑦ 《内务府则例（第二种）·会计司·挑选女子》，载《故宫珍本丛刊·钦定总管内务府现行则例二种》，第 283 页。

成的过程，当时内务府大臣查称，"高宗纯皇帝下嬷嬷刘索住等之女，向不入选，但奉行已久，自非无据。究系何年奉旨之处，实无案可稽。今皇上下嬷嬷他思哈等之女，或照例挑选，抑或遵照向年不入选之例办理之处，出自皇上天恩，臣等未敢擅便"，故而请旨。嘉庆帝下旨"嗣后嬷嬷亲生女不必备选"①。可见从乾隆帝开始，已令乳母之女不用备选入宫，且属"奉行已久"。嘉庆帝以谕令的形式确认此后嬷嬷之女不再备选，是将乳母之女与妃嫔之姊妹等归入同一群体，与其说这是给予乳母家庭的照顾，不如说清帝认为乳母之女与妃嫔之姊妹等一样，将其选做秀女是有悖伦理的做法。尽管嘉庆帝出于各种考量，在 7 年之后恢复了后妃姊妹等参选秀女（详见本书第一章），但乳母之女却从嘉庆五年之后即不再参选。

　　以上特权，使得乳保及其家庭具有了一定的身份地位，他们也积极利用这一优势来扩大自身的影响力，获取政治和经济方面的种种利益。本书第七章提到，公主的乳保在其婚后成为"管家婆"，通过控制公主与额驸见面而谋取利益。清代规定，公主格格出嫁，"带乳媪、乳公听便"②。乳母即利用与公主的亲密关系及公主的信任，影响公主的婚姻。此处的"乳公"即乳母的丈夫，又称"奶公"，常常与妻子一同为皇室效力，档案中一般以"乳母夫妇"称之，如公主诞育子嗣，皇帝的赏赐清单里常有赏给"乳母夫妇一对"的说法③。

―――――――――

①　中国第一历史档案馆藏：《内务府奏案》，"奏为皇帝下嬷嬷他思哈等女儿应否入选事"，嘉庆五年十一月二十六日，档号：05-0485-038。刘小萌在《清朝皇帝的保母续考》（《黑龙江民族丛刊》2018 年第 4 期）中指出：清宫诸乳母中，朴氏一家女孩首先获得特旨不参选秀女。

②　《清世祖实录》卷 67，顺治九年八月，第 3 册第 524 页。

③　如中国第一历史档案馆藏：《内务府奏案》，"呈为遵旨赏给乳母物件事"，嘉庆十年正月十七日，档号：05-0513-007；"奏为庄敬和硕公主遇喜生女照例赏赐事"，嘉庆十年三月二十八日，档号：05-0514-025。

夫妇二人往往成为皇子女身边最为信任之人。康熙帝曾经指责皇八子胤禩听信其乳母之夫雅齐布的谗言而擅自"痛责"御史，雅齐布被充发之后，胤禩"因此怨朕"①。从康熙帝的角度而言，胤禩受乳母之夫的影响要远远大于作为父亲的他本人。康熙帝屡次告诫皇子们不要受"乳公"的影响，如四十七年六月，巡幸塞外的康熙帝在回复留京诸皇子的请安折内批示："朕所在处出力之事多，尔等留家诸阿哥之奶公、男童，历年无效力之处，无事闲居，干涉诸务，与其在家闲适，不若来此出力"②。为防止这些"无事闲居"的"奶公"在阿哥府中"干涉诸务"，遂将其调往御前出力，以减少其对皇子的影响。其后，康熙帝再次强调"尔等护卫官员、乳母之夫并随从人等，多系下贱无知之人，必有各为其主，在外肆行者"③。可见乳母之夫在皇子储位争夺的活动中十分活跃。康熙帝废黜太子胤礽时所宣布的罪状中，就有胤礽乳母之夫凌普，凭借系太子的乳公而担任内务府总管，但他"贪婪巨富"，导致"包衣下人无不怨恨"④。康熙帝一方面承认乳母夫妇"各为其主"，另一方面也认识到他们凭借自己的特殊身份，不仅聚敛钱财，而且成为皇权斗争中的一股力量。

康熙朝以后，由于储位继承制度的改革，不再有乳公对皇子行为施加影响的记载，但乳母夫妇敛财的行为仍是存在的。乾隆五年有奏折称，河南安阳某县有人企图复开早已责令关停的煤窑而到京城钻营，找到"诚亲王嬷嬷之子赵七，并议定谢银一

---

① 《清圣祖实录》卷 235，康熙四十七年十月，第 6 册第 347 页。
② "胤祉等奏报遣诸阿哥之奶公男童起行折"，康熙四十七年六月十四日，载中国第一历史档案馆编：《康熙朝满文朱批奏折全译》，第 581 页。
③ 《清圣祖实录》卷 234，康熙四十七年九月，第 6 册第 343 页。
④ 同上书，第 6 册第 336、343 页。

千五百两"①。可见,乳保家庭一旦与皇室沾上关系,在地方百姓眼中即代表着至高无上的权力,这种关系就很容易转化为利益。

当然,并非所有的乳保都只想着为自己家族谋利,其中不乏深明大义者。康熙朝大臣噶礼之母曾是康熙帝的保母,在康熙年间著名的"督抚互参案"里,时任江苏巡抚的张伯行和两江总督噶礼彼此争斗。《啸亭杂录》载,康熙皇帝原本因替张伯行请命之人太多,以为其沽名,心生厌恶,一次偶遇噶礼之母,后者"乃言其子贪状,且言张之冤谴"。康熙帝认为"'其母尚耻其行,其罪不容诛矣!'因置礼于法,而复起用张公"。噶礼母指认亲子的罪状,其言辞可以作为皇帝判断是非的依据,说明保母在皇帝心中的分量和信任。不过,噶礼之母后来生活困顿,族人反而怨其是家族不幸之源,即所谓"噶礼之母,为祸之祖"②。可见,乳保若不利用自身的地位为家族谋利益,不管其行为正义与否,都很难为家族所认可。

总之,乳保作为宫廷下层女性,以牺牲常人的母子亲情为代价,在宫廷中哺育、抚养皇室子女,并与之建立起亲密和信任的关系。所哺育的皇子一旦登基,乳保会得到相应的封赏和政治地位:"一品夫人"的身份使得乳母从下层仆妇一跃进入八旗上层;乳母家族也常会因得到世职等待遇从而改变其社会地位。乳保及其家人还凭借其特殊的身份积极谋取政治和经济利益,他们一方面参与皇族事务,在皇子女的日常生活与政治活动中发挥影响,另一方面努力将与皇室的关系转化为利益之源,以致成为受到皇帝着意打压的一股势力。

---

① 《清高宗实录》卷117,乾隆五年五月,第10册第717页。
② (清)昭梿:《啸亭杂录》卷10,第354页。

第十三章

宫廷中的差务妇人——以"妈妈里""姥姥"为例

除乳保外，清代宫廷中还存在各种名目的差务妇人，她们和乳保一样，都是已婚的年长妇女，负责宫内各项杂事，有负责洗衣、烧火、做饭等事的"水上妈妈里"和"灯火妈妈里"，有负责为后妃接生等事的"姥姥"，以及因临时任务而随时入宫当差的其他内管领下妇人，等等。她们由于地位低微，史料少有记载，内务府档案也仅有一些零星散碎的记录，本章拟以"妈妈里"和"姥姥"为例，试图梳理此类仆妇的遴选方式、宫廷职责和相关待遇。

第一节 名目繁多的"妈妈里"

上章提到，皇室的保母也可称为"妈妈里"，皇帝即位后除对乳母进行封赏外，也对曾担任自己保母的"妈妈里"进行赏赐。但是，妈妈里不仅仅指贴身照顾皇子女的仆妇，也不仅仅服务于皇子女，宫内有从事各种工作的妈妈里，且妃嫔位下也有妈妈里当差。

《内务府则例》中有"承应各项差务妇人"一条，记录了清宫中使用的部分差务妇人情况：

> 康熙六十一年十二月奉旨，内管领下当差妇人，殊为可悯，从前皇考雨水之时，怜悯此等妇人，曾降谕旨饭上妇人停往畅春园住班，况且内庭诸事俱有太监，除阿穆逊成造衣服，及妃母前行走水上妇人，并各处看守妈妈里等外，其余别项差务应留应革之处，著恒亲王、淳郡王、内务府总管、总管太监等详议具奏……续据恒亲王等会议奏准，阿穆逊成造衣服、靴袜、荷包、结子妇人并各处看守妈妈里等仍行存留外，其茶饭及果上妇人停其在内行走，将名数存记，用时仍行传唤，缺出令内管领等呈明补放。再，做鞍坐、甲面、刴皮、纺线等项妇人亦应存留，其余抬水、拣米等项妇人俱行裁革。茶饭房所用之水交总管太监，除派太监抬送，茶饭房晚间看守金银器皿妇人之缺，即交本处太监看守……乾隆二十四年二月奏准，查三十管领下官员、柏唐阿、兵丁、匠役妇人内，除圆明园等处当差兵丁等妇人并年老废疾，及宫内换出女子不当差外，其余应当差妇人内尚有不当差妇人，酌量伊等夫男所食俸饷多寡，每名每月扣银一钱至三钱不等，帮贴不支钱粮米石饭钱之当差妇人饭食之用，今将各项食钱粮米石并支领饭钱，及不食钱粮饭钱当差妇人，逐一分晰于后。[①]

可见，宫廷之内各类杂事，需要许多旗人妇女的劳动参与，

----

① 《内务府则例（第二种）·掌关防管理内管领事处·承应各项差务妇人》，载《故宫珍本丛刊·钦定总管内务府现行则例二种》，第296—297页。

这段史料中就提到饭上妇人，水上妇人，果上妇人，看守妈妈里，成造衣服、鞋袜等妇人，做鞍坐、纺线等妇人，抬水、拣米等妇人，等等，名目繁多。有些"妇人"与"妈妈里（哩）"的含义等同，如"水上妇人"也被称为"水上妈妈里"，"饭上妇人"也被称为"饭（锅）上妈妈里"，等等。她们都是在宫内长期服役的仆妇群体，其工作主要围绕皇室成员进行，详见下文论述。此处需要指出的是，有些"妇人"是宫内专项手工劳作的从事者，如"成造衣服、靴袜、荷包、结子妇人"，"做鞍坐、甲面、别皮、纺线等项妇人"，其职责与皇室成员无直接关系。另外，还有一些临时入宫应役的妇人，也都出自内管领下，康熙十六年八月的上谕说："著内务府总管传与二十家内管领：宫内一应服役行走女人，凡有事进宫，公事毕即应出外，不许久停闲坐，将外间事入内传说，并窃听宫内事往外传说。"① 这类往来穿梭于宫廷内外的差务妇人，不是长期在宫廷承差，暂不属本章讨论的范畴。

妈妈里的名目繁多，杨永占在《清宫中的姥姥、嬷嬷、妈妈里》一文中指出，有"锅上妈妈里、水上妈妈里、看灯火妈妈里、如意妈妈里、长房妈妈里、推揉妈妈里等。她们的领头人满语称精奇尼妈妈里"②。就我们所见的史料中，精奇尼（呢）妈妈里、水上妈妈里和灯火妈妈里最为常见。溥杰在回忆醇亲王府的生活时称："妈妈，当时也叫做'妇差'，她们在王府中也有地位的高下。在我祖母处，有'当上差'的三四名，其余则是干缝、洗、生火以及其他的体力劳作。我父亲处有他的自幼的'看

---

① （清）鄂尔泰、张廷玉等编纂：《国朝宫史》卷 2 "训谕二"，第 6 页。

② 杨永占：《清宫中的姥姥、嬷嬷、妈妈里》，《中国档案报》2002 年 6 月 14 日。

妈'（我们呼她为'老妈'，表示与一般的'妇差'不同）和干杂活的约三名。我母亲处有'陪奉'以下的'妇差'四五名。我们小孩子每个人都有'精奇'、'水上'和'嬷嬷'各一名。'精奇'是满族语言，即看妈，地位最高，工资亦较高。'水上'又叫'水妈'，专门担任生火、烧水、洗衣、作饭等事，工资最少，地位最下而受累最多。"① 可见妈妈里的称谓是以其职责分工而定。"锅上"或"饭上"、"水上"妈妈里负责生火、做饭、烧水等事，《国朝宫史》载，康熙十八年皇帝在上谕中强调"宫内各处灯火最为紧要。凡有火之处，必着人看守，不许一时少人"②，则"（看）灯火妈妈里"很可能是此类专门负责看守灯火的妇人。《清文总汇》卷十释"精奇尼"为"正副之正""正项之正"③，"精奇尼妈妈"即上等仆妇，地位高于"水上""灯火"等妈妈，即溥杰所说工资最高的"看妈"，是妈妈里中的首领。道光二十四年十月的一份内务府档案显示，八公主下的灯火妈妈里那氏被放为精奇尼妈妈里④，可见妈妈里的岗位之间也存在上下流动，表现好的灯火妈妈里可以"升职"为精奇尼妈妈里。而灯火、水上等妈妈里则可以从"兆祥所妈妈里"中挑选。

　　"兆祥所妈妈里"负责的差务较杂，乾隆三十九年的一份《内务府奏案》指出，"兆祥所住妈妈里额系二十名，详查伊等承应之差，除挑选秀女、女子、嬷嬷，令其带领拣果妇人照看，暨

---

① 溥杰：《回忆醇亲王府的生活》，载中国人民政治协商会议全国委员会文史资料研究委员会编：《晚清宫廷生活见闻》，第 240 页。

② （清）鄂尔泰、张廷玉等编纂：《国朝宫史》卷 2 "训谕二"，第 7 页。

③ 杨乃济：《紫禁城行走漫笔》，第 286 页。

④ 中国第一历史档案馆藏：《内务府来文》，"为八公主下灯火妈妈里正白旗原幼丁五伢之妻那氏放为精奇呢妈妈里每月得给钱粮米食及每日吃食事"，道光二十四年十月初六日，档号：05-13-002-000687-0097。

在内女子疾病调养等差，亦系伊等照管"①。可见每逢挑选秀女、宫女和嬷嬷妈妈时，兆祥所妈妈里负责协助挑选。前述嘉庆十年挑选乳母的奏折就显示："凡挑选嬷嬷，由该管领详细查看新生子女者，送进敬事房，传兆祥所妈妈里查验后，择其乳食充足者送交阿哥下妈妈里，再行选择。"② 即兆祥所妈妈里要负责近身查验乳母，包括其样貌体态、体味、乳汁质量等等，这些工作是其他人都无法胜任的，只能由年长的妈妈里负责。宫女如果生病暂时不能工作，也由兆祥所妈妈里负责照料、调养。此外，兆祥所妈妈里还有一个重要任务，"其余平素令其演习礼仪，以备挑选阿哥、公主、格格下灯火、水上妈妈里之用"③，即作为阿哥、公主等位下妈妈里的后备人选。由于她们在宫中日久，熟悉掌握一切规矩礼仪，一旦以上职位空缺即可随时填补，围绕皇室人员服务。如此，形成一条类似逐级晋升的链条：兆祥所妈妈里—灯火、水上等妈妈里—精奇尼妈妈里。

杨永占文提到的"长房妈妈里"和"推揉妈妈里"，我们在汉文档案中尚未见到，或许在满文档案中有所表述。"如意妈妈里"的记载，目前我们只在同光年间的档案中有所发现，且皆在两位皇太后宫中当差。同治十二年底，慈安太后的钟粹宫中，有如意妈妈正白旗原匠役常寿之妻因病退出④。光绪三年五月，

① 中国第一历史档案馆藏：《内务府奏案》，"奏为兆祥所妈妈里俟出缺陆续裁减事"，乾隆三十九年四月初二日，档号：05-0314-024。

② 中国第一历史档案馆藏：《内务府奏案》，"奏报内管领德禄选进四阿哥嬷嬷缺乳将其议处事"，嘉庆十年四月二十四日，档号：05-0514-070。

③ 中国第一历史档案馆藏：《内务府奏案》，"奏为兆祥所妈妈里俟出缺陆续裁减事"，乾隆三十九年四月初二日，档号：05-0314-024。

④ 中国第一历史档案馆藏：《内务府来文》，"为钟粹宫如意妈妈正白旗原匠役常寿之妻因病退出每月所食钱粮米毋庸止退事"，同治十二年十二月初六日，档号：05-13-002-000826-0200。

慈禧太后的长春宫内，新添两名如意妈妈赵氏和曹氏①。光绪十八年六月，慈禧太后储秀宫内的如意妈妈任氏，因在外久病被止退钱粮②。光绪二十八年四月，同样在储秀宫当差的如意妈妈杨氏，因自二十六年七月内乱后便不知去向，也被止退钱粮口分③。但"如意妈妈"是否只是服侍太后的妈妈里之美名，还是有什么特殊的职责，受史料所限目前很难判定。

上一章提到清帝为皇子女挑选"会清语者"担任保母，以促进其满语学习。事实上，"清语妈妈里"不限于皇子女的保母，后妃宫中也有此类妈妈里，由于多选自关外，也被称为"关东妈妈里"。如道光十一年九月，新补放的吉林将军奉旨到任后，"将三十岁以外四十岁以内，熟习清语孀妇拣选二名，差人送交内务府交进当差"。次年三月，吉林将军将拣选的两名孀妇送至京城，"当经将送到会清语妇人二名交进敬事房讫"，而原先当差的钟粹宫关东妈妈里一名、翊坤宫关东妈妈里一名则被遣出宫去送回原籍，由新挑选的两名妈妈里接任④。可知后妃身边服侍的妈妈里也需要会清语者。除钟粹宫、翊坤宫外，我们还见到道光年间延禧宫、咸福宫、永和宫，以及皇太后的寿康宫都有关东妈妈里服

① 中国第一历史档案馆藏：《内务府来文》，"为长春宫下新添如意妈妈赵氏曹氏照例行给口分事"，光绪三年五月二十四日，档号：05-13-002-000843-0133。

② 中国第一历史档案馆藏：《内务府来文》，"为储秀宫下如意妈妈任氏因在外久病止退钱粮米事"，光绪十八年六月初七日，档号：05-13-002-000917-0077。

③ 中国第一历史档案馆藏：《内务府来文》，"为储秀宫下如意妈妈杨氏不知去向止退钱粮口分事"，光绪二十八年四月十二日，档号：05-13-002-000959-0129。

④ 中国第一历史档案馆藏：《内务府呈稿》，"为查明送到清语妈妈里及宫内退出清语妈妈里需用车脚盘费银两事"，道光十二年四月初七日，档号：05-08-005-000151-0004。

侍的记载①。可见，清帝试图在整个宫廷中营造一个满语氛围。

招募清语妈妈里并非易事，随着入关后满人受汉文化影响日深，其满语水平逐步退化，关内难以找到"熟习清语"的妇人，因此才去关外寻找，但关外也逐渐难以觅得，乾隆初年时已然如此：

> 乾隆九年六月初九日，奉清字谕旨，盛京佐领七十具奏该处并无会说清语妇人一折，著交总管内务府大臣照原寄将军额尔图，谕旨寄知打牲处黑龙江等因，钦此……乾隆九年六月，既经奉旨，盛京并无会清语之妇人，著另行寄知打牲处黑龙江选送。此旨以前，尚有令盛京选送会清语妇人之旨，惟历年久远，奴才衙门档案不全，无从检查。至此项妇人，查得系专为在内教清语而设，每年皇后致祭先蚕坛，所有典仪唱乐赞引等项差使，向虽令伊等唱赞，例内并无明文，不知始自何年，而内务府三旗女官例应预备此项差使。②

该奏折进一步确定，遴选清语妇人入宫的目的，"专为在内教清语而设"，虽然也有参与亲蚕礼之类的典仪活动，但该任务应该属于"内务府三旗女官"之责，因此乾隆朝以后入宫的"关东妈妈里"主要职责就是教授皇室成员满语。

尽管妈妈里名目繁多，但从史料所反映的情况来看，在皇室

---

① 中国第一历史档案馆藏：《内务府来文》，"为钟粹等宫妈妈里退出将伊等所食吃食更与新添镶白等旗满洲原护军七十三之妻蒙古索氏等食用事"，道光十九年九月十二日，档号：05-13-002-000663-0037；《内务府呈稿》，"为办理永和宫关东妈妈里陶氏因病出宫回籍事"，道光二十年正月二十四日，档号：05-08-005-000182-0002；《内务府呈稿》，"为办理寿康宫关东妈妈里索氏出宫回原籍事"，道光三十年十二月十四日，档号：05-08-005-000216-0047。

② 中国第一历史档案馆藏：《内务府呈稿》，"为奏准宫内现有会说清语妇人退回原籍事"，嘉庆二十三年六月二十八日，档号：05-08-005-000089-0023。

成员身边服侍的主要是精奇尼、灯火和水上三种妈妈里。如嘉庆
二十五年六月，皇帝下令将同母弟庆亲王永璘之女五格格接入宫
中抚养，五格格入宫时随带"熟习老成跟随妈妈哩两名，灯火妈
妈哩一名、水上妈妈哩一名"①。熟习老成的跟随妈妈里，一般
即指精奇尼妈妈里，详见后文论述。道光六年四月初七，内务府
总管为四公主下新添妈妈里二名、灯火妈妈里二名、水上妈妈里
二名②。光绪元年正月，荣安固伦公主下有精奇尼、灯火、水上
妈妈里共九名③。这些情况与溥杰所称王府中妈妈里的设置大体
相符。后妃位下妈妈里的具体分工设置信息较少，往往只有人数
而已，如嘉庆十九年的内廷宫分清单显示，"皇后下女子十人，
诚贵妃下女子八人，如妃下女子六人，惇嫔下女子六人……妈妈
里三人"④，道光二十八年的宫分清单显示："皇太后下女子十二
人，妈妈里四人"⑤。只有个别史料，如道光十七年二月的一则
内务府档案提到，翊坤宫有一名灯火妈妈里转至咸福宫当差⑥，
还有前文所述后妃身边也有关东妈妈里等，可以大体推测后妃位
下的妈妈里设置与皇子女没有太大差别。

---

①　中国第一历史档案馆藏：《内务府奏案》，"奏为绵恺在内读书并五格格在宫内抚
养随从妈妈名数事"，嘉庆二十五年六月二十七日，档号：05-0609-077。

②　中国第一历史档案馆藏：《内务府来文》，"为四公主下新添妈妈里人等每月行给
钱粮米食事"，道光六年四月初七日，档号：05-13-002-000609-0008。

③　中国第一历史档案馆藏：《内务府来文》，"为荣安固伦公主下精奇呢嬷嬷灯火水
上妈妈里九名披甲人明庆之妻王氏等每月所食钱粮米毋用另行止退事"，光绪元年正月十
四日，档号：05-13-002-000831-0022。

④　《内务府奏销档》，"奏呈拟备本年恭进皇后及内庭主位等缎绸各项数目清单折"，
嘉庆十九年十月十九日，第177册192-194页。

⑤　中国第一历史档案馆藏：《内务府奏案》，"呈皇太后及内庭主位等宫分缎绸貂皮
数目清单"，道光二十八年十一月二十二日，档号：05-0761-069。

⑥　中国第一历史档案馆藏：《内务府来文》，"为传知翊坤宫灯火妈妈里镶黄旗苏拉德
寿之妻郭氏今给咸福宫当差事"，道光十七年二月十一日，档号：05-13-002-000654-
0037。

第二节　妈妈里的遴选与待遇

关于妈妈里的遴选标准，史无明载，但从对具体事例的爬梳中可以看出遴选的主要标准为无家室牵挂的中年妇女，即史料中所谓的"无子嗣孀妇"。如乾隆元年，崇庆皇太后使唤的妈妈里均为"包衣浑托霍下无子嗣、毫无挂碍、四十岁以外、五十岁以内之孀妇妈妈里四人"，且均系太后亲自挑选。道光帝即位后，也谕令照此例为当朝太后挑选妈妈里，内务府奏报："今奴才等仍照前例，奏请给圣母皇太后系给孀妇妈妈里四人使唤，照例传与包衣昂邦挑选，俟将人送来时奴才等带至太后前挑选。"① 可见，妈妈里须是年龄 40 至 50 岁的无子嗣孀妇。从我们所见史料来看，妈妈里基本都符合这个标准。如内务府一份嘉庆二十五年的妈妈里清单显示了 4 名妈妈里的具体信息："精奇呢妈妈二名，镶蓝旗包衣勤太管领下拜唐阿玉成之嫂，苏门张氏，年五十岁；镶蓝旗包衣吉德管领下苏拉夬业之母，尚门郭氏，年四十九岁。灯火妈妈一名，镶蓝旗包衣五福佐领下苏拉保祥之母，金门刘氏，年五十六岁。水上妈妈一名，镶蓝旗包衣五福佐领下苏拉福宁之嫂，王门孙氏，年五十五岁。"② 4 名妈妈里都是四五十岁的妇女，虽然有两名超过五十岁，但她们并非新任的妈妈里，可能

① 中国第一历史档案馆藏：《内务府来文》，"为奏请挑选圣母皇太后使唤孀妇妈妈里并伊等应行吃食分例宫分俱照官女子之例赏给事"，嘉庆二十五年十月初六日，档号：05-13-002-000582-0060。
② 中国第一历史档案馆藏：《内务府奏案》，"呈随从妈妈名数清单"，嘉庆二十五年六月二十七日，档号：05-0609-078。

服侍有年，挑选时应该并未超龄。需要指出的是，4 名妈妈里中的 2 人有儿子，似乎不符合"无子嗣"孀妇的要求。不过，综合史料来看，遴选妈妈里时所要求的"无子嗣、毫无挂碍"，强调的是在挑选时没有年幼的子女在身边挂碍，子嗣已经成年者是符合标准的，并非绝对地要求没有生育过子女。这也是为何妈妈里要挑选四五十岁的中年孀妇，因为到了这个年龄，多数女性的子女都已成年。当然也有特例，如嘉庆二十五年备选的饭上妈妈里福德之妻李氏，自称为谋衣食情愿进内当差，但进宫后恋女情切，说育有二女，导致挑选之初未能详查的内管领扬兴阿及副内管领均受到惩罚①。李氏的两个女儿很可能尚未成年、婚嫁，致使她惦念女儿、不能安心在宫内服役，也反映出挑选妈妈里之所以要求"毫无挂碍"的根本原因。

太后使唤的妈妈里出自"包衣浑托霍"下，即属于管领下妇人②，但从档案反映的情况看，清宫妈妈里既有出自内管领下妇人（如嘉庆朝二阿哥下水上妈妈里一名系正白旗郭升阿管领下原护军得祥之妻陶门徐氏③，道光朝九阿哥下灯火妈妈里一名系镶黄旗松龄管领下原护军福明之妻张氏④，四公主下水上妈妈里一名系正白旗保常管领下苏拉套儿之妻王氏，因病退出宫后，新挑

---

① 中国第一历史档案馆藏：《内务府奏案》，"奏为挑选备差妈妈有误将内管领扬兴阿等治罪事"，嘉庆二十五年十一月初一日，档号：05-0612-021。

② 有关"浑托霍（和）"与管领的关系，参见定宜庄、邱源媛：《清初"浑托和"考释》，《燕京学报》（新 28 期），北京大学出版社，2010。

③ 中国第一历史档案馆藏：《内务府来文》，"为二阿哥下新挑得水上妈妈里正白旗原护军得祥之妻陶门徐氏照例行给钱粮米食事"，嘉庆十三年四月初七日，档号：05-13-002-000539-0005。

④ 中国第一历史档案馆藏：《内务府来文》，"为九阿哥下灯火妈妈里一名系镶黄旗原护军福明之妻张氏因病退出将伊母每月所食钱粮米止退事"，道光二十八年七月初十日，档号：05-13-002-000178-0125。

水上妈妈里系镶黄旗扬兴阿管领下苏拉常兴之妻李氏①），也有出自外八旗管领下妇人（如上文嘉庆二十五年的 4 位妈妈里清单，皆出自镶蓝旗）。由于嘉庆二十五年档案只是罗列妈妈里清单，并未做其他说明，但档案日期与前述五格格入宫随从妈妈名数一件相同，且档号相连，因此应系五格格由王府带入宫中的妈妈里，不出自内三旗也属情理之中。

还有的妈妈里并非出自管领下，而出自佐领下。如同治十三年在内殿当差的两名精奇尼妈妈里，一名系正黄旗三保管领下原幼丁保智之妻赵氏，另一名则是正红旗蒙古文福佐领下原笔帖式何明之妻安氏②。此外，关东妈妈里也多出自佐领下。如道光朝在寿康宫当差的一名关东妈妈里系正白旗巴拉经阿佐领下原护军七十三之妻索氏③；咸丰朝在储秀宫当差的一名关东妈妈里系镶黄旗德永佐领下原苏拉长山之妻孀妇呢吗齐氏④；道光十九年正月，承乾宫的关东妈妈里赵氏病故，系吉林正红旗花良阿佐领下原苏拉凌扬保之妻伊尔根觉罗氏⑤；咸丰五年十一月寿康宫一名关东妈妈里出宫，系镶白旗满洲阿克敦佐领下原披甲人得昌之妻

---

① 中国第一历史档案馆藏：《内务府来文》，"为四公主下水上妈妈里正白旗王氏因病退出所食米石更与新挑得水上妈妈里李氏食用事"，道光九年六月二十七日，档号：05-13-002-000622-0193。

② 中国第一历史档案馆藏：《内务府来文》，"为传知内殿新添二嬷嬷民役志生之妻刘氏等应行给钱粮米食事"，同治十三年十二月初八日，档号：05-13-002-000830-0092。

③ 中国第一历史档案馆藏：《内务府呈稿》，"为办理寿康宫奉旨出宫关东妈妈里索氏随同便人回原籍等项事"，道光三十年十二月十八日，档号：05-08-005-000216-0058。

④ 中国第一历史档案馆藏：《内务府呈稿》，"为办理退出宫去妈妈里呢吗齐氏情愿同其侄披甲人全福回籍事"，咸丰七年九月初四日，档号：05-08-005-000233-0005。

⑤ 中国第一历史档案馆藏：《内务府呈稿》，"为办理甲兵高良接取承乾宫病故关东妈妈里赵氏灵柩回籍等项事"，道光二十年二月二十一日，档号：05-08-005-000182-0014。

伊拉拉氏①。这应当与"清语妈妈里"的特殊属性有关，有的需要在关外进行遴选。此外上一章提到乾隆三十九年皇帝谕令："嗣后挑选照看阿哥等妈妈，著在京居住东三省侍卫官员妻室内会清语者挑选。"② 特殊的遴选标准和范围自然使得"清语妈妈里"与其他妈妈里出身有所不同。

妈妈里在宫廷中的待遇于《内务府则例》中有所记载："雍正七年十月奉旨，阿哥、公主等之嬷嬷、妈妈里……每月赏给银二两，白米二斛。看灯火妈妈里赏给银一两，白米一斛半"③。从档案所反映的情况看，一般精奇尼妈妈里每月有二两钱粮待遇，其他灯火、水上等妈妈里则为一两钱粮。如同治十三年十二月，内殿新添精奇尼妈妈里二名，一名系安氏，每月行给二两五钱钱粮米食，一名系赵氏，每月行给二两钱粮米食④。光绪元年正月，荣安固伦公主下有 9 名妈妈里，其中 5 名精奇尼妈妈每名每月给二两钱粮米，4 名灯火、水上妈妈里每名每月给一两钱粮米⑤。道光六年四月，四公主下新添妈妈里 6 名，其中 2 名"每名每月行给二两钱粮米食"，应系精奇尼妈妈里，其余灯火及水上妈妈里各 2

---

① 中国第一历史档案馆藏：《内务府呈稿》，"为办理寿康宫出宫镶白旗关东妈妈里依拉拉氏返回原籍事"，咸丰五年十一月初七日，档号：05-08-005-000229-0036。

② 《内务府则例（第二种）·会计司·挑选嬷嬷妈妈里》，载《故宫珍本丛刊·钦定总管内务府现行则例二种》，第 287 页。

③ 同上。

④ 中国第一历史档案馆藏：《内务府来文》，"为传知内殿新添二嬷嬷民役志生之妻刘氏等应行给钱粮米食事"，同治十三年十二月初八日，档号：05-13-002-000830-0092。

⑤ 中国第一历史档案馆藏：《内务府来文》，"为荣安固伦公主下精奇呢嬷嬷灯火水上妈妈里九名披甲人明庆之妻王氏等每月所食钱粮米毋用另行止退事"，光绪元年正月十四日，档号：05-13-002-000831-0022。

名，"每名每月行给一两钱粮米食"①。嘉庆二十五年六月五格格入宫抚养时，从府中带来的妈妈里中，两名系熟习老成的跟随妈妈里，每月各食用二两钱粮米石、白老米二斛，可见系精奇尼妈妈里；另外两名灯火和水上妈妈里，每月各食用一两钱粮米石、白老米一斛半②。此外，嘉庆十三年四月，二阿哥下新挑得水上妈妈里一名也是照例每月给一两钱粮米食③，等等。

除钱粮外，妈妈里的穿着用度也由宫中统一备办，尤其是在皇室成员身边侍奉的妈妈里，更需要有良好的形象。嘉庆十九年的内廷宫分中皇后位下妈妈里的份额为："妈妈里三人，缎一匹，春绸一匹，宫绸一匹，纺丝一匹，纱一匹，杭细一匹，棉花二斤，表里六匹"④。咸丰元年一份为清语妈妈里置办的衣服首饰什物清单包括："红青实地纱褂一件，宝蓝实地纱袍一件，月白实地纱衬衣一件，白夏布衫一件，银花两对，钿口一块，钿尾一块，正面一块，钿子一块，钿盒一个，褂钮子一付，月白领子一条，领衣一件，包袱二块，铺盖一分，以上通共用钱一百五十九吊三百文"⑤。光绪十五年，储秀宫的

---

① 中国第一历史档案馆藏：《内务府来文》，"为四公主下新添妈妈里人等每月行给钱粮米食事"，道光六年四月初七日，档号：05-13-002-000609-0008。

② 中国第一历史档案馆藏：《内务府呈稿》，"为支领跟随五格格进宫抚养妈妈哩等应得钱粮米石事"，嘉庆二十五年七月十九日，档号：05-08-005-000096-0047。

③ 中国第一历史档案馆藏：《内务府来文》，"为二阿哥下新挑得水上妈妈里正白旗原护军得祥之妻陶门徐氏照例行给钱粮米食事"，嘉庆十三年四月初七日，档号：05-13-002-000539-0005。

④ 《内务府奏销档》，"奏呈拟备本年恭进皇后及内庭主位等缎绸各项数目清单折"，嘉庆十九年十月十九日，第177册第192页。

⑤ 中国第一历史档案馆藏：《内务府呈稿》，"办买清语妈妈里衣服首饰什物清单"，咸丰元年六月初十日，档号：05-08-002-000544-0002。

6 位妈妈里的宫分为：每人云缎、春绸、宫绸、纱、纺丝、杭细各一匹，棉花二斤①。

除固定的宫分外，逢年过节，妈妈里也会和其他仆役一起得到赏赐，"每年除夕赐宫内女子、妈妈里、嬷嬷等鱼肉俱预期具奏"，由内务府负责准备②。此外，档案显示还有些妈妈里获赏过房间地亩，如同治五年正月，内殿的精奇尼妈妈里李氏因当差不小心被革退，"将伊每月现食之钱粮米革退，赏过房间地亩照数追回"③。《清季的太监》一文中回忆，宫廷中遇年节、圣寿、诞育皇子、皇帝大婚等各种赏赐十分丰厚，"每年所得的赏赐，都超过所得的俸禄"④。太监如此，嬷嬷妈妈们也应不会相差太多，赏赐也是她们宫廷所得中的重要部分。

妈妈里入宫时一般已然四五十岁，在宫中服役的过程中会因生病或年老而退出宫去，也有个别妈妈里因偷盗或者当差不谨慎等被逐出，但未见有像宫女那样因笨出宫者。

因病出宫是妈妈里提前结束服役的主要原因。内务府档案中有不少妈妈里因病出宫的记载，如道光九年六月，四公主下一名水上妈妈里正白旗保常管领下苏拉套儿之妻王氏，因病退出⑤；

---

① 中国第一历史档案馆藏：《内务府奏案》，"呈恭进皇太后皇后内庭主位宫分清单"，光绪十五年十一月二十六日，档号：05-0970-091。

② 《内务府则例·掌仪司·卷一·宴桌事宜》，载《故宫珍本丛刊（第 308 册）·钦定总管内务府现行则例二种（第 3 册）》，第 91 页。

③ 中国第一历史档案馆藏：《内务府来文》，"为内殿精奇呢妈妈里李氏现食孀妇钱粮并家内之人所食钱粮俱各革退并以后一族之人不准挑差使事等"，同治五年正月初五日，档号：05-13-002-000795-0003。

④ 李光：《清季的太监》，载中国人民政治协商会议全国委员会文史资料研究委员会编：《晚清宫廷生活见闻》，第 162 页。

⑤ 中国第一历史档案馆藏：《内务府来文》，"为四公主下水上妈妈里正白旗王氏因病退出所食米石更与新挑得水上妈妈里李氏食用事"，道光九年六月二十七日，档号：05-13-002-000622-0193。

道光二十八年七月，九阿哥下一名灯火妈妈里镶黄旗松龄管领下原护军福明之妻张氏，因病退出①。出自内管领下的妈妈里一般回归本旗即可，而来自关外的关东妈妈里则需回原籍。如道光二十年正月，永和宫关东妈妈里陶氏因病出宫，"投往正黄旗清泰管领下京钦妈妈里家暂处，俟有顺便人员将该氏带回原籍"②。道光十九年正月初五日，承乾宫的关东妈妈里赵氏于夜间病故，奉旨从西南门备办棺木盛殓后，寄埋圆明园新庄东口外保福寺③。这位妈妈里应是罹患急病，且因原籍遥远，未及安排出宫即病故，由内务府负责殓埋。

妈妈里从年龄上讲，多成熟稳重，有一定的经验和阅历，一般不会因常犯各种小错而被驱逐出宫，但也有不谨慎者，如前述内殿精奇尼妈妈里李氏，因当差不谨慎被革退，赏过的房产地亩也被追回④。再有道光九年二月，三公主下妈妈里正白旗原苏拉福格之妻王氏，因偷盗东西被退出宫去，其日常所食钱米、吃食皆被止退⑤。相对于年轻宫女经常犯错而言，妈妈里中的此类事件确属少数。

---

① 中国第一历史档案馆藏：《内务府来文》，"为九阿哥下灯火妈妈里一名系镶黄旗原护军福明之妻氏因病退出将伊母每月所食钱粮米止退事"，道光二十八年七月初十日，档号：05-13-002-000178-0125。

② 中国第一历史档案馆藏：《内务府呈稿》，"为办理永和宫关东妈妈里陶氏因病出宫回籍事"，道光二十年正月二十四日，档号：05-08-005-000182-0002。

③ 中国第一历史档案馆藏：《内务府呈稿》，"为办理甲兵高良接取承乾宫病故关东妈妈里赵氏灵柩回籍等项事"，道光二十年二月二十一日，档号：05-08-005-000182-0014。

④ 中国第一历史档案馆藏：《内务府来文》，"为内殿精奇呢妈妈里李氏现食孀妇钱粮并家内之人所食钱粮俱各革退并以后一族之人不准挑差使事等"，同治五年正月初五日，档号：05-13-002-000795-0003。

⑤ 中国第一历史档案馆藏：《内务府来文》，"为三公主下妈妈里正白旗原苏拉福格之妻王氏因偷盗东西退出宫去并将所食钱米及吃食止退事"，道光九年二月二十七日，档号：05-13-002-000621-0090。

　　妈妈里的当差期限史无明载，从史料记载来看，没有特殊变故的情况下妈妈里常在宫廷当差十余载，直到年老体衰干不动为止。道光三十年十二月，在寿康宫服务的关东妈妈索氏奉旨出宫，她于"道光十九年由吉林将军保送来京当差，兹届十二年，期满，蒙天恩施放回籍"①。此处虽然提到该妈妈里服役 12 年为"期满"，但似乎这并非严格的期限，如前述道光十九年正月初五夜间病故的承乾宫关东妈妈里赵氏，道光六年送京交进当差，服役已 13 年，若非病故应当还会继续在宫廷当差②。或许由于关东妈妈里挑选不易，相较普通妈妈里当差的周期更长。"乾隆三十九年二月二十五日，奉清字谕旨，以前由吉林将军处挑选送到会说清语妇人亦渐有年岁，无用，著再交富春，仍照前次之例，将三四十岁无子嗣孀妇内会说清语者，挑选四五人派人送京备差。俟送到时，即将在此处年老之无用妇人交吉林派出之员带回原处"③。尽管该上谕显示关东妈妈里入宫年龄较其他妈妈里为小，系三四十岁，可一旦年龄渐长，不能承担繁重的差使，即成为"年老无用之妇人"，须遣回原籍，皇室不会因其效力年久就为她们养老。

　　不过，这些来自遥远关外的妈妈里被遣出宫后，内务府还是会予以一定的妥善安排，保证她们顺利返乡，算是对其服役年久

　　① 中国第一历史档案馆藏：《内务府呈稿》，"为办理寿康宫奉旨出宫关东妈妈里索氏随同便人回原籍等项事"，道光三十年十二月十八日，档号：05-08-005-000216-0058。
　　② 中国第一历史档案馆藏：《内务府呈稿》，"为办理甲兵高良接取承乾宫病故关东妈妈里赵氏灵柩回籍等项事"，道光二十年二月二十一日，档号：05-08-005-000182-0014。
　　③ 中国第一历史档案馆藏：《内务府呈稿》，"为奏准宫内现有会说清语妇人退回原籍事"，嘉庆二十三年六月二十八日，档号：05-08-005-000089-0023。

的照顾和回馈。如道光二十年五月，关东妈妈里何氏，系正白旗德成额佐领下原苏拉八十之妻，在孝全皇后梓宫前穿孝完毕，奉旨出宫返回原籍①。内务府专门传会计司官"遇有关东人带回"，司官回报："当经职司于是日由景山东随墙门将关东妈妈里何氏接出，该氏投往海甸成府中关伊亲何姓家居住，俟有便人将该氏带回原籍，相应知照吉林将军衙门查照"②。再如道光三十年十二月初三日，在寿康宫当差 12 年的关东妈妈里索氏奉旨出宫，内务府会计司由寿康宫后铁门将索氏接出，她先是前往其亲戚侍卫富顺家暂住，等待有顺便人员将她带回原籍。档案中说明，"所过关口应领路引、车价之处并同伴之人，理宜呈明贵司查办"。而预备陪伴索氏回籍者系吉林护送折差之兵丁春升，也是她的族侄，这样的人选"长途行走，实为得便"，因此内务府同意"将索氏一名交春升领去，并将咨文一件交与春升，持至吉林将军衙门投递。其妈妈里一名应行得给双马车一辆，计行程二十七日，回空二十日，再每日应给盘费银一钱三分，共应得给盘费银三两五钱一分，此项车脚盘费银应由苏拉处办理动用得给"③。

---

① 侍奉内廷主位的妈妈里遇到主子去世，要和本宫太监、宫女等一起在梓宫前穿孝，如道光时期，嘉庆朝信妃及本朝和妃去世后，均有"本宫妈妈、女子、首领太监等随往穿孝"。见中国第一历史档案馆藏：《内务府呈稿》，"为呈明领取和妃薨逝奉安西花园挪运随往穿孝本宫妈妈女子等行李等项所需雇觅抬夫车辆各项钱文事"，道光十六年四月二十二日，档号：05-08-009-000252-0063。

② 中国第一历史档案馆藏：《内务府呈稿》，"为办理奉旨退出孝全皇后梓宫前穿孝关东妈妈里何氏返回原籍事"，道光二十年五月十七日，档号：05-08-005-000182-0069。

③ 中国第一历史档案馆藏：《内务府呈稿》，"为办理寿康宫奉旨出宫关东妈妈里索氏随同便人回原籍等项事"，道光三十年十二月十八日，档号：05-08-005-000216-0058。

第三节　宫廷稳婆"姥姥"群体

除嬷嬷妈妈之外，宫廷仆妇中还有一个十分特殊的群体——姥姥。她们是专为后妃接生并负责为新生儿"洗三"等事务的稳婆，属于有特殊技能的专项差务。相较于嬷嬷妈妈，有关姥姥的历史记载更是少之又少，使得这一宫廷女性群体充满神秘色彩。清代官方史书中对姥姥群体没有只言片语的记录，《内务府则例》和我们所见的宫廷档案中，也未发现对姥姥的遴选标准和具体职责的表述。因此我们只能通过一些档案实例来拼凑这一群体在宫廷的职责和相关待遇。

杨永占的《清宫中的姥姥、嬷嬷、妈妈里》一文中对姥姥进行了介绍，虽然论述甚简，且未注明史料来源，但仍是目前唯一一篇关注到姥姥群体的文章。文中提到，姥姥是女仆阶层中较年长的女人，生活经验丰富，在宫中主要负责后妃们的生育之事，包括为怀孕的后妃把脉，临产时接生、念吉歌，为新生的皇子女"洗三"，在宫中属地位较高的仆妇[①]。

尽管未有史料能明确姥姥的具体职责，但我们所见档案中，姥姥的工作的确只与生育紧密相关。以乾隆年间的几件皇室子女出生记录为例：

> 皇五子永琪，乾隆六年辛酉二月初七日丑时，海氏愉嫔

---

① 　杨永占：《清宫中的姥姥、嬷嬷、妈妈里》，《中国档案报》2002 年 6 月 14 日。

生，姥姥王氏、陈氏。①

乾隆十二年七月十九日，内务府上奏皇室子女等出生的红折
5 件，分别为：

> 皇帝第六子永瑢，乾隆八年癸亥十二月十四日酉时，贵
> 妃苏氏所出，姥姥王氏、陈氏。②

> 皇帝第七子永琮，乾隆十一年丙寅四月初八日子时，皇
> 后富察氏所出，姥姥王氏、徐氏。③

> 皇帝第八子永璇，乾隆十一年丙寅七月十五日午时，嘉
> 妃金氏所出，姥姥王氏、徐氏。④

> 皇帝第四女，乾隆十年乙丑十二月初二日卯时，贵妃苏
> 氏所出，姥姥王氏、徐氏。⑤

> 大阿哥永璜长子绵德，乾隆十二年丁卯七月初六日亥
> 时，福晋伊拉哩氏所出，姥姥王氏、徐氏。⑥

上述内务府的奏折内容中，除婴儿的名字、排行、出生具体
时间和生母信息外，还必有姥姥的姓氏，可见姥姥是后妃诞育子
女的第一见证人，即稳婆。杨永占指出，宫中姥姥的人数不多，

---

① 中国第一历史档案馆藏：《内务府奏案》，"奏为五阿哥之年庚事"，乾隆十二年
四月二十五日，档号：05-0085-029。
② 中国第一历史档案馆藏：《内务府奏案》，"奏为皇六子永瑢生年月日事"，乾隆
十二年七月十九日，档号：05-0087-032。
③ 中国第一历史档案馆藏：《内务府奏案》，"奏为皇七子永琮生年月日事"，乾隆
十二年七月十九日，档号：05-0087-033。
④ 中国第一历史档案馆藏：《内务府奏案》，"奏为皇八子永璇生年月日事"，乾隆
十二年七月十九日，档号：05-0087-034。
⑤ 中国第一历史档案馆藏：《内务府奏案》，"奏为皇帝第四女生年月日事"，乾隆
十二年七月十九日，档号：05-0087-035。
⑥ 中国第一历史档案馆藏：《内务府奏案》，"奏为大阿哥永璜长子绵德生年月日
事"，乾隆十二年七月十九日，档号：05-0087-036。

一般仅 2～4 人，她们与嬷嬷妈妈不同，并不专门服务于某位后妃，而是"随需奉差"。我们查阅内务府每年的宫分档案时注意到，宫女和妈妈等的人数及宫分，都显示在某位具体妃嫔或皇子女位下，如某公主位下女子几名、妈妈里几名；而姥姥则都在最后总述及"姥姥几人"，的确不在某位妃嫔位下。不过，姥姥的宫分都是在当朝宫廷女性之后叙述，从未出现在太妃嫔的宫分体系中，由此也可见姥姥是为当朝后妃服务的。

宫分档案中也会体现姥姥的人数，如嘉庆二十一年十月的宫分档案显示：共有姥姥 4 人，每人彭缎一匹，绵绸一匹，夏布一匹，毛青布二匹，深蓝布一匹，棉花二斤①。嘉庆二十五年十一月的档案中，则只有姥姥 3 人②。道光元年十一月，宫中仅有姥姥 2 人③，道光六年十一月时姥姥又增为 6 人④，至道光十六年则有姥姥 5 人⑤，道光二十九年有姥姥 4 人⑥，道光三十年有姥姥 3 人⑦。此后直至咸丰四年，宫分记录中姥姥都固定为 3 人⑧；

---

① 《内务府奏销档》，"奏呈拟备本年恭进皇后及内庭主位等缎绸各项数目清单折"，嘉庆二十一年十月十六日，第 180 册第 547～548 页。

② 《内务府奏销档》，"奏呈分派各织造处办解本年恭进皇太后皇后及内庭主位等缎绸等项数目清单折"，嘉庆二十五年十一月十八日，第 189 册第 132 页。

③ 《内务府奏销档》，"奏呈分派各织造处办解本年恭进皇太后皇后及内庭主位等缎绸等项数目清单折"，道光元年十一月初二日，第 191 册第 229 页。

④ 《内务府奏销档》，"奏为进内庭主位等宫分缎匹等项数目事折（附宫分缎匹等项数目清单）"，道光六年十一月初四日，第 202 册第 443 页。

⑤ 《内务府奏销档》，"奏为进皇太后等位宫分缎匹等项事折"，道光十六年十一月，第 216 册第 150 页。

⑥ 《内务府奏销档》，"奏为进宫分缎匹等项事折（附进宫分缎匹等项数目清单）"，道光二十九年十二月初十日，第 231 册第 188 页。

⑦ 《内务府奏销档》，"奏为如皇贵太妃等位进宫分缎匹等项事折（附所进宫分缎匹等项细数清单）"，道光三十年十一月二十三日，第 232 册第 348 页。

⑧ 《内务府奏销档》，"奏为进宫分缎绸等项事折（附解到库存缎绸等项数目清单）"，咸丰四年十二月初三日，第 237 册第 331 页。

至咸丰五年，姥姥又增为 5 人①。可见，宫廷中的姥姥人数最少为 2 人，这一点从上述乾隆朝的每条出生记录中都须有两位姥姥也可以体现出来；我们所见的姥姥最多数量为道光六年的 6 人，不知之前宫中是否还有更多的姥姥存在。不过可以确定的是，姥姥的人数确实一直处于变化之中，这应与后宫的规模、皇帝的年龄等因素有关，如果皇帝和妃嫔处于孕育子女的高峰期，姥姥的设置也应相应增加。但总体而言，姥姥相较宫女、乳保、妈妈里等仆从来说，确实是少数群体。

从宫分来看，姥姥的待遇并不突出，与同为已婚仆妇的妈妈里相较，都是人均表里六匹。但前述服务于内廷主位的妈妈里的宫分一般为："缎一匹，春绸一匹，宫绸一匹，纱一匹，纺丝一匹，杭细一匹，棉花二斤"，相比而言姥姥的宫分质地多为布匹，比较简朴，种类上也不如妈妈里丰富。但杨永占指出："由于宫中后妃多，生育子女就多，所以姥姥在宫中受到赏赐的机会也比较多。雍正八年五月四日，内务府总管取银十两，作为二十二阿哥长女洗三的赏银，赏给姥姥郭氏、王氏每人 5 两。根据清代档案记载，笔者对雍正八年至雍正十三年姥姥受赏情况作了一个统计。姥姥郭氏洗三 31 次，每次赏银 5 两，共 55 两②。姥姥王氏洗三 13 次，得赏银 65 两。姥姥陈氏洗三 8 次，得赏银 40 两。再加上其他的赏银，姥姥的生活水平在仆妇中实属上乘。"③ 后妃诞育子女是大喜之事，相关人等皆有赏赐，前述太监也说会因后宫生育皇子得到赏赐，而姥姥能为后妃顺利接生，并且作为皇子

---

① 《内务府奏销档》，"奏为进内庭主位宫分缎匹等项事折（附进宫分缎匹等项数目清单）"，咸丰五年十二月初二日，第 238 册第 516 页。

② 原文为 55 两，有误，应为 155 两。

③ 杨永占：《清宫中的姥姥、嬷嬷、妈妈里》，《中国档案报》2002 年 6 月 14 日。

女诞生的第一见证人，所得赏赐自然不薄。杨永占所列仅是洗三赏赐，如果还有其他赏项，收入的确不菲。

史料所限，姥姥的来源很难探查。光绪十三年四月，吉祥姥姥李氏病故，系正黄旗全福管领下德寿之妻①；宣统三年三月，吉祥姥姥于氏病故，系正黄旗文林佐领下马甲连升之妻②。这是我们发现仅有的两条涉及姥姥旗分的记录，很难判断她们是否系包衣旗人。关于"吉祥姥姥"的称谓，不知与"如意妈妈"是否有对应关联？从史料来看，应该是一种寄托希望的美名，希望她们接生的母子都能平安吉祥，也希望皇室绵绵瓜瓞。根据内务府档案记载，光绪十二年底宫中有姥姥3人③。至光绪十三年四月，前述吉祥姥姥李氏病故，至当年底则只剩姥姥2人④，减少的就是这位吉祥姥姥李氏，从她在光绪十二年与其他两位姥姥一并提及来看，并没有吉祥姥姥与普通姥姥的区别。再如宣统二年十一月，宫中有姥姥2人⑤。次年三月，前述吉祥姥姥于氏病故⑥，因此宣统三年底的记录中，宫中暂时仅有姥姥1人⑦。可见，吉

---

① 中国第一历史档案馆藏：《内务府来文》，"为吉祥姥姥德寿之妻李氏病故将伊每月所食钱粮米止退事"，光绪十三年四月初三日，档号：05-13-002-000893-0006。

② 中国第一历史档案馆藏：《内务府来文》，"为传知吉祥姥姥正黄旗马甲连升之妻赵门于氏病故止退每日所食口分事"，宣统三年三月十一日，档号：05-13-002-001004-0026。

③ 《内务府奏销档》，"奏呈本年恭进皇太后及内庭主位宫分缎绸等项数目清单折"，光绪十二年十一月二十二日，第275册第320页。

④ 《内务府奏销档》，"奏呈本年恭进皇太后及内庭主位宫分缎绸等项数目清单折"，光绪十三年十一月二十二日，第276册第522页。

⑤ 《内务府奏销档》，"奏为恭进隆裕皇太后主位宫分等事折（附呈宫分绸缎等项数目清单）"，宣统二年十一月二十一日，第297册第574页。

⑥ 中国第一历史档案馆藏：《内务府来文》，"为传知吉祥姥姥正黄旗马甲连升之妻赵门于氏病故止退每日所食口分事"，宣统三年三月十一日，档号：05-13-002-001004-0026。

⑦ 《内务府奏销档》，"奏为呈进内廷宫分绸缎布匹折（附呈内廷宫分绸缎布匹数目清单）"，宣统三年十一月二十一日，第298册第545页。

祥姥姥是一种通称。实际上，光宣年间内廷后妃稀少，并且一直没有后宫怀孕的记录，姥姥之职成为虚设。但即便仅从皇室绵延子嗣的象征意义上考虑，姥姥无论人数多少，在宫廷中也是不可或缺的群体。

清代宫廷中的差务妇人名目繁多，本章以妈妈里和姥姥为例，探讨她们的来源、职责和相关待遇。她们的共同特点是都系已婚的中年女性，老成持重，生活经验丰富，用各自的劳作和专长对宫廷的运转起到重要作用。除当差侍奉之外，对于老年后妃而言，年长的差务妇人相较年轻不知事的宫女，可能是更好的精神陪伴，这也是皇太后在挑选妈妈里时如此精心的原因之一。

不论是年轻的宫女，还是年长的嬷嬷妈妈和姥姥，都属于宫廷中的流动女性群体，她们有着一定的服役期限，在宫廷中陪伴后妃们走过一段人生旅途，虽然系地位低下的仆从，但也是清代宫廷女性中不可或缺的组成部分。由于往往找不到明确的制度规定对这一群体的具体职责、分工和来源等信息予以说明，因而以往的相关研究也较少。本部分尽量通过档案史料对宫廷女仆群体的工作和生活进行还原，在内廷的实践中梳理和归纳女仆群体的总体特征、工作方式、与皇帝和后妃的关系，以及其对宫廷运转所起到的重要作用。

余论　传承与变革——明清后宫制度的比较与思考

明清史研究之间的近密关系由来已久，至今学界在划分历史学板块的时候，还经常把"明清"同"秦汉""魏晋"一样划分在一起。但自20世纪末美国的"新清史"学派兴起以来，清史研究在海内外引发了相当的关注，在这一学派的理论之下，"清承明制"之说受到挑战。但是，我们在研究宫廷女性的过程中却越来越觉得，起码就后宫制度而言，明清之间在很多方面还是有着无法否认的传承性。清代宫廷的一些制度的确带有明显的满洲烙印，但也有不少制度是在总结明代经验教训再结合自己民族特色的基础上形成的。甚至可以说，清代宫廷制度中有些看起来是改革或者创新的地方，其实都建立在明代皇帝与大臣奋力抗争的基础之上。不了解明代宫廷的发展变化，就无法充分理解清代宫廷一些制度的建立基础和改革渊源。此处，我们试图在梳理已有明代宫廷研究成果的基础上，将之与清代的宫闱制度进行对比，从秀女的选拔与管理、后妃的位号与皇后的地位、"宫壸肃清"的说法三个方面，探讨明清宫廷之间的联系及异同，以作为本书研究的参照性思考，并借此与"新清史"研究进行对话。

第一节　秀女的选拔与管理

　　明清两代都确立了选拔秀女的制度，都是由朝廷主导在民间遴选，不准官民自行进献女子到宫廷①。两代宫廷女性最大的区别在于族群成分。明代秀女主要来自民间，虽然早期也有向朝鲜索要贡女的记录，但主要的后妃都是民间汉女，明中叶以后，选妃多在京师附近，因此后妃中来自京师的比例很高②；清代的秀女则只从旗人中遴选。学界一直有一种说法，清代从旗人中挑选秀女是为了保持宫廷之内的满洲血统。但对于满洲共同体而言，其实很难谈到"血统"，不仅旗人是由满蒙汉 3 个民族组成，早在关外时期满洲皇族的血液中就融入了蒙古族和汉族的血统，即便满洲内部也分新满洲和旧满洲，是对关外族群整合的结果③。因此清代从旗人中选秀女与其说是保持血统，不如说是试图营造一个相对封闭的旗人文化的宫廷环境。尽管明清秀女所属的族群

---

　　① 但事实上，两代都存在百姓或官员进献女子入宫，而宫廷欣然接纳的现象。明世宗时，有百姓自行上状朝廷，愿将自家闺女献纳，世宗以"此不系大臣献纳，可令从其所愿"，因此未经选阅而照单全收。参见吴美凤：《明清后妃制度略考》，载《故宫学刊》（总第 13 辑）。清代乾隆初年，皇帝也说海保曾给他进献两名女子，其中一名已经"拨回"，另一名显然是留在宫廷。海保系苏州织造，进献的应当系江南女子。他的这一行径引起南方织造、盐政等官员纷纷效仿，在当地对优童秀女"广行购觅"，以讨好皇帝。见《清高宗实录》卷 68，乾隆三年五月，第 10 册第 100—101 页。

　　② 赵翼曾论及："按明代选秀女之制，亦非通行天下，大概多在京师附近之处。初两京并重，故妃后尚有南人……明中叶以后，选妃多在京师，不及远方，恐滋扰也。"（清）赵翼著、王树民校证：《廿二史劄记校证》卷 32 "明代选秀女之制"，中华书局，1984，第 753—754 页。另参见林延清：《明朝后妃与政局演变》，第 19—20 页。

　　③ 有关满族统治者将东北少数民族整合为"新满洲"的研究，参见陈力：《清初东北新满洲人旗研究》，《满族研究》2016 年第 1 期。

不同，但多出自京畿地区却是相同的。有清一代选秀的范围一再缩小，至光绪年间仅限京城旗人官员之女参与选秀①。即便光绪朝之前，如定宜庄指出，"清代八旗劲旅的半数以上是麇集于京师的，外省驻防不及一半，在外省做官的旗人就更少了"②。因此，清代的多数秀女也来自京师。

明代选秀分为 3 个部分：遴选后妃、遴选宫女和女官③。清代取消女官制，只有前两个部分，而且选拔范围泾渭分明，前者于外八旗之中遴选，后者在内务府三旗包衣中遴选。当然同明朝一样，入宫之后不同类别的女性之间并没有严格的界限，宫女一旦得到皇帝临幸，身份随即发生改变。《清史稿·后妃传》就说"宫女子侍上，自常在、答应渐进至妃、嫔"④。其实，清初顺治时也曾欲循明制设立六局一司，但"议定而未行"⑤，具体宫廷事务的管理最终仍采用关外时的"内务府"制度⑥。内务府的设置可以说是清代宫廷制度中最重要的特点，作为宫廷的运作和管理部门在有清一代起到非常重要的作用。内务府的职责和明朝二

---

①　光绪十七年选看八旗秀女时，备选范围仅为"在京文职五品以上、武职四品以上官员之女"，所有外任的文武官员之女不必参选；光绪二十年改为"在京文职六品以上、武职五品以上官员之女"；光绪二十三年再次恢复为在京文职五品以上、武职四品以上官员之女；光绪三十一年也同样只选在京八旗秀女，"预备选看品级著照例办理，外任官员之女毋庸传送"。参见中国第一历史档案馆藏：《军机处录副奏折》，"奏为查明八旗秀女数目事"，光绪十六年十一月二十五日，档号：03-5553-164；"奏为查明八旗秀女数目请定日期事"，光绪十九年十二月初七日，档号：03-5558-024；"奏为明年应选秀女情形并钦定选看日期事"，光绪二十二年十二月二十一日，档号：03-5561-180；"著为明年备选秀女照例办理外任官员之女毋庸传送事谕旨"，光绪三十一年，档号：03-5743-088。

②　定宜庄：《满族的妇女生活与婚姻制度研究》，第 229 页。

③　林延清：《明朝后妃与政局演变》，第 26 页。

④　《清史稿》卷 214 "后妃传"，第 8897 页。

⑤　同上。

⑥　相关研究参见祁美琴：《清代内务府》第三章"清初内务府及其与十三衙门的关系"，第 35-55 页。

十四衙门的有相同之处，但管理范围较后者更为广泛，以宫廷事务而言，不仅皇帝一家，连下嫁皇女、分府皇子的事务也属内务府管辖范围。清代，内务府是人员最为庞大的机构，根据黄丽君博士的统计，会典中记载的内务府官缺，从康熙朝起即不断地成倍增长，至嘉庆朝达到顶峰，有5 000余人之多，且这一规模一直延续到光绪朝，再加上档案中所记载的内三旗额设披甲兵丁、自宫内被发出的女子、口内的庄头壮丁和亲丁等，18世纪上半叶内务府的发展规模不下于明朝的整个内廷体制①。所以本书中指出，清朝皇帝一直标榜其宫廷的俭朴，特别是康熙和乾隆帝，都曾多次声明，宫廷使唤仆从数量较明朝大为减少，康熙时不过太监四五百人，乾隆更表示所有"给使女子合之皇子皇孙等乳妪使婢，约计不过二百人，实从古宫闱所未有。朕以躬行节俭为天下先"②。但问题的实质在于：首先，清代内务府承担了原来明朝宦官和女官的大部分工作，且与明代宦官衙门自成体系一样，独立于外廷机构，不受官僚体制的束缚，只对皇帝一人负责。前人往往把这种独立性归为内务府包衣系皇帝私人奴仆性质的缘由，但实际上，只要对历史上内府体制的发展脉络进行宏观梳理，就可以发现内府一步步走向独立的过程，而这一过程在明清时代彻底完成③。事实上，明代二十四衙门的独立性也给清代内务府的完全独立奠定了一个很好的基础。

其次，尽管清代不设女官，但并不意味着宫廷事务管理没有女性的参与。杨珍曾指出，妃嫔中居于最末等的"答应"这一品

① 黄丽君：《化家为国：清代中期内务府的官僚体制》，台大出版中心，2020，第35-48页。

② 《清高宗实录》卷1370，乾隆五十六年正月，第26册第383页。

③ 相关研究参见祁美琴：《清代内务府》，绪论，第1-12页。

级可以分为两类：一类是属于皇帝之妾的答应，另一类则"供皇帝召对钦赐各项奔走之役"，虽然也属宫眷之列，但不属于妃嫔等级。且后者又分大答应、小答应和答应之别。康熙朝后期，宫内竟有这样的答应二百余名之多①。第二类答应的作用一定程度上和明代女官的职掌类似，规模也不小。加之清代宫廷凡遇重要礼仪，还有内务府"执事妇人"充当女官角色，则总的女性执事人员数量并不逊于明代②。吴美凤甚至依据《明史》的记载指出，明代内官的"御前近侍"中就有"答应、长随"这样的角色，因而清代的"常在、答应"也是承明遗绪的表现，只是从太监变成女性而已③。

第二节　后妃的位号与皇后地位的衰落

在后妃的位号方面，明朝皇后之下有皇贵妃、贵妃、皇妃、妃、嫔、昭容、昭仪、婕妤、才人、美人、选侍、淑女等。有学者总结说，"明代后宫位号繁杂，几乎将中国历代以来之位号一网打尽，且位次混淆，进封亦无定序"④。其中洪武年间出现皇妃的位号，而永乐之后又消失了，景泰年间始出现皇贵妃的位号，其他位号也是陆续出现，这些位号在人数上也没有定制，大

---

① 杨珍：《康熙皇帝一家》，第 82 页。
② 明代洪武五年规定的女官人数为 93 人，洪武二十八年为 285 人。有关明代宫廷女官的类别、职掌和人数，参见彭勇、潘岳：《明代宫廷女性史》，故宫出版社，2015，第 256-261 页。
③ 吴美凤：《明清后妃制度略考》，载《故宫学刊》（总第 13 辑）。
④ 同上。

约皇贵妃、贵妃一人至数人不等，其余数人至数十人不等。相比之下，清朝就简单得多。清代宫闱制度定型于康熙朝，"皇后居中宫；皇贵妃一，贵妃二，妃四，嫔六，贵人、常在、答应无定数"①。皇后以下有额数限定的妃嫔级别和数量都相当有限。虽然清朝继承了明朝所新创的"皇贵妃"这一位号，但又限制皇贵妃只有一人，作为皇后的储二人选，且在皇后健在的情况下，皇贵妃之位一般空悬，以避免后宫的恶性竞争，这也使得妃嫔等级看似更加简单。本书通过具体考证得出，清代多数时期的后宫规模都符合规定的妃嫔额数，因此清代后宫人数相较于明代看似大大减少了。但问题在于，清代统计后宫人数时，嫔以下的低位分由于"无定数"而常常不计在内。正如本书所述，清代后宫非主位的数量可能是非常庞大的，不但有"大答应"、"小答应"和"答应"，还有"官女子"和"学规矩女子"等这样介于宫眷与宫女之间的群体，这些"答应"和"女子"都是"无定数"的。事实上，正如本书中所论述的，即便关于"主位"的概念，以往学界都一直有着不准确的认知，遑论其他各类宫廷女性成分的复杂性，这是我们至今都不能说已然完全搞清楚的问题。

明清两朝的宫闱制度之间还有很多方面是相通的。比如两朝建立之初，在选秀制度尚未完全定型的情况下，都采取了与功臣家族联姻的做法，政权稳固之后则迅速降低后妃的出身。根据林延清的统计，明初三朝后妃中有 16 人出自功臣之家，仁宗以后再无从达官贵人之家指定后妃的现象，后妃多来自寻常百姓之家②。清朝在入关前奉行"满蒙联姻"政策，入关后随着局势的

① 《清史稿》卷 214 "后妃传"，第 8897 页。
② 林延清：《明朝后妃与政局演变》，第 16–17 页。

变化，从康熙朝开始主要与满洲贵族联姻，后妃中蒙古族女性的比例急剧减少，且再无来自蒙古草原的皇后。康熙、乾隆二帝的嫡后分别来自赫舍里氏和富察氏，都是满洲贵族中家世显赫者。但与功臣联姻本身即是一把双刃剑，在稳固皇权的同时，又极易产生外戚坐大的问题。对于这一点明清两朝的皇帝都有着清醒的认识，也采取了相同的做法。明太祖朱元璋在马皇后逝后"终身不复立后"，成祖朱棣在徐皇后去世后也未再立皇后。前人多解释为二后在危难之时对皇帝多有匡助、感情深厚，因此不再复立①，但我们认为抑制外戚的因素也是不可忽略的。这一点从与清朝的对比中就很容易看出来。康乾二帝在位共 120 余年，对于清代历史有着举足轻重的影响。康熙帝生前立有三后，前两位赫舍里氏与钮祜禄氏皆出身名门，分别是开国功臣索尼和额亦都的孙女，可惜两位皇后皆短命，在位的时间加起来不过 10 年，此后康熙帝有意不再立后，第三位皇后佟佳氏是在身染重病的情况之下才被册立为后，并且在册立当天即薨逝，是清朝在位时间最短的皇后②。乾隆帝第一位皇后富察氏，即史上著名的孝贤皇后，也同样出身名门但命运不济，于乾隆十三年崩逝，之后乾隆帝于十五年立那拉氏为后，但三十年又发生了著名的"皇后断发事件"，那拉氏因此被打入冷宫③。之后乾隆帝亦再未立后，两位皇后在位的时间共为 26 年。因此，在康乾二帝长达 121 年的统治时间中，仅有 30 余年有皇后，其余 80 余年是没有皇后的。

---

①　如林延清指出，马皇后作为朱元璋的贤内助帮助其成就帝业，之后又在生活和政治等方面对朱元璋影响颇深，因此马皇后去世时，朱元璋痛哭不已，遂不复立后。见氏著《明朝后妃与政局演变》，第 106 页。

②　《清史稿》卷 214 "后妃传"，第 8910–8911 页。

③　有关皇后断发的研究，参见李寅：《乾隆乌喇那拉皇后剪发事因新证》（上）、（中）、（下），《紫禁城》2009 年第 5–7 期。

即便如此，仍然促生了佟佳氏（顺康两朝的积累）、富察氏这两个在清代历史上最为显赫的外戚家族。若还有其他皇后，外戚势力定会更加突出。在"后位不可久悬"的观念下刻意"久悬后位"，清代皇帝的意图是非常明显的。

乾隆朝之后，皇后的出身和地位都开始明显下降，嘉庆帝的皇后喜塔腊氏系内务府包衣出身。嘉庆帝即位后，她正位中宫，但作为太上皇的乾隆帝随即宣布，册立皇后"乃宫廷一定礼仪，只当循照向例，祭告天、地、宗庙，用昭茂典足矣，何必撰拟恩诏，布告天下，多此缛节繁文！"①与之前皇后册立时要布告天下，孝贤皇后去世时乾隆帝也下令"布告天下，咸使闻知"的态度，可谓截然不同②。不仅不布告天下，还以"皇后正位端闱，恪修内职""我朝家法，宫壸肃清，从不干与外事"为名，取消了皇后在册立时、寿诞日及元旦、冬至日，接受大臣进笺庆贺的礼仪③，彻底割断了皇后与外廷发生任何联系的可能，将皇后的地位降至新低④。虽然乾隆帝去世后，嘉庆帝在册立第二位皇后时，"因思立后颁诏，乃本朝家法，载在会典，实亦古今通义"，恢复了颁诏天下的礼仪，但是皇后接受王公大臣贺笺的权力从此被彻底取消⑤。

另外一个影响皇后地位的重要祀典是亲蚕礼。尽管清代在乾隆时期就恢复了亲蚕礼，相较于明朝直到嘉靖时才恢复此礼为早，但是这一祀典却遭到了同样的冷遇，明清两朝都只有为数不

---

① 《清高宗实录》卷 1492，乾隆六十年十二月，第 27 册第 969 页。
② 《清高宗实录》卷 310，乾隆十三年三月，第 13 册第 81 页。
③ 《清会典事例》（光绪朝）卷 318，第 4 册第 736 页。
④ 《清高宗实录》卷 1492，乾隆六十年十二月，第 27 册第 969-970 页。
⑤ 《清仁宗实录》卷 78，嘉庆六年正月，第 29 册第 3-4 页。

多的皇后举行此礼①。学界有关两代亲蚕礼的研究很少，但实际
上，亲蚕礼对于皇后而言有着重要的意义。首先，皇后的亲蚕礼
是与皇帝的亲耕礼相对应的，体现出帝后一体，共同抚育黎元、
督劝农桑的表率作用，也是皇后母仪天下的重要表征。明清多不
行此礼，首先显示皇后身份与皇帝无法匹敌。其次，皇后通过率
领内外命妇举行这一祀典，也是其在命妇体系中树立自身权威的
有效途径。日本学者保科季子指出，汉代的皇后通过亲蚕礼率领
大臣之妻，从而建立起"皇后-大臣妻（命妇）"序列的女性秩
序，将皇后的权威延伸至宫廷之外②。明清亲蚕礼多不举行或不
由皇后主导举行，使得"皇后-命妇"的女性权力体系无法稳固
地建立起来。就清代而言，皇帝不仅通过停止进笺等方式割断了
皇后与大臣之间的联系，而且通过减少亲蚕礼割断了皇后与命妇
之间的联系，将皇后的影响力局限于宫闱之内，即乾隆帝所说的
"恪修内职"而已③。

---

① 有关明代"亲蚕礼"的论述，参见林延清：《明朝后妃与政局演变》，第 79-83
页。朱子彦则指出，明代皇帝虽然恢复了亲蚕、躬桑之礼，但对此并不感兴趣，只有少
数几位皇后举行此礼，至明末皇帝又下诏废除了亲蚕活动。见氏著《帝国九重天：中国
后宫制度变迁》，第 169 页。

② ［日］保科季子：《汉代の女性秩序——命妇制度渊源考》，转引自黄旨彦：《公
主政治：魏晋南北朝政治史的性别考察》，第 3 页。

③ 嘉庆十六年，皇帝发现参与皇后亲蚕礼者"大率系皇后姻亲"，因而怀疑系皇后
亲属欲借此机会前来"请安"，并且推断大臣命妇少的原因是"各该大臣等不令其妻恭与
典礼"（《清仁宗实录》卷 240，嘉庆十六年三月，第 31 册第 236 页）。此后，皇后姻亲不
得再参与典礼，而大臣命妇也不积极，导致道光十二年"所有陪祀并恭从采桑"之福晋、
命妇名单仅列 3 人；而道光十八年，陪祀的福晋、命妇人选"各旗咨报均有事故"无法
参与，仅"宗人府咨送到和硕睿亲王仁寿福晋"1 人"恭从陪祀"。见《内务府奏销档》，
"奏为皇后举行亲桑礼派陪祀福晋命妇事折"，道光十二年三月初四日，第 210 册第 71-
73 页；"奏为皇后举行亲蚕礼派陪祀之福晋命妇事折"，道光十八年三月初六日，第 218
册第 187-188 页。命妇不积极参与亲蚕礼，无疑反映出皇帝对此礼的不重视，以及皇后
在命妇系统中权威的衰落。详见本书第五章。

除亲蚕礼外，皇后还可以在所谓的"三大节"（即元旦、冬至、皇后千秋节）时接受内外命妇朝贺，明朝还规定皇后可于每月朔、望两日接受命妇朝贺①。由于没有具体的相关研究，明代皇后是否确实如此频繁地接受了命妇朝贺不得而知。清代则未见朔、望朝贺的规定，皇后只有三大节可接受命妇朝贺。如本书所述，清入关前，皇后生日的庆贺虽未形成固定仪制，但相当隆重而公开。根据实录记载，崇德三年四月壬子，"皇后千秋节，内六旗王、贝勒、贝子等，各献金、珠、貂皮、牛、羊等物"②。崇德五年虽然下令"凡遇元旦、万寿及中宫千秋节，内外诸王、贝勒等一应进献礼物，俱著停止"，但停止的原因并非抑制皇后权威，而在于担心"诸侯违制不贡、召衅生乱"，因而改为皇后千秋节"赐和硕亲王以下、辅国公等以上银两有差"③，可见皇后与外臣之间的联系仍旧是直接的。入关后，清廷于顺治八年皇帝大婚之前，正式公布了三大节的庆贺礼仪，其中"皇后千秋节，仪仗全设。先诣皇太后前行礼毕，还宫。公主、和硕福金以下，固山额真、精奇尼哈番、尚书以上命妇具诣皇后前行礼庆贺"；元旦则帝后同至太后处行礼之后，皇帝至太和殿接受文武百官行礼，皇后在宫中接受福晋、命妇行礼④。可见，入关后虽然将诸王、贝勒摈斥于皇后的内廷礼仪之外，但在正式典礼中皇后统率福晋、命妇的格局还是很明显的。至康雍乾时期，皇帝开始以各种原因（包括居丧、节俭等）在皇后千秋节时"停止行

---

① 《明史》卷53 "礼志"，第1355–1357页。
② 《清太宗实录》卷41，崇德三年四月，第2册第544页。
③ 《清太宗实录》卷51，崇德五年四月，第2册第679–680页。
④ 《清世祖实录》卷56，顺治八年四月，第3册第443–444页。

礼、筵宴"①。千秋节的庆贺在嘉庆朝虽然很难得地连续举办，但变为规定只有当皇后正寿之年（即二十、三十、四十岁等整数的寿诞），才允许公主、福晋、命妇入宫行礼②，其他生日则"宫内行礼如仪，停止筵宴及在外公主、福晋、命妇行礼"③，进一步缩小朝贺范围。这与乾隆帝宣布册立皇后系内廷礼仪，不昭告天下，不让外臣上贺笺的思想一脉相承。皇后平时没有机会与外间建立起稳固的联结，举行亲蚕礼时在外福晋、命妇也没有积极性参与，直接体现出皇后权威的衰落。

对于后妃而言，彰显其身份地位的另一重要环节就是身后的祔葬和神主祔庙问题。明代英宗之前祔葬制度基本遵循"一帝祔一后"的原则，没有生育皇子的皇后生前多被废，改立太子之母为后。这也是明朝废后远较清朝为多的原因之一。到英宗时，钱皇后虽无子，但她与皇帝同甘共苦多年，因此英宗留有遗诏："钱皇后千秋万岁后，与朕同葬"④。这就给他的继承人宪宗留了一道难题，其生母周贵妃在宪宗继位后被尊为皇太后，并坚持认

---

①　《清圣祖实录》卷17，康熙四年十二月，第4册第255页；卷20，康熙五年十二月，第4册第286页，康熙六年十二月，第4册第342页；卷31，康熙八年十二月，第4册第427页。《清世宗实录》卷32，雍正三年五月，第7册第486页；卷44，雍正四年五月，第7册第650页；卷57，雍正五年五月，第7册第871页；卷69，雍正六年五月，第7册第1043页；卷81，雍正七年五月，第8册第67页；卷94，雍正八年五月，第8册第262页；卷106，雍正九年五月，第8册第402页。《清高宗实录》卷111，乾隆五年二月，第10册第642页；卷137，乾隆六年二月，第10册第974页；卷161，乾隆七年二月，第11册第26页；卷185，乾隆八年二月，第11册第383页；卷211，乾隆九年二月，第11册第710页；卷235，乾隆十年二月，第12册第30页；卷259，乾隆十一年二月，第12册第350页；卷285，乾隆十二年二月，第12册第712页；等处。

②　《清会典事例》（光绪朝）卷301，第4册第546页。

③　以下各卷为嘉庆六至二十四年十月（除嘉庆十年、二十年）载，见《清仁宗实录》卷88、104、122、135、168、186、202、219、235、249、262、276、298、323、335、348、363。

④　《明史》卷113"后妃传"，第3516页。

为自己才有资格祔葬皇陵。宪宗欲依从生母，因此引发著名的
"文华门哭谏"事件。此事直到孝宗即位后才以"二后并祔"的
方式最终得以解决，也从此开启了多后祔葬的滥觞①。除祔葬
外，神主祔庙也同样，"礼，庙无两祔，不并尊也"。周太后虽然
实现了祔葬问题在礼制上的突破，但仍然不得祔庙。至世宗时，
嘉靖皇帝因方皇后在"壬寅宫变"中救助有功，想在她死后将其
神主祔庙，却由于方皇后不是元后而遭到大臣的极力反对。最后
虽然在皇帝力争之下暂时得以祔庙，可后来世宗离世，穆宗即
位，方皇后的神主就被移出太庙②。明朝的这两次就皇后祔葬和
祔庙问题而展开的君臣之间的大论争，客观上给清朝的皇后丧葬
制度带来重大影响，或者从某个角度而言，明朝的论证过程和结
果都给清朝奠定了很好的思想基础。

清朝入关后第一次处理皇后的位次之争发生在康熙朝。康熙
帝即位，除太皇太后孝庄外，嫡母孝惠章皇后和生母孝康章皇后
均健在③。至康熙二年，生母孝康章皇后去世，康熙帝将生母与
顺治帝生前最宠爱的董鄂氏一起合葬孝陵。至康熙九年，为生母
系世祖章皇帝谥号，配享太庙。而董鄂氏虽得祔葬，却未系世祖
谥号，只尊为"孝献皇后"，神主亦不祔庙④。至康熙五十六年，
嫡母孝惠章皇后去世，虽然她是顺治帝第二位皇后，但由于第一
位皇后被废，因此从道理上来讲她应居元后之位，然而清朝的阁
臣对于皇帝嫡母和生母的排序，显然不知该如何处理，因此揣度

① 相关研究参见林延清：《明朝后妃与政局演变》，第 125-138 页。
② 《明史》卷 114 "后妃传"，第 3531-3533 页。
③ 清朝皇后的谥号都用了"孝"字也是承绪明朝的做法。
④ 《清史稿》卷 214 "后妃传"，第 8908-8909 页；《清圣祖实录》卷 9，康熙二年
六月，第 4 册第 149 页；卷 32，康熙九年闰二月，第 4 册第 434-435 页。

皇帝心意，在拟定孝惠皇后谥号时未系世祖谥号。康熙责备他们"甚属错误"，并令其至太庙瞻仰两位文皇后（即太宗元后孝端文皇后与顺治帝生母孝庄文皇后）神主。阁臣随即回奏，经过瞻礼，看到文皇帝两位皇后皆系帝谥，因此承认他们错了，错误原因为拟定谥号时仅参考了康熙二年为孝康皇后拟定谥号时的文献，而忘记参考康熙九年为孝康皇后系帝谥的文献。因此，阁臣重新为孝惠皇后拟定系帝谥的谥号，随后奏请将孝惠章皇后的神主亦升祔太庙①。尽管大学士马齐、李光地等多人因此事受到"降三级调用"的处罚②，但他们很快又在生母与嫡母神主安放排位上犯了相同的错误。这一问题的细节史料记载虽不甚详，但我们仍大致可以看出，是大臣们欲将康熙生母神主居左、嫡母居右，被皇帝否决后才又议定嫡母居左、生母居右的次序③。从此清代诸后皆系帝谥、皆祔庙的原则遂得以建立，嫡庶的排序关系也就此定型。这件事情康熙帝看起来做得大公至正，毫无尊生母而抑嫡母之意，比明朝的皇帝显得有胸怀，但事实并非完全如此，孝惠章皇后去世后，并未与顺治帝合葬，而是在孝陵东侧另起陵墓，称"孝东陵"④。因此，实际上顺治帝的皇后中，只有康熙帝生母既祔葬又祔庙，以这样的方式凸显了她的地位。

　　显然，清朝君臣之间关于祔葬和祔庙的争论在性质上与明朝截然不同。明朝的大臣们为维护礼制而与皇帝发生激烈冲突，甚至不惜付出生命代价，而清朝的大臣们则在揣摩圣意上颇费工夫，这一点从熟悉礼制的大学士们一再犯下低级错误就可以看

---

① 《清圣祖实录》卷 276，康熙五十六年十二月，第 6 册第 706-707 页。
② 《清圣祖实录》卷 277，康熙五十七年正月，第 6 册第 715 页。
③ 《清圣祖实录》卷 282，康熙五十七年十一月，第 6 册第 754-755 页。
④ 《清圣祖实录》卷 283，康熙五十八年二月，第 6 册第 767 页。

出。这一方面说明，清朝大臣已经吸取了明朝的经验教训不再做无谓的抗争——因为明朝事实上已经突破了一帝祔一后的限制，因此清朝在处理两后并祔时理论上就不再有什么阻力；另一方面也说明清代至康熙时皇权已经强化稳固，没有大臣敢于在丧葬礼制上挑战皇帝的权威。

第三节 "宫壸肃清"的明清宫廷

明清两代的宫廷都以"宫壸肃清"著称。《清史稿·后妃传》："壸化肃雍，诐谒盖寡"①；《明史·后妃传》："宫壸肃清……超轶汉唐"②。有学者认为清代前有孝庄参政、后有慈禧垂帘，因此还是明代宫廷更为整肃，也说明朱元璋所制定的后妃不可干预政事的原则起到了实效③。但是考证历史，我们认为明代后妃的权力和政治活动远胜于清代。明代虽没有太后垂帘听政，但多位后妃把控、参与朝政是不争的事实。比如，马、徐两位皇后对太祖和成祖的辅助；仁宗的张皇后辅政仁宗、宣宗、英宗三朝，对中外大事莫不"周知""参决"，仁宗去世后她甚至为其起草遗诏、传位太子；武宗去世后孝宗的张皇后与内阁首辅杨廷和联手安定局势，使得皇位平稳过渡；神宗时李太后对皇帝严格管束并坚决支持张居正改革，甚至声称要告谒太庙废黜神宗、另立皇帝；熹宗去世时，张皇后抵制魏忠贤的压力，力劝思宗继

---

① 《清史稿》卷 214 "后妃传"，第 8898 页。
② 《明史》卷 113 "后妃传"，第 3504 页。
③ 吴美凤：《明清后妃制度略考》，载《故宫学刊》（总第 13 辑）。

位；等等①。可以说，明代从始至终都有后妃活跃的身影。林延清甚至认为："明朝之所以能够跌跌撞撞地延续近三百年之久，与后妃的作用和影响密不可分。"②

清代则不同，只在初年和末年凸显出孝庄和慈禧两位太后，是在新帝年幼且皇权尚未稳固及走向衰落的前提下出现的情形。在政权稳定的主体时段，基本没有出现任何后妃干政的现象。清代的宫廷女性中，孝庄与慈禧之间，唯一凸显的一位太后大概就是乾隆帝的生母崇庆皇太后了。乾隆帝对母亲极尽孝道，"以天下养"，一生多次奉母出巡，足迹遍布华北、东北、江南等地，还为母亲的寿诞大肆庆贺，成为清代及后世的美谈③。但是，考证史实，我们即可发现，乾隆帝的孝道重在对外张扬，宫廷之内皇帝对太后的管束可谓相当严格，这一点本书第九章已有详细论述，在此我们仅举三例予以说明：

（1）乾隆初年，太后偶言一些寺庙、佛堂需要修缮，乾隆帝当即质疑"似此小事，太后圣母如何知道"④。同时就此阐明内外之别："朕礼隆尊养，宫闱以内事务一切仰承懿旨，岂有以顺从盖庙修寺为尽孝之礼！"⑤ 乾隆帝甚至反问："几曾见宁寿宫太后当日令圣祖修盖多少庙宇！"⑥ 将崇庆皇太后与康熙朝孝惠太后相比，说明在他心目中母亲的地位只能与孝惠齐平，而不能与

---

①　有关明代后妃参政的论述，参见林延清：《明朝后妃与政局演变》，第 99－288 页。

②　同上书，第 1 页。

③　相关研究参见陈葆真：《乾隆皇帝对孝圣皇太后的孝行和它所显示的意义》，《故宫学术季刊》（台北）第 31 卷第 3 期，2014 年春季号；赖惠敏：《崇庆皇太后的万寿盛典》，《近代中国妇女史研究》（台北）2016 年第 28 期。

④　《清宣宗实录》卷 217，道光十二年八月，第 36 册第 222 页。

⑤　（清）鄂尔泰、张廷玉等编纂：《国朝宫史》卷 4 "训谕四"，第 39 页。

⑥　同上。

孝庄比肩。为防止太后干预外事，乾隆在即位之初即严禁其身边近侍太监向太后传递外界消息，下令"凡外间闲话无故向内廷传说者，即为背法之人，终难逃朕之觉察"①，将太后可以过问与知晓的事情严格限制在宫闱之内。

（2）乾隆元年三月，皇帝听说"前有皇太后之弟谢恩，竟进苍震门内"，下令对此事进行彻查，同时指出，"苍震门亦系宫闱之地，未奉旨意岂可擅将外人领入门内？将来移居慈宁宫，若如此轻易带领，成何体制？"②明确表示即便尊为太后，也不能在未得皇帝恩准之下擅自接见家人。

（3）乾隆三年，皇太后移住畅春园，由于离开皇宫，乾隆特意再次严申纪律："驻跸畅春园后，外祖父母以时进见则可，其余人等概不许时常请见。至如悟真庵之尼僧，尤不可听其入内请安。"③明确即便离开宫禁，太后也不能与外人随意往来，仍旧受到严格管束。

从上不难看出，外间认为无比尊崇的盛世太后，其权威和行动完全在皇帝的掌控之下，自由度有限，与出巡时皇帝展示给外界的太后圣母风光截然不同。且这些规矩都是皇帝在即位之初就予以明确，因此乾隆一朝对太后的"礼隆尊养"是建立在给太后的行为举止明立规矩的前提之下。乾隆帝给太后制定的家规，被之后的皇帝沿袭遵循。道光朝的孝和太后也算是清代中期另一位尚能留名史册的太后。嘉庆帝驾崩于热河行宫之时，由于秘密立储诏书遍寻不见，群臣一时束手无策。孝和太后以懿旨的形式宣

---

① 《清高宗实录》卷1，雍正十三年八月，第9册第147-148页。
② （清）鄂尔泰、张廷玉等编纂：《国朝宫史》卷4"训谕四"，第38页。
③ 同上书，第40页。

布由皇次子旻宁继位。在当时密诏不明的情况下，这位太后主动提出立旻宁为帝，而没有为自己亲生的皇三子绵恺或皇四子绵忻谋求机会，体现出其深明大义及对于旻宁的支持①。尽管后来密诏被找到，太后懿旨在其中并没有发挥决定性作用，但道光帝即位后还是很尊敬这位太后，对其孝养 30 年，按照《清史稿》的说法，连道光皇帝的崩逝都是由于太后过世而"居丧哀毁"，于次月崩于丧次②。但是，与道光帝孝养并行的，也是其对太后的严格控制，规定"凡宫内等处，以及外边事情，必应遵照乾隆年间上谕，一切不准在太后圣母面前以无作有、信口谈论"。同时将乾隆朝的规定进一步向前发展，"宫内等处及外围圆明园、升平署总管首领太监，非奉旨差往，或皇后等位、阿哥公主差往者，概不准到寿康宫、敷春堂去。寿康宫总管首领太监，非有官差亦不准到宫内、圆明园来"③，不仅隔断太后与外界的联系，宫内的往来也严格限制，使得太后居住的寿康宫几乎处于半隔离状态。

在清帝严格的控制之下，清代宫廷较明代显得更为封闭和神秘。明代宫廷尚有不少后妃之间的倾轧和争斗被记载下来，甚至见于正史，比如宣宗朝孙贵妃与胡皇后的争位；英宗朝周贵妃对钱皇后的排挤；宪宗对大自己 17 岁且曾为其保母的万贵妃情有独钟，后者地位甚至超越皇后；孝宗独爱张皇后而不再册封任何其他妃嫔；世宗的妃嫔和宫女谋划"壬寅宫变"差点将皇帝杀死，世宗得救后又因此对方皇后格外感激和偏爱；神宗朝郑贵妃

---

① 余新忠等：《道光皇帝》，故宫出版社，2016，第 21-24 页。
② 《清史稿》卷 214 "后妃传"，第 8921 页。
③ 《清宣宗实录》卷 217，道光十二年八月，第 36 册第 222-223 页。

专宠后宫而挑起皇帝与大臣之间长达几十年的"国本之争"；熹宗的乳母客氏操控后宫；等等①。这一系列记载，让我们看到一部斗争激烈却又生动鲜活而较为真实的宫史。相较而言，清朝后宫显得毫无生气，除入关之初顺治帝为立董鄂妃为后而进行过抗争外，康熙朝以后，即后宫"典制大备"后，除乾隆帝在御制诗中表达过对孝贤皇后的情感和思念，基本没有皇帝对某一后妃格外偏爱的记载，而清宫档案中也几乎没有后妃之间相互嫉妒、争斗的事件记录，确实呈现出一派"宫壸肃清"的景象。但是这样的景象，对于研究者而言却也是一部"无情"的、刻板的宫廷史。

个中缘由，首先与清朝较明朝进一步严格和细化了各项宫规以避免丑闻有关，比如规定先帝妃嫔年未过五十，嗣皇帝不得与之见面②，溥仪时，虽然可以给太妃们请安，但请安时太妃宫里的宫女仍须全部退下，以示男女之间"防微杜渐"③，等等。其次，清帝比明帝更加严格地执行了宫廷内外隔离制度，清代秀女于旗人中选拔，使得宫廷对于普通汉人百姓乃至官员、文人而言都显得更加陌生与隔离，对内廷事务无从得知、无缘置喙。最后，雍正帝创立的"秘密立储"之制从制度上废除了立嫡、立长的做法，也客观上切断了皇位继承人与后妃位号之间的直接联系，以及大臣在决定皇位继承人方面可能产生的影响，因此不会再发生类似明朝"国本之争"的事情。因此，尽管清朝离我们更近，但我们对其宫闱之事反而知道得更少，这是清代宫廷史非常重要的特点，也是我们在研究清代宫廷时不得不面临的境况。

---

① 林延清：《明朝后妃与政局演变》，第99-288页。
② 《清史稿》卷214"后妃传"，第8898页。
③ 溥杰：《清宫会亲见闻》，载中国人民政治协商会议全国委员会文史资料研究委员会编：《晚清宫廷生活见闻》，第40页。

主要参考资料

一、档案

1. 中国第一历史档案馆藏：《军机处录副奏折》。

2. 中国第一历史档案馆藏：《军机处满文录副奏折》。

3. 中国第一历史档案馆藏：《军机处满文档簿》。

4. 中国第一历史档案馆藏：《军机处寄信档》。

5. 中国第一历史档案馆藏：《宫中朱批奏折》。

6. 中国第一历史档案馆藏：《宫中满文朱批奏折》。

7. 中国第一历史档案馆藏：《内务府奏案》。

8. 中国第一历史档案馆藏：《内务府呈稿》。

9. 中国第一历史档案馆藏：《内务府来文》。

10. 中国第一历史档案馆藏：《宗人府旧整来文》。

11. 中国第一历史档案馆藏：《内秘书院档案》。

12. 中国第一历史档案馆藏：《清代谱牒档案》。

13. 中国第一历史档案馆藏：《小玉牒》。

14. 中国第一历史档案馆、故宫博物院合编：《清宫内务府奏销档》，北京：故宫出版社，2014。

15. 中国第一历史档案馆、中国社会科学院历史研究所编译：《满文老档》，北京：中华书局，1990。

16. 中国第一历史档案馆编：《乾隆朝上谕档》，北京：档案出版社，1991。

17. 中国第一历史档案馆编：《嘉庆朝上谕档》，桂林：广西师范大学出版社，2000。

18. 中国第一历史档案馆编：《咸丰朝上谕档》，桂林：广西师范大学出版社，1998。

19. 中国第一历史档案馆编：《康熙朝满文朱批奏折全译》，北京：中国社会科学出版社，1996。

20. 中国第一历史档案馆译编：《雍正朝满文朱批奏折全译》，合肥：黄山书社，1998。

21. 中国第一历史档案馆编：《雍正朝汉文谕旨汇编》，桂林：广西师范大学出版社，1999。

22. 台北"故宫博物院"图书文献处文献科编：《宫中档乾隆朝奏折》，台北："故宫博物院"，1982。

23. 中国第一历史档案馆整理：《康熙起居注》，北京：中华书局，1984。

24. 中国第一历史档案馆编：《乾隆帝起居注》，桂林：广西师范大学出版社，2002。

25. 《清代起居注册·道光朝》，台北：联经出版事业公司，1985。

26. 辽宁社会科学院历史研究所、大连市图书馆文献研究室、辽宁省民族研究所历史研究室译编：《清代内阁大库散佚满文档案选编》，天津：天津古籍出版社，1992。

27. 辽宁省档案馆编译：《盛京内务府粮庄档案汇编》，沈阳：辽沈书社，1993。

28. 《国家图书馆藏清代孤本内阁六部档案续编》，北京：全国图书馆文献缩微复制中心，2005。

29. 故宫博物院明清档案部编：《李煦奏折》，北京：中华书局，1976。

30. 中国第一历史档案馆、文化部恭王府管理中心编：《清宫恭王府档案总汇：永璘秘档》，北京：国家图书馆出版社，2009。

31. 中国第一历史档案馆、文化部恭王府管理中心编：《清宫恭王府档案总汇：和珅秘档》，北京：国家图书馆出版社，2009。

二、文献

1. （唐）白居易《上阳白发人》。

2. （唐）元稹《行宫》。

3. （唐）房玄龄等：《晋书》，北京：中华书局，1974。

4. （清）张廷玉等：《明史》，北京：中华书局，1974。

5. 赵尔巽等：《清史稿》，北京：中华书局，1998。

6. 《钦定总管内务府现行则例》（清咸丰内府抄本），载《故宫珍本丛刊·钦定总管内务府现行则例二种》，海口：海南出版社，2000。

7. 《钦定宫中现行则例》（清嘉庆二十五年、清光绪十年武英殿刻本），载《故宫珍本丛刊·钦定宫中现行则例二种》，海口：海南出版社，2000。

8.《清实录》（第 1－60 册），北京：中华书局，1985—1987。

9.《康熙会典》，载《大清五朝会典》，北京：线装书局，2006。

10.《雍正会典》，载《大清五朝会典》，北京：线装书局，2006。

11.《清会典则例》（乾隆朝），载《景印文渊阁四库全书》，台北：商务印书馆，1986。

12.《清会典事例》（嘉庆朝），载《近代中国史料丛刊三编》，台北：文海出版社，1976。

13.《清会典》（光绪朝），北京：中华书局，1991。

14.《清会典事例》（光绪朝），北京：中华书局，1991。

15.《钦定八旗通志》，载《景印文渊阁四库全书》，台北：商务印书馆，1986。

16.《清朝文献通考》，杭州：浙江古籍出版社，2000。

17.《八旗满洲氏族通谱》，载《景印文渊阁四库全书》，台北：商务印书馆，1986。

18.《清高宗御制诗二集》（清乾隆二十四年殿本），载《故宫珍本丛刊》，海口：海南出版社，2000。

19.《清高宗御制诗三集》（清乾隆四十八年殿本），载《故宫珍本丛刊》，海口：海南出版社，2000。

20.（清）来保：《钦定平定金川方略》，载《景印文渊阁四库全书》，台北：商务印书馆，1986。

21.（清）王掞监修：《万寿盛典初集》，载《景印文渊阁四库全书》，台北：商务印书馆，1986。

22.（清）鄂尔泰、张廷玉等编纂：《国朝宫史》，北京：北京古籍出版社，1994。

23.（清）庆桂等编纂：《国朝宫史续编》，北京：北京古籍出版社，1994。

24. 唐邦治辑：《清皇室四谱》，载《近代中国史料丛刊》第八辑，台北：文海出版社，1967。

25. 吴晗辑：《朝鲜李朝实录中的中国史料》，北京：中华书局，1980。

26. 北京图书馆金石组编：《北京图书馆藏中国历代石刻拓本汇编》，郑州：中州古籍出版社，1989。

27. 陈可冀主编：《清宫医案研究》，北京：中医古籍出版社，1990。

28.（清）于敏中等编撰：《日下旧闻考》，北京：北京古籍出版社，2001。

29.（清）赵翼著、王树民校证：《廿二史劄记校注》，北京：中华书局，1984。

30. 夏仁虎：《旧京琐记》，沈阳：辽宁教育出版社，1998。

31. 章乃炜等编：《清宫述闻》（初续编合编本），北京：紫禁城出版社，2009。

32. 崇实：《惕庵年谱》，台北：广文书局，1971。

33.（清）吴世鉴等：《清宫词》，北京：北京古籍出版社，1986。

34.（清）萧奭：《永宪录》，北京：中华书局，1959。

35.（清）昭梿：《啸亭杂录》，北京：中华书局，1980。

36.（清）昭梿：《啸亭续录》，北京：中华书局，1980。

37.（汉）应劭撰、王利器校注：《风俗通义校注》，北京：中华书局，1981。

38.（清）姚元之：《竹叶亭杂记》，北京：中华书局，1982。

39.（清）赵翼：《簷曝杂记》，北京：中华书局，1982。

40.（清）徐珂编撰：《清稗类钞》，北京：中华书局，1984。

41.（清）福格：《听雨丛谈》，北京：中华书局，1984。

42.（清）陈康祺：《郎潜纪闻二笔》，北京：中华书局，1984。

43.（清）冯景：《解春集文钞》，北京：中华书局，1985。

44.（清）刘声木：《苌楚斋三笔》，北京：中华书局，1998。

45.（清）吴振棫：《养吉斋丛录》，北京：中华书局，2005。

46.（清）曹雪芹著，程伟元、高鹗整理：《红楼梦》，北京：人民文学出版社，2008。

47.《清朝野史大观》，上海：上海书店，1981。

48. 爱新觉罗·溥仪：《我的前半生》，北京：东方出版社，1999。

49. 中国人民政治协商会议全国委员会文史资料委员会编：《晚清宫廷生活见闻》，北京：中国文史出版社，1982。

50. 金易、沈义羚：《宫女谈往录》，北京：紫禁城出版社，2010。

51. 信修明等：《太监谈往录》，北京：紫禁城出版社，2010。

52. 德龄：《清宫二年记》，北京：中国人民大学出版社，2012。

53. 宋大川、夏连保：《清代园寝志》，北京：文物出版社，

2012。

54. 莞城图书馆编：《容肇祖全集》，济南：齐鲁书社，2013。

55.《清高宗御制诗初集》（清乾隆十四年殿本），载《故宫珍本丛刊》，海口：海南出版社，2000。

56.《清朝续文献通考》，杭州：浙江古籍出版社，2000。

57.（清）孙承泽：《春明梦余录》，北京：北京古籍出版社，1992。

58.《漫游纪略》，载《笔记小说大观》（八），扬州：江苏广陵古籍刻印社，1984。

三、今人著作

1. 于善浦：《清东陵大观》，石家庄：河北人民出版社，1985。

2. 金启孮：《北京郊区的满族》，呼和浩特：内蒙古大学出版社，1989。

3. 满学研究会编：《清代帝王后妃传》，北京：中国华侨出版公司，1989。

4. 于善浦：《珍妃》，北京：紫禁城出版社，1989。

5. 王佩环：《清宫后妃》，沈阳：辽宁大学出版社，1993。

6. 左书谔：《慈禧太后》，长春：吉林文史出版社，1993。

7. 刘毅：《明清皇室》，北京：紫禁城出版社，1997。

8. 朱子彦：《后宫制度研究》，上海：华东师范大学出版社，1998。

9. 定宜庄：《满族的妇女生活与婚姻制度研究》，北京：北京大学出版社，1999。

10. 佟明宽、李德进：《满族佟氏史略》，抚顺：抚顺市新闻出版局，1999。

11. 杨珍：《康熙皇帝一家》，北京：学苑出版社，2003。

12. 傅波主编：《满族佟佳氏研究》，沈阳：辽宁民族出版社，2004。

13. 万依、王树卿、刘潞：《清代宫廷史》，天津：百花文艺出版社，2004。

14. 孙继新：《康熙后妃子女传稿》，北京：紫禁城出版社，2006。

15. 于善浦：《清代帝后的归宿》，北京：紫禁城出版社，2006。

16. 朱子彦：《帝国九重天：中国后宫制度的变迁》，北京：中国人民大学出版社，2006。

17. 戴逸：《乾隆帝及其时代》，北京：中国人民大学出版社，2008。

18. 李寅：《清代后宫》，沈阳：辽宁民族出版社，2008。

19. ［美］罗友枝：《清代宫廷社会史》，北京：中国人民大学出版社，2009。

20. 祁美琴：《清代内务府》，沈阳：辽宁民族出版社，2009。

21. 何国松：《孝庄皇后传》，长春：吉林大学出版社，2010。

22. 焕力：《中国后妃政治》，桂林：广西师范大学出版社，2012。

23. 杜家骥：《清朝满蒙联姻研究》，北京：故宫出版社，2013。

24. 杨珍：《历程·制度·人：清朝皇权略探》，北京：学苑出版社，2013。

25. 冯尔康：《雍正传》，北京：人民出版社，2014。

26. 林延清：《明朝后妃与政局演变》，北京：人民出版社，2014。

27. 王佩环：《清代后妃宫廷生活》，北京：故宫出版社，2014。

28. 徐鑫：《香妃迷案：清宫档案与考古中的香妃》，北京：东方出版社，2014。

29. 杨启樵：《雍正帝及其密折制度研究》，长沙：岳麓书社，2014。

30. 彭勇、潘岳：《明代宫廷女性史》，北京：故宫出版社，2015。

31. ［美］柯娇燕：《孤军：满人一家三代与清帝国的终结》，北京：人民出版社，2016。

32. 余新忠等：《道光皇帝》，北京：故宫出版社，2016。

33. 安双成主编：《满汉大辞典》（修订本），沈阳：辽宁民族出版社，2018。

34. 刘潞主编：《十八世纪京华盛景图：清乾隆皇太后〈万寿图〉全览》，北京：故宫出版社，2019。

35. 祁美琴：《清代包衣旗人研究》，北京：人民出版社，2019。

36. 孟昭信：《康熙大帝全传》，长春：吉林文史出版社，

1987。

37. 《辞源》（合订本），北京：商务印书馆，1988。

38. 姚念慈：《定鼎中原之路：从皇太极入关到玄烨亲政》，北京：三联书店，2018。

四、今人论文

1. 单士元：《关于清宫的秀女和宫女》，《故宫博物院院刊》1960 年第 2 期。

2. 刘桂林：《孝贤皇后之死及丧葬余波》，《故宫博物院院刊》1982 年第 12 期。

3. 商鸿逵：《清代孝庄孝钦两太后比评》，《故宫博物院院刊》1982 年第 3 期。

4. 王树卿：《清代公主》，《故宫博物院院刊》1982 年第 3 期。

5. 王树卿：《咸丰帝与恭亲王》，《紫禁城》1982 年第 4 期。

6. 无园：《和孝公主的妆奁》，《紫禁城》1983 年第 5 期。

7. 姜相顺：《略论孝庄文皇后的地位及其作用》，《社会科学辑刊》1986 年第 1 期。

8. 曹振卿：《溥仪乳母王焦氏》，《紫禁城》1988 年第 10 期。

9. 侯寿昌：《辽东佟氏族属旗籍考辨》，载《明清档案与历史研究》，北京：中华书局，1988。

10. 陆燕贞：《清代皇后祭先蚕》，《紫禁城》1988 年第 5 期。

11. 杜家骥：《清代八旗制度中的"抬旗"》，《史学集刊》1991 年第 4 期。

12. 马怀良：《皇帝与乳母、师傅关系发微》，《华中师范大学学报》(哲学社会科学版) 1991 年第 6 期。

13. 杨珍:《董鄂妃的来历及董鄂妃之死》,《故宫博物院院刊》1994 年第 1 期。

14. 于善浦:《道光后妃怨女多》,《紫禁城》1994 年第 1 期。

15. 刘潞:《论清代先蚕礼》,《故宫博物院院刊》1995 年第 1 期。

16. 杨海山:《清代"玉牒不列"公主之谜》,《紫禁城》1996 年第 2 期。

17. 邓庆:《清初马齐、马武、傅恒与孝贤皇后关系考辨》,《社会科学辑刊》1997 年第 1 期。

18. 刘潞:《清代皇后册立与八旗大姓氏族》,《故宫博物院院刊》1997 年第 1 期。

19. 杨珍:《领袖高门　国舅之家》,《紫禁城》1998 年第 2 期。

20. 王澈:《读档识秀女》,《中国档案》1999 年第 5 期。

21. 李凤民:《北京清宫第一太妃》,《紫禁城》2000 年第 3 期。

22. 杨永占:《清宫中的姥姥、嬷嬷、妈妈里》,《中国档案报》2002 年 6 月 14 日。

23. 于善浦:《乾隆帝及后妃图卷》,《紫禁城》2003 年第 2 期。

24. 杨永占:《清宫以宫女为主的女仆阶层》,载《清代皇宫礼俗》,沈阳:辽宁民族出版社,2003。

25. 郭玉海:《乾隆设礼祭先蚕》,《紫禁城》2004 年第 3 期。

26. 刘小萌:《清朝皇帝与保母》,《北京社会科学》2004 年第 3 期。

27. 王钟翰：《清世宗夺嫡考实》，载《王钟翰清史论集》，北京：中华书局，2004。

28. 常欣：《寿康宫沿革略考》，《故宫博物院院刊》2005 年第 5 期。

29. 刘源：《乾隆幼女和孝公主》，《北京档案》2005 年第 2 期。

30. 杨乃济：《清帝的乳母与保姆》，载《紫禁城行走漫笔》，北京：紫禁城出版社，2005。

31. 孟森：《清世宗入承大统考实》，载《明清史论著集刊》，北京：中华书局，2006。

32. 杜家骥：《从清宫医案看天花的防治》，载《中国社会历史评论》（第八卷），天津：天津古籍出版社，2007。

33. 王硕（Wang shuo）：Qing Imperial Women：Empress, Concubines, and Aisin Gioro Daughters（《清代的皇家女性：后妃与皇女》），载 *Servants of the Dynasty：Palace Women in World History*，伯克利：加州大学出版社，2008。

34. 李寅：《乾隆乌喇那拉皇后剪发事因新证》，《紫禁城》2009 年第 5－7 期。

35. 刘琴丽：《论唐代乳母角色地位的新发展》，《兰州学刊》2009 年第 11 期。

36. 定宜庄、邱源媛：《清初"浑托和"考释》，《燕京学报》2010 年第 5 期。

37. 聂晓灵：《论满蒙初期政治关系与孝庄文皇后》，《黑龙江民族丛刊》2011 年第 1 期。

38．聂晓灵：《孝庄文皇后的历史地位及其作用》，《满族研究》2011 年第 4 期。

39．赵玉敏：《乾隆帝后宫中的汉女妃嫔》，《兰台世界》2011 年第 5 期。

40．春花：《孝庄太后尊佛译经对清代宗教政策的影响》，载《沈阳故宫博物院院刊》（总第 11 辑），北京：现代出版社，2012。

41．杜家骥：《清代皇子、皇女之齿序及相关问题考析》，载《沈阳故宫博物院院刊》（总第 11 辑），北京：现代出版社，2012。

42．刘潞：《孝庄——名满天下的清朝睿智皇太后》，载《沈阳故宫博物院院刊》（总第 11 辑），北京：现代出版社，2012。

43．邱仲麟：《阴气郁积——明代宫人的采选与放出》，《台大历史学报》2012 年第 50 期。

44．赵玉敏：《道光帝"玲常在"出身与名号考补》，《历史档案》2012 年第 4 期。

45．滕绍箴：《佟图赖支系族属旗籍考辨》，载《满学论丛》（第三辑），沈阳：辽宁民族出版社，2013。

46．强光美、陈鹏：《清代请安折初探》，《历史档案》2013 年第 3 期。

47．乔治忠、孔永红：《康熙帝与孝庄太皇太后政治关系的解构》，《齐鲁学刊》2013 年第 2 期。

48．滕德永：《清代帝后万寿点景述论》，载《故宫学刊》（总第 9 辑），北京：故宫出版社，2013。

49．杨珍：《顺治朝后宫的特征》，《光明日报》2013 年 11 月

28 日。

50. 陈葆真：《乾隆皇帝对孝圣皇太后的孝行和它所显示的意义》，《故宫学术季刊》（台北）第 31 卷第 3 期，2014 年春季号。

51. 陈思涵：《和硕端静公主考述》，《黑龙江史志》2014 年第 23 期。

52. 定宜庄：《关于清代满族妇女史研究的若干思考》，《吉林师范大学学报》（人文社会科学版）2014 年第 6 期。

53. 王妍：《清康熙帝生母佟氏家族旗籍与民族属性考析》，《满族研究》2014 年第 2 期。

54. 徐凯：《佟国纲家族八旗"旗籍"考释》，载《沈阳故宫博物院院刊》（总第 14 辑），北京：现代出版社，2014。

55. 赵岩：《简述文武兼备的佟国维》，《黑龙江史志》2014 年第 7 期。

56. 黄丽君：《一枝独秀？——道光朝以后内务府完颜氏家族的当差与经济状况》，载《"中央研究院"近代史研究所集刊》（台北）第 90 期，2015 年 12 月。

57. 林姝：《奉养东朝之所的兴建——寿康宫的肇建始末》，《紫禁城》2015 年第 7 期。

58. 林姝：《崇庆皇太后画像的新发现——姚文瀚画〈崇庆皇太后八旬万寿图〉》，《故宫博物院院刊》2015 年第 4 期。

59. 林姝：《万岁千秋奉寿康——"寿康宫原状与崇庆皇太后专题展"纪略》，《艺术品》2015 年第 12 期。

60. 吴美凤：《明清后妃制度略考》，载《故宫学刊》（总第 13 辑），北京：故宫出版社，2015。

61. 陈力：《清初东北新满洲入旗研究》，《满族研究》2016年第1期。

62. 杜冬：《福康安家族与藏地的不解之缘》，《西藏人文地理》2016年第4期。

63. 吉辰：《清代的花衣期制度——以万寿节为中心》，《史学月刊》2016年第5期。

64. 赖惠敏：《崇庆皇太后的万寿盛典》，《近代中国妇女史研究》（台北）2016年第28期。

65. 刘朝纯：《清喀喇沁右旗郡王噶尔臧革爵缘由刍议——兼为和硕端静公主辩诬》，《松州学刊》2016年第2期。

66. 滕德永：《从档案看清代宫女的因故出宫》，载《沈阳故宫博物院院刊》（总第17辑），北京：现代出版社，2016。

67. 王子林：《四位太后与慈宁宫的命运》，载《故宫学刊》（总第16辑），北京：故宫出版社，2016。

68. 陈圣争：《慧贤皇贵妃高氏生平与家世新考》，《满族研究》2017年第3期。

69. 李湜：《〈喜溢秋庭图〉考》，《故宫博物院院刊》2017年第6期。

70. 刘隆有：《傅恒：才与德皆可圈点的满人首席军机大臣》，《文史天地》2019年第11期。

71. 刘文华：《清代请安折再探——兼谈请安折与召见问题》，《满族研究》2017年第2期。

72. 刘小萌：《清朝皇帝的保母续考》，《黑龙江民族丛刊》2018年第4期。

73. 聂晓灵：《孝庄文皇后的佛事活动与满蒙初期政治关

系》，《黑龙江民族丛刊》2018 年第 2 期。

74. 黄丽君：《化家为国：清代中期内务府的官僚体制》，台北：台大出版中心，2020。

75. 张美娜：《清代后宫制度研究》，贵州大学硕士学位论文，2009。

76. 赵玉敏：《清代后妃与宫女研究》，中国人民大学博士学位论文，2010。

77. 郭梦顿：《清代皇贵妃制度研究》，东北师范大学硕士学位论文，2016。

78. 罗阳：《清宫宫女研究》，中国人民大学硕士学位论文，2018。

79. 童文娥：《清院本〈亲蚕图〉的研究》，《故宫文物月刊》（台北）第 278 卷，2006 年 5 月。

80. 杨珍：《乾隆诗文中的康熙妃嫔》，载《清史论丛》（总第 33 辑），北京：社会科学文献出版社，2017。

致　谢

　　这本书稿的诞生首先应当感谢故宫博物院的赵中男先生，9年前在他的一再鼓励之下我开始进入清代宫廷史研究领域，其间他还热情邀请我参与故宫的学术会议，并给予了其他各方面的支持。应当说，没有赵老师的鼓励和督促，就没有本书的完成。

　　感谢我的搭档沈欣，她是我的同门师妹，当年刚刚担任教职的我被导师委派负责指导沈欣的硕士论文写作，因此她至今仍尊敬地喊我老师，但事实上她早已是故宫博物院的副研究馆员，在宫廷史研究领域涉足较我为早。本书中沈欣不仅担负了第八、九、十、十二、十三章初稿的写作任务，还在史料搜集和全书的格式统一及校对方面做了大量工作，她的支持和配合是本书得以完成的重要保证。

　　感谢我的研究生刘云、罗阳、沈玲萍、江莉，自我的研究兴趣转向清代宫廷女性以来，所带的研究生里有一半都随我一起探索这个领域。她们勤奋的学习态度、活跃的思维方式、出色的研究能力，让我在辅导她们论文的过程中不仅教学相长，还得到很多快乐。虽然如今她们都已毕业，不再从事学术研究，而在各行各业奉献自己的聪明才智，但本书里也有她们的贡献，因此一定意义上讲，这本书也属于她们。

感谢中国人民大学清史研究所古代史教研室的所有同事，我很幸运自己身处这样一个和谐、快乐、有凝聚力的小团体。我们平时常有学术交流，我有问题可以随时向他们请教，本书中的几个部分，包括余论，还在教研室的工作坊中宣讲过，同事们直言不讳、高屋建瓴的意见，对我个人的学术观点和本书的最终呈现有着非常重要的意义。

感谢美国密歇根州立大学的吴玉廉教授、首都师范大学的秦方教授、中国社会科学院历史研究所的邱源媛研究员、中山大学珠海分校的黄丽君教授，她们都曾在本书的撰写过程中给予了各种帮助和支持。我们是生活中的闺蜜和学术上的挚友，来日方长，仍盼今后共同成长和进步。

感谢中国人民大学清史研究所的惠男博士、故宫博物院的张剑虹副研究馆员在满文和档案查阅、核对等方面给予的热情帮助。感谢中国第一历史档案馆的褚若千女士详解已公布馆藏档案的卷宗分类和注释规范。

感谢中国人民大学出版社的夏贵根、王琬莹两位编辑，没有他们的辛勤劳动，本书不会在较短的时间内与读者见面。

在过去的数年中，正逢中国第一历史档案馆将所藏内务府等宫廷档案次第恢复开放阅览，让本书的研究赶上了难得的好时机。我和沈欣像贪吃虫一样不停地吸取档案中的新材料，充实、纠正书稿中的观点，在不停打破之前固有认知的同时，也深深感到清代宫廷史的研究还有很大的探索空间。因此，本书只是一个基础性的研究，可以在一定程度上填补学界以往没有充分利用档

致　谢 | 389

案对清代宫廷女性进行系统性研究的空白，但由于对满文档案的查阅还很不充分、仍有相当的宫廷档案尚未开放等原因，清代宫廷女性和宫闱制度的研究仍大有可为，期待未来有更多的同行一起探索这一领域。

毛立平

2021 年 9 月 18 日

图书在版编目（CIP）数据

壶政：清代宫廷女性研究/毛立平，沈欣著．——
北京：中国人民大学出版社，2022.8
（清史研究丛书新编）
ISBN 978-7-300-30856-2

Ⅰ．①壶… Ⅱ．①毛…②沈… Ⅲ．①宫廷–女性–
研究–中国–清代 Ⅳ．①K828.5

中国版本图书馆 CIP 数据核字（2022）第 135155 号

清史研究丛书新编
壶政
清代宫廷女性研究
毛立平　沈欣　著
Kunzheng

出版发行	中国人民大学出版社	
社　　址	北京中关村大街 31 号	邮政编码　100080
电　　话	010 – 62511242（总编室）	010 – 62511770（质管部）
	010 – 82501766（邮购部）	010 – 62514148（门市部）
	010 – 62515195（发行公司）	010 – 62515275（盗版举报）
网　　址	http://www.crup.com.cn	
经　　销	新华书店	
印　　刷	北京联兴盛业印刷股份有限公司	
规　　格	160 mm×230 mm　16 开本	版　次　2022 年 8 月第 1 版
印　　张	25.5 插页 3	印　次　2023 年 3 月第 2 次印刷
字　　数	281 000	定　价　99.00 元